十三五
经济类课程
规划教材

西方经济学基础

THE BASIC THEORY OF WESTERN ECONOMICS

主　编　兰　玲
副主编　韩淑慧　李冬艳　郭衍宏　马文婷

经济管理出版社
ECONOMY & MANAGEMENT PUBLISHING HOUSE

图书在版编目（CIP）数据

西方经济学基础/兰玲主编. —北京：经济管理出版社，2016.9
ISBN978-7-5096-4629-8

Ⅰ.①西… Ⅱ.①兰… Ⅲ.①西方经济学—高等职业教育—教材 Ⅳ.①F0-08

中国版本图书馆 CIP 数据核字（2016）第 237850 号

组稿编辑：王光艳
责任编辑：许 艳
责任印制：黄章平
责任校对：雨 千

出版发行：经济管理出版社
（北京市海淀区北蜂窝8号中雅大厦A座11层 100038）
网　　址：www.E-mp.com.cn
电　　话：（010）51915602
印　　刷：玉田县昊达印刷有限公司
经　　销：新华书店
开　　本：787mm×1092mm/16
印　　张：24.5
字　　数：535千字
版　　次：2017年8月第1版　2017年8月第1次印刷
书　　号：ISBN-978-7-5096-4629-8
定　　价：68.00元

·版权所有　翻印必究·

凡购本社图书，如有印装错误，由本社读者服务部负责调换。
联系地址：北京阜外月坛北小街2号
电话：（010）68022974　邮编：100836

前　言

随着社会主义市场经济发展的不断深入，西方经济学已经成为我国高等学校教学中的一门重要课程。虽然西方经济学具有庸俗性，但并不妨碍我们学习其合理思想，特别是其关于市场经济的合理思想，使其为中国特色社会主义初级阶段的经济建设服务，为社会主义市场经济改革提供理论营养。

现有的西方经济学教材有的过简，有的过难，而难度一般的又缺乏案例引用，这些都不太适用于以应用型为主的经济管理类专业的课程教学，故我们编写了这样一部从内容到形式等都较为适合以应用型为主的经济管理类专业教学的西方经济学教材。本教材具有以下几个特点：

第一，理论体系的完整性。本教材把西方主流经济理论编著其中，内容完整，逻辑清楚，注重内容的连接性、顺序的连续性和逻辑的一致性。

第二，具有可读性。本教材难易适当，经济模型简单易懂，每章设有引导性案例引入本章理论知识，并且在关键知识点也备有相关案例，以利于理解知识点内容，我们本着既要利于教学，又要方便读者阅读的目的，对案例进行了精心选择和加工，因此具有较强的可读性。

第三，资料完备，适于课堂教学和自学。案例的引入和语言的通俗性使读者较容易理解经济学理论知识，同时，每章都提炼了学习目的、重点和难点、习题，习题参考答案见经济管理出版社网站，资料较为完备，适合使用者进行课堂教学和读者自学。

本教材的编写大纲及统筹工作是由兰玲完成的，教材第十章至第十五章由韩淑慧编写，第三章至第六章由李冬艳编写，第七章至第九章由郭衍宏编写，第一、二章和第十六、十七章由马文婷编写，最后由兰玲对教材进行了修改和定稿。由于编写时间有限，错漏之处在所难免，有不当之处，敬请同行和读者不吝批评指正。

编者

2016 年 10 月

目 录

第一章 引论 ······ 1

第一节 西方经济学研究的对象 ······ 2
一、基本经济问题 ······ 2
二、资源配置 ······ 3

第二节 西方经济学的演变 ······ 4
一、重商主义 ······ 4
二、古典政治经济学 ······ 4
三、新古典经济学 ······ 4
四、新古典综合经济学 ······ 5

第三节 经济学的研究方法 ······ 5

第四节 经济学分类 ······ 6
一、宏观经济学与微观经济学 ······ 6
二、实证经济学与规范经济学 ······ 8

练习题 ······ 9

第二章 供求论 ······ 10

第一节 需求理论 ······ 11
一、需求函数 ······ 11
二、需求表、需求曲线和需求定理 ······ 13
三、需求量的变化和需求的变化 ······ 14

第二节 供给理论 ······ 15
一、供给函数 ······ 15
二、供给表、供给曲线和供给定理 ······ 16

三、供给量的变化和供给的变化 …………………………………… 17
　第三节　均衡价格 ……………………………………………………… 18
　　　一、均衡价格的形成 ………………………………………………… 18
　　　二、均衡价格的变动和供求定理 …………………………………… 18
　第四节　弹性理论 ……………………………………………………… 20
　　　一、需求弹性 ………………………………………………………… 21
　　　二、供给弹性 ………………………………………………………… 23
　　　三、弹性理论的应用 ………………………………………………… 24
　练习题 …………………………………………………………………… 26

第三章　效用论 …………………………………………………………… 29
　第一节　效用论概述 …………………………………………………… 30
　　　一、效用的含义 ……………………………………………………… 31
　　　二、基数效用论和序数效用论 ……………………………………… 31
　第二节　基数效用理论 ………………………………………………… 32
　　　一、基本概念 ………………………………………………………… 32
　　　二、边际效用递减规律 ……………………………………………… 33
　　　三、消费者均衡 ……………………………………………………… 34
　　　四、需求曲线的推导 ………………………………………………… 36
　　　五、消费者剩余 ……………………………………………………… 38
　第三节　序数效用论 …………………………………………………… 40
　　　一、无差异曲线 ……………………………………………………… 40
　　　二、预算线 …………………………………………………………… 44
　　　三、消费者均衡 ……………………………………………………… 46
　　　四、消费者均衡的变动 ……………………………………………… 47
　练习题 …………………………………………………………………… 55

第四章　生产论 …………………………………………………………… 59
　第一节　生产论概述 …………………………………………………… 60
　　　一、厂商的组织形式 ………………………………………………… 61
　　　二、生产和生产要素 ………………………………………………… 61
　　　三、生产函数 ………………………………………………………… 62
　　　四、短期和长期 ……………………………………………………… 64

第二节 短期生产函数	64
一、短期	64
二、一种可变生产要素的生产函数	65
三、总产量、平均产量和边际产量	65
四、生产的三个阶段	68
第三节 长期生产理论	69
一、两种可变生产要素的生产函数	69
二、生产要素的最优投入组合	69
三、扩展线	75
四、规模与产量	76
练习题	79

第五章 成本论 84

第一节 成本概述	85
一、会计成本、机会成本与经济成本	85
二、显性成本与隐性成本	87
三、会计利润、经济利润与正常利润	88
四、沉没成本与增量成本	89
第二节 短期成本	91
一、短期总成本	91
二、短期边际成本	93
三、短期平均成本	94
第三节 长期成本函数	95
一、长期总成本函数和长期总成本曲线	96
二、长期平均成本	97
三、长期边际成本曲线	100
练习题	102

第六章 市场论 106

第一节 完全竞争市场	108
一、完全竞争市场的条件	108
二、完全竞争厂商的短期均衡	110
三、完全竞争厂商的长期均衡	117

第二节　完全垄断市场 …… 121
一、完全垄断市场的特征与形成 …… 121
二、完全垄断下的短期均衡和长期均衡 …… 122
三、价格歧视 …… 125
四、对垄断的评价与政府规制 …… 128

第三节　垄断竞争市场 …… 132
一、垄断竞争市场概述 …… 132
二、垄断竞争厂商的均衡 …… 134
三、垄断竞争均衡与资源配置的效率 …… 136

第四节　寡头垄断市场 …… 137
一、寡头垄断市场的条件 …… 137
二、古诺模型 …… 139
三、斯威齐模型 …… 141
四、寡头厂商的供给曲线 …… 142

第五节　不同的市场效率比较 …… 142
一、关于效率 …… 142
二、完全竞争市场和垄断竞争市场的效率比较 …… 142
三、寡头垄断与完全垄断市场的比较 …… 143

练习题 …… 143

第七章　生产要素供求论 …… 148

第一节　生产要素需求论 …… 150
一、生产要素的需求 …… 151
二、完全竞争厂商对生产要素的需求 …… 151

第二节　生产要素供给论 …… 156
一、要素所有者和要素供给问题 …… 156
二、要素供给原则 …… 156
三、劳动和闲暇 …… 157
四、劳动供给曲线 …… 157
五、劳动供给曲线为何向后弯曲 …… 159
六、劳动的市场供给曲线和均衡工资的决定 …… 160
七、土地的供给曲线 …… 161
八、使用土地的价格和地租的决定 …… 162

  九、租金、准租金和经济租金 162
  十、资本的供给 163
 第三节　洛伦兹曲线和基尼系数 164
  一、洛伦兹曲线 165
  二、基尼系数 166
 练习题 166

第八章　一般均衡与福利经济学 169

 第一节　一般均衡 170
 第二节　判别经济效率的标准 172
  一、福利经济学 172
  二、帕累托最优标准 173
 第三节　交换的帕累托最优条件 175
 第四节　生产的帕累托最优条件 176
 第五节　交换和生产的帕累托最优条件 177
 第六节　完全竞争和帕累托最优状态 178
 练习题 179

第九章　市场失灵和外部经济政策 182

 第一节　垄断 184
  一、市场失灵 185
  二、垄断与市场失灵 185
  三、垄断与低效率 187
  四、垄断的公共管制 188
  五、反托拉斯法 189
 第二节　外部性 190
  一、外部性及其分类 191
  二、外部性对资源配置的影响 191
  三、有关外部影响的政策 192
  四、科斯定理 193
 第三节　公共物品 195
  一、物品的分类 197

二、公共物品的社会最优数量···197
　　三、公共选择理论···199
　　四、公共决策与政府失灵··200
　练习题···201

第十章　国民收入核算···204

第一节　国内生产总值···206
　　一、GNP、GDP···206
　　二、国内生产总值GDP的特点···207
　　三、GDP指标的意义与局限性···207
　　四、国内生产总值的计算方法···208

第二节　几个相关指标···209
　　一、国民收入核算中的五个基本总量······································209
　　二、实际国内生产总值与名义国内生产总值····························210

第三节　储蓄—收入恒等关系··210
　　一、两部门经济中的收入流量循环模型与恒等关系··················211
　　二、三部门经济中的恒等关系···212
　　三、四部门经济中的恒等关系···212
　练习题···213

第十一章　简单国民收入决定理论···215

第一节　凯恩斯的消费函数和储蓄函数··217
　　一、均衡产出的几个假定··218
　　二、均衡产出的概念··218
　　三、消费函数···219
　　四、储蓄函数···221
　　五、消费函数与储蓄函数的关系··223
　　六、社会消费函数···224
　　七、其他消费理论···224

第二节　国民收入的决定···228
　　一、两部门经济中国民收入的决定··228
　　二、三部门经济中国民收入的决定··231
　　三、四部门经济中国民收入的决定··231

第三节 乘数理论 ······ 232
　　一、投资乘数 ······ 235
　　二、政府购买支出乘数 ······ 236
　　三、税收乘数 ······ 238
　　四、政府转移支付乘数 ······ 238
　　五、平衡预算乘数 ······ 239
　　六、对外贸易乘数 ······ 239
练习题 ······ 240

第十二章　IS-LM 模型 ······ 246

第一节　IS 曲线 ······ 247
　　一、货币供求决定利率 ······ 247
　　二、投资与利率 ······ 248
　　三、利率和国民收入之间的关系 ······ 249
　　四、产品市场的均衡 ······ 249
　　五、IS 曲线的斜率 ······ 250
　　六、IS 曲线的移动 ······ 251
　　七、产品市场的失衡 ······ 252

第二节　LM 曲线 ······ 252
　　一、货币需求动机 ······ 253
　　二、流动性陷阱 ······ 254
　　三、货币的需求函数 ······ 254
　　四、LM 曲线 ······ 254
　　五、LM 曲线的几何推导 ······ 255
　　六、LM 曲线的斜率 ······ 255
　　七、LM 曲线的三个区域 ······ 256
　　八、LM 曲线的移动 ······ 256
　　九、货币市场的失衡 ······ 257

第三节　IS-LM 模型分析 ······ 257
　　一、LM 模型的提出与发展 ······ 257
　　二、国民收入和利率的同时均衡 ······ 258
　　三、IS-LM 模型中均衡收入与均衡利率的变动 ······ 259
　　四、IS-LM 模型的失衡 ······ 259
　　五、均衡的调节过程 ······ 260

练习题 …… 260

第十三章　财政政策和货币政策效果与实践 …… 266

第一节　经济政策目标 …… 268

第二节　财政政策效果分析 …… 269

一、财政政策 …… 269

二、财政政策的效果 …… 269

三、财政政策的挤出效应 …… 272

第三节　财政政策实践 …… 275

一、政府支出体系 …… 275

二、政府收入体系 …… 276

三、自动稳定器 …… 277

四、酌情使用的财政政策 …… 278

第四节　货币政策效果分析 …… 279

一、货币政策 …… 279

二、货币政策的效果 …… 279

第五节　货币政策实践 …… 282

一、公开市场业务 …… 282

二、调整再贴现率 …… 283

三、改变法定存款准备金率 …… 284

第六节　财政政策与货币政策的配合使用 …… 285

一、宏观经济政策的选择 …… 285

二、两种政策的混合使用 …… 286

三、古典主义极端和凯恩斯极端 …… 286

练习题 …… 289

第十四章　开放经济中的宏观经济学 …… 291

第一节　国际贸易理论概述 …… 292

一、绝对优势理论 …… 294

二、比较优势理论 …… 294

三、赫克歇尔—俄林理论 …… 295

四、规模经济理论 …… 295

第二节　汇率与对外贸易 ·· 295
一、汇率及汇率标价方法 ·· 296
二、汇率制度 ·· 296
三、汇率的决定 ·· 296
四、汇率变动的效应与"J曲线" ··· 298

第三节　国际收支的平衡 ·· 300

第四节　IS-LM-BP模型 ··· 301
一、经常项目、净出口方程和IS曲线 ·································· 301
二、资本项目和净资本流出方程 ··· 302
三、国际收支函数 ··· 303
四、蒙代尔—弗莱明模型（IS-LM-BP模型） ····················· 305

第五节　内部均衡和外部均衡的调节 ······································ 307
一、固定汇率制下的宏观经济调整 ······································ 307
二、浮动汇率制下的宏观经济调整 ······································ 310

练习题 ·· 313

第十五章　总需求—总供给模型 ··· 315

第一节　总需求曲线 ··· 316
一、总需求曲线的推导 ·· 316
二、总需求曲线的斜率 ·· 318
三、总需求曲线的移动 ·· 320

第二节　总供给曲线 ··· 321
一、宏观生产函数与潜在产量 ·· 322
二、劳动市场 ··· 322
三、凯恩斯主义总供给曲线 ··· 323
四、古典总供给曲线 ··· 324
五、正常的总供给曲线 ·· 326
六、总供给曲线的斜率 ·· 326
七、总供给曲线的移动 ·· 327

第三节　总需求—总供给模型分析 ·· 327
一、经济萧条与繁荣分析 ··· 328
二、经济滞胀分析 ··· 328
三、长期均衡分析 ··· 329

练习题 ·· 330

第十六章　失业与通货膨胀 ·· 336

第一节　失业理论 ·· 338
　　一、什么是失业 ·· 338
　　二、失业的分类 ·· 339
　　三、影响失业的因素 ·· 340
　　四、失业的影响与奥肯定律 ·· 342
　　五、失业问题的解决 ·· 343

第二节　通货膨胀理论 ·· 345
　　一、通货膨胀的概述 ·· 346
　　二、通货膨胀的分类 ·· 347
　　三、通货膨胀的原因 ·· 348
　　四、通货膨胀的经济影响 ··· 349
　　五、通货膨胀的治理 ·· 351

第三节　菲利普斯曲线 ·· 352
　　一、菲利普斯曲线的理论依据 ··· 353
　　二、菲利普斯曲线的政策解释 ··· 353
　　练习题 ·· 353

第十七章　经济增长与经济周期理论 ·· 356

第一节　经济增长及经济增长因素 ·· 357
　　一、经济增长的含义 ·· 358
　　二、经济增长的因素分析 ··· 359

第二节　新古典增长理论 ··· 360
　　一、基本假设 ··· 360
　　二、关于投入品的假设 ·· 360

第三节　促进经济增长的政策 ·· 363
　　一、技术方面 ··· 364
　　二、加大资本的投入 ·· 364
　　三、劳动供给方面 ··· 365

第四节　经济周期理论 ·· 365
　　一、经济周期的含义 ·· 365

二、经济周期的阶段 366
三、经济周期的类型 370
四、经济周期的原因 370
练习题 372

参考文献 374

第一章　引论

学习目的

1. 了解西方经济学的发展演变
2. 掌握西方经济学研究的对象
3. 了解西方经济学的分类
4. 掌握资源配置的概念

重点

西方经济学研究的对象

难点

资源配置的概念及其涉及的问题

引导案例

不知足

清　胡澹庵

终日奔波只为饥，方才一饱便思衣。
衣食两般皆具足，又想娇容美貌妻。
娶得美妻生下子，恨无田地少根基。
买得田园多广阔，出入无船少马骑。
槽头拴了骡和马，叹无官职被人欺。
县丞主簿还嫌小，又要朝中挂紫衣。
若要世人心里足，除是南柯一梦西。

（资料来源：许小苍，张春勋. 西方经济学（微观部分）案例集. 北京：科学出版社，2015.）

【问题】这首打油诗反映了什么问题？

西方经济学认为经济学是研究人与社会寻找满足他们的物质需要与欲望的方法的科学，是研究如何利用稀缺的资源最大限度地满足人们需要的科学，是研究稀缺资源在各种可供选择的用途中间进行合理配置的科学。

第一节 西方经济学研究的对象

西方经济学是研究人们和社会如何做出选择来使用各种稀缺的资源，在现在或将来生产各种物品并把物品分配给社会的各个成员或集团以供消费之用的一门科学。

一、基本经济问题

1. 资源的有限性

一般可以将资源划分为自然资源、人力资源、资本等。自然资源包括土地、矿藏、空气、阳光等自然界的一切没有人类参与的资源；人力资源包括人员的劳动、技术等；资本是用于生产和加工的原材料和生产工具，如厂房、机器设备等。劳动、资本和一部分自然资源都可以被整合、加工、利用，其实也都是经济资源。劳动、资本、企业家精神以及绝大部分自然资源均为经济资源，但无论哪一种经济资源都是有限的。例如，土地、煤等自然资源是有限的，并不是取之不尽，用之不竭的；人力资源也同样会受到人口的数量、生理条件、年龄等因素的限制从而只能进行有限的劳作和投入；虽然现在的技术已经进步了很多，但是技术并不能解决生产中的所有问题，所以科学技术这种资源也是有限的。

2. 人类欲望的无限性

根据需要理论，当人们对一种商品的需求获得满足时，其对另一种商品的需求就会产生，或对更高一层商品和服务的需求就会出现，人们对商品的需求欲望会随着商品和劳务的发展不断发展，所以人类的欲望具有无限性。

同时，各类经济资源的有限性和人类欲望的无限性普遍客观存在。资源有限性和人类欲望的无限性是西方经济学中的基本问题。

二、资源配置

由于经济资源具有有限性，人们在经济活动中就应该尽量充分利用资源，使经济资源的利用效率达到最大，从而尽量满足人类的各种欲望。人类做出的各种判断和选择，就是将有限的经济资源进行高效配置的问题。例如，如何将员工安排在最适合他的位置上，使他的工作效果达到最大，这是人力资源的配置；如何将有限的生产资料进行合理的分配，运用什么样的技术进行加工和处理，以生产出最有价值的商品，为厂商带来最大盈利，这是生产资料的配置；企业如何将自己有限的资金进行科学的投资，以换来最大收益；等等。这些问题都是"如何选择、如何分配"的经济问题，即生产什么、如何生产以及为谁生产。这三个问题被称为资源配置问题，即资源配置。资源配置就是把有限的资源分配到可供选择的用途中去，以便生产出能够最大限度地满足人们不同需求的产品。西方经济学认为经济学研究的对象就是由商品的有限和人类欲望的无限造成的资源选择和分配问题，即资源配置问题，资源配置是西方经济学研究的本质。关于资源配置问题的具体阐述如下：

1. 生产什么

由于资源是有限的，因此，人们在决定使用资源之前，必须明确生产什么。产品的生产是为了满足人们的需求，所以，生产什么应该依据消费者对于商品的需求程度进行选择。而厂商只有按照消费者的需求来生产，其产品才能售出，才有可能实现利润最大化。

2. 如何生产

即用什么方法来生产，生产方法实际是如何对各种生产要素进行分配和组合。这里生产方法其实就是资源配置最优的问题。资源配置最优的经济含义是，按最优原则对资源配置方式进行选择，使资源配置的经济效益最大。

3. 为谁生产

为谁生产即财富如何进行分配，由于资源是有限的，因此不能使全社会中每一个人的欲望同时得到满足。这就关系到分配的公平问题，一些人认为公平是指机会的均等，另一些人认为公平是分配结果的均等。很显然，按照机会均等进行分配更有利于提高效率。

【案例1-1】

如何看待"占座现象"？

经常看到学生"占座"这一现象，在大学图书馆里更是司空见惯。无论是三九严冬，还是烈日炎炎，总有一帮"占座族"手持书本忠诚地等候在教学楼或图书馆门前，大门一开，便争先恐后地奔入教室，瞅准座位，忙不迭地将书本等物品置于桌上，方才松了一口气，不无得意地守护着自己的"殖民地"。后来之人，只能望座兴叹，屈居后排。上课的视听效果大打折扣，因而不免牢骚四起，大呼"占座无理"。

（资料来源：http://wenku.baidu.com/view/6a6e097c915f804d2a16c104.html.）

【问题】你对占座问题如何看待？

正方：占座是体现效率的最好选择。

反方：占座不公平，有更好的座位分配制度。

你更支持哪种观点？

第二节　西方经济学的演变

资产阶级经济学从其产生到现在，经历了重商主义、古典政治经济学、新古典经济学和新古典综合经济学四个阶段。这四个学派分别提出了自己的观点，这一节将对西方经济学的演变过程进行详细阐述。

一、重商主义

重商主义最早产生于 15 世纪，全盛于十六七世纪。重商主义者认为，金银是唯一的财富，通过对外贸易中的顺差，获得本国财富的增加。因此，国家应积极支持出口贸易，实施促进对外贸易的保护主义政策。这种贸易保护主义思想一直延续到现在。重商主义主要代表人物有英国经济学家托马斯·曼、法国经济学家安·德·孟克列钦等。

二、古典政治经济学

1776 年，亚当·斯密出版的《国富论》是古典政治经济学的主要代表，这部著作奠定了经济学第一个完整的理论体系。亚当·斯密提出了"看不见的手"理论，这一理论是西方经济学的理论基础。同时，他反对国家积极干预经济活动，希望政府实行自由放任政策，让资本主义自由发展。亚当·斯密认为商品是财富的代表，劳动是财富的源泉，从而奠定了劳动价值论的基础。同为古典政治经济学派的代表人物还有大卫·李嘉图、让·巴蒂斯特·萨伊等。

三、新古典经济学

新古典经济学的形成和讨论从 19 世纪 70 年代的"边际革命"开始，到 20 世纪 30 年代结束。19世纪70年代初，英国的杰文斯、法国的瓦尔拉斯和奥地利的门格尔几乎在同时出版了关于边际效用价值论的著作。边际效用价值论为古典主义经济带来了一场"边际革命"。边际效用价值论认为商品的价值是由消费者的主观评价，即消费者获得商品的边际效用大小决定的，认为价值不是商品本身的属性，是消费者对其的评价和感受。

英国剑桥经济学家马歇尔于1890年出版的《经济学原理》中，通过整理当时的各种理论，将消费需求分析与生产供给分析结合在一起，提出成本和效用通过相互作用，共同决定了商品的价值，并用需求曲线与供给曲线的交点来表示均衡价格。由此，现代微观经济体系及其基本内容建立起来了。

四、新古典综合经济学

1929年爆发的资本主义世界大危机，以及资本主义市场的自动调节功能在解决充分就业问题上出现失灵，使得新古典经济学遭受质疑。1936年英国经济学家凯恩斯出版了《就业、利息和货币通论》，著作中首先否定了"能够自动创造需求"的萨伊定律，反对新古典经济学不承认"非自愿失业"存在的观点。同时，他还提出有效需求理论，指出资本主义市场经济中，由于存在边际消费倾向、资本边际效率和流动偏好三大规律，资本主义社会经常处于非充分就业的均衡状态。所以，他提出资本主义国家应该通过干预经济生活来解决社会中的失业和经济周期波动的问题。凯恩斯的观点被认为是经济学史上的第三次革命，凯恩斯也被称为"宏观经济学之父"。

1948年美国经济学家萨缪尔森出版了《经济学》，他及其他学者将凯恩斯的宏观经济学与新古典经济学的理论相结合，形成了新古典综合经济学。同时，萨缪尔森认为通过运用货币政策和财政政策，可以实现改善就业的想法。

第三节 经济学的研究方法

西方经济学的双重性质决定了可以用多种分析方法研究西方经济学，经济理论是对各种经济问题的分析，运用多种研究方法探寻经济现象本身的客观规律是经济学研究的宗旨。

1. 均衡分析

均衡分析是在假定经济体系中的经济变量既定的条件下，考察体系达到均衡时所出现的情况以及实现均衡所需要的条件。均衡分析法是经济理论研究的一种重要方法和必要抽象。均衡分析包括一般均衡分析和局部均衡分析。一般均衡分析是研究整个经济体系的价格和生产量达到的均衡，它认为市场上各种商品的价格、供求关系是相互依存和相互影响的，并从这一角度出发考察各种商品的价格和供求达到均衡状态下的价格决定问题。局部均衡分析是指研究某一特定时间、特定市场的某种商品的价格或供求量所达到的均衡。

2. 静态分析与动态分析

静态分析是指经济分析中把注意力集中在均衡位置的学说。在假定人口、资本数量、生产技术、需求状况不变的条件下，阐述什么是经济变量的均衡状态以及达到均衡状态所需具备条件的问题。

动态分析与过程分析相联系，讨论在一定条件下，各种变量如何随时间推移而变化，以及由此带来的从一个均衡到后一个均衡的调整或运动的过程。它着重研究在静态分析中那些假定不变的因素在时间推移过程中发生变化时，将如何影响一个经济系统的运动。

3. 经济模型法

经济模型法是用来描述同研究对象有关的经济变量之间依存关系的理论。它将被研究问题的最重要因素、过程和联系突出出来，把复杂的变量简化和抽象为几个变量，并按其相互联系建立模型，使用经济模型可以将复杂的经济问题简单化。

4. 边际分析法

边际分析法是一种决策方法，通过对增量的对比来决定是否采取或取消一种经济行为。它常被用来分析两种或两种以上可变因素之间的关系。利用边际数量分析经济变量的相互关系及其变化规律就是边际分析法。用边际分析法容易判断自变量 X 增加一个单位时因变量 Y 的变化规律。

第四节 经济学分类

根据不同的标准可以将经济学分为很多类，根据研究对象和研究目的的标准对经济学进行分类。

一、宏观经济学与微观经济学

依据研究对象的不同可以将西方经济学分为宏观经济学与微观经济学。

1. 宏观经济学

宏观经济学研究整个国民经济活动，即研究国民经济中有关总量的决定及其变化。比如，研究总需求、总产量、总就业量和经济增长等经济总量问题。宏观经济学是运用宏观或总量分析的方法研究资源的配置问题。它以整个社会经济为研究的对象，研究经济总量之间的关系。因为宏观经济学以收入和就业为中心，所以宏观经济学涉及的主要内容包括收入理论、就业理论、失业与通货膨胀理论、经济增长与波动理论等。

2. 微观经济学

微观经济学是以个体经济行为为研究对象的，即以经济活动中单个家庭、厂商的行为及产品作为研究对象。微观经济学说明企业如何用最小的要素成本生产出最大的产品价值量，从而实现生产效率，获得最大利润。消费者在各种不同的商品中进行相应选择，用有限的收入从所购买的商品中获得最大满足。微观经济学实际上是研究市场的作用、价格的决定和资源与收入的分配问题的。微观经济学研究的主要理论包括均衡价格理论、消费者行为理论、生产者行为理论、市场理论、分配理论等。

【案例1-2】

宏观经济与微观经济

"非典"之后，中国的经济继续保持很高的增长速度。当时有人预测说，2003年最起码会有8%的经济增长，这种说法是完全可信的。因为以当时不断创出纪录的信贷增长水平和每年不断吸纳高达数百亿美元的外资来看，呈现出这样的增长速度并不令人奇怪。然而值得我们注意的是，在微观层面上，在行业或企业中，其表现形态又是另一幅情景：当时在国内，中关村科技发展公司刚刚宣布，公司2013年上半年亏损额高达5818万元。其解释是上半年公司各项业务均受到非典型性肺炎疫情的影响，加之各项费用居高不下，致使公司上半年总体经营出现了亏损。除此之外，国内在香港上市的很多公司都在香港举行了信息发布会，它们在这些发布会上向投资者传达得最多的信息就是：首先，我们亏损了；其次，原因在于"非典"。

由此，一个令人疑惑不解的问题就出现在我们面前：这么多"有钱上市"的上市公司都宣布因"非典"造成了重大损失。而我们的宏观经济却看不出来。在宏观层面上，我们看到了经济增长所带来的各种欣欣向荣的现实景象；但在微观层面上，我们看到了企业经营的失败，看到了失业数字的上升，看到了财富分配的不均衡。这一切意味着什么？是中国经济的宏观与微观存在重大差别吗？

其实，这种差异现象是经济发展模式所造成的。

我们现在的经济发展模式是一种注重宏观的模式。应该引起人们注意的是，以宏观为重点的发展模式正在中国走向绝对化，而这种绝对化的宏观倾向，不仅使中国的经济发展具有相当大的潜在危险性，而且使宏观经济与微观经济之间出现了本不应该有的矛盾和对抗。

我们已经看到，在我们的经济增长模式中，对投资的依赖几乎达到绝对化的程度，丧失了投资，我们的经济增长会不可想象，因为投资增长就是经济增长。在经济学界，大家把这种形态的经济发展模式称为"投资拉动型"的经济增长。这种经济增长模式，实际上是一种靠钱堆出来的经济增长，而这种靠钱堆出来的经济增长，恰似建立在沙滩上的增长模式，是难以承受任何风浪的增长模式，一旦资金供给的链条出现断裂，那么一切都将得而复失。

在注重宏观的经济发展模式中，表面上的东西在实际中总是很受推崇，因为很多时候表面确实就代表着整体。于是，我们可以不在意增长的细节，可以不在意方式和手段，我们可以做很多别的国家无法做到的事情。如为了"发展"，有的地方大搞假冒伪劣商品；为了"大局"，有的地方可以牺牲环境；等等。但我们必须明白一点，即这种宏观经济的模式是不可持续的模式。一个国家的真实实力永远是内在的东西。即使在宏观层面上，国家实力也会体现在消费而不是投资上，它应该体现在民众的富有、民营企业的发达之上，因为民众和民营企业才是一个国家的财富根基。

种种现象都表明，宏观经济和微观经济的差异是明显的。不同发展模式的结果也是有差异的。在中国市场日益开放的大背景下，各种矛盾日益表现出来并不为怪，但关键是我们要正视这种差异，及时进行调整，逐渐从宏观走向微观。

（资料来源：2003年9月15日的《经济观察报》。）

二、实证经济学与规范经济学

依据研究目的的不同，西方经济学可以划分为实证经济学和规范经济学。

1. 实证经济学

实证经济学只考虑建立经济事物实践关系的规律，并在规律的作用下分析和预测人们的经济行为，分析过程中排斥价值判断和主观评价。它回答的是"是什么"的问题，并不对现象进行好或坏的评价，它所研究的内容具有客观性，其结论可以通过经验事实进行验证。

2. 规范经济学

与实证经济学相对应的就是规范经济学，规范经济学把一定的价值判断作为基础，并提出行为标准作为分析处理问题的依据，同时探究如何才能符合这些标准。它所说明和回答的问题是：经济活动"应该是什么"或"应该怎样解决这些问题"它所研究的内容没有客观性，所得结论无法通过经验事实进行验证。它涉及的是非善即恶的评价问题。

练习题

一、名词解释

1. 资源配置
2. 实证经济学
3. 均衡分析

二、选择题

1. 经济学可定义为（　　）。

    A. 政府对市场制度的干预　　　　　　　　B. 消费者如何获取收入

    C. 研究如何最合理地配置稀缺资源于诸多用途　　D. 企业取得利润的活动

2. "资源是稀缺的"是指（　　）。

    A. 世界上大多数人生活在贫困中

    B. 相对于资源的需求而言，资源总是不足的

    C. 资源必须保留给下一代

    D. 世界上的资源最终将由于生产更多的物品和劳务而消耗光

3. 现有资源不能充分满足人的欲望的这一事实被称为（　　）。

    A. 机会成本　　　B. 稀缺性　　　C. 规范经济学　　　D. 生产什么的问题

4. 微观经济学最终解决的问题是（　　）。

    A. 资源最佳配置　　B. 资源最佳利用　　C. 资源配置与利用　　D. 以上都是

5. 当经济学家说人们是理性的时候，是指（　　）。

    A. 人们不会做出错误的判断

    B. 人们总是会从自己的角度出发做出最好的决策

    C. 人们根据完全的信息而行事

    D. 人们不会为自己所做出的任何决策而后悔

三、分析说明题

请分析西方经济学研究的对象。

第二章 供求论

学习目的

1. 熟悉需求、供给、均衡价格、弹性的概念
2. 了解均衡价格的计算方法
3. 掌握供求分析的方法
4. 掌握弹性理论

重点

供求定理、均衡价格决定理论

难点

需求曲线、均衡与弹性分析

引导案例

"是先有蛋还是先有鸡"

有一个问题经常不能说清：究竟是先产生需求再产生供给，还是先产生供给才产生需求？这有点像问"是先有蛋还是先有鸡"。可能有时候是需求带动供给，很多新产品就是在人们强烈的需求下产生的；也有时候是供给诱导需求，比如新潮的时装常常是被提供出来之后才左右了人们的视线，引发了人们的需求。但在某一种商品的价格决定中，供给与需求就像一把剪刀的两个刀片，作用是不分彼此共同决定一种商品的价格；同时价格又像一只无形的手在市场经济中自发地调节需求、调节供给，调节的最终结果是使市场达到了均衡——社会资源配置合理。

总之，许多的东西在经济学家眼里都成了产品，都可以从供给和需求的角度来进行分

析。需求是提供产品的动力，供给是满足需求的前提。比如要兴办教育，是因为存在大量的对"教育"产品有需求的人，而有了"教育"产品的供给，才能满足对"教育"产品的需求。如果想上学的都能上学，教育资源得到充分利用，也就达到了教育市场的供求平衡。

（资料来源：梁小民. 微观经济学纵横谈［M］. 北京：生活·读书·新知三联书店，2000.）

【问题】怎样认识经济学中的需求与供给问题？结合案例分析。

学习微观经济学，有必要首先了解微观经济学的研究对象、基本假设条件和理论体系框架。本章将对微观经济学中需求曲线和供给曲线以及有关的基本概念进行简要介绍。

第一节　需求理论

消费者是许多商品的需求者，那么，什么是需求呢？商品的需求是指消费者在一定时期内，在各种可能的价格水平下，愿意而且能够购买的该商品的数量。根据这个定义，商品的需求由两部分构成，即购买意愿和购买能力。购买意愿是消费者对商品需求的偏好，购买能力是消费者购买商品的经济承担能力。如果消费者对某种商品只有购买的欲望，但是没有支付能力，就不能称为需求。既有购买意愿又有购买能力的需求，才是有效需求。

一、需求函数

一般来讲，消费者对商品的需求受到多方面因素的影响，可以分为宏观和微观两个方面。例如，商品的价格、相关产品的价格、消费者的收入水平、消费者对于商品的喜爱和偏好、消费者对商品价格的预期、商品在社会中的流行趋势、宏观社会经济状况、国家相关政策的变动等。它们会从不同方面不同程度地影响商品的价格。其影响情况如下：

1. 商品本身的价格

大众商品的价格变动与其需求量呈反向关系。即商品价格上升，其需求量会减少；商品价格下降，其需求量会增加。

2. 消费者的收入水平

消费者的收入水平与商品的需求量变化之间的关系分为两种情况。对于一般商品来说，当消费者的收入水平提高时，其会增加对商品的需求量。当消费者的收入水平降低时，其会减少对商品的需求量。即消费者的收入水平与商品的需求量呈现出同方向变化。对于低档商品而言，消费者的收入水平则与商品的需求量呈反方向变化。

3. 相关商品的价格

一种商品本身的价格发生变化，也会影响其相关商品需求量的变动。而和它相关的其他商品的价格发生变化时，这种商品本身的需求量也会发生变化。例如，如果苹果价格上涨，那么消费者可能会增加对香蕉或者鸭梨的需求。这里苹果与香蕉和鸭梨之间存在替代关系。替代关系是指两种商品可以相互代替来满足同一种欲望。这种有替代关系的商品，当一种商品（如苹果）价格上涨时，人们对另一种商品（如香蕉）的需求就增加。由于苹果价格上升，人们会减少对苹果的购买，因此会增加对香蕉等其他水果的需求。另一种相关商品之间存在的却是互补关系。互补关系是指两种商品共同满足一种欲望，它们之间是互相补充的。例如，乒乓球和球拍。这种有互补关系的商品，当一种商品（如球拍）价格上升时，人们对另一种商品（如乒乓球）的需求就减少。某种商品的互补商品价格变化会引起该商品需求量反方向变动。

【案例2-1】

钯金与铂金之争

2004年春季，杭州的商场里出现了一种新的首饰——钯金首饰。这种首饰一出现，就表现出要和铂金争宠的姿态，其各项特性的介绍都以铂金作为参照，在一家钯金首饰店的宣传册上，明确写着："钯金是继黄金、白银、铂金之后贵金属的新贵——钯金硬度和耐久性与铂金相比难分伯仲。"除此之外，引人瞩目的还有钯金的标价。2004年4月，铂金首饰在杭州市场上的标价是300元/克，达到了历史最高价，而在2003年2月，铂金的价格只有220元/克，2002年2月是150元/克。相比而言，钯金在2004年4月的标价是168元/克，大约相当于铂金价格的一半。

国际铂金协会在一份对各珠宝企业的信函中称，以钯制作首饰并无多少历史可以追溯，因此许多国家对钯都没有官方正式的认可。钯主要是一种能令黄金变白的合金或是加入铂金中的一种合金。虽然它的一些特性类似于铂金，但它很轻，缺乏质感。在价格方面，钯金的价格远远低于铂金，并且它的价格波动比铂金要大得多。钯是铂族中最轻的一种金属，密度只是铂的56%，它和银十分相似。

对铂金协会的态度，做首饰的企业显然不服气，"钯也有过显贵之日，只是它少了名分而已"！在众多企业的要求下，上海宝石协会专门致函我国首饰标准化技术委员会，要求为钯金讨说法，认为铂金不应该独享"白金"的名号。而全国首饰标准化技术委员会正在对此进行紧急商讨。

钯和铂在首饰业中一直主副地位明确，为什么这时候会出现纷争？说到底还是两者可替代性太强，当铂金价格高至企业几乎无利可图的时候，企业为了追逐利润最大化，转而寻求用更便宜的钯来替代铂。目前铂金的进价就需要 250 元/克，可是零售价只有 300 元/克，差价每克不到 50 元。而钯的进价是每克 80 多元，此前几个月的价格更低，只要 60 多元，零售价却是每克 168 元，差价可以达到每克 100 元左右。难怪首饰企业想尽办法推广钯金首饰。

（资料来源：2004 年 4 月 22 日的《都市快报》。）

为了研究商品价格与需求量之间的关系，我们可以根据影响商品需求的多种因素，建立一个多变量的需求函数，表示在某特定时期内，商品的购买量与这些因素之间的关系。但是，我们发现，如果将影响商品价格的所有因素都考虑进去，研究将变得非常困难，为了简化分析，我们假定一些次要因素在一个不变化的范围内，只研究主要因素与需求之间的关系。在众多因素中，商品的价格是影响其需求的最主要因素。因此，分析商品需求函数时，假定其他因素保持不变，仅仅分析商品的价格与该商品需求量之间的关系，即把一种商品的需求量看作商品价格的函数，得到商品需求函数关系式如下：

$$Q^d = f(P) \tag{2-1}$$

式（2-1）中，P 为商品的价格；Q^d 为商品的需求量。需求函数 $Q^d = f(P)$ 表示一种商品的需求量和该种商品的价格之间存在一一对应关系。

二、需求表、需求曲线和需求定理

需求量与价格之间一一对应的函数关系可以用需求表和需求曲线表示。通过表（2-1）可以看到某商品的价格和需求量之间的函数关系。例如，商品的价格是 1 元时，商品的需求量是 700 斤，当价格上涨为 7 元时，商品的需求量下降为 100 斤。

表 2-1 某时期某一商品的市场需求

P-Q^d 组合	A	B	C	D	E	F	G
P（元）	1	2	3	4	5	6	7
Q^d（斤）	700	600	500	400	300	200	100

商品的需求曲线是根据需求表中商品不同的 P-Q^d 组合在平面坐标图上所绘制的一条曲线。图 2-1 是根据表 2-1 绘制的一条需求曲线，需求曲线用 d 表示。

图 2-1 中，横轴 OQ 表示商品的数量，纵轴 OP 表示商品价格。在平面坐标图上，把需求表中的 P-Q^d 组合所得到的点 A、B、C、D、E、F、G 连接起来的线，就是该商品的需求曲线，其通常形式为：

$$Q^d = \alpha - \beta \cdot P \tag{2-2}$$

式（2-2）中，α、β 为常数，且 α>0、β>0。该函数所对应的需求曲线是一条直线。

通过表2-1我们可以看到，商品价格提高，商品的需求量下降。图2-1中，需求曲线是向右下方倾斜的，即它的斜率是负值，表示需求量与价格之间呈反方向变化。一般来说，在其他情况不变的情况下，当某一商品的价格下降时，消费者愿意而且能够购买的这种商品的数量就会增加，当某一商品的价格上升时，消费者愿意而且能够购买的该商品的数量就会减少。商品需求量与其价格之间这种反方向变化的作用关系被称为需求定理。绝大多数情况下，一种商品越贵，其需求量就会越少。但也有少数商品例外，例如奢侈品，商品的需求量会随着商品价格的提升而增大。

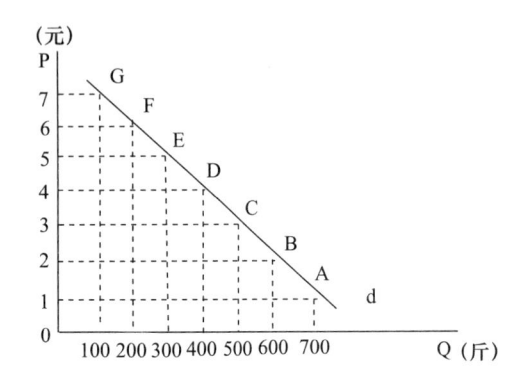

图2-1 某时期某一商品的需求曲线

三、需求量的变化和需求的变化

综合上述分析，我们知道商品的需求量除了受商品价格本身的影响外，还会受到许多其他因素的影响，而且这些因素也是经常变化的。在分析需求数量变动时，要区分由商品本身价格变动引起的需求量变动和由其他因素变动引起的需求的变动。商品自身价格变动所引起的变化是需求量的变动。所谓需求量的变动是指其他条件不变的情况下，商品本身价格变动所引起的需求数量的变动。如图2-2所示。当价格由 P_0 上升为 P_1 时，需求量由 Q_0 减少到 Q_1，需求曲线上的b点沿该需求曲线向上移动到a点。当价格由 P_0 下降到 P_2 时，需求量从 Q_0 增加到 Q_2，需求曲线上的b点沿该需求曲线向下移动到c点。可见需求量的变动是在同一条需求曲线上点的移动，向上方移动是需求量减少，向下方移动是需求量增加。

商品价格以外的其他因素影响需求数量的变动时，会引起需求的变动。所谓需求的变动是指商品本身价格不变的情况下，其他因素变动所引起的需求数量的变动。需求的变动表现为需求曲线的平行移动。如图2-3所示，价格 P_0 不变，其他因素发生变动，如收入发生变动。当收入减少时，需求从 Q_0 减少到 Q_1，需求曲线由 D_0 移动到 D_1；当收入增加时，需求从 Q_0 增加到 Q_2，需求曲线由 D_0 移动到 D_2。可见，需求曲线向左方移动是需求的减少，需求曲线向右方移动是需求增加。

需求的变化一定会引起需求量的变化。例如，当需求增加的时候，在各个价格下的需求量都增加了。但是，需求量的变化不一定引起需求的变化，例如，当需求量随着价格的上升而减少时，需求可以不变。

图 2-2　需求量的变动

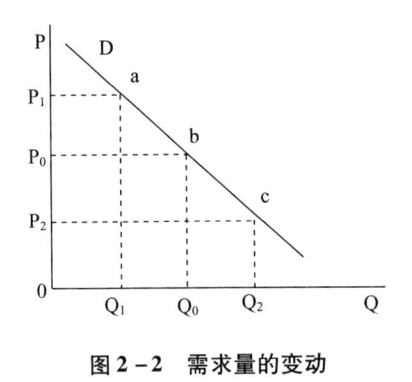

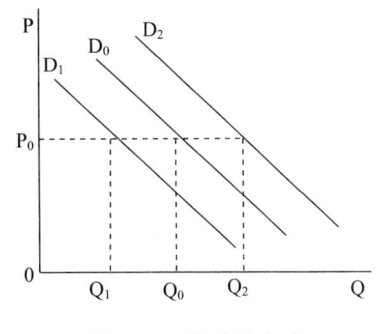

图 2-3　需求的变动

第二节　供给理论

供给和需求是相对应的。一种商品的供给是指生产者在一定时期内在各种可能的价格下愿意而且能够提供出售的该种商品的数量。根据上述定义，供给以生产者提供出售的能力和愿望为基础。所以，有效的供给是指生产者既有出售商品的意愿，又有提供出售商品的能力。

一、供给函数

供给函数是指商品供给量和影响商品供给量的各个因素之间的关系。影响商品供给量因素主要有商品自身的价格、生产商品的成本、相关商品的价格、技术水平、生产者对于商品价格的预期、政府的政策等。这些因素对商品供给量的因素可概括如下：

1. 商品的价格

一般来说，商品的供给量与商品的价格呈正向关系。一种商品的价格越高，其供给量就越大；商品的价格越低，其供给量就越小。

2. 生产的成本

在商品自身价格不变的条件下，生产成本上升会间接提升商品的价格，从而使商品的供给量减少；反之，则会使商品的供给量增加。

3. 生产的技术水平

在一般情况下，生产技术水平的提高可以提高劳动生产率，降低生产成本，提高资源的利用效率，从而增加供给量。

4. 相关商品的价格

如前所述，对于有互补关系的两种商品，其中一种商品价格上升，另一种商品的需求就会减少，从而价格下降，供给减少。反之，另一种商品的需求就会增加，从而价格上涨，供给增加。对于有替代关系的两种商品，一种商品价格上升，另一种商品的需求会增加，从而价格上涨，供给增加。反之，另一种商品的需求就会减少，从而价格下降，供给减少。

5. 政府的政策

政府的相关政策也会影响商品的供给，例如政府实施减免税收的政策，促进企业扩大生产，那么供给就会增加。

6. 生产者对于未来商品价格的预期

如果厂商对未来经济及自身经营持有乐观态度，那么其会增大供给，如果厂商持有消极态度，那么其会缩小供给。

在进行商品需求分析时，我们着重分析影响商品需求的价格因素，而假定其他因素保持不变。同样，在进行供给分析时，我们也只考察商品自身价格变动对其供给量变动的影响。在这种情况下，供给函数可以记作：

$$Q^s = f(P) \tag{2-3}$$

式（2-3）中，P 为商品的价格；Q^s 为商品的供给量。所以，这里我们研究的供给函数，是指商品的供给数量和其自身价格之间的一一对应关系。

二、供给表、供给曲线和供给定理

供给量与价格之间一一对应的函数关系可以用供给表和供给曲线表示。通过表 2-2 可以看到某商品的价格和供给量之间的函数关系。例如，商品的价格是 2 元时，商品的供给量是 200 斤，当价格上涨为 3 元时，商品的供给量上升为 300 斤，如此等等。

表 2-2 某时期某一商品的市场供给

P - Q^s 组合	A	B	C	D	E
P（元）	2	3	4	5	6
Q^s（斤）	200	300	400	500	600

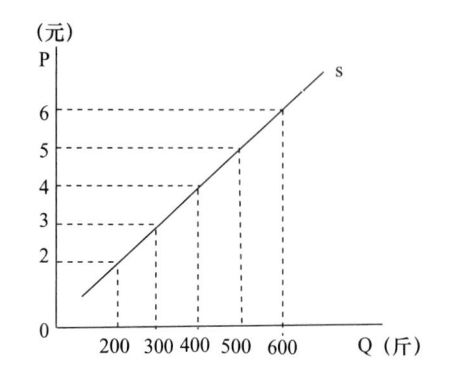

图 2-4 某时期某一商品的供给曲线

商品的供给曲线是根据供给表中商品不同的 P - Q^s 组合在平面坐标图上所绘制的一条曲线。图 2-4 是根据表 2-2 绘制的一条供给曲线，供给曲线用 s 表示。

图 2-4 中，横轴 OQ 表示商品的数量，纵轴 OP 表示商品价格。在平面坐标图上，把供给表中的 P - Q^s 组合所得到的点 A、B、C、D、E 连接起来的线，就是该商品的供给曲线，其通常形式为：

$$Q^s = -\delta + \gamma \cdot P \qquad (2-4)$$

式（2-4）中，δ、γ为常数，且 δ>0、γ>0。该函数所对应的供给曲线是一条直线。通过表2-2我们可以看到，商品价格提高，商品的供给量增加。图2-4中，供给曲线是向右上方倾斜的，即它的斜率是正值，表示供给量与价格之间呈正方向变化。一般来说，在其他情况不变的情况下，当某一商品的价格上涨时，卖者或生产者愿意而且能够提供的这种商品的数量就会增加，当某一商品的价格下降时，卖者或生产者愿意而且能够提供的该商品的数量就会减少。商品供给量与其价格之间这种呈正向变化的作用关系被称为供给定理。

三、供给量的变化和供给的变化

综合上述分析，我们知道商品的供给量除了受商品价格本身的影响外，还会受到许多其他因素的影响。在分析供给数量变动时，要区分由商品本身价格变动引起的供给量变动和由其他因素变动引起的供给的变动。所谓供给量的变动是指其他条件不变的情况下，商品本身价格变动所引起的供给数量的变动。如图2-5所示。当价格由 P_0 上升为 P_1 时，供给量由 Q_0 增加到 Q_1，供给曲线上的 b 点沿该供给曲线向上移动到 a 点。当价格由 P_0 下降到 P_2 时，供给量从 Q_0 减少到 Q_2，供给曲线上的 b 点沿该供给曲线向下移动到 c 点。可见供给量的变动是在同一条供给曲线上点的移动，向上方移动是供给量增加，向下方移动是供给量减少。

商品价格以外的其他因素影响供给数量的变动时，会引起供给的变动。所谓供给的变动，是指在商品本身价格不变的情况下，其他因素变动所引起的供给数量的变动。供给的变动表现为供给曲线的平行移动。如图2-6所示，价格 P_0 不变，其他因素发生变动，如生产要素价格。当生产要素价格下降时，同样的价格水平下，生产者所得的利润将会增加，从而产量增加，供给从 Q_0 增加到 Q_1，曲线由 S_0 移动到 S_1；当生产要素价格上升时，供给从 Q_0 减少到 Q_2，供给曲线由 S_0 移动到 S_2。可见供给曲线向右方移动是供给增加，供给曲线向左方移动是供给减少。

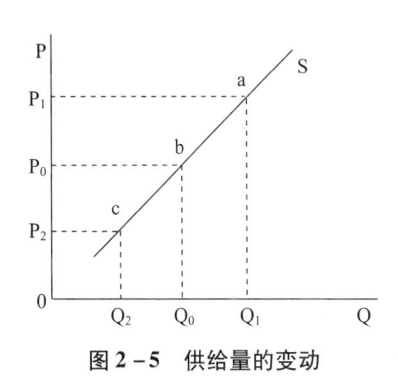

图 2-5 供给量的变动

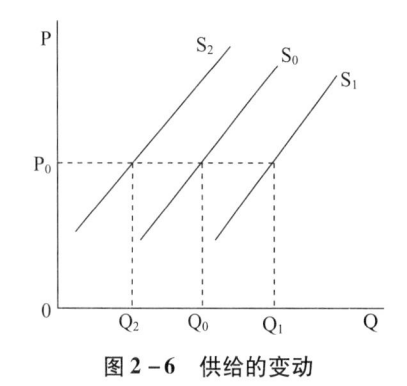

图 2-6 供给的变动

第三节 均衡价格

我们已经了解到,供给曲线说明了生产者对某种商品在每一价格下的供给量情况,需求曲线说明了消费者对某种商品在每一价格下的需求量情况,但是还不了解商品本身价格是如何决定的。微观经济学中商品的价格是商品的均衡价格。商品的均衡价格是在商品的市场需求与供给的共同作用下形成的。

一、均衡价格的形成

均衡是一个被普遍运用的概念。经济学中的均衡是指经济变量在两种相反力量的相互作用下,达到一种相对静止的、平衡的状态。西方经济学用"均衡"来说明市场需求和市场供给两种相反的力量变化影响市场价格的变动趋势,以及市场价格变动影响需求和供给变动的趋势。图2-7说明了均衡价格形成的过程:图中自左上方向右下方倾斜的市场需求曲线D与自左下方向右上方倾斜的市场供给曲线S相交于点E,点E被称为均衡点,均衡点上的价格P_e和数量Q_e分别被称为均衡价格和均衡数量。

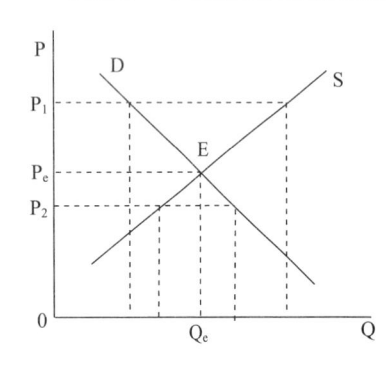

图2-7 均衡价格的形成

均衡不仅是市场供求关系中自发形成的,而且均衡价格的形成也是市场价格机制的调节过程。市场价格调节机制是指价格具有的调节市场供求达到一致而使稀缺资源按需分配的功能。

二、均衡价格的变动和供求定理

【案例2-2】

基于供求模型的房价分析

近年来,在多方面因素的影响下,房地产价格呈现快速上涨、逐年攀升的趋势。根据调查显示,2013年3月,中国70个大中城市中,68个城市房价环比上涨,"北上广深"等一线城市涨幅居前。房价的快速上涨制约了普通居民居住意愿的实现,既影响国民经济的健康发展,也波及社会的稳定,成为社会各界普遍关注的问题。

导致近几年房价快速上涨的原因有很多,有经济快速发展下的合理因素,也有利益驱动下的投机行为;有住房消费观念的影响,也有深层次的制度制约。这些因素的共同作用,最终体现为房地产市场供求关系的过度失衡。

一方面,中国房地产市场有效需求过于旺盛,这体现在以下几个方面:第一,房改使自住需求大幅度上升。第二,中国处于城市化的经济发展和经济起飞阶段,因而形成了比较大的自住购房需求。第三,居民对房价的"预期"导致当前有效需求增加。第四,投资方式偏少导致居民对住房投资增加。

另一方面,房地产市场有效供给则显得严重不足,具体表现如下:第一,一些开发商采取的非对称信息的市场手段减少了房地产市场的有效供给。第二,房地产供给结构不合理也是房地产市场有效供给不足的重要原因,与居民基本需求密切相关的普通住房虽然需求大,但由于开发利润低而供给量很小。第三,现行的土地供应方式也影响着商品房的价格。在现行的土地创收制度下,土地出让收入是一些地方政府的主要财政来源,当地政府为了自身利益,希望以较高的出让价格供给有限的土地,这无疑增加了商品房的生产成本,导致城市土地价格和商品住宅价格一路攀升。

(资料来源:http://wenku.baidu.com/view/6a6e097c915f804d2a16c104.html? from = search.)

【问题】

1. 分析本案例中我国房地产市场均衡价格的形成及其变动。
2. 分析影响房地产市场均衡价格变动的各种因素。

一种商品的均衡价格是由该类商品的市场需求曲线与市场供给曲线的交点决定的,所以,需求曲线或者供给曲线的位置移动会使均衡价格水平发生变化。

1. 需求变动对均衡的影响

假设某商品的市场供给不变,即图2-8中的供给曲线位置不变。当人们对该种商品的需求增加时,需求曲线会向右移动,由D_0向右移到D_1,均衡点由E_0上升到E_1,均衡价格由P_0上升到P_1,均衡数量由Q_0增加到Q_1。当人们对该种商品的需求减少时,需求曲线会向左移动,由D_0向左移到D_2,均衡点由E_0下降到E_2,均衡价格由P_0下降到P_2,均衡数量由Q_0减少到Q_2。由此发现,若供给不变,需求的变化将引起均衡价格和均衡数量同方向的变化。并且,凡是导致需求曲线移动的因素发生变化就将导致

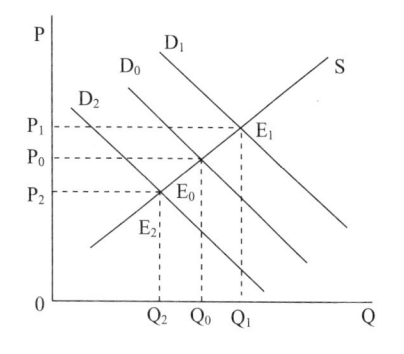

图2-8 需求变动对均衡的影响

市场均衡点的移动。

2. 供给变动对均衡的影响

假设某商品的市场需求不变，即图2-9中的需求曲线位置不变。当厂商对该种商品的供给增加时，供给曲线会向右移动，由 S_0 向右移到 S_1，均衡点由 E_0 下降到 E_1，均衡价格由 P_0 下降到 P_1，均衡数量由 Q_0 增加到 Q_1。当厂商对该种商品的供给减少时，供给曲线会向左移动，由 S_0 向左移到 S_2，均衡点由 E_0 上升到 E_2，均衡价格由 P_0 上升到 P_2，均衡数量由 Q_0 下降到 Q_2。由此发现，若商品需求不变，供给的变化将引起均衡价格反方向变化，引起均衡数量同方向的变化。并且，凡是导致供给曲线移动的因素发生变化就将导致市场均衡点的移动。

3. 供求定理

根据上述分析，供给和需求的变动会对均衡价格和均衡数量产生影响。即在其他条件不变的情况下，需求变动会引起均衡价格和均衡数量的同方向变动；供给变动会引起均衡价格的反方向变动，引起均衡数量的同方向变动。这个变动关系在微观经济学中称为"供求定理"。

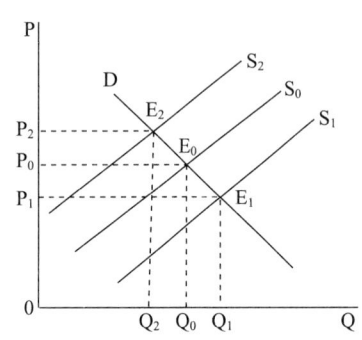

图2-9 供给变动对均衡的影响

上述分析我们是以供求双方中一方不变为前提的，但在实际经济生活中，大多数情况下是双方都在变化的，并且共同对均衡价格和均衡数量产生影响。我们可以通过运用供求定理的知识，了解价格和产量的变动是由供给变动造成的，还是由需求变动引起的。

（1）供求同时同方向变动。在这种情况下，均衡数量将同时增加或减少，而均衡价格的变动由供求变动的相对量决定。如果需求曲线移动的幅度大于供给曲线移动的幅度，均衡价格上升；如果需求曲线移动的幅度小于供给曲线移动的幅度，均衡价格下降；如果两条曲线移动的幅度相同，均衡价格则保持不变。

（2）供求同时反方向变动。在这种情况下，均衡价格总是按照需求的变动方向变动，而均衡数量的变动则取决于供求双方变动的相对量。如果供给曲线移动的幅度小于需求曲线相反移动的幅度，均衡数量减少；如果供给曲线移动的幅度大于需求曲线相反移动的幅度，均衡数量增加；如果两者变动的幅度相同，均衡数量则保持不变。

第四节 弹性理论

需求量与供给量的变动会不同程度地影响价格的变动，价格的变动也会影响需求量和供给量的变动。有些商品价格变动的幅度小，但需求量或供给量变动的幅度大；而有一些商品价格变动的幅度大，但需求量或供给量变动的幅度小。弹性理论正是要说明价格变动与需求量或供给量变动之间的关系。弹性分为需求弹性和供给弹性。

一、需求弹性

依据影响需求变化的因素不同，可将需求弹性划分为多种形式，例如需求的价格弹性、需求的收入弹性与需求的交叉弹性，其中最重要的是需求的价格弹性，通常我们所说的需求弹性指的就是需求的价格弹性。

1. 需求的价格弹性

需求的价格弹性表示在一定时期内，一种商品需求量的变动对该商品价格变动的反应程度。用 e_d 表示需求价格弹性系数，需求价格弹性系数的公式为：

$$e_d = -\frac{\frac{\Delta Q}{Q}}{\frac{\Delta P}{P}} = -\frac{\Delta Q}{\Delta P} \cdot \frac{P}{Q} \tag{2-5}$$

由式（2-5）可知，需求价格弹性系数是一个负数，因为价格变动与需求量的变动呈反比；同时，需求的价格弹性是两个变量变化的百分率之比，与计量单位无关。

2. 需求价格弹性的分类

值得注意的是，需求价格弹性与需求曲线的斜率是两个不同的概念，需求价格弹性是 P 与 Q 变化的百分率之比，后者是 P 与 Q 变化之比。一般情况下，需求曲线斜率越大，弹性系数越小；需求曲线斜率越小，弹性系数越大。根据需求价格弹性系数的大小，可以把需求价格弹性区分为五种类型。

（1）需求完全无弹性。即 $e_d = 0$。在这种情况下，无论价格如何变动，需求量都不会变动，这时的需求曲线是一条与横轴垂直的线。如图 2-10 中的 D_1。

（2）需求有无限弹性。即 $e_d \to \infty$。在这种情况下，当价格既定时，需求量是无限的。这时的需求曲线是一条与横轴平行的线。如图 2-10 中的 D_2。

（3）需求单位弹性。即 $e_d = 1$。在这种情况下，需求量变动的比率与价格变动的比率相等。这时的需求曲线是一条正双曲线，如图 2-10 中的 D_3。

（4）需求缺乏弹性。即 $0 < e_d < 1$。在这种情况下，需求量变动的比率小于价格变动的比率。这时的需求曲线是一条比较陡峭的线，如图 2-10 中的 D_4。

（5）需求富有弹性。即 $e_d > 1$。在这种情况下，需求量变动的比率大于价格变动的比率。这时需求曲线是一条比较平坦的线，如图 2-10 中的 D_5。

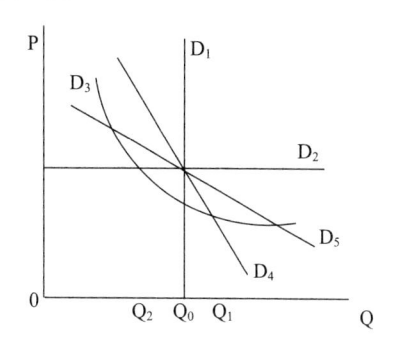

图 2-10 需求价格弹性

3. 需求价格弹性的影响因素

（1）消费者对获得商品的渴望程度。一般生活必需品的需求价格弹性较小，例如粮食；而奢侈品的需求价格弹性较大，例如珠宝等。

（2）商品的可替代性。如果一个商品有许多替代品，即其可替代程度大，那其需求价格弹性就较大，否则，其需求价格弹性就较小。例如水果市场上，若苹果价格上升，消费者就会降低对苹果的需求，转而购买其他种类的水果，苹果的需求价格弹性就较大。而对于食盐来说，因为其没有很好的替代品，所以食盐的价格变动所导致的需求量的变化很小，食盐的需求价格弹性较小。

（3）商品消费支出占家庭消费总支出的比重。一般来说，一种商品的消费支出占家庭消费总支出的比重越高，则该商品的需求价格弹性越大；反之，则该商品的需求价格弹性越小。例如，在美国，香烟支出占家庭支出的比例很小，其需求价格弹性为 0.3~0.4，而汽车支出在家庭支出中占的比例很大，其需求价格弹性是 1.2~1.5。

（4）商品用途的广泛性。一般来讲，商品的用途越是广泛，它的需求价格弹性可能越大；反之亦然。

（5）商品的耐用程度。一般来说，使用时间长的耐用消费品的需求价格弹性相对较大，而使用时间短的非耐用消费品的需求价格弹性则相对较小。

4. 点弹性与弧弹性

需求的价格弹性可分为点弹性和弧弹性。点弹性是指需求曲线上某一点的弹性。它等于需求量变化的比率与价格变化的比率之比。设商品的价格由 P_1 变动到 P_2，需求量由 Q_1 变为 Q_2，则点弹性的公式：

$$e_d = \frac{Q_2 - Q_1}{Q_1} \div \frac{P_2 - P_1}{P_1} \tag{2-6}$$

点弹性适用于价格和需求量变化较小的情况，如果商品价格与需求量的变化较大，则需要运用弧弹性进行描述。在计算一条需求曲线同一段弧的弹性系数时，价格上升和价格下降时弹性系数是不相同的，如图 2-11 中所示。

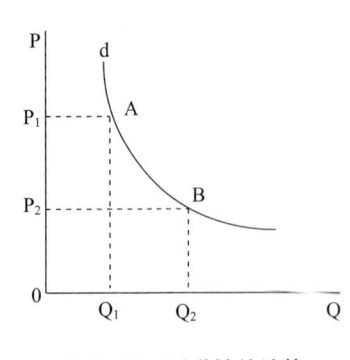

图 2-11 弧弹性的计算

在需求曲线上，A 点为 P_1、Q_1，B 点为 P_2、Q_2，$P_1 > P_2$，$Q_1 < Q_2$，A 点到 B 点的需求价格弹性为 $\frac{\Delta Q}{Q_1} / \frac{\Delta P}{P_1}$，B 点到 A 点的需求价格弹性为 $\frac{\Delta Q}{Q_2} / \frac{\Delta P}{P_2}$，需求价格弹性是不同的。为了消除这种弹性上的差异，价格和需求量都取变动中的平均值。所以，计算弧弹性的公式为：

$$e_d = \frac{\frac{Q_2 - Q_1}{\frac{Q_2 + Q_1}{2}}}{\frac{P_2 - P_1}{\frac{P_2 + P_1}{2}}} \quad (2-7)$$

5. 需求的收入弹性

消费者收入是影响需求量的又一重要因素。需求的收入弹性表示在一定时期内，消费者对某种商品需求量的变动对于消费者收入量变动的反应程度。用 e_m 表示需求收入弹性系数，需求收入弹性系数的计算公式：

$$e_m = \frac{\frac{\Delta Q}{Q}}{\frac{\Delta M}{M}} = \frac{\Delta Q}{\Delta M} \cdot \frac{M}{Q} \quad (2-8)$$

需求收入弹性系数可以是正数、负数，也可以是零。如果某种商品的需求收入弹性系数大于零，即 $e_m > 0$，表示消费者收入的增加将引起该商品需求的增加，即商品的需求量与收入水平呈同方向变化，则这种商品为正常品。如果某种商品的需求收入弹性系数小于零，即 $e_m < 0$，表示消费者收入的增加将引起该商品需求的减少，即商品的需求量与收入水平呈反方向变化，则这种商品为劣质品。同时，同一种商品在不同的收入水平上，收入弹性是不同的。

6. 需求的交叉弹性

相关商品的价格也是影响商品需求量的一个重要因素。需求的交叉弹性是指一定时期内，一种商品的需求量的变动对于它的相关商品价格变动的反应程度。商品需求量对相关商品价格的反应程度用 e_{xy} 表示，e_{xy} 即需求交叉弹性系数，其公式：

$$e_{xy} = \frac{\frac{\Delta Q_x}{Q_x}}{\frac{\Delta P_y}{P_y}} = \frac{\Delta Q_x}{\Delta P_y} \cdot \frac{P_y}{Q_x} \quad (2-9)$$

运用需求的交叉弹性可以对商品间的关系进行划分，如果需求交叉弹性系数是正数，那么这两种商品之间是替代品；如果需求交叉弹性系数是负数，那么两种商品之间是互补品；如果需求交叉弹性系数为零，那么这两种商品之间不存在相关关系。

二、供给弹性

类似于需求弹性，供给弹性也可划分为供给的价格弹性、供给的交叉弹性和供给的预期价格弹性等。通常我们所说的供给弹性，是指供给的价格弹性。供给的价格弹性是指在一定时期内，一种商品供给量的变动对于该商品价格变动的反应程度。供给价格弹性系数可以用 e_s 表示，供给价格弹性系数的公式：

$$e_s = \frac{\frac{\Delta Q}{Q}}{\frac{\Delta P}{P}} = \frac{\Delta Q}{\Delta P} \cdot \frac{P}{Q} \qquad (2-10)$$

供给价格弹性可以分为以下五类：$e_s > 1$，表示供给量变动的幅度大于价格变动的幅度，供给曲线是一条由左向右平缓地向上倾斜的曲线，这种情况称为供给富有弹性；$e_s < 1$，表示供给量变动的幅度小于价格变动的幅度，供给曲线是一条由左向右陡峭地向上倾斜的曲线，这种情况称为供给缺乏弹性；$e_s = 1$，表示价格变动的幅度等于供给量变动的幅度，此时供给曲线是从原点出发的一条直线，这种情况称为单位供给弹性；$e_s = 0$，供给曲线是一条垂直于横轴的直线，表示无论价格怎样变化，供给量都不变，例如文物、土地等，这种情况称为供给无弹性；$e_s \to \infty$，表示在某一既定的价格下，供给者可以无限地提供产品，供给曲线是一条平行于横轴的直线，这种情况称为供给无限弹性。

三、弹性理论的应用

1. 需求价格弹性与总收益

在现实生活中经常会看到的经济现象是，有些商品价格提高了，厂商的收入增加了，例如食盐，其价格上升，销售者收入提高；但是有些商品价格上升了，销售者的收入却下降了，例如庄稼。如何解释这些经济现象呢，这里涉及的就是商品的需求价格弹性与总收益之间的关系。

总收益是指生产者在市场上卖出一定商品所获得的货币收入总额，它等于商品的价格乘以商品的销售量，即

$$TR = PQ \qquad (2-11)$$

其中，TR 表示总收益，P 表示价格，Q 表示销售量，这里假定生产者的销售量等于市场对该商品的需求量。通过观察发现，总收益的变化与需求价格弹性的大小有关。市场上，生产者可以通过提价和降价获得收入最大化。

(1) 需求富有弹性。如果需求是富有弹性的，当商品的价格下降时，需求量增加的幅度会大于价格下降的幅度，从而总收益会增加；当商品的价格上涨时，需求量减少的幅度会大于价格上升的幅度，所以总收益会减少。如图 2-12 所示。

当价格为 P_1 时，需求量为 Q_1，销售收入相当于矩形 OP_1AQ_1 的面积，当价格为 P_2 时，需求量为 Q_2，销售收入相当于矩形 OP_2BQ_2 的面积。显然前者面积小于后者，说明厂商降价使总收益增加。

(2) 需求缺乏弹性。如果需求是缺乏弹性的，当商品的价格下降时，需求量增加的幅度会小于价格下降的幅度，从而总收益会减少；当商品的价格上涨时，需求量减少的幅度会小于价格上升的幅度，所以总收益会增加。如图 2-13 所示。

当价格为 P_1 时，需求量为 Q_1，销售收入相当于矩形 OP_1AQ_1 的面积，当价格为 P_2

时，需求量为 Q_2，销售收入相当于矩形 OP_2BQ_2 的面积。显然前者面积大于后者，说明厂商降价使总收益减少。

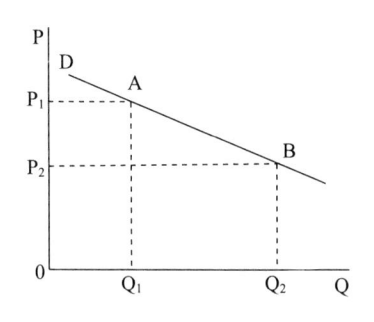

图 2-12 需求富有弹性与总收益

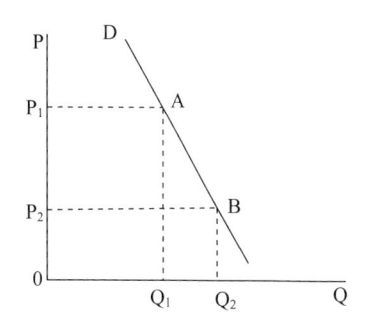

图 2-13 需求缺乏弹性与总收益

【案例 2-3】

"谷贱伤农"

"谷贱伤农"是我国流传已久的一句话，意思是在粮食、谷物丰收的时候，农民的收入反而减少的现象。造成这种现象的原因是，农产品是生活必需品，而且每个人的平均消费能力是稳定的，不会有大幅的涨落，因此，农产品价格的波动不会严重影响人们对于农产品的需求，即农产品价格降低，人们不会大量增加对农产品的消费，农产品价格上涨，人们也不会大量减少对农产品的消费。这就使得农产品成为一种需求缺乏弹性的商品。农民丰收，农产品供给增加，但是由于农产品是需求缺乏弹性的商品，农产品均衡价格下降的幅度会大于农产品均衡产量增加的幅度，最终导致农民的总收入减少。所以，就出现了"谷贱伤农"的现象。

（资料来源：金雪军. 西方经济学案例 [M]. 杭州：浙江大学出版社，2004.）

2. 恩格尔定律

可以运用需求的收入弹性理论对一个国家或家庭的消费结构及其变化趋势进行分析。19 世纪德国统计学家恩格尔根据计算收入弹性系数，得出了著名的恩格尔曲线和恩格尔定律。恩格尔提出，一个家庭经济状况越差，家庭收入用于购买食品的支出所占的比例就越大；一个家庭经济状况越好，其家庭食物开支占家庭收入的比重就越小。这个规律被称为"恩格尔定律"。恩格尔系数是根据恩格尔定律而得出的比例数，公式为：

恩格尔系数 = 食物支出/总支出　　　　　　　　　　　　　　　　　　　　　(2-12)

恩格尔系数的取值范围在 0 和 1 之间，这个系数越接近于 1，表示家庭经济状况越差；这个系数越接近于 0，表示家庭经济状况越好。恩格尔系数和恩格尔定律可以用于研究一个家庭、一个地区或一个国家的居民生活水平及富裕程度，同时也可以反映这一地区消费结构变动的趋势等。

练习题

一、名词解释

1. 需求
2. 供给
3. 均衡
4. 均衡价格
5. 需求的价格弹性

二、选择题

1. 在某一时期内彩色电视机的需求曲线向左平移的原因可以是（   ）。
   A. 消费者对彩色电视机的预期价格上升
   B. 消费者对彩色电视机的预期价格下降
   C. 消费者的收入水平提高
   D. 黑白电视机的价格上升

2. 如果某种商品的需求的价格弹性是 2，则要增加销售收入（   ）。
   A. 必须降价   B. 必须提价
   C. 保持价格不变   D. 在提价的同时，增加推销开支

3. 如果甲产品的价格下降引起乙产品的需求曲线向左移动，那么（   ）。
   A. 甲和乙是互替产品   B. 是互补产品
   C. 甲是低档商品，乙是高档产品   D. 甲是高档商品，乙是低档产品

4. 下列不会引起牛排需求发生变化的情况是（   ）。
   A. 医生说多吃牛肉有损健康
   B. 牛的饲养者宣传牛排中含有丰富的维生素
   C. 牛排的价格从每千克 3 元上升为每千克 3.5 元
   D. 汉堡包的价格从每千克 2 元下降为每千克 1.5 元

5. 下列哪种情况将使总的收益下降（   ）。
   A. 价格上升、需求缺乏弹性   B. 价格上升、需求富有弹性
   C. 价格下降、需求富有弹性   D. 价格上升、供给富有弹性

6. 某商品的需求价格函数为 $Q = 12000 - 125P$，在需求数量 Q 为 2000 件时的价格弹性是（   ）。
   A. 25   B. 10   C. 5   D. 1

7. 下列情形中啤酒的市场价格下降的是（   ）。

A. 啤酒原料价格上涨 B. 消费者收入提高
C. 啤酒业进行大规模的广告宣传 D. 凉夏

8. 某消费者的收入下降，而他对某商品的需求却增加了，该商品为（　　）。

A. 低档品 B. 互替品
C. 互补品 D. 一般商品

9. 如果沙特王国认为石油输出国组织的石油供给增加会引起石油总收益增加，那么，沙特人就一定相信石油的需求（　　）。

A. 收入缺乏弹性 B. 收入富有弹性
C. 价格富有弹性 D. 价格缺乏弹性

10. 政府对生产者实施补贴，将导致（　　）。

A. 需求增加 B. 需求减少
C. 供给增加 D. 供给减少

11. 政府对生产者征税，将导致（　　）。

A. 需求减少 B. 需求增加
C. 供给增加 D. 供给减少

12. 在市场经济中，当鸡蛋的供给量小于需求量时，下列解决鸡蛋供求矛盾的办法中最有效的是（　　）。

A. 实行定量供给 B. 宣传吃鸡蛋会导致胆固醇升高
C. 让鸡蛋的价格自由升高 D. 进口鸡蛋

13. 花生酱的价格上升4%，引起花生酱销售总收益减少8%，那么，花生酱的需求（　　）。

A. 在相关的价格范围内是富有弹性的 B. 在相关的价格范围内是缺乏弹性的
C. 在相关的价格范围内是单位弹性的 D. 在相关的价格范围内弹性为1/2

14. 国家要保护农民的利益，规定了较高的农产品的收购价格，同时（　　）。

A. 规定农民的种植面积是必要的
B. 规定农民不准到黑市去销售是必要的
C. 要求农民尽可能超产是合乎情理的
D. 对超产的农产品不予收购

15. 如果某种商品供给曲线的斜率为正，在保持其余因素不变的条件下，该商品的价格上升，导致（　　）。

A. 供给增加 B. 供给减少
C. 供给量增加 D. 供给量减少

三、计算题

1. 已知某一时期内某商品的需求函数为 $Q_d = 50 - 5P$，供给函数为 $Q_s = -10 + 5P$。

（1）求均衡价格 P_e 和均衡数量 Q_e，并作出几何图形。

（2）假定供给函数不变，消费者收入水平提高使需求函数变为 $Q_d = 60 - 5P$。求出相应的均衡价格 P_e 和均衡数量 Q_e，并作出几何图形。

（3）利用（1）和（2），说明需求变动和供给变动对均衡价格和均衡数量的影响。

2. 假定某消费者关于某种商品的消费数量 Q 与收入 M 之间的函数关系为 $M = 100Q^2$。求：当收入 M = 2500 时的需求收入弹性。

3. 某教科书的需求曲线表达式为 $Q = 20000 - 300P$，该书起初的价格为 30 元。

（1）请计算 P = 30 时的点价格弹性。

（2）如果厂商目标是增加销售收入，企业应该提价还是降价？为什么？

（3）请计算价格从 30 元降低到 20 元的弧价格弹性。（用中点公式计算）

（4）若另外一种书的价格由 20 元上升为 25 元，此时该教科书的需求量由 11000 册上升为 12000 册，求该教科书的需求交叉弹性。（用中点公式计算）

四、分析说明题

需求的变动与供给的变动对均衡价格与均衡数量的影响有何不同？

第三章 效用论

学习目的

1. 了解基数效用理论和序数效用理论
2. 掌握两种理论的分析思路和注意事项,从而揭示隐藏在消费者背后的消费者行为机制
3. 理解并掌握边际效用递减规律
4. 理解无差异曲线的含义与特点
5. 理解预算线的含义与特点
6. 掌握消费者均衡的含义与推导

重点

1. 边际效用递减规律的现实意义
2. 消费者均衡的计算

难点

1. 消费者均衡的经济意义
2. 替代效应和收入效应

引导案例

罗斯福和三明治

美国总统罗斯福连任三届后,曾有记者问他有何感想,总统一言不发,只是拿出一块三明治面包让记者吃,这位记者不明白总统的用意,又不便问,只好吃了。接着总统拿出第二块,记者还是勉强吃了。紧接着总统拿出第三块,记者为了不撑破肚皮,赶紧婉言谢

绝。这时罗斯福总统微微一笑:"现在你知道我连任三届总统的滋味了吧。"这个故事揭示了经济学中一个重要的原理:边际效用递减规律。那么,什么是边际效用?为什么边际效用会产生递减?这就是本章要讲述的内容。

(资料来源:经济学精品课程建设材料——吃三个面包的感觉,http://www.docin.com/p-794923180.html.)

第二章介绍的是供给曲线和需求曲线的基本特征,我们根据需求量和供给量与价格之间的关系知道了需求曲线和供给曲线的形状,但是具体的需求曲线和供给曲线倾斜的原因是什么,上一章没有做具体的研究,从本章开始,我们分析需求曲线背后的消费者行为,研究需求曲线的推导。以后各章将分析供给曲线背后的生产者行为。

效用论也叫作消费者行为理论。所谓消费就是需求的实现或是欲望的满足,是人们为了满足欲望而使用物品的一种经济行为。消费是一切经济活动的出发点,又是一切经济活动的归宿点,是经济学研究的首要问题。特别是随着经济的不断发展,中国的经济市场已由卖方市场转为买方市场,消费者的行为就越来越受到重视。根据消费者的消费情况,生产者可以制订自己的生产计划,决定自己生产什么,生产多少,怎么生产,为谁生产。这也是经济学所要研究的主要问题。否则,生产出来的产品就没有销路,得不到利润。

第一节 效用论概述

【案例3-1】

幸福方程式

英国功利主义哲学家杰里米·边沁是第一个能够理性思考人类欲望并将快乐和痛苦量化的人。200多年前,他提出了将快乐和痛苦进行量化的想法。边沁认为,快乐与个人受到的刺激以及个人的感觉成正比,影响人们感觉的因素很多,包括生理、心理、风俗习惯和天文地理等,所以同一刺激引起的快乐量往往因人而异。在边沁的基础上,经济学家们不断修正幸福的公式,美国经济学家萨缪尔森提出了幸福方程。即

$$幸福 = \frac{效用}{欲望}$$

因此,研究幸福的量化问题时,不妨先把效用搞清楚。

一、效用的含义

哲学家说，效用是个人快乐的数学表示。而经济学家说，效用是指消费者消费一定数量的若干种商品后所感受到的满足程度。进一步，当我们聚焦商品社会时，商品的效用因人而异，不同消费者在消费了同等数量的同一商品后，所取得的效用是不同的，各人有各人的感受。

效用，顾名思义，即效力和作用，是指产品或者劳务对消费者会产生怎样的效力，反过来就是消费者在消费物品或者劳务时所感受到的满足程度。

效用多少就是人们的满足程度有多大。效用的产生必须具备两个条件：一是物品本身要有能够满足人们某种欲望的客观存在的物质属性，如面包可以充饥，衣服可以御寒；二是人们有消费这种商品的欲望。两者缺一不可。所以说效用与人的欲望是紧密联系在一起的，是人的一种主观的评价、心理上的衡量。

二、基数效用论和序数效用论

1. 基数效用论

基数效用论者认为，效用是可以衡量和计算（求和加总）的，可以用1、2、3……百、千、万等基数词来表示效用的大小。这样说来，效用就和长度、体积、容量、重量等概念相类似。比如一件衣服的效用是50个单位，一个橘子的效用是5个单位，如果计算的话，可以说前者与后者的效用之和是55个效用单位，前者的效用是后者的10倍。每个人都可以对物品对自己的效用大小做一个准确的估计与衡量。

基数效用论产生于边际革命初期，是19世纪70年代由边际学派的创始人戈森、杰文斯等提出来的。到20世纪30年代，有些学者对这种理论产生了质疑，认为效用是不可以准确衡量的，只能比较大小，于是序数效用理论被提出，代表人物是希克斯。

2. 序数效用论

序数效用论者认为，效用的大小不能衡量，一个消费者不能准确地说出自己对商品满足程度的大小，但是可以根据消费者的偏好排出顺序，以序数第一、第二、第三……来表示消费者效用水平的高低。也就是说，效用不是一个数量的概念，而是一个次序的概念。例如，一个苹果和一个橘子，消费者更偏好橘子，则橘子产生的效用要大于苹果；一个橘子和一个桃子，消费者更偏好桃子，则桃子的效用要大于橘子；综合起来从效用水平上看，桃子第一，橘子第二，苹果第三。

第二节　基数效用理论

基数效用论者提出了可以用基数衡量效用，还提出了边际效用递减规律。在此假定基础之上分析消费者的消费行为，并以此作为推导消费者需求曲线的基础。

一、基本概念

基数效用分析法也即边际效用分析法，是从边际量的角度来进行分析的一种方法。基数效用理论将效用分成总效用和边际效用。

1. 总效用（TU）

消费者在一定时间内从一定数量的某种物品或者劳务的消费中所获得的效用的总量或者满足程度。

2. 边际效用（MU）

消费者在一定时间内增加一单位某种物品或者劳务的消费所得到的效用量或者满足感的增量。

消费者消费一种物品，假定消费者消费的商品数量为 Q，则总效用函数为：

TU = f（Q）

若用 MU 表示边际效用，则边际效用的公式为：

$$MU = \frac{\Delta TU}{\Delta Q} \approx \frac{dTU}{dQ}$$

这里 ΔTU 表示总效用的变动量，ΔQ 表示物品消费数量的变化量。

通常情况下，总效用是消费的商品数量的递增函数，是随消费的商品数量的增加而增加的，而边际效用是消费的商品数量的递减函数，边际效用随消费的商品数量的增加而减少。

3. 边际效用的特点

第一，边际效用的大小与欲望的强弱成正比。

第二，边际效用的大小与消费数量的多少成反比。

第三，边际效用具有反复性、再生性。边际效用是特定时间内的效用，因为欲望具有反复性和再生性，所以边际效用也具有反复性和再生性。

第四，理论上，边际效用具有负值，但是实际上，当一种商品的边际效用趋于负值时，消费者必然改变消费方式去满足其他欲望，以提高效用。

二、边际效用递减规律

1. 边际效用递减规律的概念

在其他条件不变的情况下，对一个消费者来说，一种商品的边际效用随着消费的这种商品数量的增加而减少，边际效用可以下降到零，这时如果再增加商品数量，边际效用还可以下降为负值，叫作边际负效用。

对于消费者来说，起初消费者消费某种商品的欲望是非常强烈的。这种商品带给消费者的边际效用也比较大，但是随着消费的这种商品的数量的增加，单个商品带给消费者的边际效用就会逐渐减少。

【案例 3-2】

吃包子

一个消费者在饥饿的时候吃包子，第一个包子给他带来的满足是最大的，效用为 10，第二个包子带给他的效用减少为 8，第三个为 6，随着他吃的包子的数量的增加，他对包子的消费欲望逐渐减弱，第四个和第五个包子带给他的效用分别为 4 和 2，当他吃第六个包子的时候已经没有什么欲望，因而效用为 0。如果再吃第七个包子，他就会感到痛苦，产生负效用。如表 3-1 所示。

表 3-1 包子消费的效用

商品数量	总效用（TU）	边际效用（MU）
0	0	—
1	10	10
2	18	8
3	24	6
4	28	4
5	30	2
6	30	0
7	28	-2

根据表 3-1 画出相应的 TU 和 MU 曲线，如图 3-1 所示。

可以看出，MU 曲线是向右下方倾斜的，而 TU 曲线则是先上升后下降。当 MU 为正值时，TU 曲线呈上升趋势；当 MU=0 时，TU 最大；当 MU<0 时，TU 曲线呈下降趋势。若曲线是连续的，因为 $MU = \dfrac{\Delta TU}{\Delta Q}$，所以 MU 也是 TU 曲线的斜率。

2. 边际效用递减规律产生的原因

（1）生理或者心理原因。消费某种物品的数量越多，人在生理上的满足或者心理上的反应就会越少，从而满足程度越小。

（2）物品本身的多样性促成消费者选择。每种物品都有很多用途，这些用途的重要性不同，消费者总是把物品首先用于最重要的或者是最亟需的用途上。依此顺序下去，用途越来越不重要，边际效用就递减了。

【案例 3-3】

货币的边际效用

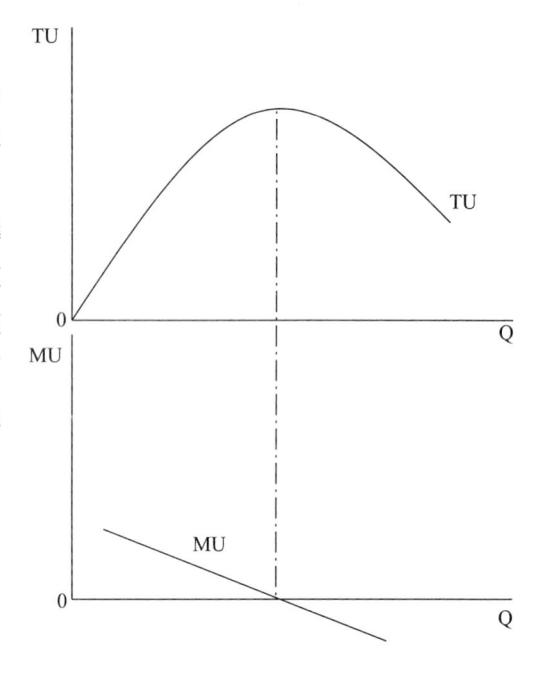

图 3-1 包子的效用曲线

基数效用理论认为，货币也具有边际效用。货币效用也可以分成总效用和边际效用。货币的效用是货币为其持有者带来的满足感，取决于人的主观感受，而且货币的边际效用是递减的。收入越高，持有货币的总量越多，增加一个单位的货币给持有者带来的满足感就越小；反之，收入越低，持有货币的总量越少，增加一个单位货币给货币持有者带来的满足感就越大，即货币边际效用越大。

现代社会中就有这样两种人：一种是把每个月当月的收入统统花掉，被称为"月光族"，还有一种就是他们尽管已经拥有足够的储蓄，但仍旧节衣缩食，不去消费，与葛朗台极其相似。这两种人是消费观念上的极端代表。决定他们有如此消费观念的其实就是货币的效用。前者始终认为单位货币给其带来的满足感不如商品多，后者始终认为单位货币给其带来丰厚的满足感。因此才有此表现。

根据边际效用递减规律，一种商品的边际效用是随着他消费的商品的数量的增加而逐渐减少的，作为一种特殊的商品，货币的边际效用也是递减的，对于一个消费者来说，随着他手中货币量的不断增加，货币的边际效用也是不断减少的；反过来，随着他手中持有的货币量的不断减少，货币的边际效用递增。但是在通常情况下，单位商品的价格只占消费者总货币收入量中很小的一部分，所以当消费者对某种商品的购买量发生很小的变化时，所支出的货币的边际效用的变化也是非常小的，对于这样微小的货币的边际效用的变化，可以略去不计，这样一来，货币的边际效用就是一个不变的常数。

三、消费者均衡

要使消费者花费一定的货币所获得的总效用最大，消费者该如何把这些货币在各种商品的消费上进行分配？这就是消费者均衡所要研究的问题。

所谓消费者均衡，是指消费者在货币收入和商品价格既定的条件下，购买商品而获得最大效用的消费或者购买状态。也就是说，消费者均衡研究的是单个消费者是如何把有限的货币收入分配到各种商品的购买中以获得最大的效用的，是研究单个消费者在既定收入下实现效用最大化的均衡条件。

这里的均衡就是指这样一种状态，消费者实现了自己效用的最大化，即不想增加也不想减少对任何商品的购买数量，是一种相对静止的状态。

消费者在特定时间的货币收入是既定的，所以一个消费者不可能购买所需要的全部商品，他必须有所取舍、有所选择。例如，某人的收入为 8000 元，假设这 8000 元可以有三种购买方法：10 套西装；5 双皮鞋，2 台彩电；一套西装、一台彩电、一条领带，还有一些其他的物品。显然第三种用途能使消费者获得更大的效用，也就是他的总效用是最大的。

那么，在什么样的条件下才能使消费者获得的总效用是最大的呢？也就是说，消费者均衡的条件是什么呢？

消费者实现效用最大化的条件：如果消费者的货币收入是固定的，市场上各种商品的价格是已知的，那么消费者应该使自己所购买的各种商品的边际效用与价格之比相等。或者说，消费者应该使自己花费在各种商品的购买上的最后一元钱所带来的边际效用相等。

假设某消费者只购买 X、Y 两种商品。假定他的货币收入和商品的价格是既定的。如果他花费一元货币购买商品 X 所得到的边际效用（MU_X）小于花费一元钱购买 Y 所得到的边际效用（MU_Y），那么理性的消费者就会减少对商品 X 的购买，增加对商品 Y 的购买。这时商品 X 的边际效用的减少量是小于商品 Y 的边际效用的增加量的。所以总效用是递增的。随着 X 的购买量的减少，X 的边际效用会逐渐增加，随着 Y 的购买量的增加，Y 的边际效用会逐渐减少。只有当消费者用一元钱购买 X、Y 两种商品所得到的边际效用相等时，消费者才会停止改变他的购买状态。此时总效用是最大的。此时：

$$\frac{MU_1}{P_1} = \frac{MU_2}{P_2}$$

反过来也是这样。

综上，只有当消费者花费一单位货币购买的各种商品所带来的边际效用都相等，并且都等于这一单位货币的边际效用的时候，消费者才不会改变既定的消费格局和消费状态，因为任何改变都只会使消费者所得的总效用减少。

假定消费者用既定的收入 I 购买 n 种商品，P_1，P_2，P_3，…，P_n 为商品的价格，则有 $P_1X_1 + P_2X_2 + \cdots + P_nX_n = I$

上述消费者均衡的条件可以用公式表示：

$$\frac{MU_1}{P_1} = \frac{MU_2}{P_2} = \cdots = \frac{MU_n}{P_n} = \lambda$$

四、需求曲线的推导

在其他条件不变的情况下，消费者对某一商品的需求曲线完全取决于这种商品对他的边际效用曲线。消费者购买商品是要付出代价的，这个代价就是货币。消费者之所以愿意用货币去购买某种商品，是因为这种商品能给他带来效用，而且带来的效用要大于货币的边际效用。如果带来的效用越大，他愿意支付的代价就越高；反过来他愿意付出的代价就越小。对消费者来说，一种商品的边际效用是随着他消费的这种商品数量的增加而减少的，占有的单位越多，每增加一个单位带来的边际效用的增量就越小，消费者愿意支付的价格也就越来越低。

同时，因为货币的边际效用是不变的，所以商品的边际效用和商品的价格 P 是呈等比变动的，是一种同向的变动关系。

$$\frac{MU}{P} = \lambda$$

边际效用曲线和需求曲线之间的关系由图 3-2 表示：设单位货币的边际效用 $\lambda = 2$。在存在边际效用递减规律的情况下，价格线也随着商品消费数量的增加而出现递减，并且有：

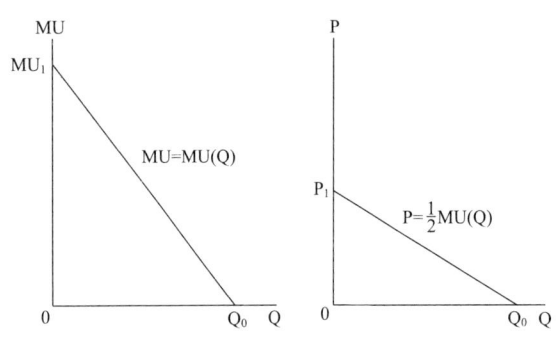

图 3-2 边际效用线和需求曲线的关系

$$P = \frac{1}{2}MU$$

【案例 3-4】

垃圾的边际效用

多年来美国人均国民总产值均居世界第七位之内（这个顺序经常有些小变动，主要由汇率变化引起），人均电视机拥有量也居第二位，人均能源消耗量及电话机拥有量为世界第三，婴儿死亡率和人均报纸发行量都列第十七位。与此同时，它的人均垃圾量是世界冠军，没有任何国家能够望其项背。1960~1984 年的 25 年中，美国人均生活垃圾的排放量增加了 50%，达到每人每天 4 磅（1.8 公斤）。一个 100 万人口的城市每天要处理垃圾近 2000 吨。从垃圾量的变化、垃圾的构成及其处理方法可以看到不少有趣的现象。

人均垃圾量的增加是生活更加富裕的结果。人们扔掉的旧报纸和旧杂志增多，约占垃圾总量的 1/5。日常生活消耗的各种物品，如洗涤剂、食品、化妆品、饮料等的包装越来越讲究，而这些包装最终都进了垃圾桶。以前包装多半用纸，现在则更多地使用玻璃、塑料、铝和其他金属。所以垃圾中铝的重量从不到1%增加到15%，玻璃从1.4%增加到5%，其他金属从0.5%增加到4%。这表明不但垃圾的数量在增加，其构成也有很大变化。由于人们对环境的关心，资源性产品价格的上涨以及垃圾处理技术的进步，垃圾的利用率比25年前提高了近1倍，大约有1/10的垃圾得到再生利用。

美国的垃圾不但包含各种废弃物，也包含了旧的家具、地毯、衣服、鞋子、炊具，乃至电视机和冰箱。美国是一个提倡消费的社会，它的生产力巨大，产品积压常常成为主要的经济问题。如果每个人将自己生产出来的产品（更精确地讲，是生产出的价值）全部消费掉，经济则正常运转。如果生产旺盛，消费不足，或者说，居民由于富裕而增加了储蓄，产品就会积压。但如果有人愿意借用大家的储蓄，进行扩大再生产的投资，整个经济仍然运转正常。可是扩大生产的最终目的还在于消费，如果多数百姓只愿多储蓄而不愿多消费，投资也会受到抑制。所以对于美国来说，医治经济萧条的主要措施是鼓励消费，至少这个理论在过去非常流行，而且至今仍有很大市场。从宏观上看，鼓励消费使得储蓄率（即储蓄占国民生产总值的百分比）低至15%（1990年中国、日本分别为43%、34%）。从微观即每个家庭的消费看，鼓励消费使人们异常地喜新厌旧，动辄弃旧买新，所以淘汰的日用品非常多。

旧东西有几条出路，或举办"后院拍卖"，或捐赠给教堂，或捐赠给旧货商店，或当垃圾扔掉。在北部几个州，每到春暖花开时就可以看到各处贴有"后院拍卖"的广告，标明某月某日几点开始在某处举行拍卖；而拍卖生意在南部各州一年四季都很兴隆。向教堂和旧货商店捐赠则经常出于以下两种原因：一是老人亡故，除了首饰、古董等值钱的东西分给了亲友，其余的从家具到衣物一股脑儿送给教堂处理；二是举家远迁，能卖的卖，大多数卖不掉，就送到教堂或旧货店。教堂经常拍卖人们捐来的成吨的衣服和用具。

旧东西在美国很不值钱。笔者曾在"后院拍卖"中买到1美元的电熨斗，在教堂拍卖中买到10美元一套的百科全书（20本）和5美元一套的西装等。举办"后院拍卖"的人，一天忙下来也不过卖得五六十元，也许还不及他一天的工资。可见他们卖东西并不在乎赚多赚少，其目的不仅在于处理多余的东西，而且使得物尽其用。否则单纯为了处理东西，尽可以一扔了之。教堂拍卖所得的收入大概也只能抵消举办拍卖的开销。

相反，旧东西在中国就值钱得多了。在北京经常有人收购旧鞋子，每双几角到1元。小贩将旧鞋运到北方穷僻的农村，入冬时每双鞋可以卖到两三块钱。表面上看这是一个矛盾现象：相对穷的中国人却愿意花几倍于相对富的美国人愿意出的价钱，去买这些旧东西。但这个现象却可以用经济学中的效用理论来解释，即商品的价值与它能提供的效用（或使用价值）成正比。冬天，在北方能穿上一双哪怕是破的鞋子，也比光着脚受冻舒服得多，所以人们愿意拿钱去买旧鞋。这表明价格与效用成正比。严格地说，应该是与边际效用成正比。"边际"两个字用来强调有某一商品和没有某一商品在效用上的差别，特别是已经消费一定数量商品之后再增加一单位消费的效用，同样一块面包，饿的时候边际效用高，吃了几块之后边际效用就降低。所以边际效用是以前消费量的函数。这个理论揭示了一个最平凡的然而也不太被人理解的道理，即一物的价格在某些情况下由消费者对它的评价决定，而与它的成本无关。正因为市场价格和单个企业的成本不成正比，企业才有赚钱与赔钱之别。如果价格等于成本，企业就没有盈亏了。只有在一切条件不变，企业处于长期竞争的环境下，价格才会趋近于成本，而这种情形并不普遍。遗憾的是，成本定价的"理论"把我们的脑筋束缚得太久了，接受新理论并不容易。

富人用一元钱比穷人用一元钱轻率，或者说，富人的钱的边际效用较低。人们越富裕，就越有钱来购买奢侈品，此时社会对边际效用相对小的商品的需求增加了。举例说，在美国最便宜的剃须刀是10美分一把，最豪华的剃刀大约要100美元，两者相差达千倍。豪华剃刀虽然更美观、更安全、更经用，但它的基本功能也只限于剃胡子，它提供的附加效用非常有限。廉价手表和豪华手表的价钱也可相差千倍。过去我国比较穷，奢侈品没有市场，现在人们钱多起来了，情况正在变化。

由于中美两国富裕程度的差别而形成的效用评价的差别，提供了巨大的贸易机会。即中国可以用极低的价格进口美国的旧物品，其代价主要是收集、分类、运输的成本。如旧汽车是值得进口的。在美国因为人力昂贵，修理费用高，所以报废的标准比较高。美国每年要报废几百万辆汽车，其中有一部分经过修理还可以用上好几年，最终还可以当废钢利用。利用美国报废汽车的另一种办法是拆卸其中的零件或材料。但是进口汽车的跨洋运输费用比较高，相对于汽车本身的价值，旧汽车运费更高。同时，这对我国汽车工业发展不利，因为我国的汽车工业还处于起步阶段，很难与先进国家的汽车业竞争。说到这一点，笔者倒愿意建议我国在一定时期内控制甚至禁止豪华型高级轿车的进口。

(资料来源：茅于轼. 生活中的经济学 [M]. 广州：暨南大学出版社，2007.)

五、消费者剩余

1. 消费者剩余的含义

在现实生活中，消费者是按照实际的市场价格进行支付的，这和消费者愿意支付的价格是不一致的，两者之间有个差额，这个差额就是消费者剩余。

所谓消费者剩余是指在购买一定量的商品时消费者愿意支付的价格和实际支付的价格之间的差额。下面用胶卷的销售加以说明。

【案例 3-5】

胶卷购买者的消费者剩余

表3-2 胶卷购买者的消费者剩余状况　　　　　　　　单位：元

P	19	17	15	13
Q	第一卷	第二卷	第三卷	第四卷
实际市场价格	13	13	13	13
消费者剩余 CS	6	4	2	0

消费者消费第一卷胶卷，因为有强烈的购买欲望，所以产生很强的效用水平，他愿意支付的价格为19元，但是实际购买只花了13元，因此有6元的消费者剩余，当购买第二卷胶卷时，因为他已经有了一卷了，所以第二卷胶卷带给他的满足感下降，他愿意支付的价格为17元，因此有4元的消费者剩余，当购买第四卷胶卷的时候，消费者愿意支付的价格和实际支付价格相等，因此消费者剩余为0。胶卷购买者的消费者剩余如图3-3所示。

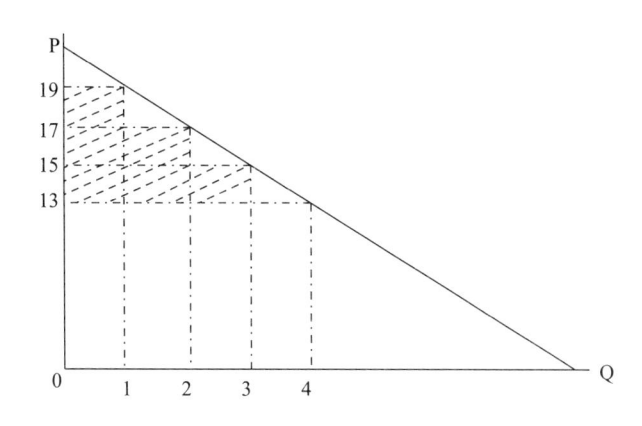

图3-3 胶卷购买者的消费者剩余

消费者愿意为4卷胶卷支付的价格为19+17+15+13=64元，而实际支付的价格是13×4=52元，消费者剩余是12元。假设市场价格可以无限细分，则市场需求曲线以下、市场价格以上部分就都是消费者剩余。

消费者剩余可以用图3-4阴影部分的面积表示，令反需求函数为 $P_d = f(Q)$，价格为 P_0 时消费者的需求量是 Q_0，则消费者剩余为：

$$CS = \int_0^{Q_0} f(Q)dQ - P_0 Q_0$$

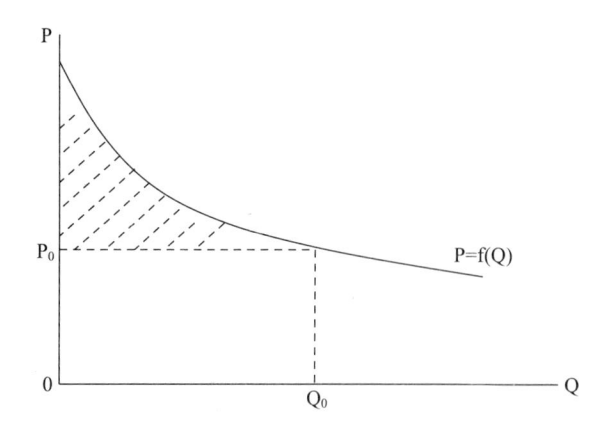

图3-4 消费者剩余的一般分析

市场上总需求是由单个消费者的需求相加而得，所以依据单个消费者的消费者剩余状况可以推导整个市场的消费者剩余状况。

2. 理论意义

首先，消费者剩余为分析消费者的利益及其受损情况提供了分析工具；其次，消费者剩余有助于说明市场售价降低对于消费者的重要性；最后，消费者剩余的存在是以商品供给的丰富性为前提的，商品供给丰富的国家或地区与商品供给短缺的国家或地区相比，消费者享受的利益要大。

第三节 序数效用论

序数效用理论用无差异曲线分析方法来说明消费者均衡的问题。

一、无差异曲线

在序数效用论中，由于人们对不同的商品具有不同的偏好，所以效用可以用第一、第二来表示。序数效用理论认为效用具有如下特点：首先，效用因时间、地点不同而不同，可以进行自我比较；其次，不能比较同一产品对不同的人产生的效用，简言之，就是只能做"自我比较"，而不能进行"互相比较"；最后，效用本身既无客观标准，又没有伦理学约束。

序数效用理论学者提出了关于消费者偏好的假定：

1. 关于偏好的基本假定

（1）偏好的完全性。也即偏好的次序性，指的是消费者总是可以比较和排列所给出的不同商品的组合。例如，消费者在选择商品 A 和 B 时，如果 A 给予他的满足大于 B，他对 A 的偏好就大于 B。同理还有对 A 的偏好小于 B；对 A、B 的偏好相同，也叫无异。总之消费者可以把自己的偏好准确地表述出来。

（2）偏好的可传递性。对 A 的偏好强于 B，对 B 的偏好强于 C，则对 A 的偏好强于 C。

（3）偏好的非饱和性。如果两种商品组合的区别仅仅在于其中一种商品的数量不相同，那么消费者总是偏好含有这种商品数量较多的商品组合。这就是说，消费者对每一种商品的消费都没有达到饱和点，对于任何一种商品人们都认为多比少好。设 X、Y 均为商品 A、B 组成的商品组合，X =（A_1，B_1），Y =（A_1，B_2）。如果有 $B_1 > B_2$，则消费者对 X 的偏好大于对 Y 的偏好。

2. 无差异曲线的含义

无差异曲线是用来表示给消费者带来同等程度的满足水平和效用水平的两种商品的各种不同数量的组合的轨迹。它只能表示给消费者带来相同效用水平或满足程度的商品的组合，而不能表示效用的数量或数值。在同一条无差异曲线上消费者的偏好是相同的，消费者的满足程度是相同的。

下面用表 3 - 3 和图 3 - 5 来说明无差异曲线的构建。

表 3 - 3 某消费者的无差异

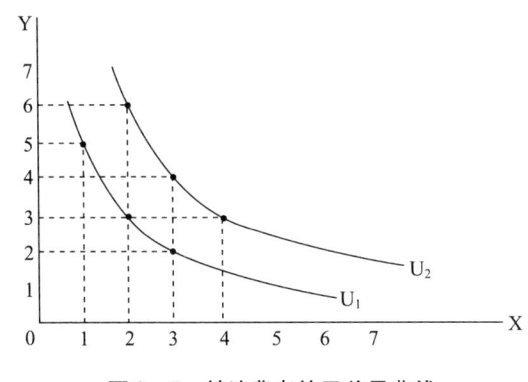

商品组合	U_1		商品组合	U_2	
	商品 X	商品 Y		商品 X	商品 Y
A	1	5	A_1	2	6
B	2	3	B_1	3	4
C	3	2	C_1	4	3

图 3 - 5 某消费者的无差异曲线

表 3 - 3 是某消费者的无差异表。在坐标系中描出各点，顺次连接得到无差异曲线，如图 3 - 5 所示。

效用函数表示某一商品组合给消费者带来的效用水平。假定消费者只消费 X、Y 两种商品，则效用函数为：

U = f（X，Y）

无差异曲线表示某商品组合给消费者带来的效用水平是相同的，那么无差异曲线可以表示为：

U = f（X，Y）= 定值

3. 无差异曲线的特点

第一，同一坐标平面上的无差异曲线，离原点越远的无差异曲线代表的效用水平越高，离原点越近的无差异曲线代表的效用水平越低。

如图 3-6 所示，$U_1 > U_2$。在同一坐标平面上，假设 U_1、U_2 组合中 Y 商品的获取量是相等的，那么在 U_1 效用水平上，X 商品的获取量为 X_1，在 U_2 的效用水平上，X 的获取量为 X_2，$X_1 > X_2$，根据多优于少的原则可知（X_1，Y_0）的组合优于（X_2，Y_0）的组合。所以效用水平 $U_1 > U_2$。

第二，同一坐标平面上的任意两条无差异曲线不相交。

如图 3-7 所示，假设 $U_1 = U_2$。在 U_1、U_2 上取两点 B 和 C，由假设可知 $U_A = U_B$，$U_A = U_C$，推知 $U_B = U_C$。从图 3-7 可知 B 点组合为（X_1，Y_1），C 点组合为（X_2，Y_1）。因为 $X_1 < X_2$，所以 $U_B < U_C$。这和假设相矛盾，因此假设不成立。

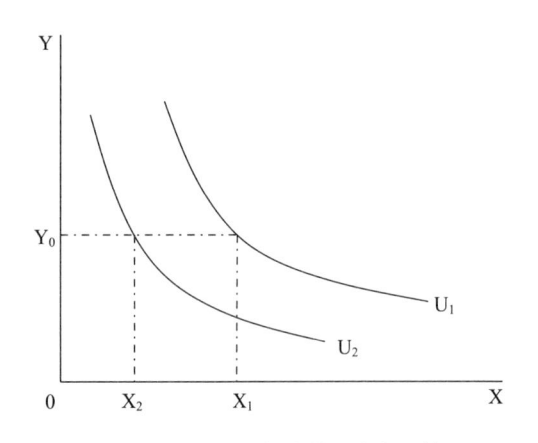

图 3-6　无差异曲线效用大小比较

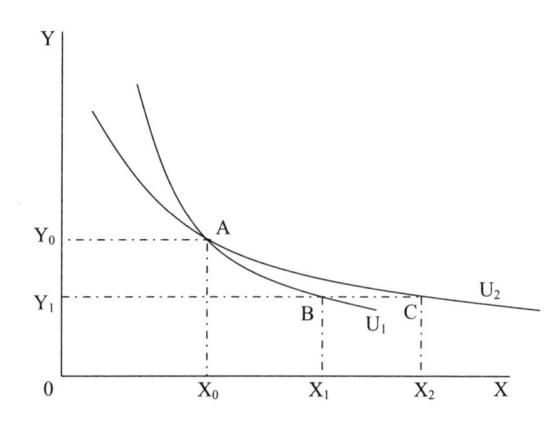

图 3-7　无差异曲线相交与否的解析

第三，无差异曲线凸向原点。无差异曲线从左上方向右下方倾斜，曲线斜率为负。无差异曲线凸向原点意味着斜率的绝对值是递减的，无差异曲线斜率的绝对值表示增加一个单位 X 的消费数量所必须减少的 Y 的消费数量。这是边际替代率所要解决的问题。

4. 边际替代率

（1）定义。在维持效用水平不变的前提下，消费者增加一个单位某种商品的消费数量所需要放弃的另一种商品的消费数量，被称为商品的边际替代率。

商品 X 对商品 Y 的边际替代率为：

$$MRS_{XY} = -\frac{\Delta Y}{\Delta X}$$

其中，ΔY 和 ΔX 是商品 Y 和 X 的消费数量的变化量，因为两者的变化方向是相反的，所以边际替代率为一个负值。为了方便计算与比较，一般在公式中加一个负号，使其为正。当商品 X 的消费数量的变化趋于零时：

$$MRS_{XY} = -\frac{\Delta Y}{\Delta X} \approx -\frac{dY}{dX}$$

显然无差异曲线上某一点的边际替代率就是无差异曲线在该点的斜率的绝对值。

（2）商品的边际替代率递减规律。在维持效用水平不变的前提下，随着一种商品的消费数量的连续增加，消费者为得到每一单位的这种商品所需要放弃的另一种商品的消费数量是递减的。

$$MRS_{XY} = -\frac{\Delta Y}{\Delta X}$$

它的值取决于两种商品的消费数量的变化量。因为随着商品 X 的消费数量的增加，商品 X 的边际效用递减，而随着商品 Y 的消费数量的减少，商品 Y 的边际效用递增。为了使总效用水平保持不变，那么减少的 MU_X 必须等于增加的 MU_Y。由于 MU_X 是递减的，所以 MU_Y 的增加也是递减的；又因为是商品 Y 的减少导致了 MU_Y 的增加，所以商品 Y 的减少也就应是放缓的。也就是说，为了增加商品 X 的消费数量而放弃的商品 Y 的消费数量是递减的。

另外一种解释是，当商品 X 的消费数量不断增加时，人们继续消费它的欲望就会不断降低，想更多地获得它的欲望就会降低，所以增加一单位商品 X 所需要付出的代价也就越来越少，如果用商品 Y 来替换它，自然用来替换它的商品 Y 的数量也就越来越少，呈递减状态。

由于无差异曲线上某一点的边际替代率就是无差异曲线在该点的斜率的绝对值，由边际替代率递减可得无差异曲线的斜率的绝对值也是递减的，所以曲线是凸向原点的。由上面的叙述可知，边际替代率递减规律实际上就是边际效用递减规律，增加一种商品的消费数量而放弃的另一种商品的消费数量的递减，实际上也就是说由于前一种商品消费数量的增加，边际效用在减少，所以替换它所付出的代价也就相应地减少。

边际替代率还可以用两种商品的边际效用来表示，它等于两种商品的边际效用之比。即

$$MRS_{XY} = \frac{MU_X}{MU_Y}$$

数学论证如下：

设效用函数为 $YU = TU(X, Y)$，则：

$$dTU = \frac{\partial TU}{\partial X}dX + \frac{\partial TU}{\partial Y}dY$$

因为总效用保持不变，所以 $dTU = 0$。也即

$$dTU = \frac{\partial TU}{\partial X}dX + \frac{\partial TU}{\partial Y}dY = 0$$

$$-\frac{dY}{dX} = \frac{MU_X}{MU_Y}$$

所以有

$$\text{MRS}_{XY} = \frac{\text{MU}_X}{\text{MU}_Y}$$

（3）无差异曲线的特殊形状。边际替代率的存在决定了无差异曲线是凸向原点的，但是因为商品性质不同，所以也有特殊情况。

其一，完全替代性。完全替代性是指两种商品之间的替代比例是固定不变的。在这种情况下，其 $\text{MRS}_{XY} = K$，K 为常数，斜率保持不变，无差异曲线为一条斜线，如图 3-8 所示。1 角钱无论什么时候都可以替代两个 5 分面值的铸币，替代率为 1∶2；对于一个消费者来说，若一个橘子和一个苹果是无差异的，那么边际替代率为 1∶1。

其二，完全互补性。完全互补品是指两种商品必须按固定的比例同时被使用。因此在完全互补的情况下，相应的无差异曲线为直角形状，如图 3-9 所示。例如，左脚鞋和右脚鞋必须以 1∶1 的比例相互匹配；一个眼镜架和眼镜片必须以 1∶2 的比例匹配等。

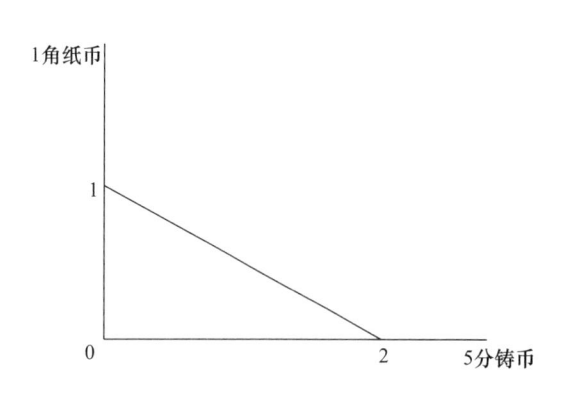

图 3-8 完全替代品的无差异曲线

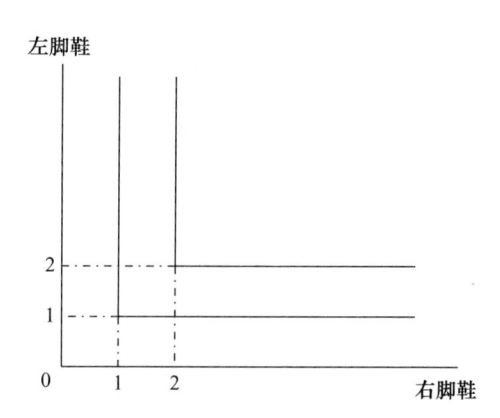

图 3-9 完全互补品的无差异曲线

其中与横轴平行的部分表示对于一只左脚鞋来说只要一只右脚鞋就足够了，其他的都是多余的，消费者不会放弃任何一只左脚鞋去换一只右脚鞋，此时 $\text{MRS}_{XY} = 0$；与纵轴平行的部分表示对于一只右脚鞋来说只要有一只左脚鞋就够了，其他的都是多余的，左脚鞋根本就无法替换右脚鞋，所以 $\text{MRS}_{XY} = \infty$。

二、预算线

无差异曲线描述了消费者对不同商品组合的偏好。由于消费者在主观上总是想购买更高的无差异曲线所代表的商品组合，但是客观上又受到自己的收入水平和市场上商品价格的制约，也就是受到由他本身的货币收入及对市场价格的预期决定的消费预算的限制，也就是预算约束。

假定消费者收入为 20 元，铅笔的价格为 1 元/支，本子的价格为 2 元/个，则消费者

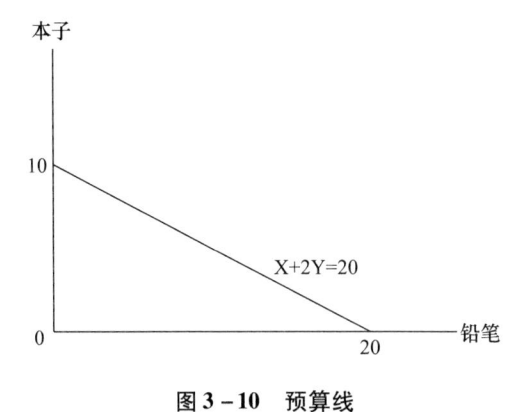

的收入全部用来购买铅笔可以购买20支,全部用来购买本子可以购买10个,同时他还可以购买下面的商品组合:(4支铅笔,8个本子)和(6支铅笔,7个本子)。据此可以画出一条线,这条线就是消费者在其收入为20元下的消费预算线,如图3-10所示。

图3-10 预算线

1. 预算线的定义

预算线又称为预算约束线和消费可能线。它表示在消费者的收入和商品价格给定的条件下,消费者的全部收入所能购买的两种商品的各种组合。在预算线与横轴和纵轴所围成的三角形的区域内任何一点所代表的商品组合都是消费者能够购买的,而预算线外的任何一点所代表的商品组合都是消费者没有能力购买的。

设消费者的货币收入为M,商品X、Y的价格分别为P_X、P_Y,则预算线的一般表达为:

$M = P_X \cdot X + P_Y \cdot Y$

当$P_X \cdot X + P_Y \cdot Y \leq M$时,消费者都可以进行消费,而且收入有节余,这部分叫作预算可行集,或者叫作预算空间。

当$P_X \cdot X + P_Y \cdot Y > M$时,消费者不能进行购买。

2. 预算线的性质

$M = P_X \cdot X + P_Y \cdot Y$可以写成$Y = \dfrac{M}{P_Y} - \dfrac{P_X}{P_Y} \cdot X$

根据预算方程,预算线斜率为$-\dfrac{P_X}{P_Y}$,在纵轴上的截距为$\dfrac{M}{P_Y}$,在横轴上的截距为$\dfrac{M}{P_X}$,这两个特殊点也就是用消费者的全部收入来单独购买商品X和商品Y所能购买的数量。

3. 预算线的移动

假定商品的价格为P_X、P_Y,消费者的收入为M。

第一,P_X、P_Y不变,消费者的收入M发生变化,这时预算线的位置会发生平移。如图3-11所示。

因为P_X、P_Y不变,预算线的斜率k不变,变化的只是在横轴和纵轴上的截距,收入M提高,消费者购买的商品X、Y的数量增加,在横轴和纵轴上的截距变大,则预算线向右平移;反之向左平移。

第二,消费者的收入M不变,两种商品的价格P_X、P_Y同比例同方向发生变动,这时预算线也会平移,只是平移的方向和价格变动方向相反。价格上升则预算线左移,价格下降则预算线右移。

第三,M不变,一种商品的价格不发生变化而另一种商品的价格发生变化,则预算线发生旋转。

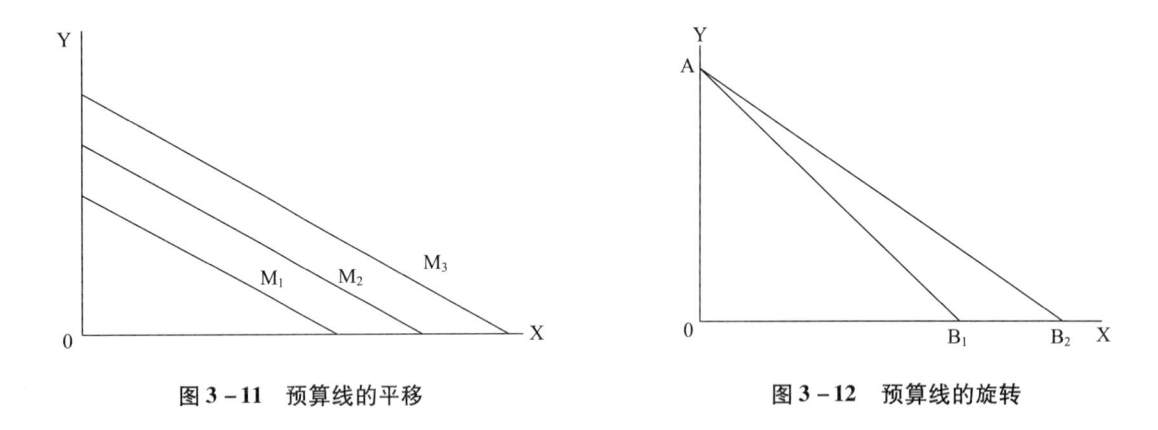

图 3-11 预算线的平移

图 3-12 预算线的旋转

假设 M 不变，P_Y 不变，P_X 下降，则在 X 轴上的截距变大，在 Y 轴上的截距不变，所以预算线向外旋转至 AB_2。

第四，消费者的收入 M 和两种商品的价格 P_X、P_Y 均同比例同方向发生变化，则预算线保持原来的位置不变。

因为三者同比例同方向发生变动，所以预算线的斜率以及在 Y 轴和 X 轴的截距也不发生变化，所以预算线不发生移动。

三、消费者均衡

所谓消费者均衡，是指消费者在既定的收入和价格下购买商品而获得最大的总效用的消费或购买状态。

在序数效用理论中，消费者总是力求寻找更高的无差异曲线以获得更大的效用，但是消费者还必须在既定的收入水平下进行消费，这就需要寻找一个点，它能给消费者带来更大的满足，同时又在消费者的预算线上。这个点就是消费者均衡点，它位于消费者的预算线和他的无差异曲线的切点。

消费者的最优购买行为必须满足两个条件：第一，最优的商品购买组合必须是消费者最偏好的商品组合。也就是说，最优的商品购买组合必须是能够给消费者带来最大效用的商品组合。第二，最优的商品购买组合必须位于给定的预算线上。

依据分析可以画出无差异曲线和预算线。当预算线和无差异曲线相切的时候就实现了消费者均衡。

如图 3-13 所示，当实现均衡时，预算线的斜率等于无差异曲线的斜率，我们已经知道，无差异曲线的斜率的绝对值就是商品的边际替代率 MRS_{XY}，预算线的斜率的绝对值就是两种商品的价格比，由此，在均衡点：

$$MRS_{XY} = \frac{P_X}{P_Y}$$

这就是消费者效用最大化的均衡条件。它表示在一定的预算约束下，为了实现最大的效用，消费者应该选择最优的商品组合，使得两种商品的边际替代率等于两种商品价格之比。也可以这样理解，在消费者的均衡点上，消费者愿意用一单位的某种商品去交换的另一种商品的数量，应该等于该消费者能够在市场上用一单位的这种商品去交换得到的另一种商品的数量。

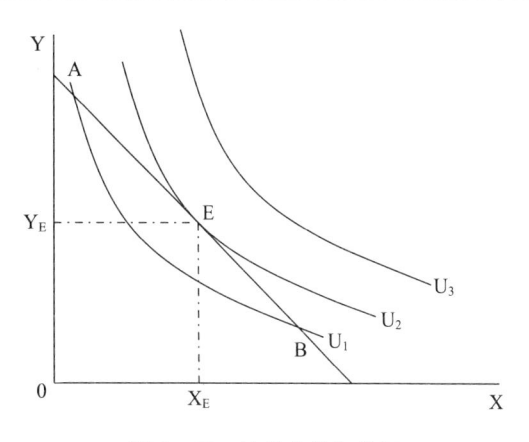

图 3-13 消费者均衡分析

前已证明 $MRS_{XY} = \frac{MU_X}{MU_Y}$

所以有 $MRS_{XY} = \frac{MU_X}{MU_Y} = \frac{P_X}{P_Y}$

进一步 $\frac{MU_X}{P_X} = \frac{MU_Y}{P_Y}$

四、消费者均衡的变动

1. 价格变化所引起的消费者均衡变动

（1）价格—消费曲线（PCC）和需求曲线。在其他条件均保持不变时，一种商品价格的变化会使消费者效用最大化的均衡点的位置发生移动。并由此可以得到价格—消费曲线。价格—消费曲线是在消费者的偏好、收入以及其他商品价格不变的条件下，与某一种商品的不同价格水平相联系的消费者效用最大化的均衡点的轨迹。

如图 3-14 所示，商品 Y 的价格不发生变化。商品 X 的价格下降引起预算线向右移动，所以形成新的均衡点，连接新的均衡点形成价格—消费曲线，即 PCC 曲线。每一个均衡点都对应一个均衡的价格和均衡的数量，把价格数量的组合在新的坐标系中描出得出消费者的需求曲线。如图 3-15 所示。

这就是利用序数效用论推导出来的消费者的需求曲线。由此可见，消费者的需求曲线是向右下方倾斜的，它表示商品的价格和需求量是呈反方向变化的。尤其是，需求曲线上每一价格水平对应的商品需求量都是可以给消费者带来最大效用的均衡数量。

（2）从单个消费者的需求曲线到市场需求曲线。基数效用论和序数效用论各自从对单个消费者行为的分析中，推导了单个消费者对某种商品的需求曲线。本书将在此基础上进一步推导市场需求曲线。

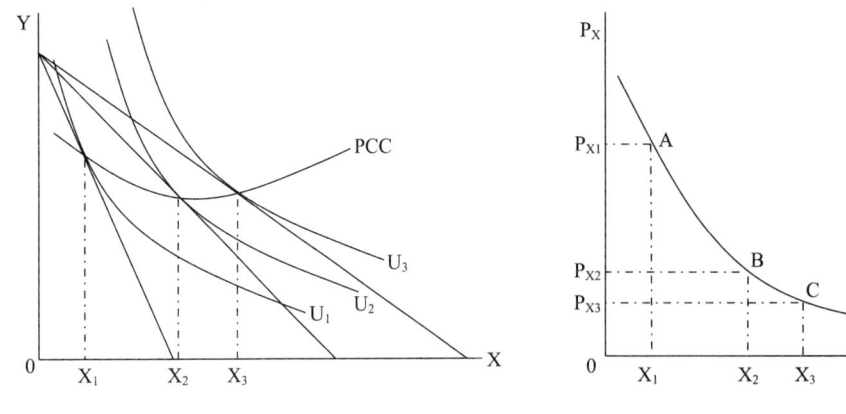

图 3-14 消费者均衡变动—PCC 曲线　　　　图 3-15 消费者的需求曲线

一种商品的市场需求是指在一定时期内在各种不同的价格下市场中所有消费者对该商品的需求数量。因而，一种商品的市场需求不仅依赖于每一个消费者的需求函数，而且依赖于该市场中消费者的数目。

假定在某一商品市场上有 i 个消费者，他们都具有不同的个人需求函数 $q_i = f_i(P)$，$i = 1, 2, \cdots, n$，则该商品市场在每一个价格上的需求量为所有单个消费者在相对应的价格上的需求量的加总。由此可以推知，只要有了某商品市场的每个消费者的需求表或需求曲线，就可以通过加总的方法，得到该商品市场的需求表或需求曲线。即

$$Q_i = \sum_{i=1}^{n} f_i(P)$$

假设某商品市场上有 A、B 两个消费者。

由于市场需求曲线是单个消费者的需求曲线的水平加总，所以，如同单个消费者的需求曲线一样，市场需求曲线一般也是向右下方倾斜的，如图 3-16 所示。市场需求曲线表示某商品市场在一定时期内在各种不同的价格水平上所有消费者愿意而且能够购买的该商品的数量。更重要的是，根据上述推导过程可知，市场需求曲线上的每个点都表示在相应的价格水平下可以给全体消费者带来最大的效用水平或满足程度的市场需求量。

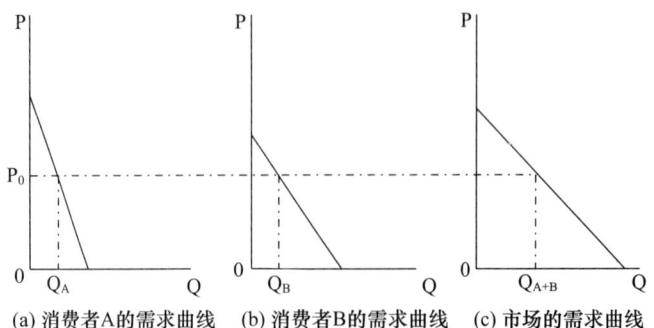

(a) 消费者A的需求曲线　　(b) 消费者B的需求曲线　　(c) 市场的需求曲线

图 3-16 从消费者个人的需求曲线到市场的需求曲线

2. 收入变化所引起的消费者均衡的变化

(1) 收入—消费曲线（ICC）和恩格尔曲线。当其他条件不变而仅有消费者的收入水平发生变化时，消费者效用最大化的均衡点的位置也会改变，并由此可以得到收入—消费曲线。收入—消费曲线是在消费者的偏好和商品的价格不变的条件下，与消费者的不同收入水平相联系的消费者效用最大化的均衡点的轨迹。

随着收入水平的不断提高，消费者的预算线不断向右移动，与新的无差异曲线相切，形成新的均衡点。连接新的均衡点就形成了收入—消费曲线。收入—消费曲线一般呈图3-17的形状。就是说随着收入水平的增加，消费者对商品X和商品Y的需求量都是上升的，所以图3-17中的两种商品都是正常品。但是有时候，随着收入水平的不断提高，消费者对商品的需求量不是增加而是减少，形成图3-18形状的收入—消费曲线，图3-18中X商品为劣质品。

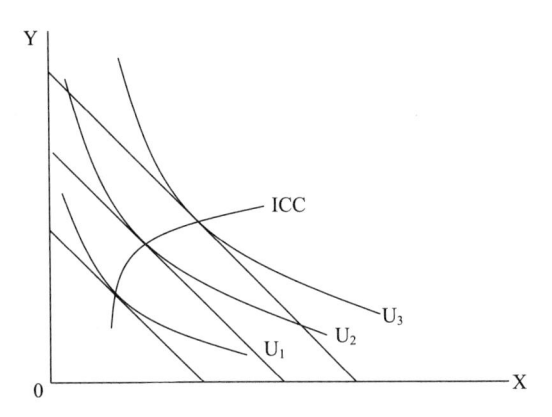

图3-17 消费者均衡变动—ICC曲线（A）

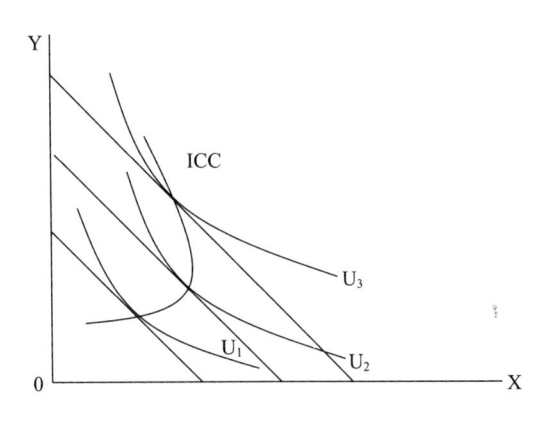

图3-18 消费者均衡变动—ICC曲线（B）

(2) 恩格尔曲线。由消费者的收入—消费曲线可以推导出消费者的恩格尔曲线。

恩格尔曲线表示消费者在每一收入水平对某商品的需求量。与恩格尔曲线相对应的函数关系为 X = f（I），其中 I 为收入水平，X 为商品的需求量。

恩格尔曲线有如下三种：

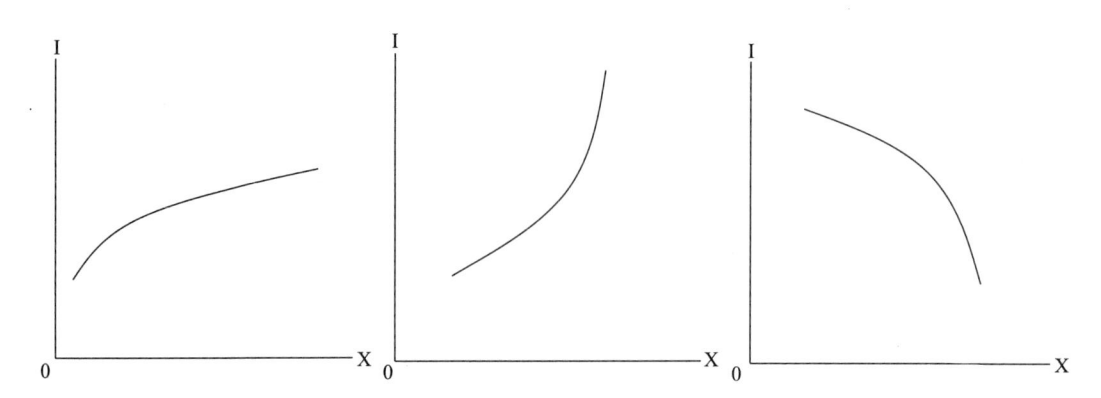

图 3-19 奢侈品的恩格尔曲线　　图 3-20 必需品的恩格尔曲线　　图 3-21 低档商品的恩格尔曲线

奢侈品的恩格尔曲线比较平缓，说明收入发生一定幅度变化会引起需求数量以非常大的幅度变化，需求收入弹性大于 1；生活必需品的恩格尔曲线比较陡峭，说明收入发生一定幅度变化会引起需求数量以比较小的幅度变化，需求收入弹性大于 0 小于 1；而低档商品的恩格尔曲线呈现收入与商品需求数量反方向变化，需求收入弹性小于 0。

【案例 3-6】

恩格尔法则和恩格尔系数

2013 年，《经济学人》公布了全球 22 国的恩格尔系数（如表 3-4 所示），其中美国恩格尔系数最低，人均每周食品饮料消费 43 美元，占收入的 7%；英国人均每周食品饮料消费与美国相同，占收入的 9%。中国人均每周食品饮料消费 9 美元，占收入的 21%。

恩格尔系数（Engel's Coefficient）是食品支出总额占个人消费支出总额的比重。家庭收入越少，用来购买食物的支出所占的比例就越大，随着家庭收入的增加，家庭收入中用来购买食物的支出占比则会下降。联合国根据恩格尔系数的大小，对世界各国的生活水平有一个划分标准，即一个国家平均家庭恩格尔系数大于 60% 为贫穷；50%~60% 为温饱；40%~50% 为小康；30%~40% 属于相对富裕；20%~30% 为富足；20% 以下为极其富裕。

虽然恩格尔系数理论并不绝对严谨，但也可以从一个侧面衡量一个家庭或一个国家富裕程度。韩国 1975 年的恩格尔系数约为 30%，随着 30 多年的经济发展，如今的恩格尔系数仅为 12%，这就意味着韩国人 88% 的收入都用于吃喝以外的非刚性消费。而匈牙利人则将其收入的 10% 贡献给了烟酒。

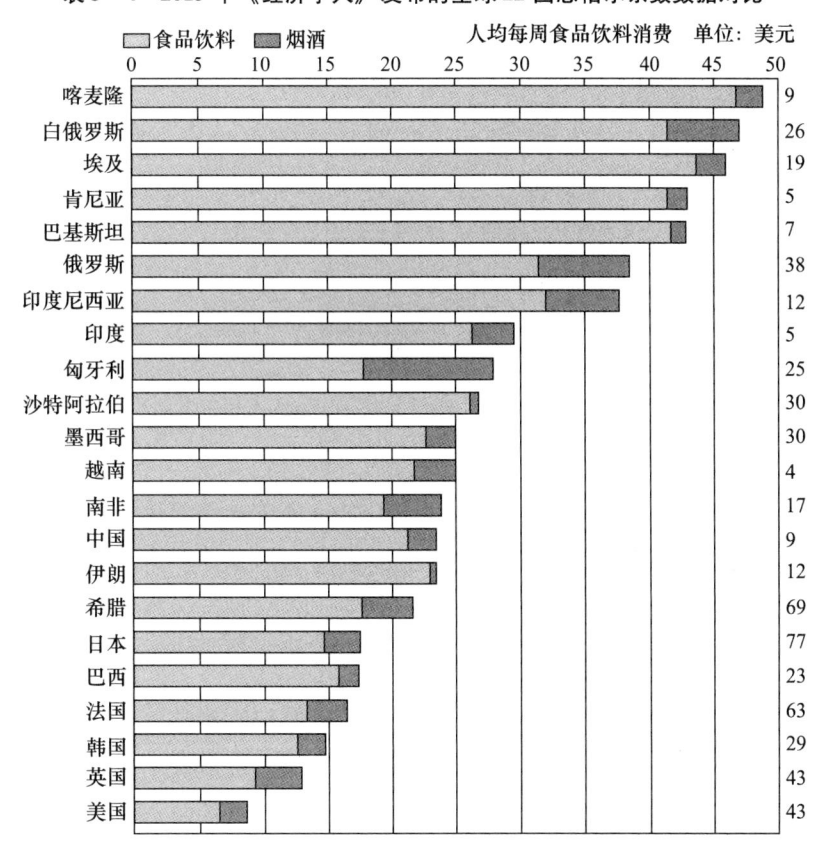

表 3-4　2013 年《经济学人》发布的全球 22 国恩格尔系数数据对比

国家	食品饮料+烟酒 (%)	人均每周食品饮料消费（美元）
喀麦隆	~48	9
白俄罗斯	~47	26
埃及	~45	19
肯尼亚	~42	5
巴基斯坦	~42	7
俄罗斯	~38	38
印度尼西亚	~37	12
印度	~30	5
匈牙利	~28	25
沙特阿拉伯	~27	30
墨西哥	~24	30
越南	~23	4
南非	~23	17
中国	~22	9
伊朗	~22	12
希腊	~21	69
日本	~17	77
巴西	~16	23
法国	~15	63
韩国	~14	29
英国	~12	43
美国	~9	43

数据来源：美国农业部。

（资料来源：刘静知. 全球 22 国恩格尔系数一览：中国已成富裕国家［OL］. 网易财经，http://money.163.com/13/0313/16/8PS3DI2200253G87.html.）

3. 替代效应和收入效应

（1）替代效应和收入效应的含义。一种商品的价格发生变化，会对消费者产生两种影响：一是使消费者的实际收入水平发生变化。在这里，实际收入水平的变化被定义为效用水平的变化。二是使商品的相对价格发生变化。这两种变化都会改变消费者对该种商品的需求量。

例如，在消费者购买商品 X 和商品 Y 两种商品的情况下，当商品 X 的价格下降时，一方面，对于消费者来说，虽然货币收入不变，但是现有的货币收入的购买力增强了，也就是说实际收入水平提高了。这种因实际收入变化而引起的需求数量变化称为收入效应。实际收入水平的提高，会使消费者改变对这两种商品的购买量，从而达到更高的效用水平。另一方面，商品 X 价格的下降，使得商品 X 相对于价格不变的商品 Y 来说，较以前便宜了。商品相对价格的这种变化，会使消费者增加对商品 X 的购买而减少对商品 Y 的购买，这就是替代效应。替代效应表示商品相对价格变化而引起的消费者对于相对价格下降的商品的购买量的变化。显然,替代效应不考虑实际收入水平变动的影响,所以,替代效应不改变消费者的效用水平。当然,也可以同样地分析商品 X 的价格提高时的替代效应和收入效应,只是情况刚好相反罢了。

综上所述,一种商品价格变动所引起的该商品需求量变动的总效应可以被分解为收入效应和替代效应两个部分,即总效应＝收入效应＋替代效应。其中由商品的价格变动所引起的实际收入水平变动,进而由实际收入水平变动所引起的商品需求量的变动为收入效应。由商品的价格变动所引起的商品相对价格的变动,进而由商品的相对价格变动所引起的商品需求量的变动为替代效应。收入效应表示消费者的效用水平发生变化,替代效应则不改变消费者的效用水平。

(2) 正常商品的替代效应和收入效应。以图 3-22 为例分析正常商品价格下降时的替代效应和收入效应。

首先,分析替代效应。在图 3-22 中,由于商品 X 的价格下降,消费者的效用水平提高了。消费者的均衡点不是在原来的无差异曲线 U_1 而是在更高的无差异曲线 U_2 上。为了得到替代效应,必须去除实际收入水平变化的影响,使消费者回到原来的无差异曲线上去。要做到这一点,需要利用补偿预算线这一分析工具。

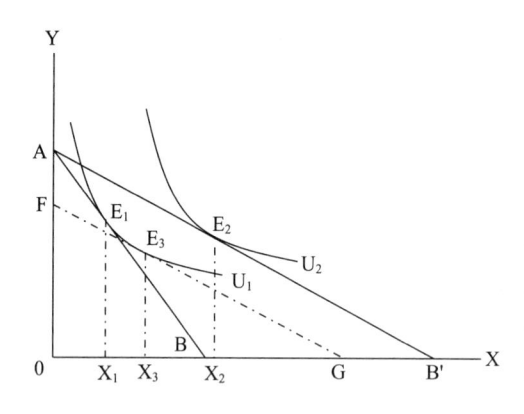

图 3-22 正常商品的替代效应和收入效应

当商品的价格发生变化引起消费者的实际收入水平发生变化时,补偿预算线是用来表示以假设的货币收入的增减来维持消费者的实际收入水平不变的一种分析工具。具体来说,在商品价格下降引起消费者的实际收入水平提高时,假设可以取走消费者的一部分货币收入,从而使消费者的实际收入维持在原有的水平。则补偿预算线在此就可以用来表示使消费者的货币收入下降到只能维持原有的无差异曲线的效用水平(即原有的实际收入水平)这一情况。相反,在商品价格上升引起消费者的实际收入水平下降时,假设可以对消费者的损失给予一定的货币收入补偿,从而使消费者的实际收入维持在原有的水平,则补偿预算线在此就可以用来表示使消费者的货币收入提高到得以维持原有的无差异曲线的效用水平(即原有的实际收入水平)这一情况。

为了剔除实际收入水平变化的影响,使消费者能够回到原有的无差异曲线上,具体的做法是,作一条平行于预算线 AB′且与无差异曲线相切的补偿预算线 FG。这种做法的含义是,补偿预算线 FG 与无差异曲线 U_1 相切,表示假设的货币收入的减少(用预算线的位置由 AB′向左平移到 FG 来表示)刚好能使消费者回到原有的效用水平。补偿预算线 FG 与预算线 AB′平行,则表示这两条预算线的斜率相同,即商品 X 价格和商品 Y 价格的比值相同，而且这个商品的相对价格是商品 X 的价格变化以后形成的价格。补偿预算线 FG 与无差异曲线 U_1 相切于均衡点 E_3，与原来的均衡点相比需求量的增加量为 X_1X_3，这个增加量就是在剔除了实际收入水平变化影响以后的替代效应。

进一步地，就预算线 AB 和补偿预算线 FG 而言，它们都与无差异曲线 U_1 相切，但斜率却是不相等的。预算线 AB 的斜率绝对值大于补偿预算线 FG。显然，这是由于 P_X 下降而 P_Y 不变所引起的。在这种情况下，当预算线由 AB′移动到 FG 时，随着商品相对价格的变小，消费者为了维持原来的效用水平，必然会沿着既定的无差异曲线 U_1 点下滑，增加对商品 X 的购买而减少对商品 Y 的购买，即用商品 X 去替代商品 Y。于是，商品 X 的需求量的增加量 X_1X_3，便是 P_X 下降的替代效应。它显然归因于商品相对价格的变化，且不改变消费者的效用水平。在这里，P_X 下降所引起商品 X 的需求量的增加量 X_1X_3 是一个正值，即替代效应的符号为正。也就是说，正常商品的替代效应与价格呈反方向的变动。

其次，分析收入效应。收入效应是总效应的另一个组成部分。设想一下，把补偿预算线 FG 再回到 AB′的位置上去。于是，消费者的效用最大化的均衡点就会由无差异曲线 U_1 回复到无差异曲线 U_2 上，相应的商品 X 需求量的变化量 X_3X_2 就是收入效应。这是因为在上面分析替代效应时，是为了剔除实际收入水平的影响才将预算线 AB′移到补偿预算线 FG 的位置的。所以，当预算线由 FG 的位置再回复到 AB′的位置时，相应的需求量的增加量必然就是收入效应。收入效应显然归因于商品 X 的价格变化所引起的实际收入水平的变化，它会改变消费者的效用水平。

在这里，收入效应 X_3X_2 是一个正值。这是因为，当价格下降使消费者的实际收入水平提高时，消费者必定会增加对正常商品 X 的购买。也就是说，正常商品的收入效应与价格呈反方向变动。

综上所述，对于正常商品来说，替代效应与价格呈反方向变动，收入效应也与价格呈反方向变动，在它们的共同作用下，总效应必定与价格呈反方向变动。正因为如此，正常商品的需求曲线是向右下方倾斜的。

4. 低档商品的替代效应和收入效应

当某正常商品的价格下降（或上升）导致消费者实际收入水平提高或下降时，消费者会增加（或减少）对该正常商品的需求量。也就是说，正常商品的收入效应与价格呈反方向变动。而对于低档商品来说，当某低档商品的价格下降（或上升）导致消费者的实际收入水平提高（或下降）时，消费者会减少（或增加）对该低档商品的需求量。也就是说，低档商品的收入效应与价格呈同方向变动。

由于正常商品和低档商品的区别不对它们各自的替代效应产生影响，所以，对于所有的商品来说，替代效应与价格都是呈反方向变动的。

低档商品的替代效应和收入效应如图 3-23 所示。

5. 吉芬商品的收入效应和替代效应

英国人吉芬于19世纪发现，1845年爱尔兰发生经济危机，土豆价格上升，但是土豆的需求量反而增加了。这类现象在当时被称为"吉芬难题"。这类需求量与价格呈同方向变动的特殊商品之后被称为吉芬商品。

显然，吉芬商品是一种特殊的低档商品。作为低档商品，吉芬商品的替代效应与价格呈反方向变动，收入效应则与价格呈同方向变动，如图3-24所示。吉芬商品的特殊性就在于它的收入效应的作用很大，以至于超过了替代效应的作用，从而使得总效应与价格呈同方向的变动。这也就是吉芬商品的需求曲线呈现出向右上方倾斜的特殊形状的原因。

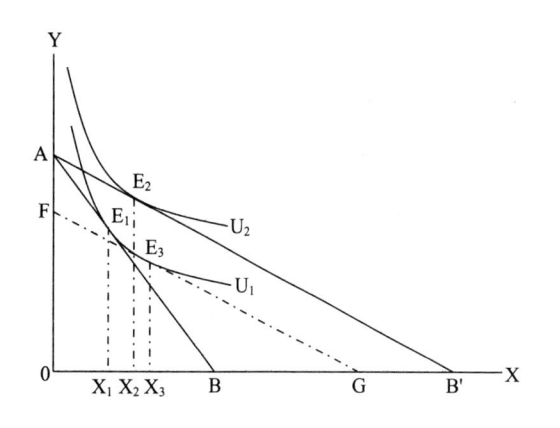

图3-23 低档商品的替代效应和收入效应

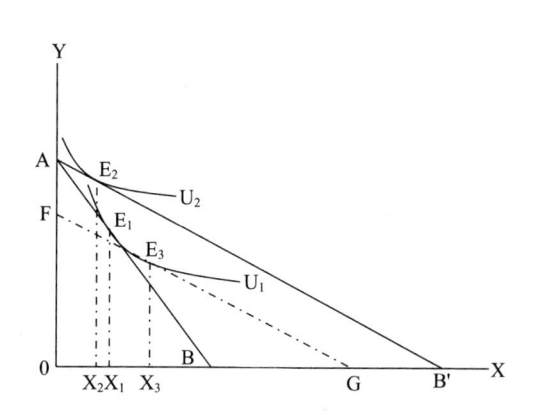

图3-24 吉芬商品的替代效应和收入效应

运用以上分析结果就可以解释"吉芬难题"了。在19世纪中叶的爱尔兰，购买土豆的消费支出在大多数贫困家庭的收入中占一个较大的比例，于是，土豆价格的上升导致贫困家庭实际收入水平大幅度下降。在这种情况下，变得更穷的人们不得不大量地增加对劣等商品土豆的购买。这样形成的收入效应是很大的，收入效应超过了替代效应，造成了土豆的需求量随着土豆价格的上升而增加的特殊现象。

针对上述结果进行总结，如表3-5所示。

表3-5 商品价格变化所引起的替代效应和收入效应

商品类别	替代效应与价格关系	收入效应与价格关系	总效应与价格关系
正常商品	反方向变化	反方向变化	反方向变化
低档商品	反方向变化	同方向变化	反方向变化
吉芬商品	反方向变化	同方向变化	同方向变化

练习题

一、名词解释

1. 效用
2. 边际效用递减规律
3. 消费者剩余
4. 无差异曲线
5. 预算线
6. 边际替代率
7. 边际替代率递减规律
8. 价格—消费曲线
9. 收入—消费曲线

二、选择题

1. 预算线向左下方平移的原因是（ ）。

   A. 商品 X 的价格下降了

   B. 消费者的收入下降了

   C. 消费者的偏好增强了

   D. 商品 Y 和 X 的价格按同一比例下降了

2. 若所消费的最后一个单位的商品 X 的 MU 为所消费的最后一个单位的商品 Y 的 MU 的两倍，要使消费者获得最大满足，只有当（ ）。

   A. X 的价格为 Y 的两倍

   B. X 的价格为 Y 的一半

   C. X 的价格等于 Y 的价格

   D. 以上都可能

3. 在商品 X 的总效用的最大点，边际效用为（ ）。

   A. 正　　　　　　　　　　　　B. 0

   C. 负　　　　　　　　　　　　D. 以上都对

4. 一个消费者想要一单位 X 商品的心情甚于想要 Y 商品的心情，原因是（ ）。

   A. 商品 X 的价格较低　　　　　B. 商品 X 有更多的效用

   C. 商品 X 紧缺　　　　　　　　D. 商品 X 是满足精神需要的

5. 商品 X 对商品 Y 的边际替代率递减，要满足消费者均衡，必定是（ ）。

A. X 和 Y 的边际效用都递减

B. X 和 Y 的边际效用都递增

C. X 的边际效用递增，Y 的边际效用递减

D. X 的边际效用递减，Y 的边际效用递增

6. 若某一家庭为从消费中得到最大效用，将按（   ）种方式安排他的开支。

A. 所购买的最后一单位的各种物品的边际效用相等

B. 所购买的各种物品的总效用相等

C. 花费在各种物品上的最后一单位货币所得到的边际效用相等

D. 所购买的每一种物品的平均效用相等

7. 假定 X 和 Y 的价格不变，当 $MRS_{XY} > P_X/P_Y$ 时，消费者为达到最大满足，他将(   )。

A. 增购 X，减少 Y　　B. 减少 X，增购 Y　　C. 同时增购 X，Y　　D. 同时减少 X，Y

8. MRS_{XY} 递减，意味着当 X 商品的消费量不断增加时，能代替的 Y 商品的数量(   )。

A. 越来越多　　　　B. 越来越少　　　　C. 保持不变　　　　D. 以上均不正确

9. 已知消费者的收入为 50 元，$P_X = 5$ 元，$P_Y = 4$ 元，假设该消费者计划购买 6 单位 X 和 5 单位 Y，商品 X 和 Y 的边际效用分别为 60 和 30，如要实现效用最大化，他应该（   ）。

A. 增购 X 而减少 Y 的购买量　　　　B. 增购 Y 而减少 X 的购买量

C. 同时增加 X 和 Y 的购买量　　　　D. 同时减少 X 和 Y 的购买量

10. 当消费者对商品 X 的消费达到饱和点时，边际效用 MU_X 为（   ）。

A. 正值　　　　　　　　　　　　　　B. 负值

C. 零　　　　　　　　　　　　　　　D. 不确定

11. 基数效用论的基本假设条件有（   ）。

A. 效用是可以衡量的　　　　　　　　B. MU 递减

C. MRS_{XY} 递减　　　　　　　　　　D. 货币边际效用不变

12. $I = P_X X + P_Y Y$ 是消费者的（   ）。

A. 需求函数　　　　　　　　　　　　B. 效用函数

C. 预算约束方程　　　　　　　　　　D. 不确定函数

13. 当消费者处于均衡时，（   ）。

A. 最后一单位货币购买不同商品所增加的满足程度相等

B. 每种商品的总效用相等

C. 每种商品的替代效应等于收入效应

D. 所购买的商品的边际效用相等

14. 商品的边际替代率递减规律决定了无差异曲线（　　）。
   A. 凸向原点　　　　　　　　　　　B. 凹向原点
   C. 垂直于横轴　　　　　　　　　　D. 平行于横轴

15. 某低档商品的价格下降而其他情况不变时，（　　）。
   A. 替代效应和收入效应相互加强导致该商品需求量增加
   B. 替代效应和收入效应相互加强导致该商品需求量减少
   C. 替代效应倾向于增加该商品的需求量，而收入效应倾向于减少其需求量
   D. 替代效应倾向于减少该商品的需求量，而收入效应倾向于增加其需求量

16. 总效用递减时（　　）。
   A. 边际效用为最大　　　　　　　　B. 边际效用为零
   C. 边际效用为正　　　　　　　　　D. 边际效用为负

17. 预算线的位置和斜率取决于（　　）。
   A. 消费者的收入　　　　　　　　　B. 商品的价格
   C. 消费者的收入和商品价格　　　　D. 消费者的偏好、收入和商品的价格

18. 商品 X 和 Y 的价格按相同的比例上升，而收入不变，预算线（　　）。
   A. 向左下方平行移动　　　　　　　B. 向右上方平行移动
   C. 向左下方或右上方平行移动　　　D. 不变动

19. 预算线绕着它与横轴的交点逆时针转动是因为（　　）。
   A. 商品 X 的价格上升
   B. 商品 X 的价格上升，商品 Y 的价格上升
   C. 消费者收入下降
   D. 商品 X 的价格不变，商品 Y 的价格上升

20. 假定其他条件不变，如果某种商品的价格下降，根据效用最大化原则，消费者则会（　　）这种商品的购买。
   A. 增加　　　　　　　　　　　　　B. 减少
   C. 不改变　　　　　　　　　　　　D. 增加或减少

三、计算题

1. 已知某人每月收入 120 元，全部花费于 X 和 Y 两种商品，他的效用函数为 U = XY，X 的价格是 2 元，Y 的价格是 3 元。求：为使获得的效用最大，他购买的商品 X 和 Y 各为多少？总效用是多少？

2. 已知消费者每年用于购买商品 X 和商品 Y 的收入为 540 元，X 商品的价格为 20 元，Y 商品的价格为 30 元，该消费者的效用函数为 $U = 3XY^2$，该消费者每年购买这两种商品的数量应各是多少？每年从中获得的总效用是多少？

3. 设某人效用函数 U = XY，价格为 $P_X = 2$，$P_Y = 5$，收入 I = 100，求消费者均衡时的商品 X、Y 购买量各是多少？

四、分析说明题

1. 钻石对人的用途很有限而价格昂贵，生命必不可少的水却很便宜。请运用所学经济学原理解释这一价值悖论。

2. 无差异曲线为什么凸向原点？

3. 无差异曲线有哪三个基本特征？

4. 归纳预算线变动的几种情况。

5. 预算线和消费者收入之间的关系。

6. 基数效用论如何分析消费者购买商品的效用最大化问题。

7. 根据基数效用理论，边际效用与总效用的关系是怎样的？

8. 美国总统罗斯福连任三届后，曾有记者问他有何感想，总统一言不发，只是拿出一块三明治面包让记者吃，这位记者不明白总统的用意，又不便问，只好吃了。接着总统拿出第二块，记者还是勉强吃了。紧接着总统拿出第三块，记者为了不撑破肚皮，赶紧婉言谢绝。这时罗斯福总统微微一笑："现在你知道我连任三届总统的滋味了吧。"用所学的经济学原理解释这一现象。

9. 什么是边际替代率？边际替代率为什么呈现递减趋势？

第四章 生产论

学习目的

1. 掌握生产者行为，即厂商作为经济人，为实现利润最大化，怎样以最小的成本获得最大的产量并用最优要素组合进行生产，论证厂商根据哪些因素和原则确定要素投入的合理范围和数量
2. 掌握生产函数的含义及图形，各种产量变化的规律与相互关系，特别是从中分析生产要素的合理投入区域
3. 掌握实现要素最佳组合的均衡条件，并能结合所学理论分析如何确定适度生产规模等现实问题

重点

1. 生产函数的含义
2. 短期分析与长期分析的区别
3. 边际报酬递减规律
4. 总产量、平均产量和边际产量之间的关系
5. 生产要素的最佳投入组合
6. 规模报酬和边际报酬的区别与联系

难点

1. 边际报酬递减规律的现实意义
2. 规模报酬理论的应用

> 📝 引导案例

生产过程中的分工

亚当·斯密在其名著《国富论》中根据他对一个扣针厂的参观描述了一个例子。斯密看到的工人之间的专业化分工和由此引起的规模经济给他留下了深刻的印象。他写道："一个人抽铁丝，另一个人拉直，第三个人截断，第四个人削尖，第五个人磨光顶端以便安装圆头；做圆头要求有两三道不同的操作；装圆头是一项专门的业务，把针涂白是另一项；甚至将扣针装进纸盒中也是一门职业。"

斯密说，由于这种专业化分工，扣针厂每个工人每天生产几千枚针。他得出的结论是，如果工人选择分开工作，而不是作为一个专业工作者团队，"那他们肯定不能每人每天制造出20枚扣针，或许连一枚也造不出来"。换句话说，由于专业化，大扣针厂可以比小扣针厂实现更高的人均产量和每枚扣针更低的平均成本。

斯密在扣针厂观察到的专业化分工在现代经济中普遍存在。例如，如果你想盖一个房子，你可以自己努力去做每一件事。但大多数人找建筑商，建筑商又雇用木匠、瓦匠、电工、油漆工和许多其他类型的工人。这些工人专门从事某种工作，而且，这使他们比作为通用型工人时做得更好。实际上，运用专业化分工实现规模经济是现代社会像现在一样繁荣的一个原因。

（案例来源：亚当·斯密. 国富论［M］. 北京：商务印书馆，2015.6.）

本章主要就厂商生产过程中的投入与产出进行研究。上一章主要讨论的是消费者的消费行为，从消费者选择行为中推导出消费者的需求曲线。本章开始将对生产者行为进行分析，从生产者行为的分析中推导出供给曲线。

第一节 生产论概述

在西方经济学中，生产者也被称为厂商或者企业，是以营利为目的而从事生产或者销售某种物品或者劳务的单个经济单位。微观经济学假设每个经济决策者都是完全理性的经济人，厂商也即为实现最大利润而存在的经济人。

一、厂商的组织形式

企业的组织形式主要有独资企业、合伙制企业和公司制企业三种组织形式。

1. 独资企业

独资企业指单个人独资经营的厂商组织,也即个人出资、个人所有、个人经营、个人承担经营风险、个人享有全部经营剩余的一种企业形式。

2. 合伙制企业

合伙制企业指的是由两个以上的人合资经营的厂商组织。相对于独资企业而言,合伙制企业的资金比较充足,规模较大,比较易于分工管理,同时专业化程度得以加强。

3. 公司制企业

公司制企业也即股份制企业,是指按公司法建立和经营的具有法人资格的厂商组织,是现代企业中最重要的形式。公司由股东所有,并由职业经理人负责经营。公司制企业的融资最为有效,筹集资金主要通过发行债券和股票。公司债券需要在某一特定时间还本付息,债券所有者不是公司的所有者,不参与公司管理。公司股票是由公司发行的一定数量的具有一定票面金额的投资凭证,股票持有者是公司股东,也是公司所有者,参加公司管理和分配公司利润,也有义务承担公司的损失。

上述三种企业形式的优缺点比较如表4-1所示。

表4-1 三种企业形式的优缺点比较

企业类型	优点	缺点
独资企业	适用《独资企业法》容易建立;决策过程简单;只交个人所得税	决策不受约束;所有者承担无限责任;企业随所有者的死亡而结束
合伙制企业	适用《合伙企业法》;容易建立;决策多样化;合伙人退出后企业仍可存在;只交个人所得税	难以形成统一意见;所有者承担无限责任;合伙人退出引起资本短缺
公司制企业	适用《公司法》;所有者承担有限责任;筹资容易;管理不受所有者能力限制	管理体系复杂,决策缓慢;要交公司所得税和个人所得税

二、生产和生产要素

厂商进行生产的过程就是从生产要素的投入到产品产出的过程。在西方经济学中,生产要素一般被划分为劳动、土地、资本和企业家才能四种类型。劳动指人类在生产过程中提供的体力和智力的总和。土地不仅指土地本身,还包括地上和地下的一切自然资源,如森林、江河湖泊、海洋和矿藏等。资本可以表现为实物形态或货币形态。资本的实物形态又称为资本品或投资品，如厂房、机器设备等。资本的货币形态通常称为货币资本。企业家才能是企业家组织建立和经营管理企业的才能。通过对生产要素的运用，厂商可以提供各种有形产品，如房屋、日用品等，也可以提供各种无形产品即劳务，如理发、医疗、金融服务、旅游服务等。

三、生产函数

1. 生产函数的概念

生产过程中生产要素的投入量和产品的产出量之间的关系，可以用生产函数来表示。生产函数表示在一定时期内，在技术水平不变的情况下，生产中所使用的各种生产要素的数量与所能生产的最大产量之间的关系。任何生产函数都以一定时期内的生产技术水平作为前提条件，一旦生产技术水平发生变化，原有的生产函数就会发生变化，从而形成新的生产函数。新的生产函数可能是以相同的生产要素投入量生产出更多或更少的产品，也可能是以变化了的生产要素的投入量进行生产。

假定 x_1，x_2，…，x_n 依次表示某产品生产过程中所使用的 n 种生产要素的投入数量，Q 表示所能生产产品的最大产量，则生产函数可以写成以下形式：

$Q = f(x_1, x_2, …, x_n)$

该生产函数表示在既定的生产技术水平下生产要素组合（x_1，x_2，…，x_n），在每一时期所能生产的最大产量为 Q。

在经济学的分析中，为了简化分析，通常假定生产中只使用劳动和资本这两种生产要素。以 L 表示劳动投入数量，以 K 表示资本投入数量，则生产函数写为：

$Q = f(L, K)$

生产函数表示生产中的投入量和产出之间的关系，这种关系普遍存在于各种生产过程之中。一家工厂必然具有一个生产函数，一家饭店也是如此，甚至一所学校或医院同样会存在各自的生产函数。估算和研究生产函数，对于经济理论研究和生产实践都具有一定意义。

2. 一些具体的生产函数

（1）固定投入比例生产函数。固定投入比例生产函数也称为里昂惕夫生产函数，是经济学家里昂惕夫投入产出方法的产物。

任何生产过程中的各种生产要素投入数量之间都存在一定的比例关系。固定投入比例生产函数是指在每一个产量水平上任何一对要素投入量之间的比例都是固定的一种生产函数。假定生产过程中只使用劳动和资本两种要素，则固定投入比例生产函数的通常形式为：

$$Q = \min\left(\frac{L}{U}, \frac{K}{V}\right)$$

其中，Q 为产量；L 和 K 分别为劳动和资本的投入量；常数 U 和 V 分别为固定的劳动和资本的生产技术系数，它们分别表示生产一单位产品所需要的固定的劳动投入量和资本投入量。上式表示，产量 Q 取决于比值中较小的一个，即使其中一个比例的数值很大，也不会提高产量。因为，两个常数作为劳动和资本的生产技术系数是给定的，即生产必须按照 L 和 K 之间的固定比例进行，当一种生产要素的数量不变时，另一种生产要素的数量再多也不能增加产量。需要指出的是，在该生产函数中，通常又假定生产要素投入量 L、K 都满足最小的要素投入组合的要求，所以有：

$$Q = \frac{L}{U} = \frac{K}{V}$$

进一步地，可以有：

$$\frac{L}{K} = \frac{U}{V}$$

上式清楚地体现了该生产函数的固定投入比例的性质，在这里，它等于两种要素的固定的生产技术系数之比。对一个固定投入比例生产函数来说，当产量发生变化时，各要素的投入量将以相同的比例发生变化，所以，各要素的投入量之间的比例维持不变。关于固定投入比例生产函数的这一性质，可以用几何图形来加以说明。

图 4-1 中，从原点出发经过 A、B 点的射线 OR 表示了这一固定比例生产函数所有产量水平的最小要素投入量的组合。

（2）柯布—道格拉斯生产函数。柯布—道格拉斯生产函数最初是美国数学家柯布（C. W. Cobb）和经济学家保罗·道格拉斯（Paul H. Douglas）共同探讨投入和产出的关系时创造的生产函数，是以他们的名字命名的，他们在生产函数的一般形式上做出了改进，引入了技术资源这一因素。柯布—道格拉斯生产函数一般被用来预测国家和地区的工业系统或大企业的生产和分析发展生产的途径，简称生产函数，是经济学中应用最广泛的一种生产函数形式，在数理经济学与经济计量学的研究与应用中都具有重要的地位。

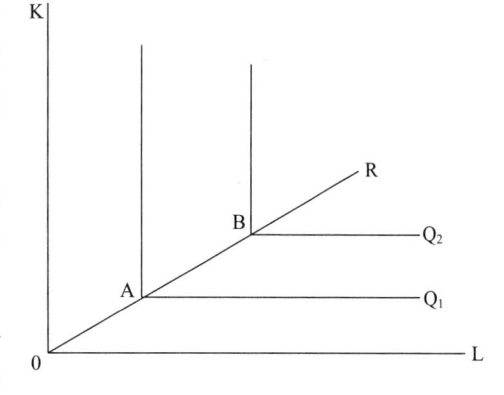

图 4-1 固定投入比例生产函数

柯布—道格拉斯生产函数的一般形式为：

$$Q = AL^{\alpha}K^{\beta}$$

柯布和道格拉斯根据有关历史资料，研究了 1899~1922 年美国的资本和劳动对生产的影响，在技术经济条件不变的情况下，得出了产出与投入的劳动力及资本的关系。但是柯布—道格拉斯生产函数中把技术水平 A 作为固定常数，难以反映因技术进步而给产出带来的影响。

研究得出的结果：

$A = 1.01$，$\alpha = \dfrac{3}{4}$，$\beta = \dfrac{1}{4}$

此分析既提供了一种分析方法，又发现在资本能"创造"价值的同时，产出的大部分，即 3/4 的产出都应归属于劳动。

继柯布和道格拉斯之后，其他西方学者也对所谓的生产函数进行了实证研究，如霍奇等。霍奇还根据其研究的结果，计算了所谓的最优生产要素配置。根据这一配置，要大大降低劳动要素的投入，增加资本要素的投入。

四、短期和长期

短期是指生产者来不及调整全部生产要素的数量，或者说至少有一种生产要素的投入数量是固定不变的时间周期。长期指生产者可以调整全部生产要素的数量的时间周期。相应的，在短期内，生产要素投入可以分为不变投入（固定投入）和可变投入；生产者在短期内无法进行数量调整的那部分要素投入为不变要素投入。例如，生产者根据企业的经济状况，可以缩小或扩大生产规模，甚至还可以加入或退出一个行业的生产。由于在长期内所有要素投入量都是可变的，因而也就不存在可变要素投入和不变要素投入的区分。在这里，短期和长期的划分是以生产者能否变动全部要素的投入数量作为标准的，对于不同的产品生产，短期和长期的界限规定是不相同的。例如，变动一个大型炼油厂的规模可能需要三年的时间，而变动一个豆腐作坊的规模可能仅需要 1 个月的时间。即前者短期和长期的划分界限为 3 年，而后者仅为 1 个月。

第二节　短期生产函数

本节主要阐述短期中生产要素的投入和生产者产量之间的关系。

一、短期

短期是指生产者来不及调整全部生产要素的数量，或者说是至少有一种生产要素的数量是固定不变的时间周期。例如机器设备、厂房等，生产者在短期内是不容易改变其投入数量的。可以进行数量调整的那部分要素投入是可变要素投入。例如劳动、原材料、燃料等，生产者均可以根据企业情况加以调整。

微观经济学通常以一种可变生产要素的生产函数考察短期生产理论，以两种可变生产要素的生产函数考察长期生产理论。本节介绍短期生产理论，下一节介绍长期生产理论。

二、一种可变生产要素的生产函数

由生产函数 Q = f（L，K）出发，假定资本投入量是固定的，而劳动投入量是可变的，用 L 表示，则生产函数可以写成：
Q = f（L）
这就是通常采用的一种可变生产要素的生产函数的形式，也被称为短期生产函数。

三、总产量、平均产量和边际产量

1. 总产量、平均产量和边际产量的概念

短期生产函数表示，在资本投入量固定时，由劳动投入量变化所带来的最大产量的变化。由此，我们可以得到劳动的总产量、劳动的平均产量和劳动的边际产量这三个概念。

总产量、平均产量和边际产量的英文简写顺次是 TP、AP 和 MP。

劳动的总产量 TP 是指与一定的可变要素劳动的投入量相对应的最大产量。它的定义公式：

$TP_L = f（L）$

劳动的平均产量 AP_L 是总产量与所使用的可变要素劳动的投入量之比。它的定义公式：

$$AP_L = \frac{TP}{L}$$

劳动的边际产量 MP_L 是增加一单位可变要素劳动的投入量所增加的产量。它的定义公式：

$$MP_L = \frac{\Delta TP}{\Delta L} 或者 MP_L = \frac{dTP}{dL}$$

2. 边际报酬递减规律

西方经济学家指出，在生产中普遍存在一种现象：在技术水平不变的条件下，在连续等量地将一种可变生产要素投入到其他一种或是几种数量不变的生产要素上去的过程中，当这种可变生产要素的投入量小于某一特定值时，增加该要素投入所带来的边际产量是递增的；当这种可变要素的投入量连续增加并超过这个特定值时，增加该要素投入所带来的边际产量是递减的。这就是边际报酬递减规律。边际报酬递减规律是短期生产的一条基本规律。

早在1771年，英国农学家杨格就用在若干相同的地块上施以不同量肥料的实验证明了肥料施用量与产量增加之间存在这种边际产量递减的关系。这不是偶然的现象而是经验性规律。假如农民在一亩土地上撒一把化肥能增加产量1公斤，撒两把化肥能增产3公斤，但继续一把一把撒下去，增产效果会越来越差。过大的施肥量甚至会导致土壤板结粮食减产。边际产量递减规律是从社会生产实践和科学实验中总结出来的。现实生活中绝大多数生产过程都是适用该规律的。如果边际产量递增，只要一亩土地就能养活全世界所有的人，那才是不可思议的。

从理论上讲，边际报酬递减规律成立的原因在于：对于任何产品的短期生产来说，可变要素投入和固定要素投入之间都存在一个最佳的数量组合比例。在开始时，由于不变要素投入量给定，而可变要素投入量为零，因此，生产要素的投入量远远没有达到最佳的组合比例。随着可变要素投入量的逐渐增加，生产要素的投入量逐步接近最佳的组合比例，相应的可变要素的边际产量呈现出递增的趋势。当生产要素的投入量达到最佳的组合比例时，可变要素的边际产量达到最大值。在这一点之后，随着可变要素投入量的继续增加，生产要素的投入量越来越偏离最佳的组合比例，相应的可变要素的边际产量便呈现出递减的趋势了。

边际报酬递减规律强调的是，在任何一种产品的短期生产中，随着一种可变要素投入量的增加，边际产量最终必然会呈现出递减的特征。或者说，该规律提醒人们要看到在边际产量递增阶段后必然会出现的边际产量递减阶段。正是边际报酬递减规律决定了劳动的边际产量表现出先上升后下降的特征。

边际报酬递减规律在现实中具有很强的经济意义。边际产量递减规律提示我们，在一定的条件下，高投入未必带来高产出。因要注意投入的合理限度，寻找最佳的投入数量。在现实生活中边际产量递减的例子很多。目前我国的就业压力很大，其实也是这个规律作用的结果。在萨缪尔森的《微观经济学》中，边际报酬递减规律是解释为什么亚洲许多国家如此贫困的关键性因素之一。在拥挤的中国和印度，生活水平之所以低，是因为每英亩的土地上有如此多的劳工，而不是农民在激励面前无动于衷。

【案例4－1】

马尔萨斯的预言及破灭

经济学家马尔萨斯（1766~1834）曾经预言：随着人口的膨胀，越来越多的劳动力耕种土地，地球上有限的土地最终将无法提供足够的食物。这是因为，一方面劳动的边际产出与平均产出下降；另一方面，更多的人口需要更多的食物，最终人口增长比例会超过食物供给增加比例，必然会产生大的饥荒。

幸运的是，人类的历史并没有按马氏的预言发展。因为马氏的预言暗含了两个假设条件：农业技术不变和人均占有耕地面积下降。在马氏生活的时代，工业化的进步程度还未能提供成熟的可以替代耕地的农业技术,来大幅度提高单位耕地面积的产量,克服人多地少和边际收益递减带来的困难。如果没有现代耕地的农业技术的出现和推广,没有从外部输入食物或向外部输出人口,英国和欧洲一些工业化国家确实会面临马尔萨斯所预言的问题。事实上,时至今日,一些没有任何农业技术改进的非洲国家仍然是高出生率和收入停滞并存,陷入马氏的预言而无力自拔。在我国几千年传统农业历史时期,农业技术虽然不断改进,但没有突破性进展。在没有战乱和大范围饥荒的正常时期,人口增长率远高于耕地面积增加速度。由于越来越多的人口不得不在越来越小的人均耕地面积上劳作,劳动生产率和人均粮食产量难免下降。这被认为是我国几千年传统农业社会周期振荡的可能的重要原因。

然而,马尔萨斯没有想到的是,技术的飞速进步,如高产的良种、高效的化肥、先进的收割机械、电力和其他能源以及生物技术的出现等,改变了许多国家的食物生产方式,极大地提高了劳动生产率,使农业和食品的增长率显著超过人口增长。

另外,由于战争、疾病、自然灾害、观念变化及政策(如我国的计划生育政策)等方面的原因,人口也并没有按照马氏所预言的那样爆炸式增长。对于中国来说,由于长期的计划生育政策,13亿人口的到来整整推迟了4年;而欧洲的一些国家甚至出现了人口增长率为负的现象。

因此,从历史事实来看,马氏理论建立在边际收益递减规律的基础之上,对于观察工业化特定阶段的经济运行矛盾具有历史认识价值,但限于边际收益递减规律作用的条件及马氏预言成立的假设条件,马氏预言最终破灭。

(资料来源:浙江大学精品课程《微观经济学》,http://course.jingpinke.com/details?uuid=8a833999-2031c13b-0120-31c13bc5-029d&objectId=oid:8a833999-2031c13b-0120-31c13bc5-029c&courseID=B080037.)

3. 总产量、平均产量和边际产量相互之间的关系

西方经济学家通常将总产量曲线、平均产量曲线和边际产量曲线置于同一张坐标图中,来分析这三个产量之间的相互关系。如图4-2所示,它反映了短期生产的相关产量之间的关系。

从图4-2中可以清楚地看到,劳动的边际产量MP曲线先是上升的,在达到最高点后再下降,这是由边际报酬递减规律决定的。从短期生产的这一基本特征出发,我们利用图4-2从以下三个方面来分析总产量、平均产量和边际产量相互之间的关系。

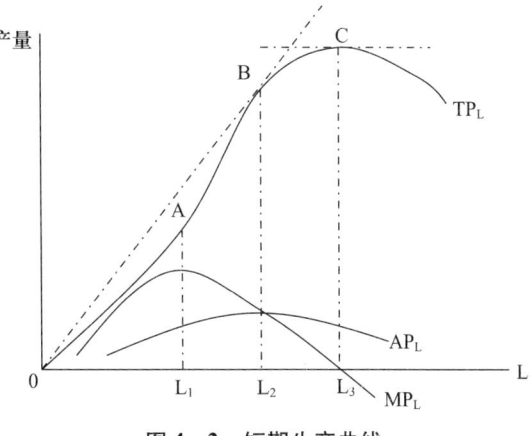

图4-2 短期生产曲线

第一，关于边际产量和总产量之间的关系。

根据边际产量的定义公式可以得知，TP 曲线上任何一点的切线的斜率就是相应的 MP 值。

正是因为每一单位劳动投入量的边际产量 MP 值就是相应的总产量 TP 曲线的斜率，所以，图 4-2 中 MP 曲线和 TP 曲线之间存在这样的对应关系：只要边际产量是正的，总产量总是增加的；只要边际产量是负的，总产量总是减少的；当边际产量为零时，总产量达最大值。

进一步地，由于在边际报酬递减规律作用下边际产量 MP 曲线先上升，达到最大值后再下降，所以，相应的总产量 TP 曲线的斜率先是递增的，达到拐点 A 后斜率是递减的。也就是说，MP 曲线的最大值点和 TP 曲线的拐点 A 是相互对应的。

第二，关于平均产量和总产量之间的关系。

根据平均产量的定义公式可以推知，连接 TP 曲线上任何一点和坐标原点的线段的斜率就是相应的 AP 值。

正是由于这种关系，图 4-2 中当 AP 曲线达到最大值时，TP 线必然有一条从原点出发的最陡峭的切线，其切点为 B 点。

第三，关于边际产量和平均产量之间的关系。

从图 4-2 中我们可以看到 MP 曲线和 AP 曲线之间存在这样的关系：两条曲线相交于 AP 曲线的最高点。在最高点以前，MP 曲线高于 AP，MP 曲线将 AP 曲线拉上；在最高点以后，MP 曲线低于 AP 曲线，MP 曲线将 AP 曲线拉下。不管是上升还是下降，MP 曲线的变动都快于 AP 曲线的变动。当 MP 曲线和 AP 曲线相交时，AP 曲线必达最大值。

此外，由于在可变要素劳动的投入量的变化过程中，边际产量的变动相对平均产量的变动而言要更敏感一些，所以，不管是增加还是减少，边际产量的变动都快于平均产量的变动。

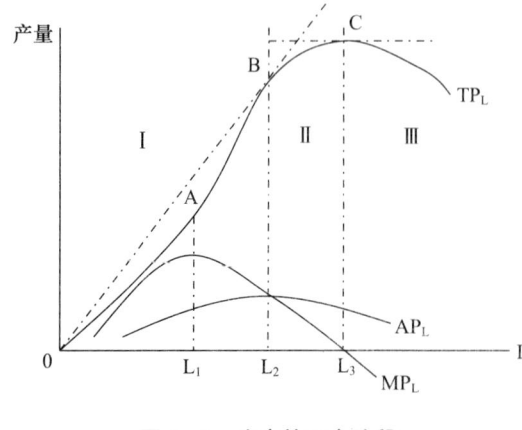

图 4-3 生产的三个阶段

四、生产的三个阶段

根据短期生产的总产量曲线、平均产量曲线和边际产量曲线之间的关系，可将短期生产划分为三个阶段，如图 4-3 所示。

在第 I 阶段，产量曲线的特征为：劳动的平均产量始终是上升的，且达到最大值；劳动的边际产量上升达最大值，且劳动的边际产量始终大于劳动的平均产量；劳动的总产量始终是增加的。这说明：在这一阶段，不变要素资本的投入量相对过多，生产者增加可变要素劳动的投入量是有利的。或者说，生产者只要增加可变要素劳动的投入量，就可以增加总产量。因此，任何理性的生产者都不会在这一阶段停止生产，而是连续增加可变要素劳动的投入量以增加总产量，并将生产扩大到第Ⅱ阶段。

在第Ⅲ阶段，产量曲线的特征为：劳动的平均产量继续下降，劳动的边际产量降为负值，劳动的总产量也呈现下降趋势。这说明：在这一阶段，可变要素劳动的投入量相对过多，生产者减少可变要素劳动的投入量是有利的。因此，这时即使劳动要素是免费供给的，理性的生产者也会通过减少劳动投入量来增加总产量，以摆脱劳动的边际产量为负值和总产量下降的局面，并退回到第Ⅱ阶段。

由此可见，任何理性的生产者既不会将生产停留在第Ⅰ阶段，也不会将生产扩张到第Ⅲ阶段，所以，生产只能在第Ⅱ阶段上生产，此时生产者既可以得到由于第Ⅰ阶段增加可变要素投入所带来的全部好处，又可以避免将可变要素投入增加到第Ⅲ阶段而带来的不利影响。因此，第Ⅱ阶段是生产者进行短期生产的决策区间。在第Ⅱ阶段的起点处，劳动的平均产量曲线和劳动的边际产量曲线相交，即劳动的平均产量达最高点。在第Ⅱ阶段的终点处，劳动的边际产量曲线与水平轴相交，即劳动的边际产量等于零。至于在生产的第Ⅱ阶段，生产者所应选择的最佳投入数量究竟在哪一点，这一问题还有待于以后结合成本、收益和利润进行深入的分析。

第三节 长期生产理论

本节主要探讨长期中生产要素的投入与生产者生产的产品量之间的关系。

一、两种可变生产要素的生产函数

在长期所有的生产要素都是可以改变的，多种可变生产要素的生产函数可以写成：
$Q = f(x_1, x_2, \cdots, x_n)$

为了简化分析，通常以两种可变生产要素的生产函数考察长期生产问题。假定生产者使用劳动和资本两种可变投入要素，则长期生产函数为：
$Q = f(L, K)$

二、生产要素的最优投入组合

1. 等产量曲线

（1）等产量曲线的定义。假定劳动 L 和资本 K 是可以相互替代的，那么同样的产量可以通过不同比例的生产要素组合来实现。

在理论上,在要素投入可以不断细分的条件下,生产同样产量的不同组合的可能性有无穷多。设生产函数为 $Q = f(L, K)$,令 $Q = Q_1$ 为某一既定的产出量,即可得到一系列相应的点。用光滑曲线把这些点依次连接便得到一条曲线,被称为等产量曲线。

等产量曲线上的任何一点表示一定量的劳动和一定量的资本的组合都能得到 Q_1 个单位的产出。根据给定的生产函数可以在同一坐标图上画出无数条等产量曲线,每条等产量曲线分别表示一定量的产出。见图 4-4 中 Q_1 的曲线。

(2) 等产量曲线的特点。等产量曲线具有如下特点:

其一,离原点越远的等产量曲线代表的产出水平越高。在图 4-4 中,等产量曲线 Q_1 的位置比等产量曲线 Q_2 的位置高,表明产量 Q_1 一定大于产量 Q_2,这是因为投入较多生产要素的理性企业会得到较大的产出。

其二,同一坐标图上的任意两条等产量曲线不能相交。因为两条等产量曲线的交点代表投入要素的同一种组合,而同一种组合的投入要素不可能生产出两个不同的产出量。

如图 4-5 所示,假设 $Q_1 = Q_2$。在 Q_1、Q_2 上取两点 B 和 C,由假设可知 A 点产量 = B 点产量,A 点产量 = C 点产量,推知 B 点产量 = C 点产量。从图 4-5 中可知 B 点要素投入组合为 (L_1, K_1),C 点要素投入组合为 (L_2, K_1)。因为 $L_1 < L_2$,所以 C 优于 B。和假设相矛盾,因此假设不成立。

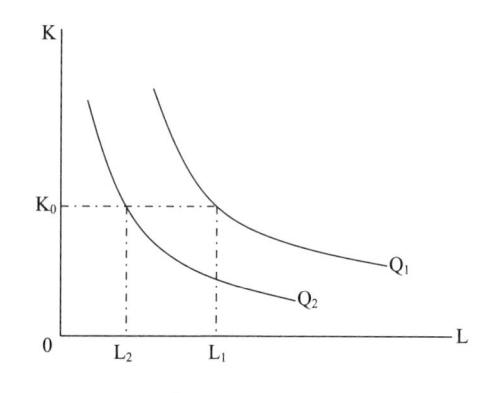

图 4-4 等产量曲线位置高低的比较

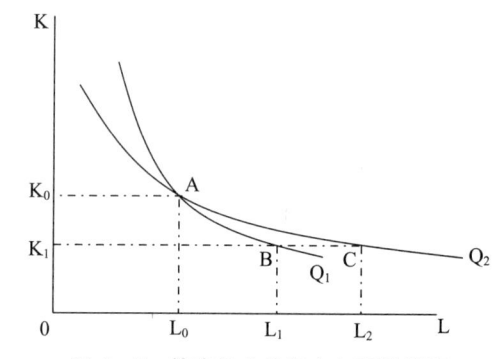

图 4-5 等产量曲线相交与否的说明

其三,等产量曲线向右下方倾斜,其斜率是负的。等产量曲线是以生产函数为基础的。而生产函数所表示的是对应于一定投入的最大(也就是有效率的)产出,因此同一条等产量曲线上的每个点都代表着能生产该产量的某种有效的要素组合。这就是说,要增加某种要素的投入量并保持产出量不变,就必须相应地减少另一种要素的投入量。如果生产某一给定数量的商品,需要同时增加劳动和资本的投入量,或者不减少劳动(或资本)的数量却要增加资本(或劳动)的数量,那么其原先的生产组合就是无效率的。

其四,等产量曲线凸向原点,且其斜率的绝对值是递减的。这一点可以用边际技术替代率递减规律进行解释说明。

(3) 边际技术替代率递减规律。

1）边际技术替代率的概念。边际技术替代率的缩写是 MRTS。一条等产量曲线表示一个既定的产量水平可以由两种可变要素的各种不同数量的组合生产出来。这样生产者可以通过两种要素之间的相互替代，来维持一个既定的产量水平。例如为了生产 50 单位的某种产品，生产者可以使用较多的劳动和较少的资本，也可以使用较少的劳动和较多的资本。想象一下，为了维持固定的 50 单位的产量，在厂商沿着既定的等产量曲线由 A 到 C 的过程中，劳动的投入量也必然会随着资本投入量的不断减少而增加；相反，由 C 到 A 的过程中，劳动投入量必然会随着资本投入量的不断增加而减少（如图 4-5 所示）。由两种要素之间的这种相互替代关系可以得到边际技术替代率的概念。在维持产量水平不变的条件下，增加一单位某种生产要素的投入量时所减少的另一种要素的投入数量，被称为边际技术替代率。劳动对资本的边际技术替代率记为：

$$\text{MRTS}_{LK} = -\frac{\Delta K}{\Delta L}$$

当 $\Delta L \to 0$ 时，$\text{MRTS}_{LK} = \lim_{\Delta L \to 0} -\frac{\Delta K}{\Delta L} = -\frac{dK}{dL}$

其中，ΔK 和 ΔL 分别表示资本投入量的变化量和劳动投入量的变化量。公式中加一负号是为了使 MRTS 在一般情况下为正值，便于比较。

显然等产量曲线上某一点的边际技术替代率就是等产量曲线在该点的斜率的绝对值。

边际技术替代率还可以表示为两种要素的边际产量之比。对于任意一条给定的等产量曲线来说，当用劳动投入代替资本投入时，在维持产量不变的前提下，由增加劳动投入量所带来的总产量的增加量和由减少资本投入量所带来的总产量的减少量必定是相等的。即有：

$$|\Delta L \cdot MP_L| = |\Delta K \cdot MP_K|$$

可见，边际技术替代率可以表示为两种要素的边际产量之比。

2）边际技术替代率递减规律。在两种生产要素相互替代的过程中，普遍存在这样一种现象：在维持产量不变的前提下，当一种生产要素的投入量不断增加时，每一单位的这种要素所能替代的另一种生产要素的数量是递减的。这一现象被称为边际技术替代率递减规律。

递减的主要原因是，任何一种产品的生产技术都要求各要素投入之间有适当的比例，这就意味着要素之间的替代是有限的。简单来说，以劳动和资本两种要素投入为例，在劳动投入量很少而资本投入量很多的情况下，减少一些资本的投入量可以很容易地通过增加劳动的投入来弥补，以维持原有的产量水平，即劳动对资本的替代是很容易的。但是在劳动投入增加到相当多的数量和资本投入减少到相当少的数量的情况下，再用劳动去替代资本就将是很困难的了。

正是因为存在边际技术替代率递减规律，所以等产量曲线一般具有凸向原点的特征。

2．等成本曲线

（1）等成本线的概念。等产量曲线说明，一定量的产出可以由要素投入的多种组合来实现,但仅有等产量曲线,企业还不能确定究竟采用哪一种组合来进行生产是最有效率的。为了确定这一点,企业还必须考虑生产要素的使用成本。企业应以最低的成本来获得一定数量的产出,或者用一定数量的成本来得到最大的产出。

假设生产要素仍为劳动 L 和资本 K 两种,劳动的价格为 w,资本的价格为 r。假定企业花费 c 元来购买劳动和资本。企业的成本构成就由下式表示:

$$c = wL + rK$$

其中,L 和 K 分别表示劳动的购买量和资本的购买量。与上述关系式相应的曲线被称为等成本曲线。

等成本线和效用论中的预算线非常相似,表示的是在既定成本和既定的生产要素价格条件下,生产者可以购买到的两种生产要素的各种不同数量组合点的轨迹。它也被称为厂商的预算限制线,表示厂商对于两种生产要素的购买不能超出自身的总成本支出的限制。

与等产量曲线类似,等成本曲线上的每一点也表示劳动与资本的一种组合。曲线与 L 轴交于一点,此时 $L = \dfrac{C}{w}$,表示在总支出为 C 时,企业能够雇用的最大劳动数量;曲线与 K 轴相交于一点,此时 $K = \dfrac{C}{r}$,表示在总支出为 C 时,企业能够使用的最大资本数量。在两个端点之间的任一点上,使用两种要素所付出的总成本是相同的,都为 C。如图 4-6 所示。

(2) 等成本线的特点。等成本曲线具有如下特点:

第一,离原点较远的等成本曲线总是代表较高的成本水平。如图 4-7 所示,$C_3 > C_2 > C_1$。

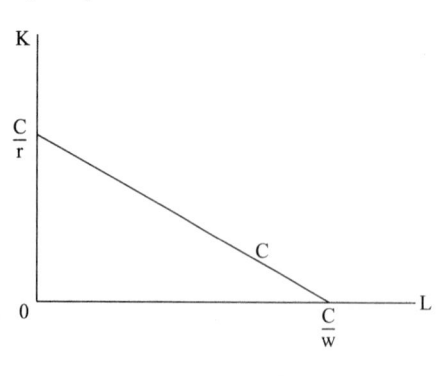

图 4-6 等成本线

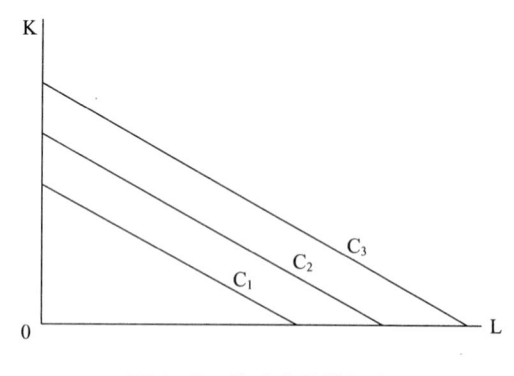

图 4-7 等成本线的平移

第二,同一等成本曲线图上的任意两条等成本曲线不相交。

第三,等成本曲线向右下方倾斜,其斜率是负的。显然,要增加某一种要素的投入量而保持总成本不变,就必须相应地减少另一种要素的投入量。在要素价格给定的条件下,等成本曲线是一条直线,其斜率是一个常数。$c = wL + rK$ 是等成本线的公式,将公式变形得:

$$K = \frac{C}{r} - \frac{C}{w} \cdot L$$

斜率为 $-\frac{C}{w}$，等成本线的斜率绝对值为两种投入要素的价格之比。

进一步，如果两种投入要素的价格发生变化，那么等成本曲线也就会发生变化。例如，劳动的价格上升，使得同样的成本 C 可雇用的最大劳动数量减少，也就是等成本曲线在 L 轴上的截距变小；r 不变，也就是等成本曲线在 K 轴上的截距不变。这样，等成本曲线 AB 将绕 A 点作顺时针旋转，转到 AB_1 的位置，如图 4-8 所示。

3. 生产要素的最优组合与利润最大化

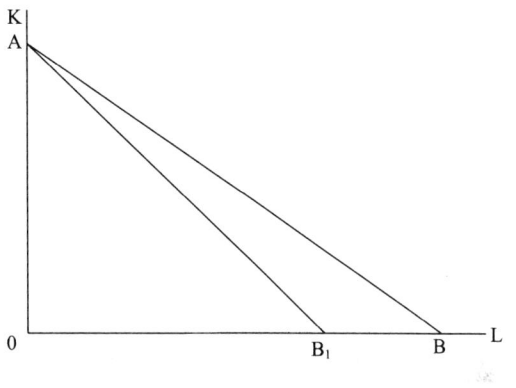

图 4-8 等成本线的旋转

所谓生产要素的最优组合，就是指在既定的成本条件下实现最大产量或者既定产量条件下达到最小成本的要素组合。企业的目标是实现企业利润的最大化，为了实现这样的目标，企业一般会如何确定其要素的组合比例呢？

一般地，记利润为 π，收益为 R，$R = P \cdot Q$，成本为 C，即 $\pi = R - C$

企业的目标为 $\max \pi = R - C$

在这里将厂商的利润最大化转化为两种情况：一种情况是，当总成本给定时，利润最大化就等价于收益最大化，而在产品价格不变的条件下，也就相当于使产量最大化；另一种情况是，如果厂商的产量已经给定，那么在产品价格也是不变参数的条件下，其收益也就给定，此时利润最大化也就相当于成本最小化。因此，厂商的利润最大化就是要确定一个它所使用的两种要素的组合，从而用给定数量的总成本生产出最大的产量，或者用最低的总成本生产一定量的产出。注意，我们假定要素的价格也是给定的。

(1) 既定成本条件下的产量最大化。在一定的技术条件下，厂商用两种可变生产要素劳动和资本生产一种产品，劳动的价格 w 和资本的价格 r 是已知的，厂商用于购买这两种要素的全部成本是既定的。现在通过等产量和等成本线寻求最优要素组合点。

将厂商的等产量曲线和相应的等成本线画在同一个平面坐标系中，就可以确定在既定成本下实现最大产量的最优要素组合点，即生产的均衡点。

如图 4-9 中，有一条等成本线 AB 和三条等产量曲线 Q_1、Q_2 和 Q_3。等成本线 AB 的位置和斜率决定于既定的成本量 C 和既定的要素价格（已知的两种要素的价格比例不变）。由图 4-9 可知，唯一的等成本线 AB 与其中一条等产量线 Q_2 相切于 E 点，该点就是生产的均衡点。它表示：在成本既定的条件下，厂商应该使用 E 点的生产要素组合进行生产，即劳动投入量和资本投入量分别为 L_E 和 K_E 时，厂商就会获得最大的产量。这就需要分析代表既定成本的唯一等成本线 AB 与三条等产量曲线 Q_1、Q_2 和 Q_3 之间的关系。先看等产量曲线 Q_3，等产量曲线 Q_3 代表的产量虽然高于等产量曲线 Q_2，但唯一的等成本线 AB 与等产量曲线 Q_3 既无交点又无切点。这表明等产量曲线 Q_3 所代表的产量是在既定成本下无法实现的产量，因为厂商利用既定成本只能购买到位于等成本线 AB 上或等成本线 AB 以内区域的要素组合。再看等产量曲线 Q_1，等产量曲线 Q_1 虽然与唯一的等成本线 AB 相交于 A、B 两点，但等产量曲线 Q_1 所代表产量是比较低的。因为，此时厂商在不增加成本的情况下，只需由 A 点出发或由 B 点出发向左沿着既定的等成本线 AB 改变要素组合，就可以增加产量。所以，只有在唯一的等成本线 AB 和等产量曲线 Q_2 的相切点 E，才是实现既定成本条件下的最大产量的要素组合。任何更高的产量在既定成本条件下都是无法实现的，任何更低的产量都是低效率的。

综上所述，表现在图 4-9 中则是唯一的等成本线 AB 和等产量曲线 Q_2 的相切点 E 才是厂商的生产均衡点。于是，在生产均衡点 E 有：由于边际技术替代率反映了两种要素在生产中的替代比率，要素的价格比例反映了两要素在购买中的替代比率，所以，只要两者不相等，厂商总可以在总成本不变的条件下通过对要素组合的重新选择，使总产量得到增加。只有在两种要素的边际技术替代率和两种要素的价格比例相等

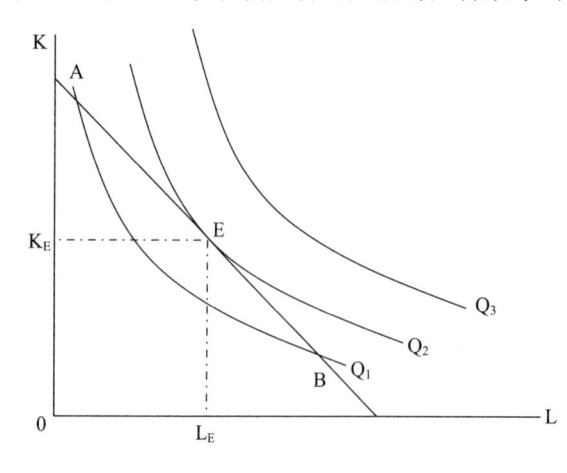

图 4-9 成本既定条件下产量最大的均衡

时，生产者才能实现生产的均衡。于是，在生产均衡点 E 有：

$$MRTS_{LK} = \frac{w}{r}$$

它表示：为了实现既定成本条件下的最大产量，厂商必须选择最优的生产要素组合，使得两种要素的边际技术替代率等于两种要素的价格比例。这就是两种生产要素的最优组合原则。

因为边际技术替代率可以表示为两种要素的边际产量之比，所以，上式可以写为：

$$\frac{MP_L}{MP_K} = \frac{w}{r}$$

它表示：厂商可以通过对两种要素投入量的不断调整，使得最后一单位的成本支出无论用来购买哪一种生产要素所获得的边际产量都相等，从而实现既定成本条件下的最大产量。

（2）既定产量条件下的成本最小化。如同生产者在既定成本条件下会力求实现最大的产量，生产者在既定的产量条件下也会力求实现最小的成本。这可以用图 4-10 来

说明。

图 4-10 中有一条等产量曲线 Q_1 和三条等成本线 AB、A_1B_1 和 A_2B_2。唯一的等产量曲线 Q_1 代表既定的产量。三条等成本线具有相同的斜率（表示两种要素的价格是既定的），但代表三个不同的成本量。其中，等成本线 AB 代表的成本大于等成本线 A_1B_1，等成本线 A_1B_1 代表的成本大于等成本线 A_2B_2。唯一的等产量曲线 Q_1 与其中一条等成本线 A_1B_1 相切于 E 点，该点就是生产的均衡点或最优要素组合点。它表示：在产量既定的条件下，生产者应该选择 E 点的要素组合。也即在 (OL_E, OK_E) 才能实现最小的成本。这是因为，等成本线 A_2B_2 虽然代表的成本较低，但它与既定的等产量曲线 Q_1 既无交点又无切点，即它无法实现等产量曲线 Q_1 所代表的产量。等成本曲线 AB 虽然与唯一的等产量曲线 Q_1 相交于 a、b 两点，但它代表的成本过高，通过沿着等产量曲线 Q_1 由 a 点向 E 点或者由 b 点向 E 点的移动，都可以获得相同的产量而使成本下降。所以，只有切点 E 的要素组合才是在既定产量条件下实现最小成本的要素组合。

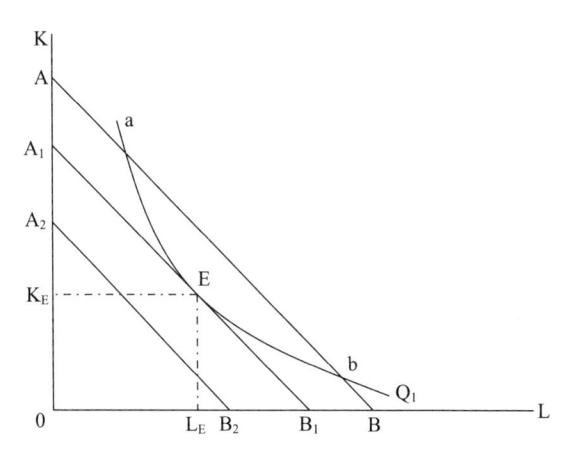

图 4-10 产量既定成本最小均衡

在均衡点，等产量曲线的斜率等于等成本曲线斜率。于是有：

$$MRTS_{LK} = \frac{w}{r}$$

它表示：厂商应该选择最优的生产要素组合，使得两种要素的边际技术替代率之比等于两种要素价格之比，从而实现既定产量下的最小成本。

$$MRTS_{LK} = -\frac{dK}{dL} = \frac{MP_L}{MP_K} = \frac{w}{r}$$

它表示：为了实现既定产量条件下的最小成本，厂商应该通过对两种要素投入量的不断调整，使得花费在每一种要素上的最后一单位的成本支出所带来的边际产量相等。

以上就是厂商在既定产量条件下实现最小成本的两种要素的最优组合原则。该原则与厂商在既定成本条件下实现最大产量的两种要素的最优组合原则是相同的。

三、扩展线

当其他条件不变，而生产的产量或成本发生变化时，企业会重新选择最优的生产要素组合，在变化了的产量条件下实现最小的成本，或在变化了的成本条件下实现最大的产量。扩展线涉及的就是这方面的问题。

1. 等斜线

在图 4-11 中,有三条等产量曲线 Q_1、Q_2 和 Q_3,它们分别有三条切线 T_1、T_2 和 T_3,而且这三条切线是相互平行的。这意味着,这三条等产量曲线各自在切点上,两种要素的边际技术替代率是相等的。连接这些点以及原点的曲线 OS 被称为等斜线。等斜线是一组等产量曲线中两种要素的边际技术替代率相等的点的轨迹。

2. 扩展线

在生产要素的价格、生产技术和其他条件不变时,如果企业改变成本,等成本线就会发生平移;如果企业改变产量,等产量曲线就会发生平移。这些不同的等产量曲线将与不同的等成本线相切,形成一系列不同的生产均衡点,这些生产均衡点的轨迹就是扩展线。

图 4-12 中的 ON 曲线是一条扩展线。由于生产要素的价格保持不变,两种要素的价格比例是固定的,又由于生产均衡的条件为两种要素的边际技术替代率等于两种要素的价格比例,所以,在扩展线上所有的生产均衡点上边际技术替代率都是相等的。这意味着,扩展线一定是一条等斜线。

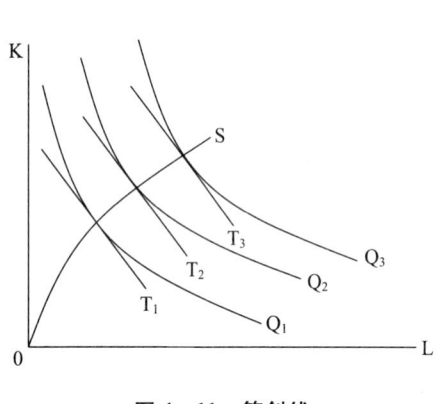

图 4-11 等斜线

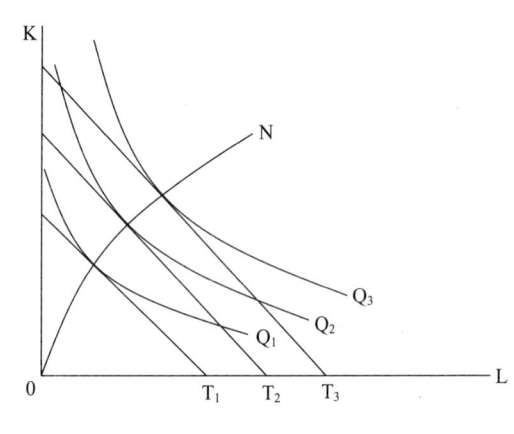

图 4-12 扩展线

扩展线表示:在生产要素价格、生产技术和其他条件不变的情况下,当生产的成本或产量发生变化时,厂商必然会沿着扩展线来选择最优的生产要素组合,从而实现既定成本条件下的最大产量,或实现既定产量条件下的最小成本。扩展线是厂商在长期中扩张或收缩生产时所必须遵循的路线。

四、规模与产量

长期中,企业通过对两种生产要素同时进行调整,引起生产规模的改变,从而导致产量发生变化。规模报酬分析涉及的是企业的生产规模变化与所引起的产量变化之间的关系。企业只有在长期中才可能变动全部生产要素,进而变动生产规模,因此,企业的规模报酬分析属于长期生产理论问题。

1. 要素投入比例固定不变的情况

在生产理论中，通常以全部的生产要素都以相同的比例发生变化来定义企业的生产规模的变化。相应地，规模报酬变化是指在其他条件不变的情况下，企业内部各种生产要素按相同比例变化时所带来的产量变化。企业的规模报酬变化可以分规模报酬递增、规模报酬不变和规模报酬递减三种情况。

（1）关于规模报酬递增。产量增加的比例大于各种生产要素增加的比例，被称为规模报酬递增。例如，当全部的生产要素劳动和资本都增加100%时，产量的增加大于100%。产生规模报酬递增的主要原因是企业生产规模扩大所带来的生产效率的提高。它可以表现为：生产规模扩大以后，企业能够利用更先进的技术和机器设备等生产要素，而较小规模的企业可能无法利用这样的技术和生产要素。随着对较多的人力和机器的使用，企业内部的生产分工能够更加合理和专业化。此外，人数较多的技术培训和具有一定规模的生产经营管理也可以节省成本。

（2）关于规模报酬不变。产量增加的比例等于各种生产要素增加的比例，被称为规模报酬不变。例如，当全部生产要素劳动和资本都增加100%时，产量也增加100%。一般可以预计两个相同的工人使用两台相同的机器所生产的产量，是一个这样的工人使用一台这样的机器所生产的产量的两倍。这就是规模报酬不变的情况。

（3）关于规模报酬递减。产量增加的比例小于各种生产要素增加的比例，被称为规模报酬递减。例如，当全部生产要素劳动和资本都增加100%时，产量的增加小于100%。产生规模报酬递减的主要原因是企业生产规模过大，使得生产的各个方面难以得到协调，从而降低了生产效率。它可以表现为企业内部合理分工的破坏、生产有效运行的障碍以及获取生产决策所需的各种信息的不易等。

2. 要素投入比例非固定不变的情况

可以说，在生产过程中，要素投入比例固定不变的情况是非常少见的，因此，规模报酬衡量的应该是一个生产过程中的特殊情况，更具有一般意义的是，各种生产要素的投入比例没有固定限制的规模经济和规模不经济的情况。规模经济和规模不经济一般也可以叫作内在经济和内在不经济。

（1）规模经济。规模经济是指通过扩大生产规模而引起经济效益增加的现象。更为精确地说，是厂商在生产规模扩大时由自身内部原因所引起的产量增加。规模经济反映的是生产要素的集中程度同经济效益之间的关系。规模经济的优越性在于，随着产量的增加，长期平均总成本下降。关于这一点将在下一章成本论中继续说明。

第一，专业化分工带来的效率提升。由于大规模的生产，专业化分工程度得到提升，分工也会更为详细，这样可以提高工人的技术水平和生产效率。另外，专业化的分工还可以产生学习效应。学习效应是指企业的工人、技术人员、经理等人员在长期生产过程中，可以积累产品生产、技术设计以及管理工作经验，从而通过增加产量和提高效率来降低平均成本。如果产品在市场上的销售价格不变,单位产品成本下降,单位产品利润提高,可以刺激企业扩大产品生产规模,增加市场供给。

第二,设备使用效率的提升。生产设备本身的不可分割性决定了产量水平的高低不能决定设备本身的资金投入成本。当企业规模很小时,可能无法购置先进的大型设备,即使购买了也无法充分发挥效用,出现资源浪费,只有在大规模的生产中,大型的先进设备才能充分发挥效用,从而使生产产量大幅度提高。

第三,管理效率的提升。生产规模的扩大可以在不增加管理人员的情况下增加生产,从而提高管理效率。

第四,对副产品的综合利用。在大规模的生产中,可以对副产品进行再加工,通过综合利用变废为宝,实现范围经济。范围经济指的是厂商运用其生产资源,生产具有一定共通性的多种产品,从而实现资源的合理利用以及单位成本的降低。

第五,生产要素购买和产品售卖中的优势。大规模生产使得厂商在生产要素市场成为具有一定垄断地位的卖方,以此压低生产要素的买入价格;也可以使得厂商在产品市场成为具有一定垄断地位的买方,以此抬高产品卖出价格,从而获得垄断利润。

第六,形象优势。大规模的生产使得厂商的产品市场占有率提升以及产品形象和企业形象提升,因此可以在很多方面获得好处。如可以获得低成本的贷款、可以获得市场等,这些都可以为厂商带来实惠。

(2) 规模不经济。规模经济能够获得的好处很多,但是并不意味着生产规模越大越好,因为规模经济追求的是能获取最佳经济效益的生产规模。一旦企业生产规模扩大到超过一定的规模,边际效益就会逐渐下降,甚至趋向于零,乃至变成负值,引发规模不经济现象。规模不经济指的就是由于厂商本身生产规模过大而引起的产量或收益的减少。引起规模不经济的原因主要有两个方面:

一是管理效率的降低。生产规模过大会使管理机构由于庞大而不灵活,管理上也会出现各种漏洞,从而使产量和收益减少。

二是生产要素价格与销售费用增加。生产要素的供给并不是无限的,生产规模过大必然会大幅度增加对生产要素的需求,从而使得生产要素的价格上升。同时,生产规模过大,产品大量增加,也增加了销售的困难,需要增加更多的销售机构和人员,从而增加了销售费用。因此,生产规模并非越大越好。

【案例 4-2】

格兰仕的扩张

面临着越来越广阔的市场,每个企业都有两种战略选择:一是多产业、小规模、低市场占有率;二是少产业、大规模、高市场占有率。格兰仕选择的是后者。格兰仕的微波炉在国内已达到 70% 的市场占有率,在国外已达到 35% 的市场占有率。

自 1992 年第一台格兰仕微波炉诞生至今，格兰仕微波炉全球销量已突破 3 亿台。2008 年中国微波炉市场容量约为 1050 万台，其中格兰仕微波炉突破了 650 万台，创造了内销历史新高，销量同比增幅高达 56%。1998 年，格兰仕一举夺下微波炉市场份额全球第一的宝座，自此，格兰仕连续 16 年蝉联全球微波炉产销第一。2000 年，格兰仕一举拿下 74.13% 的市场份额，成为微波炉行业无可争议的领袖。2012 年格力电器实现营业总收入 1001.10 亿元，成为中国首家超过千亿元的家电上市公司，2015 年 4 月 27 日，格力电器发布 2014 年业绩报告，报告显示，公司 2014 年实现营业总收入 1400.05 亿元，同比增长 16.63%；归属于上市公司股东的净利润为 141.55 亿元，同比增长 30.22%，继续保持稳健的发展态势。

格兰仕的成功就运用了规模经济的理论。即某种产品的生产，只有达到一定的规模时才能取得较好的效益。微波炉生产的最小经济规模为 100 万台。早在 1996~1997 年，格兰仕就达到了这一规模。随后，规模每上一个台阶，生产成本就下降一个台阶，这就为企业的产品降价提供了条件。格兰仕的做法是当生产规模达到 100 万台时，将出厂价定在规模为 80 万台的企业的成本价以下；当规模达到 400 万台时，将出厂价又调到规模为 200 万台的企业的成本价以下，而当规模达到 1000 万台以上时，又把出厂价降到规模为 500 万台的企业的成本价以下。

这种在成本下降的基础上所进行的降价是一种合理的降价。降价的结果是价格平衡点以下的企业一次又一次被大规模淘汰，这使行业的集中度和行业的规模经济水平不断提高，由此带动整个行业社会必要劳动时间不断下降，进而带来整个行业的成本不断下降。成本低则价格必然就低，降价最大的受益者是广大消费者。从 1993 年格兰仕进入微波炉行业到现在，微波炉的价格由每台 3000 元以上降到每台 300 元左右，降幅达 90% 以上，这不能不说是格兰仕的功劳，不能不说是格兰仕对中国广大消费者的巨大贡献。

（资料来源：格兰仕的扩张，http://www.docin.com/p-1035679305.html.）

练习题

一、名词解释
1. 边际报酬递减规律
2. 规模报酬
3. 生产函数

4. 短期

5. 长期

6. 等产量曲线

7. 边际技术替代率

8. 边际技术替代率递减规律

9. 等成本线

10. 扩展线

二、选择题

1. 下列说法正确的是（　　）。

A. 生产要素的边际技术替代率递减是规模报酬递减造成的

B. 边际收益递减是规模报酬递减造成的

C. 生产要素的边际技术替代率递减是边际收益递减造成的

D. 规模报酬递减是边际收益递减造成的

2. 已知等产量曲线与等成本曲线既不相交也不相切，此时要达到等产量曲线所表示的产出水平，应该（　　）。

A. 增加投入

B. 保持原投入不变

C. 减少投入

D. 或 A 或 B

3. 规模报酬递减是在下述（　　）情况下发生的。

A. 连续投入某种生产要素而保持其他生产要素不变

B. 按比例连续增加各种生产要素

C. 不按比例连续增加各种生产要素

D. 上述都正确

4. 边际报酬递减规律发生作用的前提条件是（　　）。

A. 连续地投入某种生产要素而保持其他生产要素不变

B. 生产技术既定不变

C. 按比例同时增加各种生产要素

D. A 和 B

5. 理性的生产者选择的生产区域应是（　　）。

A. MP > AP 阶段　　　　　　　　B. MP 下降阶段

C. AP > MP > 0 阶段　　　　　　D. MP 与 AP 相交之点起至 MP 与横轴交点止

6. 下列说法中正确的是（　　）。

A. 只要总产量减少，边际产量一定为正

B. 只要 MP 减少，总产量一定减少

C. MP 曲线必定交于 AP 曲线的最高点

D. 只要 MP 减少，AP 也一定减少

7. 在最优生产要素组合点上，下列哪种说法不正确（　　）。

　A. 等产量曲线和等成本线相切　　B. $MRTS_{LK}$ = w/r

　C. dK/dL = w/r　　　　　　　　D. MP_K/MP_L = w/r

8. 等产量曲线上任意两点的产量肯定是（　　）。

　A. 相等　　　B. 不等　　　C. 无关　　　D. 以上情况都存在

9. 若横轴代表劳动，纵轴表示资本，且劳动的价格为 w，资本的价格为 r，则等成本线的斜率为（　　）。

　A. w/r　　　B. r/w　　　C. − w/r　　　D. − r/w

10. 当其他生产要素不变，而一种生产要素连续增加时（　　）。

　A. TP 会一直增加　　　　B. TP 会一直减少

　C. TP 先增加后减少　　　D. MP 会一直增加

11. 某企业采用最低成本进行生产，若资本的边际产量为 5，单位资本的价格为 20 元，单位劳动的价格为 8 元，劳动的边际产量为（　　）。

　A. 1　　　B. 2　　　C. 3　　　D. 4

12. 当短期生产函数的平均产量递减时，边际产量（　　）。

　A. 等于平均产量　　　　B. 小于平均产量

　C. 一定为零　　　　　　D. 大于平均产量

13. 关于等产量曲线，下列说法中不正确的是（　　）。

　A. 同一条等产量曲线代表不同的产量

　B. 离原点越近的等产量曲线代表的产量水平越低

　C. 同一平面坐标上的任意两条等产量曲线不会相交

　D. 等产量曲线凸向原点

14. 在边际报酬递减规律作用下，边际产量会发生递减。在这种情况下，如果要增加相同数量的产出，应该（　　）。

　A. 停止增加可变生产要素

　B. 减少可变生产要素的投入量

　C. 增加可变生产要素的投入量

　D. 减少固定生产要素

15. 若等成本曲线与等产量曲线相交，这表明要生产等产量曲线所表示的产量水平（　　）。

　A. 还可以减少成本支出　　　B. 不能再减少成本支出

　C. 应该再增加成本支出　　　D. 上述都不正确

16. 生产理论中的扩展线类似于消费者理论中的（　　）。

A. 恩格尔曲线 B. 收入—消费曲线

C. 价格—消费曲线 D. 预算约束线

17. 经济学中短期和长期划分取决于（ ）。

A. 时间长短 B. 可否调整产量

C. 可否调整产品价格 D. 可否调整生产规模

18. 在短期生产函数的曲线图中，下列（ ）不是第Ⅱ阶段的特点。

A. 边际报酬递减 B. 平均产量不断下降

C. 总产量不断提高 D. 投入比例从比较合理到比较不合理

19. 等成本曲线平行外移表明（ ）。

A. 产量提高了

B. 成本提高了

C. 生产要素的价格按相同的比例提高了

D. 生产要素的价格按不同的比例提高了

20. 已知产量为 99 单位时，总成本等于 995 元，产量增加到 100 单位时，平均成本等于 10 元，由此可知边际成本为（ ）。

A. 10 元 B. 5 元

C. 15 元 D. 7.5 元

三、计算题

1. 已知某厂商生产函数 $Q = L^{2/3}K^{1/3}$，劳动价格 w = 2 元，资本价格 r = 1 元，求当 C = 3000 元时，该厂商生产最大产量的 L 与 K 和产量 Q 是多少？

2. 已知某厂商生产函数 $Q = L^{2/3}K^{1/3}$，劳动价格 w = 2 元，资本价格 r = 1 元，求当 Q = 800 元时，该厂商实行最小成本的 L 与 K 和成本 C 是多少？

3. 已知某厂商生产函数 $Q = 1/2L^{2/3}K^{1/3}$，劳动价格 w = 50 元，资本价格 r = 25 元，求当 C = 3000 元时，该厂商生产最大产量的 L 与 K 和产量 Q 是多少？

4. 设某厂商总产量函数为 $TP = 72L + 15L^2 - L^3$，求：

（1）当 L 为 7 时，边际产量是多少？

（2）当 L 投入为多大时，边际产量将开始递减。

5. 某企业生产一种产品，劳动为唯一可变要素，固定成本既定。短期生产函数 $TP = -0.1L^3 + 4.5L^2 + 120L$，求企业雇用工人的合理范围是多少？

6. 已知生产函数 $Q = f(L, K) = 2KL - 0.5L^2 - 0.5K^2$，假定厂商目前处于短期生产，且 K = 10。求：

（1）总产量最大时，劳动的投入量是多少？

（2）当边际产量与平均产量相等时，劳动的投入量是多少？

四、分析说明题

1. 边际报酬和规模报酬的区别。

2. 什么是范围经济？在现实经济社会中范围经济有哪些优势？
3. 范围经济可以通过什么途径形成？
4. 为什么说要短期经营、长期规划？
5. 在短期生产函数的各曲线中，边际产量与平均产量的关系。
6. 为什么说扩展线上任何一点都是生产者均衡点，它的经济意义是什么？
7. 用短期生产的三个阶段理论解释国企改革中的下岗分流现象。

第五章　成本论

📝 学习目的

1. 研究生产成本与产量之间的关系，明确厂商各种成本的变动特点
2. 通过本章学习使学生掌握短期成本曲线之间的相互关系、长期成本曲线的推导及其与短期成本曲线之间的相互关系

📝 重点

1. 短期边际成本的概念理解
2. 短期边际成本、短期平均成本、平均可变成本曲线间的关系
3. 长期平均成本曲线的形状以及位置的决定因素
4. 机会成本的概念理解

📝 难点

1. 机会成本的应用
2. 短期成本曲线组中曲线之间的相互关系
3. 长期成本曲线的推导

📝 引导案例

生意冷清的餐馆

当你走进一家餐馆吃午饭，发现里面几乎没人时，你可能会问，为什么这家餐馆还要开门营业呢？靠这么几个顾客所带来的收入不可能弥补餐馆的经营成本啊？这就是我们正常人常规的思维模式。当然，在做出是否经营的决策时，餐馆老板是需要考虑自己所投入的成本的，而且需要记住固定成本与可变成本的区别。餐馆的许多成本，如租金、厨房设

备、桌子、盘子、餐具等都是固定不变的成本，在午餐时停止营业本身并不能减少这些已经支付的成本。当老板决定是否提供一顿午餐时，只有可变成本，也即增加的食物价格和额外的侍者工资才是和决策相关的，午餐时需要从顾客那里通过价格支付得到补偿。那么，固定成本是什么？可变成本又是什么？这就是本章要讲述的问题。

就最一般的意义来说，所谓成本是为了达到某种目的或获得某种商品所付出的代价。这里的代价可以有多种表现形式，如货币、劳动、原材料、时间、安全、威信、权力、友情、健康等。

首先，本章讨论一些重要的成本概念，以及与此相关的同样重要的利润概念。其次，与生产技术的讨论类似，本章依次进行短期成本分析和长期成本分析。短期分析仍涉及边际报酬递减规律，而长期成本变化的基础则是规模经济性。

第一节　成本概述

成本是经济学最基本的概念之一。经济学意义上的成本具有更为明确的内涵。事实上，"经济"这个词的本来含义就是节约，因此经济学也可被称为"节约学"。然而，经济学中的成本概念并不如想象的那么简单。一位著名学者甚至说："如果一堂经济学课使学生理解了成本在各方面的含义，那么这堂课就算成功了。"可以说，对成本的正确理解和科学分析是企业经营决策的基础。

一、会计成本、机会成本与经济成本

大多数人在日常生活中熟悉的成本概念与会计成本相关。会计成本是指厂商在生产过程中对所使用的生产要素按市场价格直接支付的费用。它是为从事某一项经济活动所花费的货币支出。一个企业的会计成本通常包括生产与经营过程中发生的各项资金支付，如工资、原材料费用、动力燃料费用、添置设备费用、土地或厂房的租金、广告支出、保险付款、利息支出与税收等。

但是，用经济学原理来分析企业决策与简单的会计分析在观念上有着重大的不同，作为经济分析基础的成本概念是机会成本而不是会计成本。

西方经济学家认为，经济学要研究的是一个经济社会如何对稀缺的经济资源进行合理配置的问题。从经济资源的稀缺性这一前提出发，当一个社会或一个企业用一定的经济资源生产一定数量的一种或几种产品时,这些经济资源就不能同时被使用在其他的生产用途方面。这就是说,这个社会或这个企业所获得的一定数量的产品收入,是以放弃用同样的经济资源来生产其他产品时所能获得的收入作为代价的。由此,便产生了机会成本的概念。

机会成本是经济学原理中一个重要的概念。不管是国家、企业还是个人,拥有的资源如矿产资源、实物资源、资金、时间等都是有限的。任何资源都可能有多种不同的用途,钢铁可以用来造汽车,也可以用于建楼房,还可以用来建铁路;石油可以加工成化纤,也可以炼成汽油;特别是,资金可以投入证券市场,也可以用来办实业,可以建工厂,也可以建宾馆,等等。对于有限的资源,我们在使用的时候所要考虑的最基本的问题是,我们把资源用在哪里是合适的?一般来说,企业在使用资源的时候,总试图在不同的用途中去选择能够带来最大收益的用途。另外,当我们选定了某种资源的用途,就放弃了资源用于其他各种用途的"机会",放弃这些机会也就意味着放弃了在这些用途中可能得到的收益。在这一意义上,被放弃的收益也就成为一种"成本"。

严格地说,机会成本是指由于将资源使用于某种特定的用途而放弃的该资源在其他各种用途中所能带来的最高收益。

假定某种资源可以有 A,B,C,D,…各种用途,用 OC_A 表示将这种资源用于用途 A 的机会成本,则这一机会成本可以用公式(5-1)表示。

$$OC_A = \max(R_B, R_C, R_D, \cdots) \tag{5-1}$$

其中,R_B,R_C,R_D,…分别表示用于用途 B,C,D,…的收益,max 表示在括号中的各种可能收益中取最大值。

由此可见,机会成本通常并不是实际发生的成本,而是在选择资源用途时所产生的观念上的成本,因此,一般来说,它与会计账册上发生的支出是不同的。机会成本的概念对经济分析非常重要,它是用经济学的眼光对资源进行估计的成本。虽然精确计算机会成本常常带有一定的主观随意性,但关于其大小的估计对于资源的使用方向来说具有决定性的影响。当资源稀缺,而且资源具有可供选择的多种用途时,就必须要考虑机会成本。

例如,一家公司用自有资金建造了一幢大楼,并将它作为公司的办公楼。那么,这幢楼房的使用成本是多少呢?在会计账册上,它只是固定资产的折旧费用,但按机会成本的概念,它应该是将楼房在市场上出租给其他厂商所能获得的货币收入。又如,如果一家公司上一年在市场上以每桶 10 美元的价格买进了一批原油,而今年原油价格上升到每桶 12 美元,那么对于该公司来说,原油的会计成本仍然是每桶 10 美元,但其机会成本则应是每桶 12 美元。机会成本的概念并不仅仅对营利性的公司有意义。对个人来说,时间是最宝贵的资源。一名本科毕业生如果准备报考全日制研究生,他要考虑的成本不仅包括学费、书费、生活费等,而且还要考虑读研究生所放弃的直接就业给他带来的收入(实际上,他应将读研究生视为一种人力资源投资,以长期观点来进行决策)。

在制定国家经济计划中,在新投资项目的可行性研究中,在新产品开发中,乃至工人选择工作中,都存在机会成本问题。它为正确合理的选择提供了逻辑严谨、论据有力的答案。在进行选择时，力求机会成本小一些，是经济活动行为方式的最重要的准则之一。

通常，理性且追求利润最大化的厂商总是选择做机会成本最低的事情。此种选择的好处在于，有利于厂商实现更大的利润，在竞争中占据优势；从社会的角度说，有利于稀缺资源的优化配置，把稀缺资源用在社会更需要的地方。

以上考虑的是每一种单项资源的机会成本，而一个企业的经营需要使用多种资源，那么，从经济分析的观点出发，企业经营的总成本应该如何衡量呢？容易看到，既然每一项资源都有机会成本，企业经营的总成本就应该将所使用的所有资源的机会成本都考虑在内。这就是企业经营的总的机会成本。为明确起见，我们把如此计算出来的总成本称为企业经营的经济成本，也就是说，经济成本等于企业所有投入要素的机会成本之和。

二、显性成本与隐性成本

企业的生产成本可以分为显性成本和隐性成本两个部分。

企业生产的显性成本是指厂商在生产要素市场上购买或租用所需要的生产要素的实际支出。例如，某厂商雇用了一定数量的工人，从银行取得了一定数量的贷款，并租用了一定数量的土地，为此，这个厂商就需要向工人支付工资，向银行支付利息，向土地出租者支付地租，这些支出便构成了该厂商生产的显性成本。从机会成本的角度讲，这笔支出的总价格必须等于这些相同的生产要素使用在其他最好用途时所能得到的收入。否则，这个企业就不能购买或租用到这些生产要素，并保持对它们的使用权。

企业生产的隐性成本是指厂商本身自己所拥有的且被用于该企业生产过程的那些生产要素的总价格。例如，为了进行生产，一个厂商除了雇用一定数量的工人、从银行取得一定数量的贷款和租用一定数量的土地之外（这些均属于显性成本支出），还动用自己的资金和土地，并亲自管理企业。西方经济学家指出，既然借用他人的资本需付利息，租用他人的土地需付地租，聘用他人来管理企业需付薪金，那么，同样道理，在这个例子中，当厂商使用了自有生产要素时，也应该得到报酬。所不同的是，现在厂商是自己向自己支付利息、地租和薪金。所以，这笔价值就应该计入成本之中。这笔成本支出不如显性成本那么明显，故被称为隐性成本。隐性成本也必须从机会成本的角度按照企业自有生产要素在其他最佳用途中所能得到的收入来支付，否则，厂商会把自有生产要素转移出本企业，以获得更高的报酬。

从经济学家的角度看，厂商不仅要计算显性成本，还应该计算隐性成本，两者共同构成了生产经营的总成本。例如，某人自己开办商店，购买他人的生产要素所支付的总金额是10万元，因此发生了10万元的显性成本，同时他使用自己的门市房及自己给自己当老板，发生了隐性成本12万元，因此开店的总成本为22万元。

三、会计利润、经济利润与正常利润

在了解了机会成本的概念之后就可以清楚地看到，会计学意义上的成本和经济学意义上的成本之间有着鲜明的差别。一般地，厂商的利润等于厂商的收益减去成本，收益总是等于产量与价格的乘积，但成本却可以不同，因此，使用不同的成本概念就得到不同的利润计算公式：

会计利润 = 收益 – 会计成本

经济利润 = 收益 – 经济成本

在通常情况下，由于经济师对成本的考虑比会计师涉及更广的范围，经济成本就比会计成本要大，因此，经济利润就一定比会计利润要小。这样，就很可能出现对企业盈利状况的不同评价，虽然按会计师的核算结果一家公司是盈利的，即企业的会计利润是大于零的，但企业的经济利润却可能是负的，按经济师的观点企业就是亏损的。从上例可以看到，在实践中，机会成本的概念对自有房产、自有资金和自有时间这些资源是有重要意义的；对原材料、劳动投入等其他的要素来说，机会成本的概念相对来说是不太重要的，甚至可以粗略地认为机会成本与会计成本是没有差异的。进一步，对大多数公司制企业来说，其高层管理人员一般是聘用的，因而无所谓"自有时间"的概念；其厂房设备的会计成本就是所提取的折旧，它与机会成本或许存在差异，但这种差异对于我们的经济分析并不具有重要意义（这一点在分析了完全竞争的均衡之后可以看得更清楚）；而资金投入的机会成本则是最值得关注的。

由此我们再引入正常利润的概念，这一概念是我们后文讨论市场竞争与市场均衡的基础。一般正常利润也被定义为对企业家才能的报酬支付，也即企业家留在该企业的最低报酬支付。一旦此项回报不能收回，企业家就会撤出该企业。但是同样道理，其他的资金或者要素投入也具有相同考虑。这样正常利润的定义就被扩大了。在一般意义上，所谓正常利润，就是经济成本超过会计成本的部分，也就是厂商投入经营活动的各项资源的机会成本超过会计成本的部分之总和。因此，正常利润包括在经济成本之中，是经济成本的一部分。当企业的会计利润恰好等于正常利润的时候，其经济利润就等于零，我们说企业不亏不盈；当企业的会计利润超过正常利润时，它就有正的经济利润，此时我们就说企业获得了超额利润；而当企业的会计利润低于正常利润时，这一企业在经济分析的意义上就是亏损的。

当我们把分析的重点放在资本要素上的时候，如果简单地假定所有其他要素的机会成本就等于会计成本，那么正常利润就是资本要素的机会成本超过会计成本的部分。从长期来看，正常利润是使企业能够留在一个市场中经营下去的必要条件。也就是说，企业把资本投入某个市场中，当然期望得到一定的投资回报。企业的收益不仅要能补偿其会计成本，而且要能够补偿其投资的机会成本，否则，企业在该市场中的经营就面临着经济意义上的亏损，企业就会离开这个市场，向具有更高收益的市场转移。

因此，粗略地说，正常利润就是在一个经济社会中所能获得的平均的投资回报，正常利润率也就是平均的投资回报率。但由于不同的行业在投资风险上存在相当大的差异，一般地，高风险的行业应能获得较高的期望收益，低风险的行业则获得低收益，这样，正常利润率就可以用行业的平均投资回报率来加以衡量。

【案例 5-1】

经济学家和会计师的决策差别

假设李先生动用自己的银行存款30万元买了一个门市店，投资建成了一个水果蔬菜商店。如果不支取这30万元钱，在银行存款利率为3%的情况下他每年可以赚到0.9万元的利息。李先生为了拥有自己的水果蔬菜店，每年放弃了0.9万元的利息收入。这0.9元就是李先生开办企业的机会成本之一。经济学家把李先生放弃的0.9万元也作为其企业的成本，但是这是一种隐性成本。然而会计师却从不把这0.9万元作为成本，从而也不会在企业的会计账簿中记录下来，因为在会计的账面上并没有货币流出企业去进行支付。

为了进一步明确经济学家和会计师之间的差别，我们换一个角度。假设李先生没有买门市的30万元，而是动用自己的银行存款10万元，并以5%的利率从银行借了20万元。会计师只衡量显性成本，把每年为银行贷款支付的1万元利息作为成本，因为这是从企业流出的货币量，需要在企业的会计账簿中显示出来。但是若根据经济学家的看法，机会成本应该是1.3万元，因为还有10万元的现金使用，所以丧失的利息成本为0.3万元。

现在我们再回到企业的目标，也就是利润。由于经济学家和会计师用不同的方法衡量企业的成本，他们也会用不同的方法衡量利润。经济学家衡量企业的经济利润，即企业总收益减生产所销售物品与劳务的所有机会成本。会计师衡量企业的会计利润，即只用企业的总收益减企业的显性成本。

四、沉没成本与增量成本

在现实中，有时我们可以看到一些"半吊子"项目：一座楼房建了一半，留了半截空架子就停止了建设。这是为什么？我们假定不是因为房地产商没有资金，也不是因为建筑质量不合格，而是因为房地产商认为继续建设在经济上是不合算的。那么，房地产商停建的决策是理性的吗？应如何考虑已经建成的这半截楼房呢？

对房地产商来说，其项目决策的一个重要特征是，必须预测未来的市场需求。大多数企业都面临类似的问题，但房地产建设周期相对较长，因此市场预测对其决策具有特别的重要性。也正因为如此，经济周期变化对房地产商的经营就有更为重大的影响。如果一个房地产商在项目建设初期面临着经济高涨,因此预测 3 年后住房销售旺盛,就开发了一个建设期为 3 年的高层建筑。但 1 年以后却发现经济滑坡,住房销售情况已经不再被看好,他应如何决策?

在收益方面,预期收益已经大幅度降低;在成本方面,此时应将所有成本划分为两部分:已经投入的成本和还需增加的投入成本。我们把已经投入并无法收回的成本称为沉没成本,还需增加投入的成本称为增量成本。在这样一个时点上,企业决策要比较的是未来的收益和增量成本,而沉没成本则应忽略,不应纳入决策考虑的范围。如果企业未来可以获得 1000 万元的收益,但为了得到这些收益却还需要增加投入 1200 万元的成本,理性的企业只有选择停止建设这一决策。如果觉得已经投入的成本十分可惜而继续追加投资,那么企业就反而要多亏损 200 万元。

沉没成本是已经沉没到"海底"而无法收回的成本。如果那半截空架子楼房和那块土地还能转让,那么企业还可以收回一点资金,沉没成本可以降低。但无论如何,沉没成本是过去的成本,它与面向未来的企业决策是无关的。

【案例 5 - 2】

覆水难收——沉没成本

覆水难收讲的是姜子牙与夫人之间的故事。姜子牙年少家贫,服侍他多年的妻子见他不慕名利,忍无可忍与他解除了夫妻关系。直到有一天,西伯侯与钓鱼时的姜子牙相遇,惊讶于他的才华,拜他为军师。分居多年的妻子精心打扮一番直奔姜家,要求恢复夫妻关系。姜子牙把身边的一盆水泼洒在地上,比喻两人的关系就像泼出的水一样无法收回。

从覆水难收的典故中我们可以得出一个结论:如何看待成本,是判断你是否掌握了经济学基础的重要标准。

2000 年 12 月,计算机芯片巨头英特尔公司宣布取消整个 Timna 芯片生产线。Timna 是英特尔公司专为低端的 PC 市场设计的整合型芯片,当初将巨资投入这个项目的时候,英特尔公司的预测是:今后计算机减少制造成本将通过高度集成(整合型)的设计来实现。依据这一分析,公司大力着手生产整合型的 Timna 芯片。可是后来,PC 市场发生了巨大变化,PC 制造厂商通过其他的系统成本降低方法已经达到了目标,为 Timna 芯片投入的成本成了典型的沉没成本。在这种情况下,英特尔公司的高层管理者果断决定:让这一项目下马,从而避免在这个项目上消耗更多的资金。而后来的事实也证明,尽管 Timna 芯片给英特尔公司造成了损失,但及时放弃的做法使公司能够将资源应用于其他领域,其收益很快便消除了沉没成本带来的不利影响。

所以在投资时应该注意,如果发现是一项错误的投资,就应该立刻悬崖勒马,尽早回头,切不可因为顾及沉没成本而错上加错。一旦学会运用覆水难收中暗含的经济学原理,你就不会有"吃够本"的想法了。

(资料来源：薛志英.35 岁以前要活学活用的 62 个经济学通识 [M].北京：北京理工大学出版社，2011.)

第二节　短期成本

上一节我们主要介绍了微观经济学中比较重要的成本概念，本节主要分析随着产量的变化，各类短期成本曲线所表现出来的特征以及相互关系，同时分析短期生产函数如何决定短期成本函数，以及短期产量曲线如何决定短期成本曲线。

一、短期总成本

在上一章中，我们区分了厂商经营的短期与长期，与此相应的，在成本方面就有短期成本与长期成本的区分。

短期总成本包括三个指标：总可变成本、总不变成本和短期总成本。

1. 总可变成本

（1）总可变成本的定义。总可变成本是厂商对既定产量所使用的可变生产要素的总支付。如原材料费用、燃料和动力费用、部分销售费用、生产工人的工资等。总可变成本是产量的函数，记为 TVC(Q)。

（2）总可变成本与短期总产量的关系。我们假定厂商只使用可变生产要素劳动 L 和不变的要素资本 K，它们的价格分别用单位工资 w 和利息率 r 来表示。则有 TVC = wL。由于所雇用的可变生产要素的数量随着产量的变化而变化，可变成本也是随产量增减而变化的，故可变成本也可以定义为随着产量变动而变动的成本，成为产量变动的增函数。记为：

$$TVC = f(Q) = wL(Q) \qquad (5-2)$$

总可变成本函数及其曲线图可以通过短期生产函数求得。通常短期生产函数为：$Q = TP_L = f(L, \overline{K})$，总可变成本函数中的 L 可以通过求短期生产函数的反函数得到，因此图形上表现出短期总产量曲线与短期总可变成本曲线之间的对称关系。

从图 5-2 可以看出，总可变成本 TVC 曲线是一条从坐标原点出发，向右上方倾斜的曲线，表示在短期中厂商的产量变化带来生产要素 L 的投入量的变化，所以总可变成本曲线随着产量的变动而变动。当产量为零时，总可变成本也为零。在此之后，总可变成本随着产量的增加而增加。但是在产量很低时，总可变成本以递减的速度增加，产量达到一定值后，总可变成本以递增的速度增加，因此 TVC 曲线经历一个上凸下凹的拐点。从与

TP_L 曲线图的对应关系上看，图 5-1 中的拐点 a 与图 5-2 图中的拐点 a 是相互对应的，但是 TVC 曲线与 TP_L 曲线的走势正好相反；另外一个特殊点 b 点，是过原点的射线与 TVC 曲线的切点，此点与 TP_L 曲线图上的 b 点也是相互对应的。图 5-1 中的 b 点是过原点的射线与 TP_L 曲线的切点。

至于为什么 TVC 曲线的形状如此，从经济学的角度说，依然是边际报酬递减规律作用的结果。在后边我们会重点阐述。

2. 总不变成本

所谓短期，是指在相应时期中，企业的某些要素投入是不可调整与改变的，而某些要素投入却是可变的。这样，由不可改变的要素投入所产生的成本就是固定成本。固定成本是指那些短期内无法避免的，且不随产量增减而变动的成本支出。也就是说，即使企业暂时不生产，固定成本也是照样要支付的。具体地说，借入资金的利息、租用设备的租金、固定资产的折旧、某些固定的税收、保险费、经理人员的工资等，都是固定成本。固定成本与企业的产量无关，因此它是一个常数，一般记为 TFC。

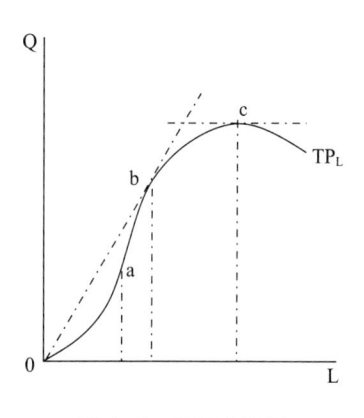

图 5-1　短期总产量

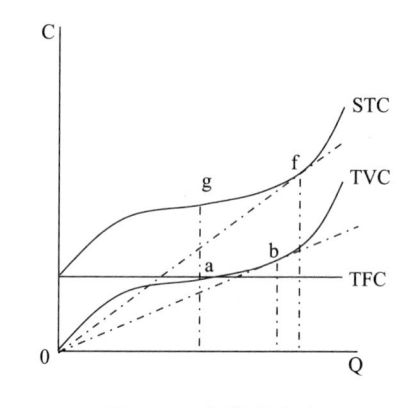

图 5-2　短期总成本

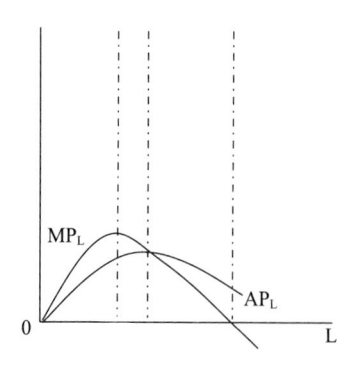

图 5-3　短期平均产量和边际产量

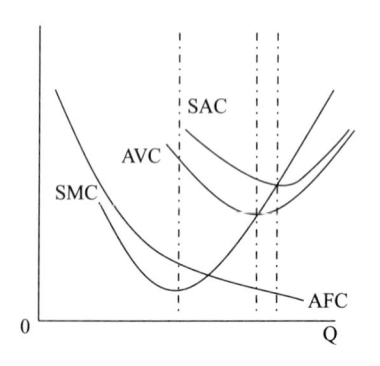

图 5-4　短期平均成本和边际成本

总不变成本的表达式是：$TFC = r\overline{K}$ （5-3）

在图 5-2 中，TFC 是一条平行于横轴的直线，表示短期中固定不变。

3. 短期总成本

短期总成本是厂商在短期内为达到既定产量对全部生产要素的总支付。短期内企业的总成本显然也是与产量相关的，记为 STC（Q），它应是固定成本 TFC 与可变成本 TVC（Q）之和，即

$$STC(Q) = TFC + TVC(Q) \tag{5-4}$$

在图 5-2 中，STC（Q）是一条具有正斜率的曲线，由于它表示的是固定成本与可变成本的和，在图中相当于把 TVC 曲线向上平移了 TFC 个单位。因此两者的形状完全相同，两者之间的垂直距离即为 TFC。因为两者形状完全相同，因此两条曲线也具有相同的拐点。

二、短期边际成本

1. 短期边际成本的定义

短期边际成本是厂商在短期内每增加一个单位产量所增加的总成本量。用公式表示：

$$SMC(Q) = \frac{\Delta STC(Q)}{\Delta Q} \approx \frac{dSTC(Q)}{dQ} \tag{5-5}$$

显然，由于固定成本是不会改变的，边际成本就与固定成本无关，只是可变成本之差或可变成本的变化量。因此边际成本可以写成：

$$SMC(Q) = \frac{\Delta TVC}{\Delta Q} \approx \frac{dTVC}{dQ} \tag{5-6}$$

在图 5-4 中，SMC 为 STC 曲线和 TVC 曲线上切线的斜率值。在直角坐标系中，STC 或者 TVC 曲线的上凸段对应 SMC 的下降段，STC 或者 TVC 曲线的拐点对应 SMC 的最小值点，STC 或者 TVC 曲线的下凸段对应 SMC 的上升段。因此 SMC 是一条 U 型曲线。

2. 短期边际成本曲线和短期边际产量曲线之间的关系

因为 TVC（Q）= ωL（Q），因此有 (5-7)。

$$SMC = \frac{dTVC}{dQ} = \frac{dwL}{dQ} = w \cdot \frac{dL}{dQ} = \frac{w}{MP_L} \tag{5-7}$$

所以，SMC 和 MP_L 之间也存在反方向变化的关系，MP_L 的上升阶段对应着 SMC 的下降阶段，MP_L 的最大值对应着 SMC 的最小值，MP_L 的下降阶段对应着 SMC 的上升阶段。此种关系也解释了 SMC 曲线呈现 U 型的原因。从经济学角度说，这是边际报酬递减规律作用的结果。

前边已经说明，边际报酬递减规律是指在短期生产中，在其他条件不变的情况下，随着一种可变生产要素的连续增加，它所带来的边际产量先是递增的，达到最大值之后再递减。这也就意味着在边际报酬递增阶段，增加一单位产量所需要的边际成本是递减的。所以 MP_L 的上升阶段对应着 SMC 的下降阶段；在以后的边际报酬递减阶段，增加一单位产

量所需要的边际成本是递增的。也就是说,MP_L 的下降阶段对应着 SMC 的上升阶段。因此,边际报酬递减规律既是短期生产函数分析的基础,又是短期成本分析的基础。

关键是在短期中,企业的资本设备、厂房等固定投入不可改变,企业要改变其产量就只能通过调整其可变投入——劳动投入量来实现,而随着劳动投入量的增加,越来越多的劳动要素和不变的资本要素相结合,就必然会使劳动的边际产量下降。此时在成本方面就表现为边际成本的上升。需要注意的是,如前所述,边际成本只与可变成本有关,即只是由单位产量变动所引起的可变成本的增量。

三、短期平均成本

与上一章的生产分析类似,在成本分析中,我们也需要使用边际量和平均量的概念。记 SAC 为短期平均成本,AFC 为平均固定成本,AVC 为平均可变成本,即应有:

1. 平均可变成本

(1) 平均可变成本的概念。平均可变成本指平均生产一单位产品所消耗的可变成本。一般表示(5-8)。

$$AVC(Q) = \frac{TVC(Q)}{Q} \tag{5-8}$$

从几何意义上说,AVC 是对应产量上的 TVC 曲线上从原点出发的射线斜率值。在图 5-4 中,表现为一条先下降后上升的 U 型曲线。其最小值对应 TVC 曲线上的点 b,即为过坐标原点做的射线与 TVC 曲线的切点。

(2) 平均可变成本与平均产量之间的关系。因为 TVC(Q) = wL(Q),所以 $AVC = \frac{TVC(Q)}{Q} = w \cdot \frac{L(Q)}{Q} = \frac{w}{AP_L}$ (5-9)

可见,AVC 与 AP_L 存在反向变动关系,AP_L 的上升阶段对应 AVC 的下降阶段,AP_L 的最大值对应 AVC 的最小值,而 AP_L 的下降阶段对应 AVC 的上升阶段。根据两者之间的关系,也可以解释为什么 AVC 曲线是 U 型的。但是深层次的原因还在于边际报酬递减规律。AVC 曲线与 SMC 曲线之间也存在一定的关系。当 SMC 小于 AVC 时,SMC 把 AVC 拉下,使 AVC 呈现下降状态,当 SMC 大于 AVC 时,SMC 把 AVC 拉上,使 AVC 呈现上升状态,当两个值相等时,AVC 达到最小值,因此 SMC 曲线从 AVC 的最小值点穿过。

2. 平均不变成本

平均不变成本是平均在每单位产量上的不变成本。一般记为:

$$AFC(Q) = \frac{TFC}{Q}$$

在图 5-4 中,AFC 表现为 TFC 曲线上的点与坐标原点连线的斜率。由于 TFC 是一个常数,AFC 的值越来越小。因此 AFC 曲线是一条向两轴渐进的曲线。与横轴靠近,但是始终不相交。这是因为随着产量的增加,TFC 分摊在更多的产品上,每单位产品分摊的成本就会越来越小。但是，只要有固定成本存在，AFC 就绝对不会是 0。因此，AFC 曲线不会与横轴相交。

3. 短期平均成本

短期内生产每一单位产量平均所需要的成本即为短期平均成本，记为 SAC。

$$SAC(Q) = \frac{STC(Q)}{Q} = \frac{TFC}{Q} + \frac{TVC(Q)}{Q} = AFC(Q) + AVC(Q)$$

从几何意义上说，SAC 是对应产量上的 STC 曲线上从原点出发的射线斜率值。在图 5-4 中，表现为一条先下降后上升的 U 型曲线。其最小值对应的 STC 曲线上的点为 f，即为过坐标原点做的射线与 STC 曲线的切点。

由于 SAC（Q）= AFC（Q）+ AVC（Q），SAC 大于 AVC，因此 SAC 曲线位于 AVC 曲线的上方，SAC 与 SMC 之间也存在拉上和拉下的关系，因此 U 型的 SMC 曲线决定着 U 型的 SAC 曲线，并向上从 SAC 曲线的最小值点穿过。

在分别讨论了平均固定成本曲线、平均变动成本曲线、平均成本曲线、边际成本曲线以后，我们可以将这个由短期成本曲线组成的典型曲线组的特性概括如下：

第一，AFC 曲线是一条以两轴为渐近线的直角双曲线，它自左上方向右下方倾斜，自始至终具有负的斜率。AFC 是 AC 与 AVC 的垂直距离。

第二，AVC 曲线呈 U 型，先下降，达到极小，然后上升。当 AVC 处于最低点时，AVC = SMC。随着 AFC 曲线逐渐接近横轴，AVC 逐渐接近 AC。

第三，AC 曲线呈 U 型，先下降，达到极小，然后上升。当 AC 处于最低点时，AC = SMC。AC 曲线的最低点处于 AVC 曲线最低点的右边。

第四，SMC 曲线也呈 U 型，先下降，达到极小，然后上升。SMC 曲线在上升过程先后与 AVC 曲线和 AC 曲线的最小值点相交。

第三节　长期成本函数

在长期中，由于所有投入都是可以变动的，没有总固定成本和平均固定成本，因此，总变动成本等于总成本，平均变动成本等于平均成本。这样，在长期成本函数中，就只有总成本、平均成本和边际成本三个概念。为了与短期成本函数相区别，我们在研究长期成本函数时在这些概念的前面冠以 L（Long-run），而在短期成本概念前冠以 S（Short-run）。

在长期中，工厂可以根据所需要的产量，任意调整一切投入，建立一个规模适当的工厂。反过来，厂商利用这个工厂，能够生产自己所要求的适当产量。这就是说，工厂规模和生产产量是相互对应的。生产特定产量的最适工厂规模，叫最优工厂，特定规模工厂生产的最适产量,叫最优产量。在长期中,厂商以最优工厂生产最优产量,其成本显然是最低的。

在短期中,厂商只能利用现有的工厂规模生产他所需要的最优产量,这个工厂规模就不一定是最优的。也就是说,对这个最优产量而言,只有当现有工厂规模恰好是最优工厂时,短期成本才能等于长期成本,否则,短期成本不会高于长期成本。

在计划期间,厂商可以根据预测任意选择最优工厂和最优产量。但是,他一旦决定投资,便只能按照既定的工厂规模组织生产。可以说,厂商是在长期中计划,在短期中经营。因此,长期成本曲线也可以叫作计划曲线。

一、长期总成本函数和长期总成本曲线

厂商在长期对全部要素投入量的调整意味着对企业生产规模的调整。也就是说,从长期看,厂商总是可以在每一个产量水平上选择最优的生产规模进行生产。长期总成本LTC是指厂商在长期中在每一个产量水平上通过选择最优的生产规模所能达到的最低总成本。相应地,长期总成本函数写成(5-10)。

$$LTC = LTC(Q) \tag{5-10}$$

根据对长期总成本函数的规定,可以由短期总成本曲线出发,推导长期总成本曲线。在图5-5中,有三条短期总成本曲线 STC_1、STC_2 和 STC_3,它们分别代表三个不同的生产规模。由于短期总成本曲线的纵截距表示相应的总不变成本TFC的数量,因此,从图中三条短期总成本曲线的纵截距可知,STC_1 曲线所表示的总不变成本小于 STC_2 曲线,STC_2 曲线所表示的总不变成本又小于 STC_3 曲线,而总不变成本的多少(如厂房、机器设备等)往往表示生产规模的大小。因此,从三条短期总成本曲线所代表的生产规模看,STC_1 曲线最小,STC_2 曲线居中,STC_3 曲线最大。

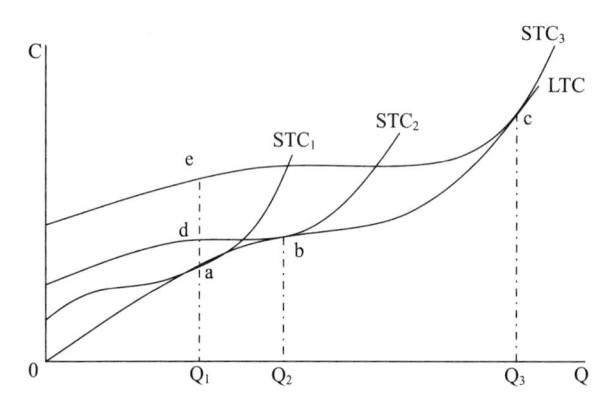

图5-5 长期总成本和短期总成本

假定厂商生产的产量为 Q_1,厂商在长期可以变动全部的要素投入量,选择最优的生产规模,于是,厂商必然会选择 STC_1 曲线所代表的生产规模进行生产,从而将总成本降低到所能达到的最低水平,即厂商是在 STC_1 曲线上的a点进行生产,而无论是在 STC_2 曲线上的d点进行生产还是在 STC_3 曲线上的e点进行生产,其成本都要高于a点对应的成本。类似的,在长期内,厂商会选择 STC_2 曲线所代表的生产规模,在b点上生产 Q_2 的产量;选择 STC_3 曲线所代表的生产规模,在c点上生产 Q_3 的产量。这样,厂商就在每一个

既定的产量水平实现了最低的总成本。

虽然在图5-5中只有三条短期总成本线,但在理论分析上可以假定有无数条短期总成本曲线。这样一来,厂商可以在任何一个产量水平上,都找到相应的一个最优的生产规模,都可以把总成本降到最低水平。也就是说,可以找到无数个类似于a、b和c的点,这些点的轨迹就形成了图5-5中的长期总成本LTC曲线。显然,长期总成本曲线是无数条短期总成本曲线的包络线。在这条包络线上,在连续变化的每一个产量水平上,都存在LTC曲线和一条STC曲线的相切点,该STC曲线所代表的生产规模就是生产该产量的最优生产规模,该切点所对应的总成本就是生产该产量的最低总成本。所以,LTC曲线表示长期内厂商在每一产量水平上由最优生产规模所带来的最小生产总成本。

长期总成本LTC曲线是从原点出发向右上方倾斜的。它表示:当产量为零时,长期总成本为零,之后随着产量的增加,长期总成本是增加的。而且,长期总成本LTC曲线的斜率先递减,经拐点之后,又变为递增。

二、长期平均成本

1. 长期平均成本函数

长期平均成本LAC表示厂商在长期内按产量平均计算的最低总成本。长期平均成本函数可以写为(5-11)。

$$\text{LAC}(Q) = \frac{\text{LTC}(Q)}{Q} \tag{5-11}$$

2. 长期平均成本曲线的推导

厂商在长期是可以实现每一个产量水平上的最小总成本的。因此,可以推知:厂商在长期实现每一产量水平的最小总成本的同时,必然也就实现了相应的最小平均成本。所以,长期平均成本曲线可以由长期总成本曲线画出。具体的做法是:把长期总成本LAC曲线上每一点的长期总成本值除以相应的产量,便得到这一产量上的长期平均成本值。再把每一个产量和相应的长期平均成本值描绘在产量和成本的平面坐标图中,便可得到长期平均成本LAC曲线。此外,长期平均成本曲线也可以根据短期平均成本曲线求得。为了更好地理解长期平均成本曲线和短期平均成本曲线之间的关系,在此着重介绍后一种方法。

在图5-6中有三条短期平均成本曲线SAC_1、SAC_2和SAC_3,它们各自代表了三个不同的生产规模。在长期,厂商可以根据产量要求,选择最优的生产规模进行生产。假定厂商生产Q_1的产量,则厂商会选择SAC_1曲线所代表的生产规模,以OC_1的平均成本进行生产。而对于产量Q_1而言,平均成本OC_1是低于其他任何生产规模下的平均成本。假定厂商生产的产量为Q_2,则厂商会选择SAC_2曲线所代表的生产规模进行生产,相应的最小平均成本为OC_2;假定厂商生产的产量为Q_3,则厂商会选择SAC_3曲线所代表的生产规模进行生产,相应的最小平均成本为OC_3。

如果厂商生产的产量为 Q'_1，则厂商既可选择 SAC_1 曲线所代表的生产规模，也可选择 SAC_2 曲线所代表的生产规模。因为，这两个生产规模都以相同的最低平均成本生产同一个产量。这时，厂商有可能选择 SAC_1 曲线所代表的生产规模，因为该生产规模相对较小，厂商的投资可以少一些。厂商也有可能考虑到今后扩大产量的需要而选择 SAC_2 曲线所代表的生产规模。

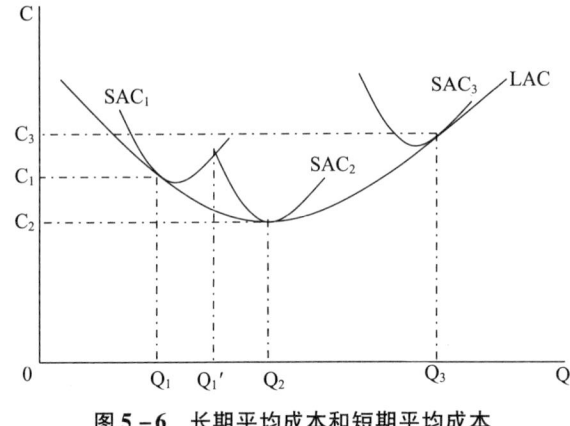

图 5-6 长期平均成本和短期平均成本

厂商的这种考虑和选择，对于其他类似的每两条 SAC 曲线的交点也是同样适用的。

由于在长期内可供厂商选择的生产规模是很多的，在理论分析中，可以假定生产规模可以无限细分，从而可以有无数条 SAC 曲线，于是，便得到图 5-6 中的长期平均成本 LAC 曲线。显然，长期平均成本曲线是无数条短期平均成本曲线的包络线。在这条包络线上，在连续变化的每一个产量水平，都存在 LAC 曲线和一条 SAC 曲线的相切点，该 SAC 曲线所代表的生产规模就是生产该产量的最优生产规模，该切点所对应的平均成本就是相应的最低平均成本。LAC 曲线表示厂商在长期内在每一产量水平上可以实现的最小的平均成本。

此外，从图 5-6 还可以看到，LAC 曲线呈现出 U 型的特征。而且，在 LAC 曲线的下降段，LAC 曲线相切于所有相应的 SAC 曲线最低点的左边；在 LAC 曲线的上升段，LAC 曲线相切于所有相应的 SAC 曲线最低点的右边。只有在 LAC 曲线的最低点上，LAC 曲线才相切于相应的 SAC 曲线（图 5-6 中为 SAC_2 曲线）的最低点。

3. 长期平均成本曲线的形状和位置

长期平均成本曲线呈先降后升的 U 型。长期平均成本曲线的 U 型特征是由长期生产中的规模经济和规模不经济所决定的。

在企业生产扩张的开始阶段，厂商扩大生产规模而使经济效益得到提高，这叫作规模经济。当生产扩张到一定的规模以后，厂商继续扩大生产规模，就会使经济效益下降，这叫规模不经济。或者说，厂商产量增加的倍数大于成本增加的倍数，为规模经济；相反，厂商产量增加的倍数小于成本增加的倍数，为规模不经济。显然，规模经济和规模不经济都是由厂商变动自己的企业生产规模所引起的，所以，也被称作内在经济和内在不经济。一般来说，在企业的生产规模由小到大的扩张过程中，会先后出现规模经济和规模不经济。正是规模经济和规模不经济的作用，决定了长期平均成本 LAC 曲线表现出先下降后上升的 U 型特征。

在上一章生产论中分析长期生产问题时，我们已经指出，企业长期生产表现出规模报酬先是递增的，然后是递减的。规模报酬的这种变化规律也是造成长期平均成本 LAC 曲线表现出先降后升的特征的一种原因。但是，规模报酬分析是以厂商以相同的比例变动全部要素投入量为前提条件的，即各生产要素投入量之间的比例保持不变。而事实上，厂商改变生产规模时，通常会改变各生产要素投入量之间的比例。更确切地说，规模经济和规模不经济的分析包括了规模报酬变化的特殊情况。因此，从更普遍的意义上说，长期生产的规模经济和规模不经济是长期平均成本 LAC 曲线呈 U 型特征的决定因素。

此外，我们还需指出，企业的规模经济和规模不经济（即企业的内在经济和内在不经济）是就一条给定的长期平均成本 LAC 曲线而言的。至于长期平均成本 LAC 曲线的位置变化的原因，则需要用企业的外在经济和外在不经济的概念来解释。企业外在经济是由于厂商的生产活动所依赖的外界环境得到改善而产生的。例如，整个行业的发展，可以使行业内的单个厂商从中受益。相反，厂商的生产活动所依赖的外界环境恶化则是企业的外在不经济。例如，整个行业的发展使得生产要素的价格上升，交通运输紧张，从而给行业内的单个厂商的生产带来困难。如图 5-7 所示。

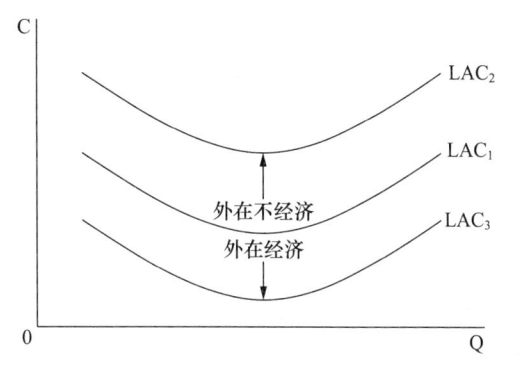

图 5-7 长期平均成本与外在经济

【案例 5-3】

福特公司产量的安排

对于许多企业来说，总成本分为固定成本和可变成本取决于时间框架。例如，考虑一个全机车公司，比如福特汽车公司。在只有几个月的时期内，福特公司不能调整其汽车工厂的数量与规模。它可以额外生产一辆汽车的唯一方法是，在已有的工厂中多雇用工人。因此，这些工厂的成本在短期中是固定成本。与此相比，在几年的时期中，福特公司可以扩大其工厂规模，建立新工厂和关闭旧工厂。因此，其工厂的成本在长期中是可变成本。

当福特公司想把每天的产量从 1000 辆汽车增加到 1200 辆时，在短期中除了在现有的中等规模工厂中多雇工人之外别无选择。由于边际产量递减，每辆汽车的平均总成本从 1 万美元增加到 1.2 万美元。但是，在长期中，福特公司可以扩大工厂和车间的规模，而平均总成本则保持在 1 万美元的水平上。

对一个企业来说，进入长期要多长时间呢？答案取决于企业。对一个大型制造企业如汽车公司而言，这可能需要 1 年或更长。与此相比，一个人经营的柠檬水店可以在 1 小时甚至更短的时间内去买一个水罐。

（资料来源：经济学基础案例小故事. http：//3y. uu456. com/bp_ 8c1jg0317u52amw9kt0w_ 2. html.）

4. 特殊情况下的长期平均成本曲线

关于 LAC 曲线的形状，西方经济学家近年来的经验性的研究结果表明，在不少行业的生产过程中，企业在得到规模经济的全部好处之后，规模不经济的情况往往要在很高的产量水平上才出现。换句话说，下降的 LAC 曲线需在经历了很大范围的产量变化以后，才会转变成上升的 LAC 曲线，LAC 曲线的这种形状被称为 L 型，也有可能发展成为"浴缸"型（如图 5-8、图 5-9 所示）。如何解释长期平均成本 LAC 曲线中呈水平线形状的那段呢？这要用规模报酬不变或者规模经济不变来解释。在一些企业中往往有这样的现象，当厂商得到规模经济的全部好处时，工厂的生产规模必定达到了 LAC 曲线的最低点。这时，如果厂商还在扩大产量，他通常用增设相同的工厂的做法扩大生产规模。这样，一方面产量增加了，另一方面生产的平均成本并没有发生变化，仍然维持在最低的平均成本水平。

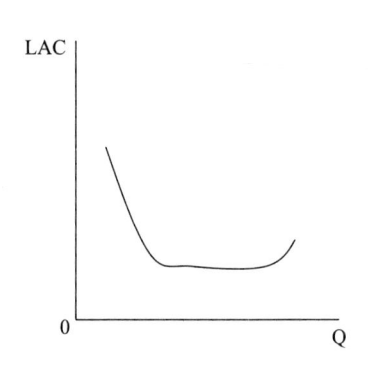

图 5-8 L 型长期平均成本曲线 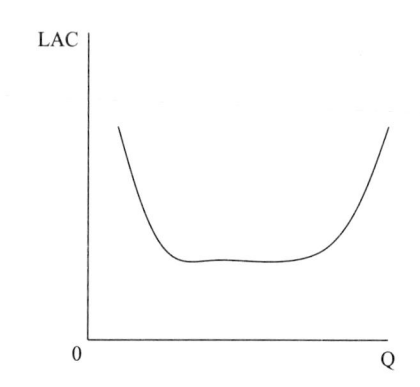　　　　图 5-9 "浴缸"型长期平均成本曲线

最后需要指出，在微观经济分析的大多数场合，仍然使用 LAC 曲线为 U 型的假定。在本书以后的内容中，均使用 LAC 曲线为 U 型的假定。

三、长期边际成本曲线

长期边际成本 LMC 表示厂商在长期内增加一单位产量所引起的最低总成本的增量。长期边际成本函数可以写为：

$$LMC(Q) = \frac{\Delta LTC(Q)}{\Delta Q} \approx \frac{dLTC(Q)}{dQ} \tag{5-12}$$

1. 长期边际成本曲线的推导

长期边际成本 LMC 曲线可以由长期总成本 LTC 曲线得到。

因为 $LMC \approx \dfrac{dLTC}{dQ}$

所以，只要把每一个产量水平上的 LTC 曲线的斜率值描绘在产量和成本的平面坐标图中，便可得到长期边际成本 LMC 曲线。

长期边际成本 LMC 曲线也可以由短期边际成本 SMC 曲线得到。下面将对这种方法予以说明。

从推导长期总成本曲线的图中可以看到，长期总成本曲线是短期总成本曲线的包络线。在长期的每一个产量水平，LTC 曲线都与一条代表最优生产规模的 STC 曲线相切，这说明这两条曲线的斜率是相等的。由于 LTC 曲线的斜率是相应的 LMC 值，STC 曲线的斜率是相应的 SMC 值，因此可以推知，在长期内的每一个产量水平，LMC 都与代表最优生产规模的 SMC 值相等。根据这种关系，便可以由 SMC 曲线推导 LMC。图 5-10 中，在 Q_1 的产量上，长期边际成本 LMC = SMC_1 = MQ_1。同理，在 Q_2 的产量上，有 LMC = SMC_2 = NQ_2；在 Q_3 的产量上，有 LMC = SMC_3 = KQ_3。在生产规模可以无限细分的条件下，可以得到无数个类似于 M、N 和 K 的点，将这些点连接起来便得到一条光滑的长期边际成本 LMC 曲线。

2. 长期边际成本曲线的形状

如图 5-10 所示，长期边际成本曲线呈 U 型，它与长期平均成本曲线相交于长期平均成本曲线的最低点。其原因在于：根据边际量和平均量之间的关系，当 LAC 曲线处于下降段时，LMC 曲线一定处于 LAC 曲线的下方，也就是说，此时 LMC < LAC，LMC 将 LAC 拉下；相反，当 LAC 曲线处于上升段时，LMC 曲线一定位于 LAC 曲线的上方，也就是说，此时 LMC > LAC，LMC 将 LAC 拉上。因为 LAC 曲线在规模经济和规模不经济的作用下呈先降后升的 U 型，所以 LMC 曲线也必然呈先降后升的 U 型，并且，两条曲线相交于 LAC 曲线的最低点。

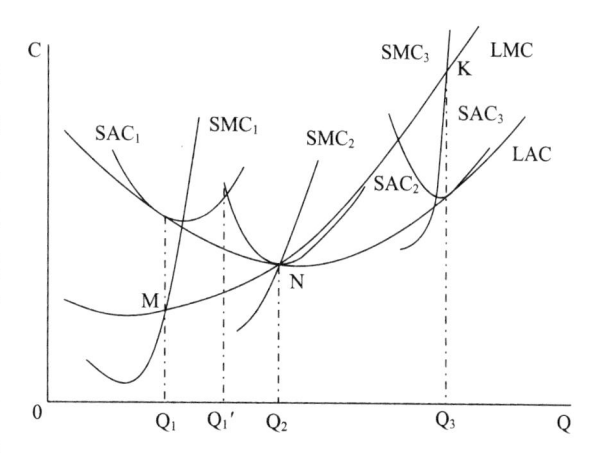

图 5-10 长期边际成本曲线

进一步地，根据 LMC 曲线的形状特征，可以解释 LTC 曲线的形状特征。因为 LMC 曲线呈先降后升的 U 型，且 LMC 值又是 LTC 曲线上相应的点的斜率，所以 LTC 曲线先是以递减的速度上升，之后以递增的速度上升。LMC 曲线的最小值点对应的是 LTC 曲线的拐点位置。

练习题

一、名词解释

1. 机会成本
2. 显性成本
3. 隐性成本
4. 正常利润
5. 经济利润
6. 外在经济
7. 外在不经济

二、选择题

1. 假如增加一单位产量所带来的边际成本大于产量增加前的平均成本,那么在产量增加后平均成本将（　　）。

   A. 下降　　　　　　B. 上升　　　　　　C. 不变　　　　　　D. 都有可能

2. 下列说法中正确的是（　　）。

   A. SMC 与 LMC 曲线相交时,交点处 SMC 曲线的斜率比 LMC 曲线的斜率小

   B. 在短期总成本曲线与长期总成本曲线相切处,SMC 与 LMC 曲线也相切

   C. STC 与 LTC 曲线没有相交,而 SAC 与 LAC 可能相交

   D. SAC 与 LAC 曲线相切处,SMC 与 LMC 相等

3. 下列各因素中哪一项不是可变成本（　　）。

   A. 原材料

   B. 短期贷款的利息

   C. 土地的租金

   D. 可以无偿解雇的雇佣工人的工资

4. 张某计划开一家超市,年营业收入为 200000 元,成本为 180000 元（包括自己的薪水 30000 元）,有一家超市连锁店想聘他去当经理,答应给他年薪 60000 元,此人开商店的经济利润是（　　）元。

   A. 20000　　　　　　B. -10000　　　　　　C. -60000　　　　　　D. -40000

5. 当边际报酬递减规律发生作用时,总成本曲线开始（　　）。

   A. 以递增的速度下降

   B. 以递增的速度上升

C. 以递减的速度上升

D. 以递减的速度下降

6. 某企业主从企业的总收入中每年提取 20000 元作为其"工资"，则这部分资金属于（　　）。

A. 隐性成本　　　　B. 显性成本　　　　C. 经济利润　　　　D. 会计利润

7. 长期总成本曲线是各种产量的（　　）。

A. 最低成本点的轨迹

B. 最低平均成本点的轨迹

C. 最低边际成本点的轨迹

D. 平均成本变动的轨迹

8. 长期平均成本曲线成为 U 型的原因与（　　）。

A. 规模经济有关

B. 外部经济与不经济有关

C. 要素的边际生产率有关

D. 固定成本与可变成本所占比重有关

9. 短期内，劳动的边际产量与厂商的边际成本之间的关系是（　　）。

A. 边际成本与边际产量呈反向变动

B. 边际成本等于工资乘以边际产量

C. 当边际产量线向下倾斜时，边际成本线也向下倾斜

D. 边际成本不变，而边际产量服从收益递减

10. 经济利润等于总收益减（　　）。

A. 隐性成本　　　　　　　　　　　B. 显性成本

C. 隐性成本与显性成本之和　　　　D. 边际成本

11. 假如增加一单位产量所带来的边际成本大于产量增加前的平均可变成本，那么在产量增加后平均可变成本（　　）。

A. 减少　　　　B. 增加　　　　C. 不变　　　　D. 都有可能

12. 在边际报酬递减规律作用下，边际成本曲线表现出（　　）的特征。

A. 先升后降　　　　　　　　　B. 先降后升

C. 一直升　　　　　　　　　　D. 一直降

13. 如果一个企业经历规模报酬不变阶段，则 LAC 曲线是（　　）。

A. 上升的　　　　　　　　　　B. 下降的

C. 垂直的　　　　　　　　　　D. 水平的

14. 使用自有资金也应该计算利息收入，这种利息从成本角度上看是（　　）。

A. 固定成本　　　B. 隐性成本　　　C. 会计成本　　　D. 生产成本

15. 经济成本与经济利润具有以下哪些特征（　　）。

A. 前者比会计成本大，后者比会计利润小

B. 前者比会计成本小，后者比会计利润大

C. 两者都比相应的会计成本和会计利润小

D. 两者都比相应的会计成本和会计利润大

16. 某饭店在 1 年内的账面利润为 10 万元，但店主却坚持认为他发生了 2 万元的亏损，这是因为（　　）。

A. 他经营饭店的机会成本是 8 万元

B. 他经营饭店的机会成本是 10 万元

C. 他经营饭店的机会成本是 12 万元

D. 以上都不是

17. 下述所有曲线中除哪一个外都是 U 型的？（　　）。

A. AVC 曲线　　　　B. AFC 曲线　　　　C. AC 曲线　　　　D. MC 曲线

18. 不随产量变动而变动的成本称为（　　）。

A. 平均成本　　　　B. 固定成本　　　　C. 长期成本　　　　D. 总成本

19. 短期边际成本曲线与短期平均成本曲线的相交点是（　　）。

A. 平均成本曲线的最低点

B. 边际成本曲线的最低点

C. 平均成本曲线下降阶段的任何一点

D. 平均成本曲线上升阶段的任何一点

20. 外在不经济将引起长期平均成本曲线（　　）。

A. 向上移动　　　　　　　　　　　B. 向下移动

C. 沿 LAC 曲线向下移动　　　　　D. 不发生变化

三、计算题

1. 已知某厂商的边际成本函数为：$MC = 3Q^2 - 30Q + 100$，且生产 10 单位产量时的总成本为 1000，求：

（1）固定成本的值。

（2）总成本函数和总可变成本函数，以及平均成本函数和平均可变成本函数。

2. 已知某厂商的边际成本函数为：$MC = 3Q^2 - 8Q + 100$，且生产 10 单位产量时的总成本为 2400，求总成本函数、总可变成本函数、平均可变成本函数。

3. 已知某企业的短期总成本函数是 $STC(Q) = 0.04Q^3 - 0.8Q^2 + 10Q + 5$，求最小的平均可变成本值。

四、分析说明题

1. 有人说，企业的产量越高利润越大，所以应该努力扩大规模，你认为这种说法完全有道理吗？

2. 某企业打算投资扩大生产，其可供选择的筹资方式有两种：一是利用利率为 10%

的银行贷款，二是利用企业利润。该企业的经理认为应该选择后者，理由是不支付利息因而比较便宜，你认为他的话有道理吗？

3. 张老板的朋友王先生说，为了节省开支，你们应该用家里的自有资金扩大生产，这样就不必到银行贷款，不必给银行利息。王先生的这种说法对吗？为什么？

4. 解释长期平均成本曲线的形状及形成原因。

5. 长期平均成本曲线位置的高低是由什么决定的？

6. 为什么短期平均成本和长期平均成本都是 U 型的？区别是什么？

第六章 市场论

学习目的

1. 掌握完全竞争市场条件下厂商的均衡条件
2. 能够推导说明厂商和行业的供给曲线
3. 能够对不完全竞争条件下厂商的供给行为进行分析
4. 能够对不同市场运行的效率作出评价

重点

1. 四种市场结构的特征
2. 厂商收益函数以及收益曲线
3. 厂商利润最大化状态的均衡条件
4. 完全竞争市场和完全垄断市场厂商短期均衡的分析
5. 完全竞争市场和完全垄断市场厂商长期均衡的条件
6. 垄断竞争市场厂商的主客观需求曲线以及长短期均衡
7. 寡头垄断市场的基本模型

难点

1. 完全竞争厂商的长短期均衡的分析
2. 完全垄断市场厂商的长短期均衡分析
3. 四种市场结构的经济效率的比较

引导案例

春联的市场特征分析

贴春联是中国民间的一大传统，春节临近，春联市场红红火火，而在农村，此种风味更浓。在农村春联市场中，存在许多买者和卖者；供应商的进货渠道大致相同，且产品的差异性很小，产品具有高度同质性（春联所用纸张、制作工艺相同，区别仅在于春联内容的不同）；供给者进入退出没有限制；农民购买春联时的习惯是逐个询价，最终决定购买，信息充分；供应商的零售价格水平相近，提价后销售量基本上为零，降价会引起利润损失。原来，我国有着丰富文化内涵的春联，其销售市场结构竟是一个高度近似的完全竞争市场。

春联是农村过年的必需品，购买春联的支出在购买年货的支出中只占很小的比例，因此其需求的价格弹性较小。某些供应商为增加销售量、扩大利润而采取的低于同行价格的竞争方法，反而会使消费者认为其所经营的产品存在瑕疵（例如，产品为上年库存，产品质量存在问题等），不愿购买。

春联市场是一个特殊的市场，时间性很强，仅在年前存在10天左右，供应商只有一次批发购进货物的机会。供应商主要基于对上年销售量和对新进入者的预期分析确定该年购入货物的数量。如果供应商总体预期正确，则该春联市场总体商品供应量与需求量大致相同，价格相对稳定。一旦出现供应商总体预期偏差，价格机制就会发挥巨大的作用，将会出现暴利或者亏损。

综上可见，小小的农村春联市场竟是完全竞争市场的缩影。此案例体现了完全竞争条件下，企业行为在价格与产量决策、生产效率和竞争策略等方面的特征。那么，到底什么是完全竞争市场？完全竞争市场和其他市场的区别都有哪些？不同市场的厂商行为有什么差异？本章即围绕于此进行研究。

（资料来源：杨晓东. 农村春联市场：完全竞争的缩影［N］. 经济学消息报，2004－06－25.）

本章在生产理论和成本理论的基础之上，分析价格对于生产者均衡的影响。

厂商生产产品之后的行为是在产品市场中进行销售，从而取得销售收益，攫取厂商利润。市场是买者和卖者在一定时间集中进行交易的场所。随着经济发展水平的提高，市场形势发生了很大变化，电子商务的迅速发展使得市场的范畴也发生了变化。目前，一切按公开价格进行交易的领域都可以称为市场。

市场可以按照不同的标准分成不同的类别。按交易内容划分可以分成产品市场和要素市场；按地理区域划分可以分成地方市场、全国市场和世界市场。本书主要探讨按竞争程度划分的市场，并在其基础上分析厂商的行为模式。

按照垄断竞争程度的不同可以将市场分成完全竞争市场和不完全竞争市场。后者还可以根据垄断程度划分为完全垄断市场、垄断竞争市场、寡头垄断市场。完全竞争市场的竞争程度最高，完全垄断市场的垄断程度最高，垄断竞争市场和寡头垄断市场居中。具体特征比较可以从以下几个方面进行：一是厂商数量，二是产品差异程度，三是进出市场的难易程度，四是对价格的控制程度。如表6-1所示。

表6-1 不同市场的特征区别

	完全竞争市场	完全垄断市场	垄断竞争市场	寡头垄断市场
厂商数量	多	1个	多	几个
产品差异度	无异	同质	差异（广告）	有或无（广告）
进出市场难易程度	容易	难	容易	难
对价格控制程度	价格接受者	价格制定者	在一定程度上控制	强
典型市场	农产品	水电	洗发水	汽车、石油

与市场相对应的就是行业。行业指的就是同一商品市场上生产和提供商品的所有厂商的总体。行业和市场的类型一致，和完全竞争市场相对应的是完全竞争行业，其他类推。关于行业的行为模式在以后的章节中会详细论述。

第一节 完全竞争市场

本节讨论完全竞争市场条件下厂商实现利润最大化的均衡条件。首先，介绍完全竞争市场条件，其次，介绍完全竞争厂商的需求曲线和收益曲线；最后，分析完全竞争厂商实现最大利润的均衡原则。

一、完全竞争市场的条件

完全竞争也可以称为纯粹竞争，是一种不受任何阻碍和干扰，没有外力控制和垄断因素的市场结构。

1. 市场上有大量的买者和卖者，他们都是价格的接受者

完全竞争市场上有数量众多的买者和卖者，这些买者和卖者规模小，数量众多。每个

经济单位只占较小的市场份额。他们的总供给量和需求量决定了市场的均衡价格，但是就个别家庭或者厂商来讲，因为他们的需求量和供给量在总需求和总供给中所占的份额非常小，所以不能对市场的价格施加影响。他们面临的是一个既定的市场价格，都是价格的接受者。

2. 产品同质性

所有的厂商都提供完全相同的产品（标准化），完全无差别。在这种市场上，产品在质量、功能、外形、包装等方面都完全相同。因而对于买者来说，其不会对任何一家厂商的产品存在特殊的偏好，产品之间具有完全替代性。卖者也不会有任何的垄断条件，不能任意提高产品价格。

3. 资源的完全流动性

在完全竞争市场中，全部资源可以自由流动。这里的资源也就是厂商维持生产所投入的各种生产要素。所有的资源都可以从一个行业转到另一个行业，厂商也可以自由进入或退出一个行业，没有任何政府政策的限制或行业组织的阻挠。

4. 信息的完全性

市场信息充分畅通，所有的顾客和厂商都完全掌握现在和将来市场上的信息，因而不会有任何人以高于市场的价格进行购买，以低于市场的价格进行销售。

符合上述四个条件的市场被称为完全竞争市场。这是一种虚构出来的理想化的市场，实际上是不存在的，至少是罕见的。但是完全竞争市场的资源利用是最优的，经济效益也是最高的，可以作为经济政策的理想目标。同时完全竞争市场理论也是各种类型市场的理论基础，因此，必须首先加以研究。鉴于现实中这类市场非常罕见，只有农产品市场与其比较相似，因此，通常以农产品市场作为完全竞争市场的典型进行分析。

【案例6-1】

大型养鸡场为什么赔钱？

为缓解我国副食品供应短缺的问题，农业部于1988年提出建设"菜篮子工程"。一期工程建立了中央和地方的肉、蛋、奶、水产和蔬菜生产基地及良种繁育、饲料加工等服务体系，以保证居民一年四季都有新鲜蔬菜吃。到20世纪90年代中期之前，"菜篮子工程"重点解决了市场供应短缺问题。"菜篮子"产品持续快速增长，从根本上扭转了我国副食品供应长期短缺的局面。除奶类和水果外，其余"菜篮子"产品的人均占有量均已达到或超过世界人均水平。

为了实现"市长保证菜篮子"的诺言，许多大城市都由政府投资修建了大型养鸡场，结果这些大型养鸡场反而竞争不过农民养鸡专业户或老太太，往往赔钱者多。为什么大反而不如小呢？

从经济学的角度看，原因在于鸡蛋市场的市场结构。鸡蛋市场有四个显著的特点：第一,市场上买者和卖者都很多。没有一个买者和卖者可以影响市场价格。即使是一个大型养鸡场,在市场上占的份额也微不足道,难以通过产量来控制市场价格。用经济学术语说,每家企业都是价格接受者,只能接受整个市场供求决定的价格。第二,鸡蛋是无差别产品,企业也不能以产品差别形成垄断力量。大型养鸡场的鸡蛋与老太太的鸡蛋没有什么不同,消费者也不会为大型养鸡场的鸡蛋多付钱。第三,自由进入与退出,任何一个农民都可以自由选择养鸡或不养鸡。第四,买者与卖者都了解相关信息。这些特点决定了鸡蛋市场是一个完全竞争市场,即没有任何垄断因素的市场。

在鸡蛋市场这样的完全竞争市场上,短期中如果供大于求,那么整个市场价格低,养鸡可能亏本。如果供小于求,那么整个市场价格高,养鸡可以赚钱。

但在长期中,养鸡企业(包括农民和大型养鸡场)则要对供求做出反应:决定产量多少和进入还是退出行业。假设由于人们受胆固醇不利于健康这种宣传的影响而减少鸡蛋的消费,鸡蛋价格下降,这时养鸡企业就要做出减少产量或退出养鸡业的决策。假设由于发生鸡瘟,鸡蛋供给减少,价格上升,原有养鸡企业就会扩大规模,其他人也会进入该行业。在长期中通过供求的这种调节,鸡蛋市场实现了均衡,市场需求得到满足,生产者也感到满意。这时,各养鸡企业实现成本(包括机会成本在内的经济成本)与收益相等,没有经济利润。

在完全竞争市场上,企业完全受市场支配。由于竞争激烈,成本被压得相当低。生产者要对市场供求变动做出及时的反应。换言之,在企业完全无法控制的市场上,成本压不下来或调节能力弱,都难以生存下去。大型养鸡场的不利正在于其压低成本和适应市场的调节能力远远不如农民养鸡者。

(资料来源:梁小民. 微观经济学纵横谈 [M]. 北京:生活·读书·新知三联书店,2000.)

二、完全竞争厂商的短期均衡

1. 完全竞争厂商的需求曲线

完全竞争市场中厂商的需求曲线和整个行业的需求曲线是不同的。

行业所面临的需求曲线是一条由左上方向右下方倾斜的直线,见图 6-1 中的 (a)。无论是什么市场,市场上的总的供给和总的需求决定了市场上的均衡价格。

对于单个厂商来说,由于市场上的产销者成千上万,即使他把产销量增加一倍,对市场的总销量的影响也是微乎其微的,可以略而不计。而市场上的消费者也都是在市场所确定的均衡价格基础上进行购买的,不会以高于市场的价格买进,这也充分显示了市场上信息的完全性。同时，所有的厂商都可以在这个价格上销售他所愿意出售的任何数量，也就是说他所面临的是一条具有完全弹性的需求曲线，见图 6-1 中的（b），它到横轴的距离就代表整个部门的供求决定的价格水平。由此也可以看出，完全竞争厂商是市场上价格的接受者。

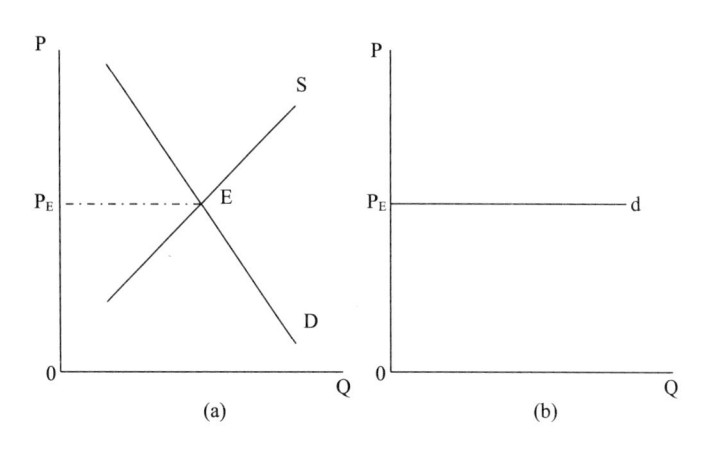

图 6-1 完全竞争厂商的需求曲线

完全竞争市场中厂商面临的需求曲线具有完全弹性，意味着就无穷小的价格变动来说需求的价格弹性系数接近无穷大，改变价格就意味着厂商的销售量降为零。当然作为一个理性的厂商来讲，它是不会降低产品价格使其低于市场上的均衡价格的。

虽然完全竞争市场中单个厂商的需求曲线的形状为一条直线，但是它的位置以及价格却是可以改变的。影响供给和需求的因素是很多的，当其中一个因素发生变化的时候，供给或需求曲线就会发生移动，进而导致市场上的均衡价格发生变化。在这种情况下，就会得到由新的均衡价格水平出发的一条水平线。

如图 6-2 所示，需求曲线 D_1 和供给曲线 S_1 相交于市场均衡点 E_1，市场均衡价格为

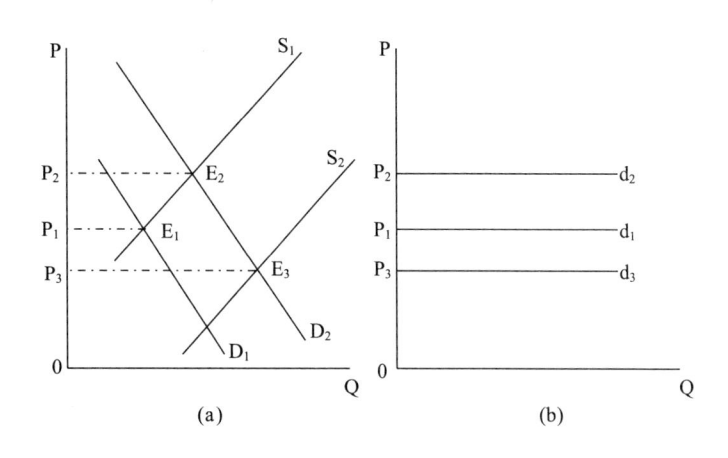

图 6-2 完全竞争厂商的需求曲线的变动

P_1，相应的厂商的需求曲线是从价格水平 P_1 出发的一条水平线 d_1。若市场需求曲线的位置从 D_1 移动到 D_2，供给曲线不变，均衡点从 E_1 移动到 E_2，市场均衡价格为 P_2，相应的厂商的需求曲线是从价格水平 P_2 出发的一条水平线 d_2。若市场供给曲线也发生变化，则新的均衡点为 E_3，确定的市场价格为 P_3，厂商的需求曲线为从价格水平 P_3 出发的水平线 d_3。尽管单个厂商的需求曲线的位置发生变化，但是形状不变，只能是水平线。

2. 完全竞争厂商的收益曲线

（1）基本概念。总收益 TR：总收益表示的是厂商销售一定数量的某种产品所能得到的收入。它等于商品的价格乘以商品的销售数量。

$$TR = P \cdot Q$$

平均收益 AR：平均收益表示的是厂商销售一单位的某种产品所能得到的收入，也即平均每单位产品的售价。

$$AR = \frac{TR}{Q}$$

边际收益 MR：边际收益表示的是厂商每增加一个单位的某种产品的销售所带来的总收入的增加量，也即厂商多出售的一单位产品的售卖价格。

$$MR = \frac{\Delta TR}{\Delta Q} \approx \frac{dTR}{dQ}$$

（2）完全竞争厂商的收益曲线。在完全竞争市场中，在市场的总供给和总需求的共同作用下确定一个均衡的价格，所以分析完全竞争厂商的行为需要在既定的价格水平下进行。厂商的总收益必然随着产品的销售数量的增加而同比例地增加，而平均收益和边际收益则不会出现变化。单位产品的卖价既等于 AR，也等于 MR。

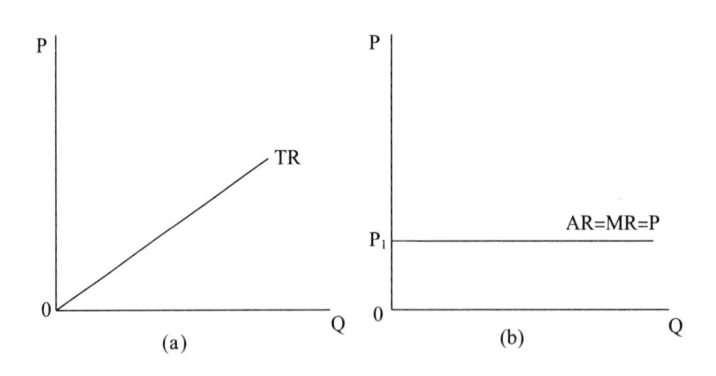

图 6-3 完全竞争厂商的总收益曲线、平均收益与边际收益曲线

总收益曲线是一条从坐标原点出发向右上方倾斜的直线，如图 6-3 中的（a）所示。因为产品价格为一常数，总收益 $TR = P \cdot Q$，所以价格 P 即为总收益曲线的斜率。MR 的值是 TR 曲线的斜率，因此也等于固定不变的价格水平。这一点可以从公式中得知：

$$MR \approx \frac{dTR}{dQ} = \frac{d(PQ)}{dQ} = P$$

平均收益曲线也是和价格线重叠的直线。如图 6-3 中（b）所示。因为消费者按照既定价格购买商品，厂商也按照既定价格出售产品，无论出售多少，每一单位商品的收益总是与市场价格相同。

$$AR \approx \frac{TR}{Q} = \frac{PQ}{Q} = P$$

3. 厂商实现利润最大化的均衡条件

在完全竞争市场中，在固定投入不变的短期，厂商可以按照既定的市场价格卖出其愿意出售的任何数量的商品。所以厂商面对既定的市场价格，可以在一定的范围内调整自己的变动投入和产品销量，以求利润最大或损失最小。当每个厂商都达到自己的均衡状态时，整个行业也就达到均衡状态。

（1）边际分析法。边际分析法即通过分析产品在销售过程中的边际收益，以及在产品生产过程中的边际成本的大小来进行决策的方法。在 MR = MC 时有最大利润。

如图 6-4 所示，MR 与 MC 有两个交点，E 点对应的是均衡点，另一点对应的是亏损。

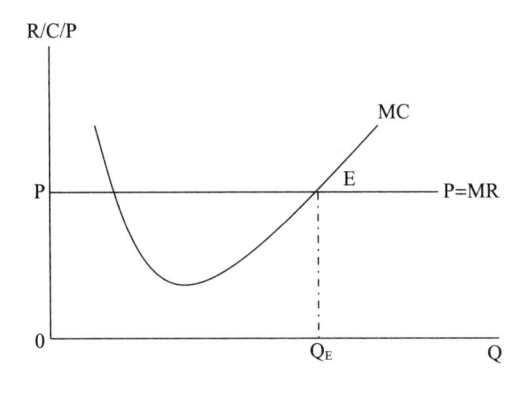

图 6-4 厂商利润最大化的均衡条件

在完全竞争市场中，P = MR = AR = D，根据 MR = MC 有最大利润，则 Q_E 为均衡数量。

若 $Q < Q_E$，则 MC < MR，说明产量每增加一个单位，总收益的增加都要超过总成本的增加，因此继续扩大生产有利可图。

若 $Q > Q_E$，则 MC > MR，说明产量每增加一个单位，总收益的增加都要少于总成本的增加，因此总利润减少，理智的厂商必须缩减生产产量。

所以只有在 MR = MC 时厂商的利润是最大的，这也是厂商的均衡条件。

综上所述，一个厂商利润最大化的均衡条件是：MR = MC。这一均衡条件不仅适用于短期均衡，也适用于长期均衡；不仅适用于完全竞争市场，也适用于其他类型的市场，通称 MR = MC 定理。因为在完全竞争市场中 P = MR，因此完全竞争市场上的厂商均衡条件实际上也是 P = MC。

（2）数学证明法。

因为 π = TR（Q）- TC（Q）

当利润最大时，有 π' = 0

也即 TR（Q）' - TC（Q）' = 0

所以 TR（Q）′ = TC（Q）′

即 MR = MC

【案例6-2】

商场平时为什么不延长营业时间？

节假日期间许多大型商场都会延长营业时间，为什么平时不延长？现在我们用边际分析理论来解释这个问题。从理论上说，延长营业时间1小时，就要支付1小时所耗费的成本，这种成本既包括直接的物耗，如水、电等，也包括由于延时而需要支付的售货员的加班费，这种增加的成本就是我们这一章所学习的边际成本。假如延长1小时增加的成本是1万元（注意这里讲的成本是西方成本概念，包括成本和正常利润），在延时的1小时里由于卖出商品而增加的收益大于1万元，那么作为一个精明的企业家他还应该将营业时间在此基础上再延长，因为这时他有一部分该赚的钱还没赚到手。相反如果在延长的1小时里增加的成本是1万元，增加的收益是不足1万元，那么他在不考虑其他因素的情况下就应该取消延时的经营决定，因为延长1小时的成本大于收益。节假日期间，人们有更多的时间去旅游购物，使商场的收益增加，而平时紧张的工作和繁忙的家务使人们没有更多的时间和精力去购物，就是延时服务也不会有更多的人光顾，增加的销售额不足以抵偿延时所增加的成本。这就能够解释商场在节假日期间延长营业时间而在平时不延长营业时间的经济学的道理。

无论是边际收益大于边际成本还是小于边际成本，商场都要进行营业时间调整，说明这两种情况下都没有实现利润的最大化。只有在边际收益等于边际成本时，商场才不调整营业时间，这表明已把该赚的利润都赚到了，即实现了利润的最大化。

（资料来源：豆丁网案例，http://www.docin.com/p-618684481.html.）

4. 完全竞争厂商的短期均衡

在短期内，面对既定的市场价格，厂商可以通过调整自己的产量来实现利润最大或亏损最小。但是究竟是盈余还是亏损，只能比较在均衡产量下的市场价格（平均收益）和平均成本后才能加以确定。如果市场价格（平均收益）大于平均成本则有盈余，如果市场价格（平均收益）小于平均成本则有亏损。

（1）超额利润最大的均衡产量。图6-5中，P_1 与 SMC 交于 E，根据 P = MC，E 为均衡点。平均收益 AR = E_1Q_1，平均成本 AC = AQ_1，所以单位产量的利润为 AE_1，总的利润为矩形 ABP_1E_1 的面积。

（2）超额利润为零的均衡产量。图6-6中，P_2 与 SMC 交于 E_2，根据 P = MC，E_2 为

均衡点。平均收益 $AR = E_2Q_2$，平均成本 $AC = E_2Q_2$，因为平均成本等于平均收益，所以单位产量的利润为 0，总利润为 0。但正常利润包括在成本内。E_2 被称为收支相抵点，或叫扯平点。

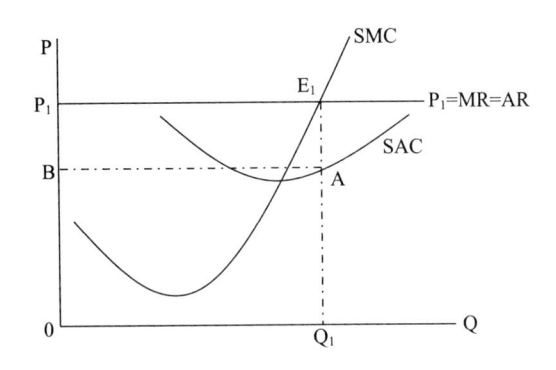

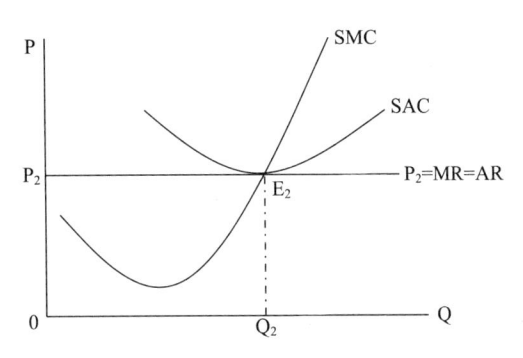

图 6-5 完全竞争市场厂商利润最大化的均衡

图 6-6 完全竞争市场厂商利润最大化的均衡

（3）亏损为最小的均衡产量。图 6-7 中，P_3 与 SMC 交于 E_3，根据 $P = MC$，E_3 为均衡点。平均收益 $AR = E_3Q_3$，平均成本 $AC = DQ_3$，因为平均成本大于平均收益，所以单位产量出现的亏损是 DE_3，亏损为矩形 DFP_3E_3 面积。但是因为有 $AVC < AR < AC$，厂商可以继续生产，因为生产可以弥补全部可变成本，还可以弥补一部分的固定成本。

（4）收回全部可变成本的均衡产量。图 6-8 中，P_4 与 SMC 交于 E_4，根据 $P = MC$，E_4 为均衡点。平均收益 $AR = E_4Q_4$，平均成本 $AC = GQ_4$，因为平均成本大于平均收益，所以单位产量出现的亏损是 GE_4，亏损为矩形 HGE_4P_4 面积。这说明 E_4 为停止营业点或者关闭点，原因在于 $AVC = AR < SAC$，但是生产可以弥补全部可变成本。单位亏损为 AFC。此时可以继续生产，也可以停止。

图 6-7 完全竞争市场厂商利润最大化的均衡

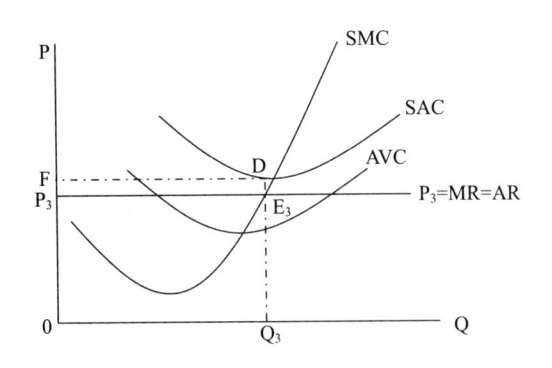

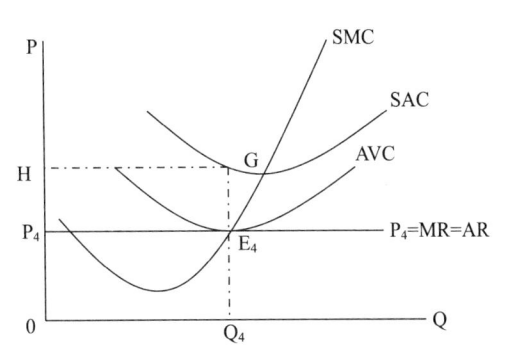

图 6-8 完全竞争市场厂商利润最大化的均衡

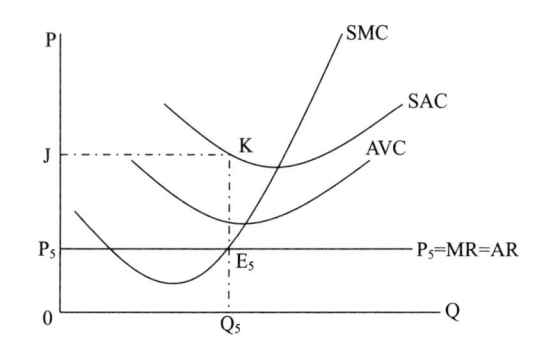

5. 停止营业

图6-9中，P_5与SMC交于E_5，根据$P=MC$，E_5为均衡点。平均收益$AR=E_5Q_5$，平均成本$AC=KQ_5$，因为平均成本大于平均收益，所以单位产量出现亏损KE_5，亏损为矩形JKE_5P_5面积。$AR<AVC<AC$，此时如果厂商继续生产不仅不能弥补固定成本，就连可变成本都无法全部弥补。所以厂商应停止生产，使可变成本降为零，则亏损为TFC。

图6-9 完全竞争市场厂商利润最大化的均衡

6. 完全竞争厂商和市场的短期供给曲线

（1）完全竞争厂商的短期供给曲线。根据上述分析可以知道，作为一个理性的厂商，他会选择在停止营业点以上的部分进行生产，因为在这点虽然亏损，但是销售收益可以弥补平均可变成本，而该点以下的部分则连平均可变成本都不能弥补，更不用说固定成本了，所以只能选择停业，此时市场上供给量为0。因此企业的边际成本曲线在平均可变成本曲线最低点以及以上的部分对企业的供给量的决定是有效的，在这一点以下的部分则是无效的，如图6-10所示。

前面已经论证，完全竞争厂商实现利润最大的均衡条件是$P=MC$。也就是说，对于每一个P而言要求有一个最优的产量Q和它对应，即MC曲线也就是厂商在每一价格水平上的供给曲线，如图6-10所示。

$S=S(P)=MC(Q)$ （$P\geq P_4$ 或者 $Q\geq Q_4$）

供给曲线向右上方倾斜。这反映了价格与产量之间的正向变化关系，而且曲线上的每一个产量Q都是能给厂商带来利润最大的或者亏损最小的最优产量。

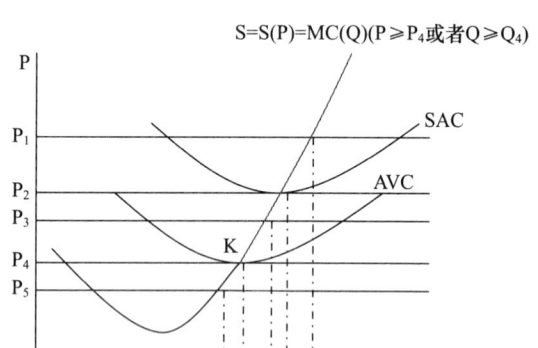

（2）完全竞争市场的短期供给曲线。假定在某一商品市场上有n个厂商，它们都具有不同的供给函数$q_i=f_i(P)$，$i=1,2,\cdots,n$，则该商品市场在每一个

图6-10 完全竞争市场厂商的短期供给曲线

价格上的供给量为所有单个厂商在相应的价格上的生产量的加总。由此可以推知，只要有了某商品市场的每个厂商的供给表或供给曲线，就可以通过加总的方法，得到该商品市场的供给表或供给曲线。即为：

$$Q_i=\sum_{i=1}^{n}f_i(P)$$

假设某商品市场上有 A、B 两个生产者，如图 6-11 所示。

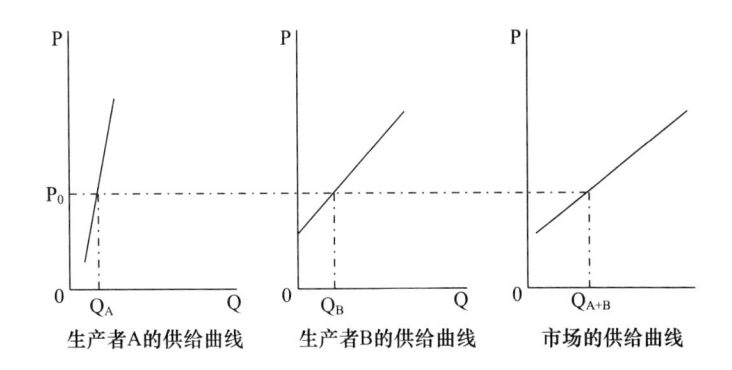

图 6-11　从厂商的供给曲线到市场的供给曲线

由于市场供给曲线是单个厂商的供给曲线的水平加总，所以，如同单个厂商的供给曲线一样，市场供给曲线一般也是向右上方倾斜的。市场供给曲线表示某商品市场在一定时期内在各种不同的价格水平上所有厂商愿意而且能够提供的该商品的数量。更重要的是，根据上述推导过程可知，市场供给曲线上的每个点都表示在相应的价格水平下可以给全体厂商带来最大的利润水平或最小的亏损程度的市场供应量。当然，这里也只是探讨曲线的一般情况，若考虑取值范围，则曲线形状会发生变化，这里不再说明。

这里还必须强调，市场的供给曲线也即行业的供给曲线。在短期里，不但生产要素是很难改变的，而且厂商进出市场也是非常困难的。也就是说，在短期，市场上一个行业中的厂商的数量是给定不变的，任何市场中厂商的个数的改变都涉及企业长期生产决策。这种生产决策是下节要讲述的问题。

三、完全竞争厂商的长期均衡

在短期内，厂商无法调整固定投入，只要市场价格≥平均变动成本，就会继续生产，而在长期中，所有投入都可以调整（包括进出产业），因此只有市场价格≥平均成本时厂商才会进行生产，否则，厂商将退出产业。

1. 厂商的长期均衡

图 6-12 表示一个厂商在长期中的均衡调整过程。假如市场价格为 P_1，以短期平均成本代表的工厂规模为 SAC_1，并在 A 点达到均衡。显然，这时 $P_1 > SAC_1$，厂商存在利润，可用矩形 $ABCP_1$ 的面积表示。厂商可以建设一个更大规模因而平均成本较低的工厂。例如，若建设一个以 SAC_2 为代表的工厂，厂商就可以赚得相当的超额利润。但如果厂商具备完全知识，它将建设以 SAC_3 为代表的工厂规模，因为这时 $P_1 = LMC = SMC$，LAC 虽然不是最低，但符合边际收益等于边际成本的定理，利润为最大。

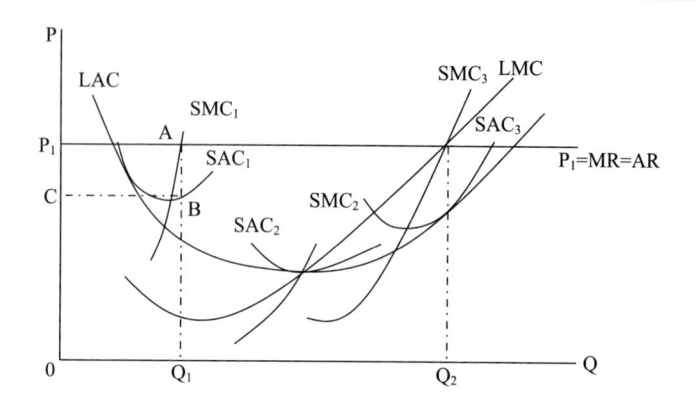

图 6-12 完全竞争厂商的长期均衡

完全竞争厂商长期均衡的数学模型与短期均衡的数学模型完全一样,只是将短期总成本 STC 改为长期总成本 LTC,那么方程式为 LTC = f(Q)。

2. 行业的长期均衡

假如整个行业的厂商都像上述厂商那样扩张自己的产量,同时,其他产业的厂商看到这个行业有利可图,也纷纷进入这个行业,使产量进一步扩张,结果势必供过于求,造成市场价格下降。面对新的市场价格,所有厂商又会重新调整自己的工厂规模,直到形成长期均衡为止。图 6-13 表示行业长期均衡的这种调整过程。

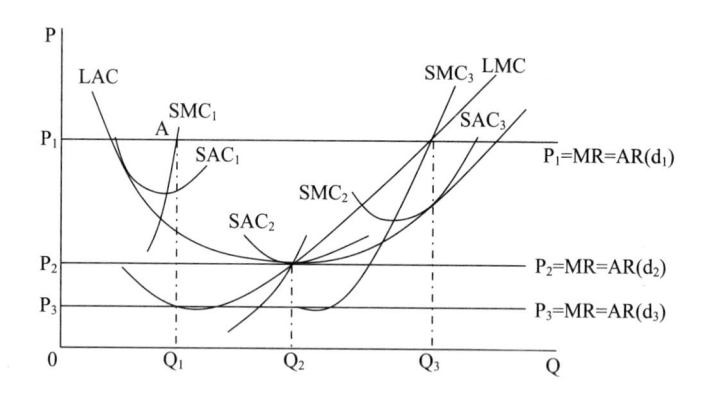

图 6-13 完全竞争行业的长期均衡

行业需求曲线与行业供给曲线确定的市场价格为 P_1 时,每个厂商都能赚得超额利润。由于各个厂商不断扩大工厂规模以及其他厂商进入行业,行业供给曲线右移形成新的交点,新的市场价格降为 P_3,这时,每个厂商都会存在亏损。

由于有些厂商缩小工厂规模以及厂商相继退出产业,行业供给曲线左移,形成新的市场价格 P_2,这时 $P_2 = SAC_2 = LAC = SMC_2 = LMC$,超额利润等于 0,所有厂商既无利润也无亏损,既无扩大或缩减工厂规模的诱因,也无进入或退出这个行业的诱因,于是形成行业长期均衡。

由此可见，在长期中，厂商有进入或退出行业的倾向，直到每一厂商既无利润又无亏损为止。这个长期均衡点处于长期平均成本的最低点，所以，行业的长期均衡条件都是

P = SAC = LAC = SMC = LMC

也可以写成：$P = SAC_{min} = LAC_{min}$

3. 完全竞争行业的长期供给曲线

根据行业长期均衡的条件可知，行业的长期供给曲线是厂商长期平均成本最低点的轨迹。按照外在经济的情况，特别是行业产量变动后投入价格变化的不同情况，长期供给曲线又可以分为以下三种：

（1）成本不变行业。当行业对投入要素的需求只占整个社会对这种投入要素需求的很小一部分，或者这种投入要素并非专用性的要素时，这个行业就面临着一个完全竞争的要素市场，行业产量的扩大不会引起投入要素价格的上涨。这种行业就是成本不变行业，即行业的产量变化引起生产要素需求的变化，但不对生产要素的价格发生影响的行业。这种行业的长期供给价格不变，长期平均成本也保持不变。因此，成本不变行业的长期供给曲线的斜率为0，具有完全弹性，是一条通过长期平均成本曲线最低点的水平线。

图 6–14 表示完全竞争市场条件下成本不变行业的长期均衡与供给价格。图 6–14（a）中行业原有的需求曲线 D_1 与供给曲线 S_1 交于 A，决定市场价格 P_1；图 6–14（b）表示此时超额利润等于零。

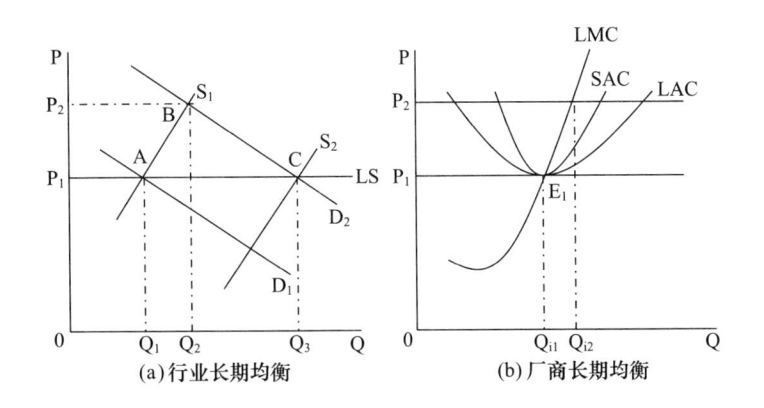

图 6–14 成本不变行业的长期供给曲线

假如市场需求增加，D_1 增至 D_2，D_2 与 S_1 交于 B，形成新的市场价格 P_2，这时，每个厂商可以得到超额利润。这个超额利润必然吸引新的厂商进入这个行业，使行业供给增加，S_1 增至 S_2，S_2 与 D_2 交于 C，市场价格又恢复到原有水平 P_1。C 点也就成了行业的又一个长期均衡点。市场均衡产量的增加量为 Q_1Q_3，它是由新加入的厂商提供的，但行业

内每个厂商的均衡产量仍为 Q_{i1}。

由此可见,在长期中,成本不变行业可以根据市场需求调整其产量供给,但市场价格则始终保持在长期平均成本曲线最低点的水平。LS 曲线就是行业的长期供给曲线。可见行业的长期供给曲线是一条水平线,它表示在不变的均衡价格水平下厂商可以提供的产量,市场需求变化,会引起行业均衡产量的同方向变化,但是长期均衡价格不会发生变化。

(2)成本递增行业。当行业对投入要素的需求占整个社会对这种投入要素需求的很大一部分,或者这种投入要素属于专用性的要素时,产量的扩张就会导致投入要素价格的上涨,长期平均成本递增。因此,成本递增行业的长期供给价格递增,长期供给曲线将随产量的扩张逐渐上升,自左下方向右上方倾斜,而且越来越陡,即具有正的斜率。

图 6-15 表示成本递增行业的长期供给曲线。设行业原有长期均衡点为图 6-15(a)中的 A,所有厂商的均衡点为图 6-15(b)中的 E_1。

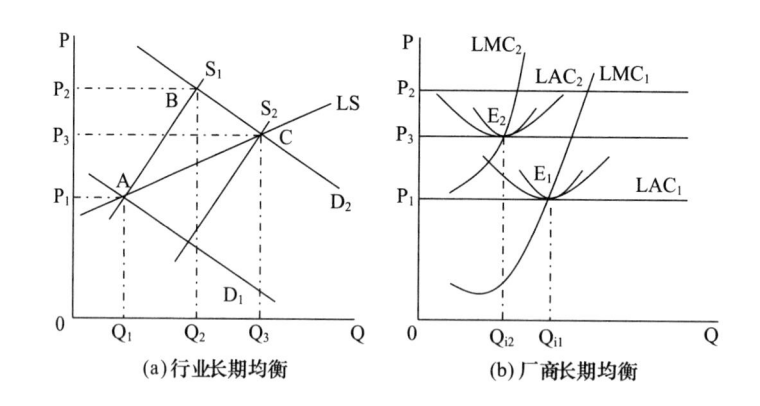

图 6-15 成本递增行业的长期供给曲线

若市场需求从 D_1 增至 D_2,市场价格必然上涨,产生超额利润,因而吸引新厂商进入,使 S_1 不断右移。与此同时,由于投入要素价格随产量扩张而不断上涨,边际成本上升,又使 S_1 不断左移。一般来说,因产量扩张而使 S_1 右移的程度大于边际成本增加而使 S_1 左移的程度,所以总体来看,S_1 还是会逐步右移到 S_2。这时 S_2 与 D_2 交于 C,形成新的市场均衡价格 P_3,长期平均成本也从 LAC_1 提高到 LAC_2,实际上,新厂商的进入,一直会持续到使得新的长期平均成本的最低点等于新的市场均衡价格(即 $LAC_2 = P_3$)为止。

由此可见,在长期中,成本递增行业可以根据市场需求而调整其产量供给,但市场价格也会随之涨跌。长期供给曲线是连接 A、C 两个长期均衡点而形成的一条斜向右上方的曲线。

(3)成本递减行业。由于外在经济的产生,随着行业产量的增加,投入要素价格和长期成本下降。这样,就会发生与成本递增行业完全相反的情况:由于平均成本下降,行业存在超额利润,就会有新的厂商进入,使供给曲线右移,市场价格逐步下降,直到新的均衡点所决定的市场价格等于 LAC 的最低点，超额利润消失为止。因此，成本递减行业有一条逐步下降的长期供给曲线（如图 6-16 所示）。它表示：在长期，行业的产品价格和供给量呈反方向变动。市场需求的增加会引起行业长期均衡价格的反方向变动，还同时会引起行业长期均衡产量的同方向变动。

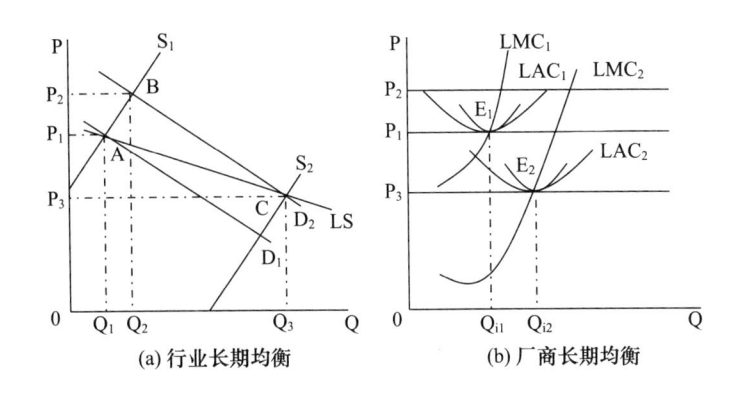

(a) 行业长期均衡 (b) 厂商长期均衡

图 6-16 成本递减行业的长期供给曲线

第二节 完全垄断市场

在西方经济学中，不完全竞争是相对于完全竞争而言的，包括完全垄断市场、垄断竞争市场和寡头垄断市场。本章主要介绍完全垄断市场的均衡状况。

一、完全垄断市场的特征与形成

1. 完全垄断市场的特征

完全垄断市场具有以下几个特征：

第一，厂商就是产业。完全垄断产业只有一个厂商，它提供整个产业的产销量，因此，厂商与产业合二为一，毫无区别，厂商就是产业。完全垄断厂商可以根据销售条件制定价格，以攫取最大的超额利润。

第二，产品不能替代（产品没有很好的替代品）。完全垄断厂商所提供的产销品没有良好的替代品，其需求的交叉弹性等于零。因此，它不受任何竞争者的威胁。

第三，独自决定价格。完全垄断厂商不是价格的接受者，而是价格的制定者。它可以利用各种手段决定价格，以达到垄断的目的。

第四，其他厂商要进入市场很难。

2. 完全垄断市场的形成

形成完全垄断市场的原因，不外以下几种：

第一，原料控制。如果某个厂商控制了某一生产要素的全部或大部分的供给，并拒绝出售给其他厂商，就可以形成完全垄断。

第二，自然垄断。有些产业由于自然因素，需要大量固定设备，不宜多家经营，且成本在很大范围内随产量增加而递减，其他厂商难以进入。自然垄断产品是指生产或传输过程具有自然垄断性质的一类社会产品（或服务），主要包括自来水、电力、燃气（包括管道煤气和天然气）、电信产品、铁路服务和航空服务等。如果有两家以上厂商经营，不仅造成浪费，而且容易引起混乱。自然垄断是经济学中一个传统概念。早期的自然垄断概念与资源条件的集中有关，主要是指由于资源条件的分布集中而无法竞争或不适宜竞争所形成的垄断。在现代这种情况引起的垄断已不多见。现代经济中，由于存在规模经济，竞争必然走向垄断。垄断厂商资本雄厚，采用先进设备，生产成本较低，往往能够提供整个产业的全部或大部分产量，其他厂商难以进入。这是因为，小厂商虽然容易建立，但没有规模经济，难以生存和发展，而大厂商不仅难以筹建，而且在经营上也缺乏经验、信誉和市场，往往难以与之匹敌。

第三，政府特许。在很多情况下，垄断的产生是缘于政府给予一个企业排他性生产或者经营某种商品或者劳务的权利。例如英国历史上的东印度公司，就是由于政府特许而垄断了对东方的贸易。我国也给予专业外贸公司玉米出口许可证，这样就排斥了其他公司出口玉米的可能性。

第四，专利。政府以法律形式，准予某个厂商在政府的管制下独家经营与公共福利、财政收入密切相关的产业（如烟、酒、麻醉品、军工等）或者授予发明者生产其产品和运用其方法的专利权。这种法律上的保障，也可以形成完全垄断的地位。

与完全竞争市场一样，完全垄断市场在今天的市场经济制度中也是几乎不存在的，只有公用事业和某些特殊地区有近似的情况。从长远来看，完全垄断是很难持久的。新替代品所形成的间接竞争，新厂商进入所形成的潜在竞争，都会限制完全垄断厂商的价格和产量政策。尽管如此，完全垄断市场理论仍然是分析各种不完全竞争市场理论的重要基础，必须详加讨论。

二、完全垄断下的短期均衡和长期均衡

1. 完全垄断厂商的需求曲线与收益曲线

垄断厂商是某种商品市场上的唯一卖者，因此，垄断企业所面对的需求曲线与该商品市场的需求曲线相一致。这一特征是垄断企业与其他市场结构下的企业之间最重要的差别之一。垄断厂商所面对的需求曲线就是整个市场的需求曲线，因而其斜率为负，即向下倾

斜。从上一节的讨论中知道，一个完全竞争市场中的企业可以按市场价格销售任何数量的产品，这只有在企业面对的需求曲线是水平线的情况下才会出现。在需求曲线向下倾斜的情况下，每当企业的销售量有所增加，其销售价格就必须比以前的价格有所下降。这就是说，不仅最后增加的单位产品的销售价格比以前降低，而且全部销售产品中的非增量部分也只能以较之前更低的价格出售。因此，垄断企业的总收益曲线和边际收益曲线都与完全竞争企业不同。

假设线性需求曲线为 $P = a - bQ$

则相应的总收益曲线与边际收益曲线为

$$TR = PQ = aQ - bQ^2$$

$$MR = \frac{dTR}{dQ} = P = a - 2bQ$$

我们将这些曲线及关系再示于图中，如图 6-17 所示。总结如下：

第一，总收益 TR 曲线是一条过原点的抛物线；第二，平均收益 AR 曲线和需求曲线重合，AR = P；第三，边际收益 MR 曲线的斜率是平均收益曲线斜率的 2 倍，且在纵轴上的截距相等。第四，由于每一销售量上的边际收益 MR 等于总收益 TR 曲线在该点的斜率，所以，当 MR < 0 时，TR 曲线的斜率为正；当 MR > 0 时，TR 曲线斜率为负；当 MR = 0 时，TR 曲线达到最大值。

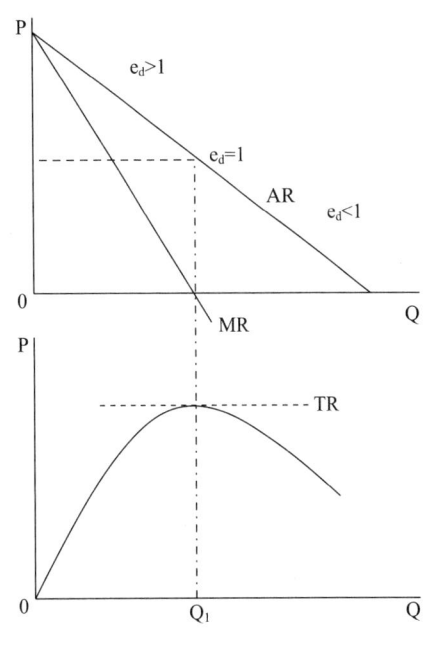

图 6-17 完全垄断厂商的收益曲线

2. 完全垄断厂商的短期均衡和短期供给曲线

请注意，与完全竞争市场中的企业相比，完全垄断厂商的最大化的产量由其边际成本曲线与边际收益曲线的交点所决定。产量一旦确定，销售价格也就确定，两者之间的关系由市场需求曲线所决定。

（1）完全垄断厂商的短期均衡。为了实现利润最大化，完全竞争市场厂商必须按照边际收益等于边际成本的原则制定产量的决策，完全垄断市场也是如此。完全垄断厂商不仅根据 MR = MC 的原则制定出产量决策，而且还需要做出价格决策，因为它不是价格的接受者，而是制定者。

在短期中，完全垄断厂商会根据 MR = SMC 确定产量与价格。此时 E 为均衡点，所对应的均衡产量为 Q_E，均衡价格为 P_E。至于厂商是获得了最大盈利还是最小亏损，则需要看此时企业的 AC 曲线的位置。如图 6-18 所示，Q_E 所对应的平均成本为 B 点，平均收益为 A 点，后者大于前者，所以存在超额利润，超额利润为矩形 $ABCP_E$ 部分的面积。

若有 AVC < P < AC，根据 MR = SMC 得出的阴影部分面积为亏损最小值。但是收益可以弥补 AVC 和一部分固定成本 AFC，此时厂商应该继续生产。否则亏损为全部固定成本。

当然垄断也不一定能够保证得到利润，是否能得到利润取决于市场需求状况以及卖价和成本状况。和完全竞争市场的条件相似，即当 P > AC 时有超额利润；P = AVC 时收支相抵；AVC < P < AC 时亏损最小；P = AVC 时停业。具体情况大家可以自行分析。

（2）完全垄断厂商的短期供给曲线。完全垄断厂商不存在明确的供给曲线。

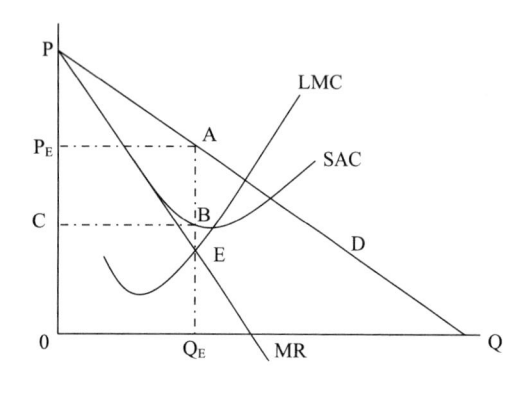

图 6-18 完全垄断厂商的短期均衡

所谓供给曲线，它反映的是企业或整个行业在每一个价格水平上所愿意并且能够提供的产品数量，是产量和价格之间的一种一一对应关系。但是这样的一一对应关系在完全垄断市场中并不存在。

在市场需求和市场需求曲线发生变化的情况下，对应于同一个价格水平可能会有不同的供给量，对应于不同的价格水平也可能有相同的供给量。

其一，同一价格不同产量。如图 6-19 所示，完全垄断厂商利润最大化的初始均衡点在 E_1 点，均衡产量和均衡价格分别为 Q_1 和 P_1。现需求曲线变动为 D_2，相应的边际收益曲线为 MR_2，但厂商的边际成本曲线并不因此而变化，均衡点为 E_2 点，对应的均衡产量和均衡价格分别为 Q_2 和 P_1。

其二，同一产量不同价格。如图 6-20 所示，垄断企业利润最大化的初始均衡点在 E 点，均衡产量和均衡价格分别为 Q_1 和 P_1。现需求曲线变动为 D_2，相应的边际收益曲线为

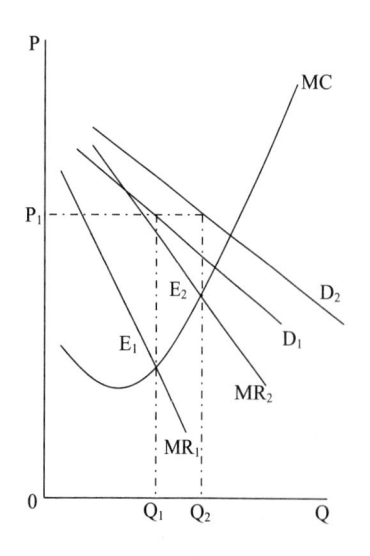

图 6-19 同一价格不同产量

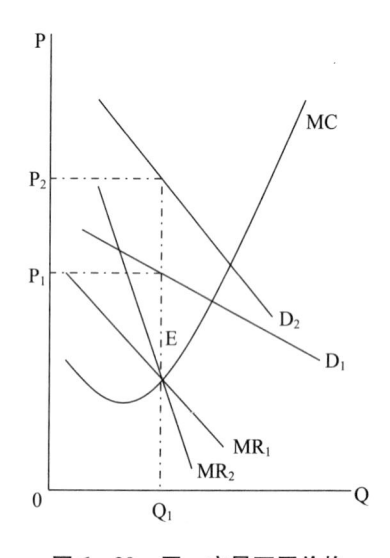

图 6-20 同一产量不同价格

MR_2，但厂商的边际成本曲线并不因此变化，均衡点为 E 点，对应的均衡产量和均衡价格为 Q_1 和 P_2。由此可见，在完全垄断市场中，产量和价格之间的一一对应关系是不存在的，所以就说明完全垄断市场不存在明确的供给曲线。

3. 完全垄断厂商的长期均衡

在长期中，完全垄断厂商可以通过调整所有的生产要素来实现利润最大化。但是因为具有完全垄断的特性，所以没有其他厂商进入的可能。

若完全垄断厂商在短期内亏损，一则可以选择退出该行业，二则可以通过调整生产要素调整产业规模，实现最终利润最大。

为了获得超额利润，完全垄断厂商在长期中首先需要做的是调整设备以及厂房，选择代表最低成本支出的 SMC 和 SAC，直到实现长期均衡产量下的 MR = LMC = SMC。如图 6-21 所示。最初的生产规模为 SAC_1 和 SMC_1，短期均衡产量为 Q_1，价格为 P_1，此时利润为矩形 $ABCP_1$ 的面积，但是由于生产规模小，该产量不能满足需求，厂商会不断增加产量，选择最优的生产规模，当生产规模扩大到 SAC_2 时，产量为 Q_E，价格为 P_E，MR 曲线 LMC 和 SMC_2 一起相交于均衡点 E，此时，厂商可以达到最大利润，利润为矩形 $JFDP_E$ 的面积，从而实现完全垄断市场条件下的长期均衡。

三、价格歧视

和完全竞争市场的情况不同，在完全垄断市场中，完全垄断厂商会对同一种产品收取不同的价格，这种做法往往会增加完全垄断厂商的利润。以不同的价格销售同一种产品，被称为价格歧视。在现实生活中，这样的例子比比皆是。例如，居民用水与企事业单位用水的价格不同，飞机上头等舱的价格和经济舱的价格不同，KTV 的包房也会因为夜场和日场而出现价格上的差异，这些都属于价格歧视。价格歧视一般包括三种情况。

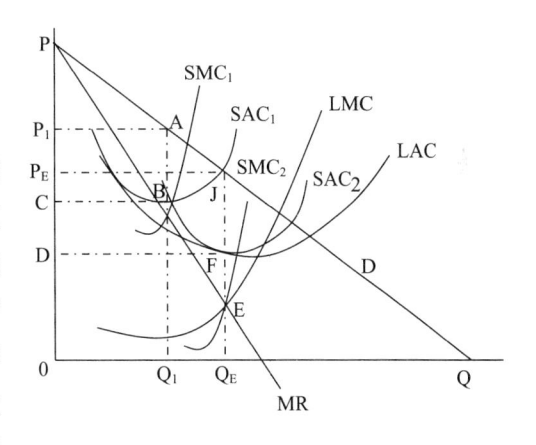

图 6-21 完全垄断厂商的长期均衡

1. 一级价格歧视

厂商对每一单位产品都按消费者所愿意支付的最高价格出售，这就是一级价格歧视。一级价格歧视也被称作完全价格歧视。一级价格歧视如图 6-22 所示。当厂商销售第一单位产品时，消费者愿意支付的最高价格为 P_1，于是，厂商就按此价格出售第一单位产品。当厂商销售第二单位产品时，消费者愿意支付的最高价格为 P_2，于是厂商又按照此价格出售第二单位产品。以此类推，直到厂商销售量为 Q_N 为止。假设消费者消费的商品数量可以无限细分，这时，完全垄断厂商得到的总收益相当于 ACQ_NO 的面积。

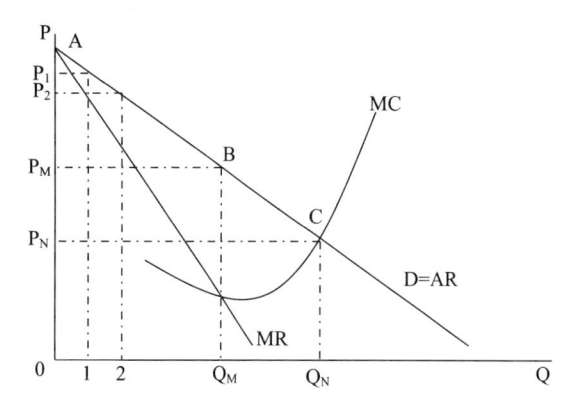

图 6-22 完全垄断厂商的一级价格歧视

一级价格歧视按照消费者的需求价格定价，这种定价剥夺了全部的消费者剩余。因此也叫作完全价格歧视。一级价格歧视只是理论上的假定，因为在现实生活中，厂商是没有办法获知消费者的消费意愿的。同时我们也可以对比厂商进行统一定价时的价格以及产量情况。根据 MC = MR，厂商生产产量为 Q_M，价格为 P_M，此时，收益为矩形 BQ_MOP_M 的面积，远远小于 ACQ_NO 代表的面积。而如果厂商不实行价格歧视，且都按同一个价格 P_N 出售 Q_N 的产量时，总收益仅为 CQ_NOP_N 的面积，也小于 ACQ_NO 的面积，此时，因为 $P_N = MC$，因此也可以看作完全垄断厂商实现了完全竞争厂商的高产量的标准，并且实现了社会福利最大化，从这个意义上说一级价格歧视下的资源配置是有效率的，尽管此时完全垄断厂商剥夺了全部的消费者剩余。

2. 二级价格歧视

二级价格歧视不如一级价格歧视那么严重。一级价格歧视要求垄断者对每一单位的产品都制定一个价格，而二级价格歧视只要求对不同的消费数量段规定不同的价格，如图 6-23 所示。例如，当消费者购买 Q_1 单位产品时，其价格为 P_1；当消费者再购买 Q_2 单位产品时，超过 Q_1 小于 Q_2 数量的产品价格便下降为 P_2，以此类推。

如果不存在价格歧视，则完全垄断厂商的总收益相当于矩形 OP_3DQ_3 的面积，消费者剩余相当于 AP_3D 的面积。如果实行二级价格歧视，则完全垄断厂商的总收益增加，相当于 $P_1BQ_1O + FCQ_2Q_1 + GDQ_3Q_2$ 面积，而增加的面积恰好就是消费者剩余的损失量。

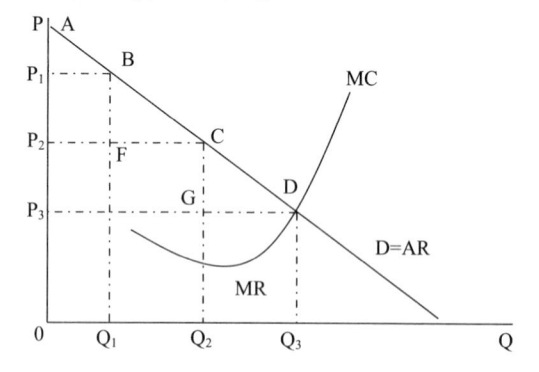

图 6-23 完全垄断市场厂商的二级价格歧视

由此可见，实行二级价格歧视的完全垄断厂商利润会增加，部分消费者剩余被垄断者占有。此外，垄断者有可能达到 P = MC 的有效率的资源配置的产量。

3. 三级价格歧视

完全垄断厂商在不同的市场上（或针对不同的消费群）对同一种产品收取不同的价格，这就是三级价格歧视。例如，同种产品在富人区的价格高于在贫民区的价格；同样的学术刊物，图书馆购买的价格高于学生购买的价格。更一般地，对于同种产品，国内市场和国外市场的价格不一样；城市市场和乡村市场的价格不一样；"黄金时间"和非"黄金时间"的价格不一样等。

（1）完全垄断厂商实行三级价格歧视的条件。完全垄断厂商实行价格歧视，必须具备以下的基本条件：

第一，市场的消费者具有不同的偏好，且这些不同的偏好可以被区分开。这样，厂商才有可能对不同的消费者或消费群体收取不同的价格。

第二，不同的消费群体或不同的销售市场是相互隔离的。这样就排除了中间商由低价处买进商品而在高价处卖出商品的可能。

【案例6-3】

肯德基的优惠券

肯德基进驻中国已经多年，凭借其提供的优质产品赢得了广大消费者的信任。肯德基的促销策略是多样化的，例如，领取优惠券，还有支付宝支付超过40元就可以获得20元电子券，当然必须指定优惠券用于消费某类商品。那么，为什么肯德基不直接降低产品价格而是采用发放优惠券的方式？

消费者剩余指的是消费者愿意支付的最高价格和实际支付的价格之间的差额，所谓的利润最大化，实际上并不是销售数量的最大化，而是消费者剩余的最小化。消费者剩余越小，企业从消费者身上榨取的价值就越多，就越能实现厂商的利润最大化。优惠券作为价格歧视的一种策略，极好地区分了愿意付出时间成本来搜索优惠信息的穷人（工薪或者学生）和不在乎优惠信息直接到门店购买的富人两类消费者，让他们都支付了他们愿意支付的最高价格，从而达到了消费者剩余的最小化和利润的最大化。注意，这里的穷和富并非单纯指经济环境，而是指消费者对待同样商品的支付意愿的高低。

单纯降价虽然在短期会带动销售量的增加，但是不利于强化消费者的消费倾向和品牌感知。一旦重新提价，消费者的负面反应会比较大。况且降价的时候同行业的其他厂商势必也会做出相同的反应，最终导致价格混战，不利于整个行业的发展。当然使用优惠券意味着消费者为了获得优惠券必须要支付相应的成本。一是时间成本：收集信息、下载APP、上网查阅或者索要，这些都会浪费时间。二是自由选择权的丧失：优惠券的优惠大多限定于固定的产品组合，而较少用于单点。支付意愿高的消费者不会为了优惠而委屈自己吃一份量大便宜的套餐，他们情愿单点，即他们不会使用优惠券，因此观察之后就会发现，优惠券的使用者多半是一些学生。

（2）完全垄断厂商最优化产品量的确定原则：$MR_1 = MR_2 = MC$。分析中假定某完全垄断厂商在两个分割的市场上出售同种产品。

首先，厂商应该根据 $MR_1 = MR_2 = MC$ 的原则来确定产量。这是因为：第一，就不同的市场而言，厂商应该使各个市场的边际收益相等。只要各市场之间的边际收益不相等，厂商就可以通过不同市场之间的销售量的调整来获得更大的利益。例如，当 $MR_1 > MR_2$ 时，厂商自然会减少市场2的销售量而增加市场1的销售量，以获得更大的利益。这种调整一直会持续到 $MR_1 = MR_2$ 为止。第二，厂商应该使生产的边际成本MC等于各市场相等的边际收益MR。只要两者不等，厂商就可以通过增加或减少产量来获得更大的利益，直至实现 $MR_1 = MR_2 = MC$ 的条件。

其次，在市场1有 $MR_1 = P_1\left(1 - \dfrac{1}{Ed_1}\right)$

市场2有 $MR_2 = P_2\left(1 - \dfrac{1}{Ed_2}\right)$

最后根据 $MR_1 = MR_2$ 的原则，可以得到 $P_1\left(1 - \dfrac{1}{Ed_1}\right) = P_2\left(1 - \dfrac{1}{Ed_2}\right)$

由上面的式子可以知道，三级价格歧视要求在需求的价格弹性小的市场提高价格，在需求的价格弹性大的市场降低价格。实际上，针对那些对价格变化反应不敏感的消费者制定较高的价格，而针对那些对价格变化反应敏感的消费者制定较低的价格，是有利于垄断者获得更大的利润的。

四、对垄断的评价与政府规制

1. 对完全垄断市场的评价

（1）市场效率方面。虽然完全竞争的市场结构在现实经济中几乎不存在，但理论分析告诉我们，完全竞争市场具有最高的资源配置效率和最大的社会福利，因此，作为理想化的参照系，完全竞争市场结构具有重要意义。我们对其他市场结构的评价，也都将建立在其与完全竞争市场结构比较的基础上。我们可以从市场效率与社会福利两个方面对完全垄断市场做出评价。如图6-24所示。

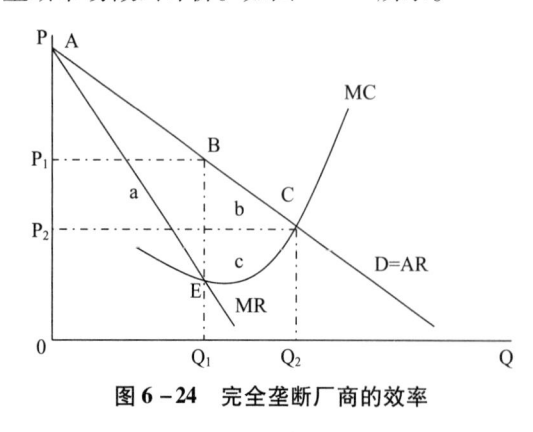

图6-24 完全垄断厂商的效率

可见，与完全竞争相比，完全垄断厂商提供更少的商品，并索取更高的价格。完全竞争市场的长期均衡点应在C点，均衡交易量为 Q_2，均衡价格为 P_2。相比之下，完全垄断厂商的均衡点在E点，其利润最大化的产量和价格分别为 Q_1 与 P_1。

由于完全垄断厂商是市场中唯一生产这种商品的企业，可以认为，它在市场中没有明确的竞争对手，它对市场价格具有完全的控制能力，因此，完全垄断厂商的利润最大化决策是在不受到竞争压力的情况下做出的。完全垄断市场在资源配置效率上是最低的，这种低效率主要表现在以下几个方面。

首先，垄断企业并没有选择最优的生产规模，因为 P > LAC 的最低值。在完全竞争条件下，每个企业最终会达到长期均衡条件 P = LAC 的最低点，此时该商品的生产已实现了最低成本，换言之，社会在生产每一件这种商品上所投入的资源已经达到最低限度。但在垄断行业中，并不存在促使企业达到最优规模以便最大限度地降低长期平均成本的压力，社会在每一件这种商品的生产中花费了太多的资源。

其次，垄断企业能够赚取超额利润。一般情形下，垄断企业在达到长期均衡之后，总有 P > LAC。同时，市场的进入是被封锁的，这就是说，垄断企业的超额利润可以长期保持。事实上，由于进入是被封锁的，其他企业即使了解该行业存在巨大的盈利机会，也无法进入。进入的封锁完全限制了该行业的竞争。

最后，垄断者索取的价格超过了长期边际成本，即 P > LMC，而提供的产品则相应地少于完全竞争市场中提供的数量。我们曾指出，从整个社会的角度来看，如果每种产品的价格都等于其边际成本，即 P = LMC，那么所有资源在各种用途上的配置就达到最高的效率。垄断市场不会实现这一条件，因而必然降低资源配置的效率。

（2）社会福利方面。从整个社会的角度来看，垄断对社会福利的影响可用其对消费者剩余和市场总剩余的影响来进行分析。市场剩余为消费者剩余和生产者剩余之和，它在完全竞争的长期均衡状态下达到最大。

从图 6 – 24 中可见，当垄断者按其自身的利润最大化确定其产量和价格后，与完全竞争相比，消费者剩余改变为 $\Delta CS = - a - b$

生产者剩余改变为 $\Delta PS = a - c$

因此，这一方面造成了市场剩余的净损失 b + c，另一方面还产生了消费者剩余 a 向生产者的转移，这是垄断者从消费者手中剥夺来的，是其超额利润的来源。

2. 政府管制

（1）对垄断势力的法律规制。

1）反垄断法。我们知道，完全垄断企业在追求利润最大化的时候，会减少供给量并索取高价，通过剥夺消费者剩余来获得超额利润，但并不仅仅是完全垄断企业会这么做。实际上当一家企业在市场上具有很强的垄断势力的时候，或者几家企业成为市场中仅有的几个寡头垄断者的时候，在利润的驱使下，它们的行为也完全可能产生类似的结果。

较强的垄断势力将限制市场的竞争，降低社会资源配置的效率，对社会福利造成损害，因此，大多数国家的政府都采取各种措施对垄断势力加以限制。在对垄断势力的限制中，政府主要采取法律规制的手段。反垄断的法律通常被称为反托拉斯法。美国是制定并实施反托拉斯法最早和最为严厉的国家之一。

从 1890 年起，美国相继制定了一系列反托拉斯法律，包括《谢尔曼法》（1890 年）、《克莱顿法》（1914 年）、《联邦贸易委员会法》（1914 年）、《惠勒—李法》（1938 年）和《塞勒—凯弗维尔法》（1950 年）等。

反托拉斯法的目的是通过禁止那些限制竞争或可能形成垄断的行为，保护竞争以造就一种竞争性的经济。反托拉斯法基本上涵盖了可能强化垄断势力的各种途径，其主要内容包括以下几个方面：第一，禁止限制交易的合同、联合或共谋。企业之间不允许制定限制产量或将价格固定在竞争水平之上的协议，某些形式隐蔽的串通也被认为违法。例如通过公布价格信息导致企业之间的默契即可被判定违法。第二，垄断或试图垄断一个市场是违法的，法律禁止会导致垄断的共谋，禁止会导致垄断的企业兼并。20世纪90年代以来，企业兼并又形成一个浪潮，而《克莱顿法》是禁止那些合并和购并的，如果那些合并或购并"确实减少了竞争"或"倾向于造成一个垄断"的话。第三，对已经合法获得垄断势力的企业的行为加以限制。例如，在垄断势力较强的时候，企业的差别定价就可以成为反托拉斯的行为目标。

值得注意的是，美国的反托拉斯法比大多数国家都更为严格和广泛，但对于美国的出口活动则网开一面。《韦布—波默尔尼法》（1918年）规定，允许企业在出口业务中固定价格或有其他串通行为，只要美国国内市场不受到这种串通的影响。在具体实施中，以这种方式运作的企业必须组成一个所谓"韦布—波默尔尼联盟"并向政府登记。可见在国际贸易中，政府的作用更倾向于维护国家利益，而市场效率则成为次要的准则。

2）反不正当竞争。反不正当竞争也是政府对市场进行规制的一个重要方面，在美国，它也是反托拉斯法的一个重要内容。我们在此作一简要讨论。

反不正当竞争与反托拉斯是相互关联的，两者的目的均在于保证市场运作的效率，但采用的方式有所不同。反托拉斯法是通过防止市场势力的滥用来维护竞争的自由，而反不正当竞争法则是迫使所有市场竞争的参与者依照相同的规则来较量，以保证竞争的公平。这两项法律是同等重要且互为补充的。

从理论上说，消费者可以充当某种裁判的角色，对不诚实经营者的商品不屑一顾，从而使不诚实经营者不敢胆大妄为。但事实并非如此简单。市场竞争往往是复杂的，企业的竞争手段也是花样百出，使得消费者往往难以判定不正当竞争行为，更不用说采取行动了。因此，政府的作用十分重要。

我国在1993年通过了《中华人民共和国反不正当竞争法》，并在国家工商管理局内成立了公平交易局，全国各地也建立起相应的机构，在全国的工商行政管理中形成了一个比较完善的公平交易管理网络。

其实，我国的反不正当竞争并非是从这部法案开始的，早在1980年，国务院就发布了《关于开展和保护社会主义竞争的暂行规定》，但早期的规定都不完备、不规范、不系统。而1993年的《中华人民共和国反不正当竞争法》界定了正当行为和不正当行为的界限，对违法行为的制裁不仅规定了民事责任和行政责任，还规定了刑事责任，是较为系统规范的一部法案。

我国的市场运作机制还相当不完善，许多企业对公平竞争的认识以及企业的法律意识也还都有所欠缺，还存在大量的不公平竞争的现象。因此，无论是反垄断还是反不正当竞争，在我国都还需要做出艰苦的努力。

(2)"自然垄断"行业的价格规制。对某些行业来说,由于规模经济特别明显,垄断企业的平均成本与边际成本曲线均呈持续递减的趋势。对这样的自然垄断企业来说,固定成本是其总成本中的主要部分,以至于扩大产量带来的边际成本相当低,并且边际成本一直处于平均成本的下方,使得平均成本不断下降。公用事业部门中的电力供应、燃气供应等都属于成本递减的自然垄断行业。

如图 6-25 所示,如果按照利润最大化准则,成本递减行业中的垄断者会将价格定在 P_1,相应的产量为 Q_1。容易看到,对公用事业部门的产品索取如 P_1 这样的高价电费、燃气费、电话通话费等将是社会公众所不能接受的,由此造成的低产出 Q_1 则会造成资源的极大浪费,用巨大的固定资产投入所形成的生产能力将不能得到充分利用。因此,对公用事业部门必须实行规制。

但是,成本持续递减使价格规制处于一种两难境地。如果按平均成本定价,索取图 6-25 中的 P_2 价格,仍会出现上述情况,即定价太高,使消费者基本生活费用过高,而产量太低,使生产能力放空。如果按边际成本定价,取 P_3 及 Q_3,上述问题得以解决,但企业却会出现亏损,如果边际成本定价是保证资源有效配置的最合理的定价方法,那么这一方法在成本递减行业的运用遇到了障碍。

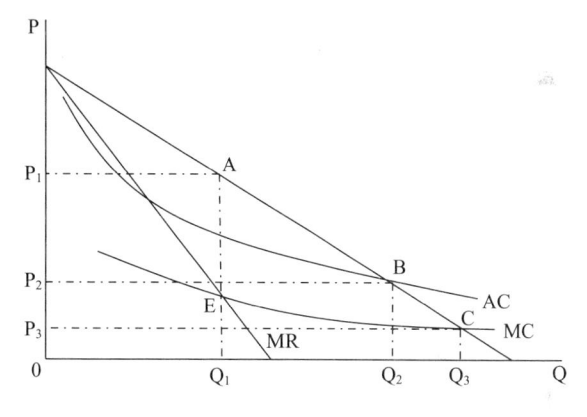

图 6-25 自然垄断厂商的定价

解决这一难题的一种有效手段是采用两步定价的方法,即对消费者采取两部分收费的办法:第一,对每一用户购买的每单位产品或服务索取边际成本价格 P_3;第二,把亏损额向所有的用户平均分摊。这部分分摊费用相当于用户的"注册费",与用户的购买数量无关,是用户使用所提供的服务或成为该产品消费者必须支付的一次性费用。

采用两步定价方法既保持了边际成本定价,使资源得以有效配置,又能使企业免除亏损,从而解决了上述难题。过去我国各城市普遍采用的收取电话初装费的方法实际上就是一种两步定价法,初装费相当于"注册费",与日后电话的通话次数无关,而通话费按通话次数收取,相当于采用边际成本定价。对于上述简单的两步定价方法有一种批评意见,即认为其"注册费"的收取不够公平。由于"注册费"按用户平均分摊,与用户所消费的产品数量无关,就会使消费较少产品的用户吃亏。以电话为例,某些用户日常通话次数远远低于其他用户,也就是说,他对固定设备的使用少于其他用户,但他仍须支付同样的初装费。

最公平的定价方法是平均成本定价,即用户在每次通话时均按其所分摊到的可变成本及固定成本付费。但问题是,如此高价可能迫使用户尽量不去使用电话,从而大幅度地降低大容量电话交换机的使用效率。因此,有可能在平均成本定价与边际成本定价之间选择一个较为合理的折中价格,并仍采用两步定价来弥补企业的亏损。这一选择实际上面临的是公平与效率之间的权衡问题。

制定合理的两步定价即在权衡效率与公平的前提下在需求曲线上的 B 点与 C 点之间选择一个点,则每个用户的"注册费"按小的亏损额的面积分摊。

仍需指出,对自然垄断的价格规制也会遇到政府规制常见的信息问题。例如,在我国的电话处于大规模发展初期的时候,整个的电话线路网络尚未建立起来,因此初装费用较高是合理的。

第三节 垄断竞争市场

完全竞争市场和垄断市场是理论分析中两种极端的市场组织。在现实经济生活中,通常存在的是垄断竞争市场和寡头垄断市场。本节主要就垄断竞争市场的市场特征以及厂商均衡问题进行分析,分析垄断竞争市场的厂商价格以及数量的决定。

一、垄断竞争市场概述

1. 垄断竞争市场的特征

比较现实的市场,往往介于完全竞争与完全垄断之间,是竞争与垄断的混合,也就是既有竞争又有垄断的垄断竞争。垄断竞争厂商在大城市的各种零售业、手工业、印刷业中是普遍存在的现象(其中通常也包括若干寡头垄断厂商)。凡符合下列四个条件的市场可以叫垄断竞争市场。

第一,市场上有很多厂商,他们对市场可以施加有限的影响,是市场价格的影响者,但不能互相勾结,控制市场价格。由于一个厂商的决策对其他厂商影响不大,不易被人察觉,厂商可以不考虑其他厂商的对抗行动。也就是说,这些厂商自以为可以彼此独立行动,互不依存。

第二,一切产品都具有差别,即产品差别。根据产品的自然性质和消费者的不同需要,厂商可以从同一种产品中变出许多花样来。花样的来源,即差别的形成,有以下几种:一是实质上的不同,也即自然差别,如由于原料、设计、技术不同而功用不同;二是非实质的不同,这里主要是意识上的差别,如由包装、商标、广告而引起的印象上的不同。非实质性的不同也可以是由出售条件的不同引起的,比如地理位置、服务态度不同等。因此,市场上的产品,是相似而不相同,有一点差别,但差别又不是大得不能互相替代。正因为产品有差别,不是完全替代品,所以形成垄断;差别越大,垄断程度也越高。

正因为产品能够彼此代替,需求的交叉弹性较高,所以存在竞争;替代越容易,竞争程度也越高。因此,每个厂商既是垄断者,又是竞争者。因此这里出现了一个新的概念,即生产集团。生产集团指市场上生产非常接近的同种产品的厂商的集合。垄断竞争市场与完全竞争市场相比,最大的差异来自产品的产异性特征。通常所说的产业,是指生产同一质量产品的全体厂商,但在有产品差别的情况下,任何一种有差别的产品,都可以说是一个产业。不过,通常可以把那些生产类似产品的全体厂商称作产品集团。因此,同一个产品集团内可以有两个或更多的产业,每个产业内又有许多厂商。

第三,对价格有一定的控制能力。垄断竞争厂商对自己所经营的产品的价格有一定的影响力。它们对价格的控制力来自产品的差异性。这些差别强化了厂商的垄断性,使得每个厂商对自己的产品的价格可以经常做些调整,或降低价格排挤竞争对手,或倚仗自己的品牌和声誉提高价格,以获得更多的利润。

第四,进出壁垒小。厂商进入和退出市场比较容易。厂商规模不是太大,所需资本不是太多,因而进出产业没有太大的障碍。

2. 垄断竞争市场的主观需求曲线与比例需求曲线

垄断竞争厂商的需求曲线,不像完全竞争厂商那样是一条具有完全弹性的水平线,而是略为向右下方倾斜的斜线。这是因为,既然产品具有差别,某一厂商的产品不是其他厂商产品的完全替代品,那么,当其产销量增加时,价格势必下降;产品差别越大,需求曲线的斜率越大,越接近完全垄断厂商的需求曲线。但是,由于产品差别不是大得完全不能替代,存在着竞争,需求曲线的斜率又不像完全垄断厂商的斜率那么大;产品差别越小,需求曲线的斜率越小,越接近完全竞争厂商的需求曲线。

就单个垄断竞争厂商来说,它自以为可以像完全垄断厂商那样行事,独自决定价格,而其他厂商不会对其决策做出反应。因此,它主观上有一条斜率较小的需求曲线,叫主观需求曲线,或叫预期需求曲线(d)。主观需求曲线表示在垄断竞争生产集团中的某个厂商改变产品价格,而集团内的其他所有厂商的产品价格都保持不变时,该厂商的产品价格和销售数量的组合点的轨迹。但实际上,当它降低价格时,其他厂商势必跟着降价。也就是说,就整个垄断竞争市场来看,情况更加接近完全竞争市场,而不是完全垄断市场。因此,假定整个产业或产品集团内有 N 个厂商,且它们的生产函数、成本函数相似;每个厂商的产销量只能是整个市场需求量的 N 分之一。按照每一价格下的需求量而导出的需求曲线,叫比例需求曲线,也叫客观需求曲线。客观需求曲线表达的是在垄断竞争市场的生产集团中某个厂商改变产品价格,而集团内的其他所有的厂商的产品价格都发生同样的变化时,该厂商的产品价格和它实际销售数量的组合点的轨迹。

图 6-26 表示,每个垄断竞争厂商都面临着两条需求曲线:d 为主观上以为可以独自变动价格的预期需求曲线;D 为客观上形成的同时变动价格的比例需求曲线(显然,d 的斜率要小于 D 的斜率)。但是,不管 d 的形状如何,必须使主观的预期需求曲线符合客观的比例需求曲线,即 d = D。

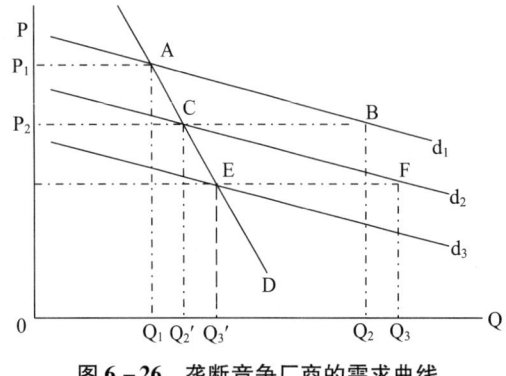

图 6-26 垄断竞争厂商的需求曲线

二、垄断竞争厂商的均衡

1. 短期均衡

在短期内,由于产业或产品集团的厂商数目 N 不变,垄断竞争厂商面临的比例需求曲线也不变,如图 6-27 中的 D。但是主观需求曲线 d 却随着竞争不断下移。按照垄断竞争市场的定义,垄断竞争厂商通常可以不考虑其他厂商的对抗行动,而根据自己的主观需求曲线 d_1 和 $mr_1 = MC$ 定理,把自己的价格从 P_0 降到 P_1,把自己的产量扩张到 $mr_1 = MC$ 的 Q_1。不过所有厂商都会这么想和这么做,而大家都降低价格的结果,必然使 d_1 下降到 d_2,d_2 与 D 在更低的价格水平相交,每一厂商的产量也必定低于 Q_1,变成 Q_1'。这种降价的过程,一直要达到下述条件时,才能形成短期均衡:①mr = MC。这是利润最大的必要条件。这时,价格为 P_E,产量为 Q_E。②d = D。这是市场供求均衡的条件。这时,d 与 D 交于 M。

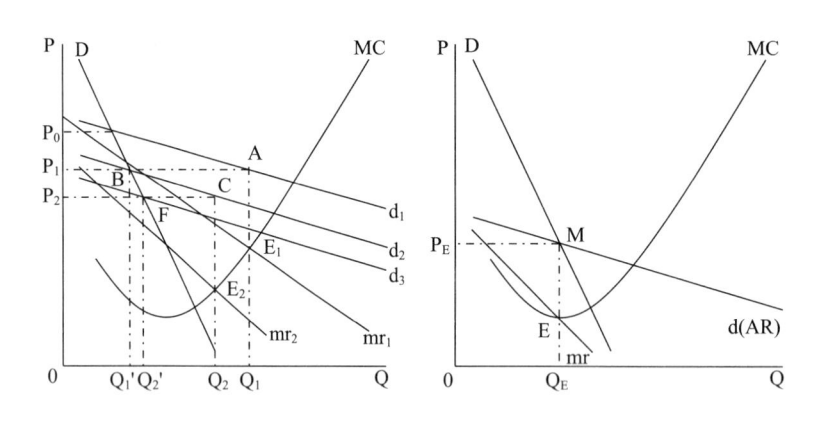

图 6-27 垄断竞争市场厂商的短期均衡

由此可见,因为垄断竞争具有产品差别,垄断竞争厂商的短期均衡比较接近完全垄断厂商的短期均衡,只是垄断竞争厂商的需求曲线比完全垄断的需求曲线平缓,斜率小一些。

当然,同完全竞争以及完全垄断市场一样,利润状况仍然可能出现五种盈亏情况:①P > SAC,获得超额利润;②P = SAC,收支相抵,只能获得正常利润;③AVC < P < SAC,亏损,但是可以继续生产,亏损部分固定成本;④AVC = P,亏损,处于生产与不生产的临界点;⑤AVC > P,坚决停产。

2. 长期均衡

图 6-27 所形成的短期均衡是不可能持久的。当厂商存在超额利润时,厂商会通过扩

大生产规模的方式降低生产成本，使利润更大；同时在长期中，超额利润将吸引新厂商的进入，而按照垄断竞争市场的定义，新厂商进入是没有太多障碍的。所以利润常常被众多厂商蚕食，每一个厂商的市场份额也会因此缩小。因此，垄断竞争厂商在长期均衡中的超额利润为零。垄断竞争市场条件下的长期均衡过程，是短期均衡中获得的超额利润减少直至消失的过程，如图6-28所示。

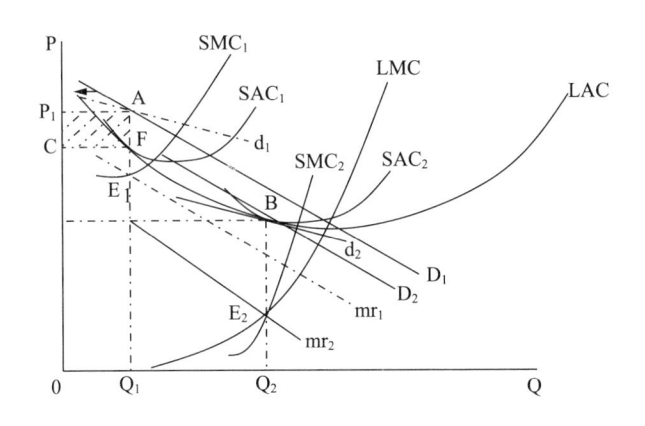

图6-28 垄断竞争市场厂商的长期均衡

（1）d_1 降为 d_2。d_1 为主观需求曲线和平均收益曲线，mr_1 为边际收益曲线。均衡点为 A，确定的价格和产量为 P_1 和 Q_1。获得的超额利润为矩形 $AFCP_1$ 的面积。因为有超额利润，所以会吸引新的厂商加入该市场，导致价格下降。因为新厂商为抢占市场份额增加销售量而把价格降低，原厂商为了维持其原有市场份额和销售量，也要压低价格。于是需求曲线 d_1 和边际收益曲线 mr_1 分别下移。

（2）D_1 移至 D_2。因为新的厂商加入该市场，所以厂商的市场份额会缩小，主观需求曲线向左移至 D_2。d_2 与 D_2 相交于 B。只有 $d_2 = D_2$ 时，市场供求才能达到均衡。

（3）在点 B 所确定的产量 Q_2，$mr_2 = LMC = SMC_2$。只有这时，厂商才能达到利润最大。

（4）d_2 与 LAC 相切。当 d_2 与 LAC 切于 B 时，超额利润等于 0。如果 d_2 与 LAC 相交，则仍有超额利润，新厂商会继续进入；如果 d_2 与 LAC 不接触，则厂商存在亏损，会有厂商退出。只有在 d_2 与 LAC 相切时，厂商进出才能达到均衡。

垄断竞争厂商的长期均衡与短期均衡的唯一区别，是长期均衡增加了一个条件，即厂商的主观需求曲线必须与长期平均成本曲线相切。

由此可见，正因为新厂商较易进入产业，垄断竞争的长期均衡比较接近完全竞争的长期均衡，只是因为垄断竞争厂商的需求曲线不像完全竞争那样是一条水平线而略为倾斜，所以需求曲线不是切于长期平均成本曲线的最低点，而是切于最低点的左边一点。

垄断竞争长期均衡点与完全竞争长期均衡点之间的距离，叫剩余生产能力。它表示经济资源未能得到充分利用的程度。

三、垄断竞争均衡与资源配置的效率

我们在前面两章中已分别讨论了完全竞争与完全垄断市场在资源配置效率上的不同。完全竞争是一种理想的市场结构，可以达到资源的最有效配置，而完全垄断则会造成资源配置的低效。这里我们再将垄断竞争市场与完全竞争市场加以比较。

从对资源配置效率的评价来说主要是比较两种市场最终会达到的长期均衡状态。在图 6-29 中，价格为 P_1 的水平线与长期平均成本曲线 LAC 在其最低点相切，因此 P_1 就是在完全竞争条件下的长期均衡价格，相应的产量 Q_1 就是完全竞争条件下的长期均衡产量。向下倾斜的需求曲线 d 与 LAC 相切于 B 点，市场份额线 D 也通过该点，E_2 点是垄断竞争企业的长期均衡点，相应的价格与产量分别是 P_2 与 Q_2。

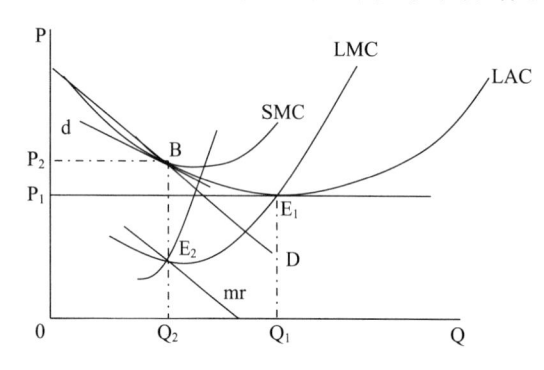

图 6-29 垄断竞争市场厂商长期均衡的效率分析

显然，与完全竞争相比，垄断竞争企业生产较少的产量，并索取较高的价格。但相对而言，这一差别一般不会很大，因为大多数情况下垄断竞争企业所面对的需求曲线 d 相当接近于水平线。

从效率的角度看，经济学家一般都认为企业理想的生产规模应是与 LAC 曲线最低点相对应的 Q_1。在垄断竞争条件下，企业的长期均衡产量小于 Q_1。经济学家把 Q_1 与 Q_2 之差称为过剩生产能力，其实质是说垄断竞争企业的生产规模小于最优规模。那么，在市场容量给定的条件下，市场中的企业个数就会过多，其中每家企业的产量都低于理想产量。关键在于，过剩生产能力与过小的生产规模造成了较高的平均成本，在这里平均成本的差异也就是价格 P_1 与 P_2 之间的差异。

与此相联系的是，垄断竞争市场上的价格超过长期边际成本，即 $P > LMC$。从整个社会的角度来讲，资源配置的效率将低于完全竞争市场。

此外，垄断竞争厂商在长期均衡时并不能赚取超额利润，这一点与完全竞争厂商是一致的。

可以看到，垄断竞争市场与完全竞争市场的不同主要在于需求曲线 d 不是一条水平线，而是向下倾斜的，所有上述在资源配置效率方面的差别也是由此产生的。但需求曲线的向下倾斜是因为产品存在差别，因此，问题在于，我们应如何评价产品的差别？

有些经济学家认为，垄断竞争的均衡点不在长期平均成本的最低点，因而就意味着较高的生产成本和较高的产品价格，而较高的生产成本又意味着各种形式的浪费，如产品的推销费用与广告支出、产品的包装、商标、各种"虚幻的"产品差别，等等，有许多支出并不能给消费者带来什么好处。也就是说，在这里存在不必要的资源投入。

相反的意见则认为，垄断竞争造成较高生产成本的唯一原因是产品差别，而产品的差别化对满足消费者的需求来说是必不可少的。事实上，消费者的偏好及其对商品的要求是千差万别的，消费者希望各种产品都有多种款式、型号、颜色、功能、价格等可供选择。消费者绝不愿意所有的服装店里只有蓝色或灰色的中山装出售，也不愿意洗衣服只有一种肥皂，看电影只有8个样板戏。因此对于消费者来说，由产品的差别所造成的这种高成本是完全必要的，由此带来的较高一点的价格也是消费者愿意接受的。

第四节 寡头垄断市场

寡头垄断市场是不完全竞争市场中一种较为普遍的市场类型。本节主要讨论该市场的条件，探讨厂商在不同条件之下的决策行为。

一、寡头垄断市场的条件

寡头垄断市场是介于垄断竞争与完全垄断之间的一种比较现实的混合市场，是指某种产品的绝大部分为少数几家厂商生产和销售的市场组织。在现实社会中，寡头垄断市场比完全垄断市场更为普遍。如钢铁、汽车、石油产业等，都具有明显的寡头垄断市场的特性。它的基本特征如下：

第一，厂商数量极少。市场上的厂商只有一个以上的少数几个（当厂商为两个时，叫双头垄断）。每个厂商在市场中都具有举足轻重的地位，对其产品价格具有相当大的影响力。

第二，相互依存。任一厂商进行决策时，必须把竞争者的反应考虑在内，因而它们既不是价格的制定者，更不是价格的接受者，而是价格的寻求者。

第三，产品同质或异质。产品没有差别，彼此依存的程度很高，叫纯粹寡头，存在于钢铁、炼铝、炼铜、尼龙、水泥等产业；产品有差别，彼此依存关系较低，叫差别寡头，存在于汽车、重型机械、打字机、石油产品、电气用具、香烟等产业。

第四，进出市场不易。其他厂商进入相当困难，甚至极其困难。因为不仅在规模、资金、信誉、市场、原料、专利等方面，其他厂商难以与原有厂商匹敌，而且原有厂商相互依存、休戚相关，所以其他厂商不仅难以进入，也难以退出。

寡头垄断市场的情况非常复杂，至今还没有一套完整的理论模型。这是因为：市场中可能只有两个厂商，也可能有几十个厂商；可能是纯粹寡头，也可能是差别寡头；可能彼此独立行动,也可能彼此勾结;可能采取价格竞争,也可能采取非价格竞争;其他厂商的进入可能相当困难,也可能极其困难;等等。所有这些不确定的因素都会影响到寡头垄断厂商需求曲线的具体形状。因此,寡头垄断厂商的均衡产量和价格没有确定的解。尽管如此,还是可以从某些假定出发,得到某些答案。

【案例6-4】

寡头垄断之牙膏市场

寡头垄断的例子有很多,可口可乐与百事可乐,宝洁(Procter & Gamble)与金佰利(Kimberly-Clark),麦当劳与肯德基,等等。本案例中的高露洁(Colgate)、佳洁士(Crest)、黑人(Darlie)、中华(Zhonghua)四大牙膏品牌更是寡头垄断市场活生生的例子。

在寡头市场,价格通常超过边际成本。寡头是缺乏效率的,其原因与垄断缺乏效率的原因一样。因为寡头是缺乏效率的,所以要建立反托拉斯法和规制来削弱寡头的力量,并且使结果接近于竞争和有效率的结果。

1. 时期1——完全竞争时代(20世纪80~90年代初)

20世纪80年代中期以来,中国日化行业经历了前所未有的繁荣,全国范围内,较有名气的有上海的中华,天津的蓝天六必治,重庆的冷酸灵,广西柳州的两面针,广州的洁银、黑妹,丹东的康齿灵,哈尔滨的三颗针……

由于计划经济的原因,几乎每个省都有自己的牙膏厂;大部分牙膏的品质较差、包装粗糙,没有明确的品牌概念,品牌的含金量也谈不上,只是单纯地追求销量,并没有市场份额等概念。仿佛是群雄逐鹿的春秋年代。

2. 时期2——垄断竞争时代(1994年至20世纪90年代末期)

1994年,美国高露洁公司(Colgate-Palmolive Company)在广州黄埔的工厂破土动工。2000年,高露洁牙膏(Colgate)就以超过20%的市场份额,站在了国内牙膏的冠军台上。1996年7月,宝洁公司(Procter & Gamble Company)推出佳洁士牙膏(Crest)。Colgate和Crest的加入,使得中国高端牙膏市场彻底启动。在高露洁公司和宝洁公司的大集团营销攻势下,国内的品牌在市场上溃不成军。曾经声名显赫的中华,不得不"嫁"给联合利华公司(Unilever)。高露洁公司的冒进加上宝洁公司的老谋深算,终于使得佳洁士在2005年超越高露洁公司,变为市场第一名。

从此,中国的牙膏市场进入两雄争霸年代;兵败如山倒的国内的众多国产品牌几乎全军覆没。但哪怕如此,由于中国市场实在是太大了,两强在总份额中所占的比重不大。

3. 时期3——寡头垄断时代（2005年之后）

2005年之后，佳洁士新品不断、促销攻势一浪高过一浪；高露洁则兵败如山倒，份额很快下滑到17%，勉强排在第二位。

两匹黑马是联合利华的中华牙膏（Zhonghua）和好来化工（Hawleyhazel）的黑人牙膏（Darlie）。到2005中期，佳洁士、高露洁、黑人、中华四个品牌占据了国内70%的市场份额，大的战略格局终于形成。

国内牙膏市场实际上形成了三大板块：一是外资及合资强势品牌板块，主要由高露洁、佳洁士、黑人、中华组成。二是民族传统品牌板块，包括两面针、冷酸灵、黑妹、蓝天六必治、田七等。三是新兴品牌，如LG竹盐、纳爱斯、Lion、舒爽等。虽然理论上是三大板块，实际上2008年2月的市场份额显示，高露洁、佳洁士、黑人、中华这排在前四位的品牌合计份额已经超过了70%。仅从这一点看，经济学的四企业集中度理论就显得令人难以置信的正确无比。

4. 时期4——新产品催生品牌（2015年后）

作为世界上第一个泵头式精油牙膏，颇爱派牙膏由网络红人西单女孩任月丽联合伙伴下海创业建立。自诞生伊始其就把消费者的口腔健康作为己任。带着责任和情怀，颇爱派团队立志将先进的口腔护理理念传递给消费者，做中国的世界品牌。2016年，颇爱派牙膏布局传统线下日化市场已初见成效，北京、河北、辽宁、浙江、新疆、陕西、湖南等多个省份已经完成布局。在这些区域内，大到连锁超市、小到路边日化店都能在货架上见到颇爱派的身影。其中，浙江市场发展甚为凶猛。在温州的几十家电影院内，颇爱派牙膏的广告片已经通过大银幕开始播放了。

（资料来源：寡头垄断之牙膏市场. http://dlgaofeng.blog.163.com/blog/static/29276251200832431623986/.）

二、古诺模型

最早出现的寡头垄断模型是法国数理经济学家古尔诺在1838年以天然矿泉水为例创立的，其特点是以天真假定推测产量。即双方都天真地假定对方不会改变原有的产量，以求自己的最大利益。

古诺模型假定：①有两个相同的矿泉在一起，一个为甲厂商占有，一个为乙厂商占有。②两个矿泉是自流井，生产成本为零。③两个厂商面对相同的需求曲线，采用相同的市场价格，甲、乙两个厂商都准确地了解市场的需求曲线；甲、乙两个厂商都是在已知对方产量的情况下，各自确定能够给自己带来最大利润的产量，即每一个厂商都是消极地以自己的产量去适应对方已确定的产量。④推测产量的变动为0。试问：甲、乙的产量如何？价格如何？利润如何？

古诺模型的价格和产量的决定可以用图6-30来说明。

在图6-30中，AB曲线为两个厂商共同面临的线性的市场需求曲线。由于生产成本为零，故图中无成本曲线。

在第一轮，甲厂商首先进入市场。由于生产成本为零，厂商的收益就等于利润。甲厂商面临市场需求曲线AB，将产量定为市场总容量的1/2，即产量为$OQ_1 = \frac{1}{2}OA$。将价格定为P_1，从而实现了利润的最大化。其利润量相当于图中矩形OP_1CQ_1的面积（因为从几何意义上讲，该矩形是直角三角形AOB中面积最大的内接矩形）。然后乙厂商开始进入市场。乙厂商准确地知道甲厂商在本轮留给自己的市场容量为$Q_1A = \frac{1}{2}OA$。乙厂商也按相同的方式行动，生产它所面临的市场容量的1/2，即产量为$Q_1Q_2 = \frac{1}{4}OA$。此时，市场价格下降为P_2，乙厂商获得的最大利润相当于图中矩形Q_1Q_2DF的面积。而甲厂商的利润因为价格的下降而减少为矩形OQ_1FP_2的面积。

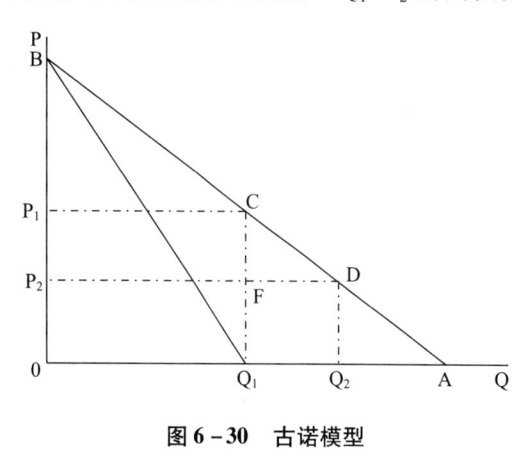

在第二轮，甲厂商知道乙厂商在本轮中留给它的市场容量为$\frac{3}{4}OA$。为了实现最大利润，甲厂商将产量定为自己所面临的市场容量的1/2，即产量为$\frac{3}{8}OA$。与上轮相比，甲厂商的产量减少了$\frac{1}{8}OA$。然后，乙厂商再次进入市场。甲厂商在本轮留给乙厂商的市场容量为$\frac{5}{8}OA$，于是，乙厂商生产自己所面临的市场容量的1/2的产量，即产量为$\frac{5}{16}OA$。与上一轮相比，乙厂商的产量增加了$\frac{1}{16}OA$。

图6-30 古诺模型

在这样轮复一轮的过程中，甲厂商的产量会逐渐地减少，乙厂商的产量会逐渐地增加，最终达到甲乙两个厂商的产量都相等的均衡状态为止。在均衡状态中，甲乙两个厂商的产量都为市场总容量的1/3，即每个厂商的产量为$\frac{1}{3}OA$。

因为甲厂商的均衡产量为$OA\left(\frac{1}{2} - \frac{1}{8} - \frac{1}{32} - \cdots\right) = \frac{1}{3}OA$

乙厂商的均衡产量为$OA\left(\frac{1}{4} + \frac{1}{16} + \frac{1}{64} + \cdots\right) = \frac{1}{3}OA$

行业的均衡总产量为$\frac{2}{3}OA$。

三、斯威齐模型

斯威齐模型也被称为弯折的需求曲线模型。该模型由美国经济学家斯威齐于 1939 年提出。这一模型可以用来解释一些寡头市场上的价格刚性现象。

该模型的基本假设条件是：如果一个寡头厂商提高价格，行业中的其他寡头厂商都不会跟着改变自己的价格，因而提价的寡头厂商的销售量的减少是很多的；如果一个寡头厂商降低价格，行业中的其他寡头厂商会将价格下降到相同的水平，以避免销售份额的减少，因而该寡头厂商的销售量的增加是很有限的（跟跌不跟涨）。

在以上的假设条件下可推导出寡头厂商的弯折的需求曲线，如图 6-31 所示。图中有某寡头厂商的一条 dd 需求曲线和一条 DD 需求曲线，它们与上一节分析的垄断竞争厂商所面临的两条需求曲线的含义是相同的。

dd 需求曲线表示该寡头厂商变动价格而其他寡头厂商保持价格不变时的该寡头厂商的需求状况，DD 需求曲线表示行业内所有寡头厂商都以相同方式改变价格时的该厂商的需求状况。假定开始时的市场价格为 dd 需求曲线和 DD 曲线的交点 C 所决定的，那么根据该模型的基本假设条件，该垄断厂商由 C 点出发，提价所面临的需求曲线是 dd 需求曲线上的 dC 段，降价所面临的需求曲线是 DD

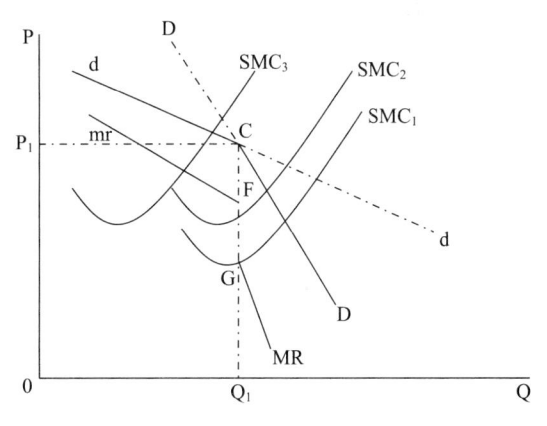

图 6-31 斯威齐模型

需求曲线上的 CD 段，于是，这两段共同构成的该寡头厂商的需求曲线，即 dCD。显然，这是一条弯折的需求曲线，折点是 C 点。这条弯折的需求曲线表示该寡头厂商从 C 点出发，在各个价格水平所面临的市场需求量。

由弯折的需求曲线可以得到间断的边际收益曲线。图中与需求曲线 dC 段所对应的边际收益曲线为 mr，与需求曲线 CD 段所对应的边际收益曲线为 MR，两者结合在一起，便构成了寡头厂商的间断的边际收益曲线，其间断部分为垂直虚线 FG。

利用间断的边际收益曲线，便可以解释寡头市场上的价格刚性现象。只要边际成本 SMC 曲线的位置变动不超出边际收益曲线的垂直间断范围，寡头厂商的均衡价格和均衡数量都不会发生变化。譬如，在图中边际收益曲线的间断部分 FG，SMC_1 曲线上升为 SMC_2 曲线的位置，寡头厂商仍将均衡价格和均衡产量保持在 P_1 和 Q_1 的水平。除非成本发生很大变化，如成本上升使得边际成本曲线上升为 SMC_3 曲线的位置，才会影响均衡价格和均衡产量水平。

四、寡头厂商的供给曲线

如同完全垄断厂商和垄断竞争厂商一样,寡头厂商的需求曲线也是向右下方倾斜的,寡头厂商的均衡产量和均衡价格之间也不存在一一对应关系,所以寡头厂商和行业不存在具有规律性的供给曲线。此外,再考虑到寡头厂商之间的行为的相互作用的复杂性,建立寡头厂商和市场的具有规律性的供给曲线也就更困难了。

我们已经知道,在寡头市场上,厂商之间的行为是相互影响的,每一个厂商都需要首先推测或了解其他厂商对自己所要采取的某一个行动的反应,其次在考虑到其他厂商这些反应方式的前提下,采取最有利于自己的行动。在寡头市场上的每一个厂商都是这样思考和行动的,因此,厂商行为之间的相互影响和相互作用的关系就如同博弈一样。

第五节 不同的市场效率比较

一、关于效率

效率是指利用资源的有效性。较高的经济效率表示对资源的充分利用,也表示厂商能够以最有效的生产方式进行生产。一个厂商能够合理利用本企业资源和社会资源的长期均衡,通常在短期平均成本曲线和长期平均成本曲线的最低点位置或者附近实现,此时的产量水平非常高。较低的经济效率表示对资源的利用不充分或者没有以最有效的方式进行生产,它通常在短期平均成本曲线和长期平均成本曲线的最低点位置左侧实现,此时产量也比较低。越是偏离了 SAC 和 LAC 的最低点的长期均衡,资源利用就越不充分,越缺乏效率。

二、完全竞争市场和垄断竞争市场的效率比较

关于两者之间的关系在图 6-29 中已经做了明确说明,现总结如表 6-2 所示。

表 6-2 完全竞争市场和垄断竞争市场的均衡状况比较

内容	完全竞争市场	垄断竞争市场
需求曲线	水平	向右下方倾斜,非常平坦

续表

内容	完全竞争市场	垄断竞争市场
长期平均成本曲线与价格的相切点	长期平均成本 LAC 曲线的最低点	长期平均成本 LAC 曲线最低点的左侧某点
平均收益曲线和边际收益曲线的关系	重合	一般情况下边际收益 MR 小于平均收益 AR
产量	最大	比较大
价格	最低	比较低
效率	最有效率	比较有效率，未能充分利用资源

可见，垄断竞争市场中的厂商均衡与完全竞争市场中的厂商均衡虽然都使超额利润消失，但是在生产设备利用程度和价格上的差别是不容忽视的。垄断竞争市场的均衡在 LAC 曲线最低点的左侧这一情况就足以说明，垄断竞争市场产量小、产品单位成本高、价格高，因而没有完全竞争市场的效率高。

三、寡头垄断与完全垄断市场的比较

前面已经说明，寡头垄断是最接近完全垄断市场的一种市场形式，但是两者的效率也还是有差别的。相较于寡头垄断市场而言，完全垄断市场的市场价格更高、产量更低，所应用的成本更是在长期平均成本曲线最低点左侧偏上的位置，意味着资源的利用效率极低，当然也因此侵占了大量的消费者剩余，获得了更高的超额垄断利润。

练习题

一、名词解释

1. 完全垄断
2. 不完全竞争
3. 垄断竞争
4. 寡头垄断
5. 收支相抵点
6. 停止营业点
7. 生产者剩余

8 价格歧视

9. 垄断竞争厂商的主观需求曲线 d

10. 垄断竞争厂商的客观需求曲线 D

二、选择题

1. 厂商获取利润最大化的条件是（   ）。

   A. 边际收益大于边际成本的差额达到最大值

   B. 边际收益等于边际成本

   C. 价格高于平均成本的差额达到最大值

   D. 价格高于平均可变成本的差额达到最大值

2. 下列哪一个最接近完全竞争模式（   ）。

   A. 飞机   B. 香烟   C. 水稻   D. 汽车

3. 在完全竞争市场上，某厂商的产量是 500 单位，总收益是 500 美元，总成本是 800 美元，总不变成本是 200 美元，边际成本是 1 美元，按照利润最大化原则，厂商应该(   )。

   A. 增加产量   B. 停止生产

   C. 减少产量   D. 以上任一措施都采取

4. 在完全竞争的条件下，如果某行业的厂商的商品价格等于平均成本，那么(   )。

   A. 新的厂商要入这个行业

   B. 原有厂商退出这个行业

   C. 既没厂商进入也没厂商退出这个行业

   D. 既有厂商进入也有厂商退出这个行业

5. 完全竞争市场的厂商短期供给曲线是指（   ）。

   A. AVC＞MC 中的那部分 AVC 曲线

   B. AC＞MC 中的那部分 AC 曲线

   C. MC≥AVC 中的那部分 MC 曲线

   D. MC≥AC 中的那部分 MC 曲线

6. 在一个完全竞争市场上，超额利润的存在将导致（   ）。

   A. 单个厂商的产量增加   B. 行业的产量将增加

   C. 单个厂商的产量不变   D. 行业的产量将减少

7. 厂商的关闭点（   ）。

   A. P＝AVC   B. TR＝TVC

   C. 企业总损失等于 TFC   D. 以上都对

8. 当完全竞争厂商和行业都处于长期均衡时（   ）。

   A. P＝MR＝SMC＝LMC   B. P＝MR＝SAC＝LAC

   C. P＝MR＝LAC 的最低点   D. 以上都对

9. 如果一个行业是一个成本递增的行业，则（   ）。

A. 行业的长期供给曲线有一正的斜率

B. 行业的长期供给曲线有一负的斜率

C. 生产中使用的要素供给曲线是垂直的

D. 短期平均成本曲线不是 U 型的

10. 垄断竞争短期均衡时（   ）。

A. 厂商一定能获得超额利润

B. 厂商一定不能获得超额利润

C. 只能获得正常利润

D. 取得超额利润、正常利润或者亏损都有可能发生。

11. 在长期均衡状态及垄断竞争条件下，一定正确的是（   ）。

A. 价格高于 LAC

B. 主观需求曲线的绝对弹性大于实际的需求曲线的绝对弹性

C. 一定存在对更多的厂商加入的某种障碍

D. 资源被浪费在广告上

12. 在垄断竞争行业中，竞争是不完全的，因为（   ）。

A. 每个厂商做决策时都要考虑竞争对手的反应

B. 每个厂商面对着一条有完全弹性需求曲线

C. 每个厂商面对一条向右下方倾斜的需求曲线

D. 厂商得到平均利润

13. 要能有效地实行差别定价，除下列哪一条以外都是必需具备的条件（   ）。

A. 分割市场的能力

B. 一个巨大的无弹性的总需求

C. 每个分市场上有不同的需求价格弹性

D. 保持市场分割以防止商品在较有弹性的需求时被顾客再售卖

14. 以下最不可能成为垄断者的是（   ）。

A. 一个小镇上唯一的一名医生　　　　B. 可口可乐公司

C. 某地区的电力公司　　　　　　　　D. 某地区的自来水公司

15. 下列不能成为进入一个垄断行业的壁垒的是（   ）。

A. 垄断利润　　　B. 立法　　　C. 专利权　　　D. 资源控制

16. 完全垄断厂商的总收益与价格同时下降的前提条件是（   ）。

A. Ed > 1　　　B. Ed < 1　　　C. Ed = 1　　　D. Ed = 0

17. 寡头垄断厂商的产品是（   ）。

A. 同质的　　　　　　　　　　　　B. 有差异的

C. 既可以是同质的，也可以是有差异的　　D. 以上都不对

18. 在拐折的需求曲线模型中，拐点左右两面的需求弹性是（　　）

A. 左边弹性大，右边弹性小　　　　　　B. 左边弹性小，右边弹性大

C. 左右两边弹性一样大　　　　　　　　D. 以上都不对

19. 寡头垄断和垄断竞争之间的主要区别是（　　）。

A. 厂商之间相互影响的程度不同

B. 厂商的广告开支不同

C. 非价格竞争的方式不同

D. 单位产品中所获得的利润不同

20. 完全垄断厂商的平均收益曲线为直线时，边际收益曲线的斜率是平均收益曲线斜率的（　　）。

A. 2 倍　　　　　　B. 1/2 倍　　　　　　C. 1 倍　　　　　　D. 4 倍

三、计算题

1. 已知某完全竞争行业中的单个厂商的短期成本函数为 $STC = 0.1Q^3 - 2Q^2 + 15Q + 10$。试求：

（1）当市场上产品的价格为 P = 55 时，厂商的短期均衡产量和利润；

（2）当市场价格下降为多少时，厂商必须停产？

2. 某完全竞争市场供求函数如下：$D = 280000 - 20000P$，$S = 20000P$，某厂商的成本函数为 $TC = 0.1Q^3 - 2Q^2 + 15Q + 10$。

（1）问当厂商均衡时（短期），其边际成本为多少？

（2）厂商停止营业的价格为多少？

3. 某完全竞争行业所有厂商的规模都相等，都是在产量达到 500 单位时达到长期平均成本曲线的最低点 4 元，当用最优的企业规模生产 600 单位的产量时，每一个企业的短期平均成本为 4.5 元，市场需求函数为 $Q_d = 70000 - 5000P$，供给函数为 $Q_s = 40000 + 2500P$，求：

（1）该行业处于短期均衡还是长期均衡？

（2）当处于长期均衡时，该行业有多少厂商？

（3）如果市场需求变化为 $Q_d = 100000 - 5000P$，求行业与厂商的新的短期均衡价格和产量，在新的均衡点，厂商的盈亏状况如何？

4. 某完全竞争行业中每个厂商的长期成本函数为 $LTC = Q^3 - 4Q^2 + 8Q$。假设市场需求函数是 $Q_d = 2000 - 100P$。试求市场的均衡价格、数量和厂商数目。

5. 设垄断厂商的产品的需求曲线为 $P = 12 - 0.4Q$，总成本函数 $TC = 0.6Q^2 + 4Q + 5$，求 Q 为多少时总利润最大，价格、总收益及总利润各为多少？

6. 假设厂商面临两个分割的市场 A 和 B，市场需求函数分别为：$P_A = 15 - 2Q_A$，$P_B = 20 - 3Q_B$，厂商的固定成本为 15，平均可变成本为 2，求：

（1）厂商在两个市场上以不同价格销售产品时的利润。

（2）厂商在两个市场上以相同的价格销售产品时的利润。

四、分析说明题

1. 为什么完全竞争厂商不愿意做广告？
2. 为什么在边际收益等于边际成本时能实现利润最大化？
3. 完全竞争市场的优缺点。
4. 为什么利润极大化原则 MC = MR 在完全竞争条件下可表达为 MC = P？
5. 形成完全垄断市场的条件有哪些？
6. 为什么说产品差别是引起垄断竞争的主要因素？
7. 百事可乐在一般的超市价格为 2.8 元/瓶，而在娱乐场所它的价格为 5 元/瓶，这属于哪种定价方式？此种定价产生的前提条件有哪些？
8. 试比较完全竞争市场和完全垄断市场的经济效率。

第七章 生产要素供求论

学习目的

1. 了解完全竞争厂商使用生产要素的原则
2. 了解完全竞争厂商和整个市场对生产要素的需求曲线
3. 了解要素供给原则
4. 掌握劳动供给曲线呈现向后弯曲的原因
5. 掌握土地供给曲线垂直的原因、地租的形成、租金含义、准租金含义、经济租金含义
6. 了解贷款曲线向后弯曲的原因
7. 掌握洛伦兹曲线和基尼系数

重点

土地供给曲线垂直的原因、地租的形成、租金含义、准租金含义、经济租金含义

难点

劳动供给曲线呈现向后弯曲的原因

引导案例

漂亮的收益

美国经济学家丹尼尔·哈莫米斯与杰文·比德尔在1994年第4期《美国经济评论》上发表了一份调查报告。根据这份调查报告，漂亮的人的收入比长相一般的人的收入高5%左右，长相一般的人的收入又比丑陋一点的人的收入高5%～10%。为什么漂亮的人收入高？

经济学家认为，人的收入差别取决于人的个体差异，即能力、勤奋程度和机遇的不同。漂亮程度正是这种差别的表现。

个人能力包括先天的禀赋和后天培养的能力，长相与人在体育、文艺、科学方面的天生能力一样是一种先天的禀赋。漂亮属于天生能力的一个方面，它可以使漂亮的人从事其他人难以从事的职业（如当演员或模特）。漂亮的人少，即供给有限，自然市场价格高，收入高。

漂亮不仅仅是指脸蛋和身材，还包括一个人的气质。在调查中，漂亮由调查者打分，实际是包括外形与内在气质的一种综合。这种气质是人内在修养与文化的表现。因此，在漂亮程度上得分高的人实际上往往是文化程度和受教育程度较高的人。两个长相接近的人，也会由于受教育程度的不同表现出不同的漂亮程度。所以，漂亮是反映人受教育水平的标志之一，而受教育是个人能力的来源，受教育程度高，文化水平高，收入水平高就是正常的。

漂亮也可以反映人的勤奋和努力程度。一个工作勤奋、勇于上进的人，自然会打扮得体、举止文雅，有一种朝气。这些都会提高一个人的漂亮得分。漂亮在某种程度上反映了人的勤奋，与收入相关也就不奇怪了。

同时，漂亮的人机遇更多。有些工作，只有漂亮的人才能从事，漂亮往往是许多高收入工作的条件之一。就是在所有的人都能从事的工作中，漂亮的人也更有利。漂亮的人从事推销更易于被客户接受，当老师会更受到学生热爱，当医生会使患者觉得可亲。所以，在劳动市场上，漂亮的人机遇更多，雇主总爱优先雇用漂亮的人。有些人把漂亮的人机遇更多和更易于受雇称为一种歧视，这也不无道理。但有哪一条法律能禁止这种歧视？这是一种无法克服的社会习俗。漂亮的人的收入高于一般人。两个方面条件大致相同的人，会因漂亮程度不同而得到的收入不同。这种由漂亮引起的收入差别，即漂亮的人比长相一般的人多得到的收入称为"漂亮贴水"。

（资料来源：曼昆. 经济学原理 [M]. 北京：北京大学出版社，2009.）

传统经济学理论认为，工资的本质是劳动力的价值或价格。劳动力作为商品，同其他商品的价值一样，也是由生产以及再生产这种特殊物品所必需的劳动时间决定的，其价值量由生产包括维持劳动力所有者及其子女的生活资料所需要的社会必要劳动时间来决定。但是，劳动力所有者的脸蛋漂亮与否主要取决于劳动力所有者的遗传基因，并不取决于生产劳动力这种特殊物品所耗费的社会必要劳动时间。为什么有漂亮脸蛋的劳动力价格会高一些呢？用传统经济学理论对之解释显然是有困难的。通过本章对劳动、土地、资本三类生产要素的供求理论分析，将有助于解答此问题。

第一节 生产要素需求论

【案例7-1】

新闻纸要降价了——报业广告遭遇饥荒，发行数量不断下降

2001年，全球第一大新闻纸制造商加拿大的Abitibi同第三大新闻纸制造商美国的Bowater公司宣布将联手进行降价。这两家公司控制着北美新闻纸市场50%的市场份额，业内人士分析认为，如果这两大巨头真的联手降价，势必将引起全球效应，一场世界性的新闻纸价格战即将来临。

1. 经济疲软波及新闻纸市场

世界经济的普遍萧条，尤其是美国经济的严重疲软，导致广告减少，报纸及杂志印张或发行量不断下降，从而使新闻纸需求减少。据加拿大纸浆产品理事会统计，2001年7月北美地区新闻纸的产量比去年同期下降了14.1%，开工率只有86%，北美地区的需求下降了15.3%。截至同年7月底，北美地区新闻纸厂的存货量比上个月增加了3.2万吨。

根据美国报业协会统计，2001年上半年美国报业的广告遭到了"近10年来最严重的饥荒"，收入大约下降了15%。从报纸个例来看，同样前景不妙。《华尔街日报》的广告总量在2001年第二季度下降了37%，总收入下降了18%。《纽约时报》广告收入在2001年7月下降了11.3%。由于广告收入明显下降，短期内又没有复苏的可能，降低新闻纸的价格就成为各家报纸的共同呼声。

2. 价格与市场竞争加剧

由于受到纸浆价格上涨的影响，2000年下半年以来国际市场新闻纸价格曾一度不断上涨。但毕竟市场对新闻纸的需求呈季节性疲软，一些新闻纸供应商，尤其是小型新闻纸供应商从2001年4~5月开始降价。但北美一些大型新闻纸生产商仍死死咬住每吨600多美元的纸价不肯松口，因此失去了不少业务，将一些市场拱手让给了小型的新闻纸生产商。现在看来，这些大型新闻纸生产商死保价格的做法很难坚持下去了，有关舆论认为，2001年下半年国际新闻纸市场的降价幅度日益明显，从2000年平均每吨600美元左右下降至575美元。估计2002年1月新闻纸可望下跌至每吨550美元。

（资料来源：《环球时报》，2001年9月12日第19版.）

新闻纸与报刊的关系如何？广告减少与新闻纸价格降价的关系如何？

前述各章的讨论一直局限于产品市场，并且假设消费者的收入和生产要素的价格既

定。但是消费者的收入实际上取决于其拥有的要素价格和要素使用量,而生产要素价格是由生产要素的供求决定的。因此产品市场和生产要素市场是相互依存的关系,两个市场中参与者的角色正好相反。在产品市场,家庭需要商品,企业供给商品;在要素市场,企业需要土地、劳动和资本,而家庭拥有它们,家庭成员则是以要素供给者的身份出现。例如,一家电视机厂商生产电视机,在产品市场,家庭需要购买电视机,而在要素市场,企业需要租用土地建设厂房,需要资金购买机器和设备,也需要雇用劳动力,而家庭成员拥有这些投入要素,因而在要素市场,家庭成员又以要素供给者的身份出现。

一、生产要素的需求

生产要素的需求是一种派生的需求,派生需求又被称为衍生需求或者引申需求。派生需求是指对任何一种要素的需求都不是出于对这种要素本身的需求,而是为了在生产中使用这种要素制造产品与劳务。也就是说,对生产要素的需求最终取决于对产品与劳务的需求。派生需求是与原生需求相对应的,比如消费者需要啤酒,这是一种原生需求,因为消费者需要啤酒,所以啤酒厂商需要粮食生产啤酒,而后者则是一种派生需求。也就是说,啤酒厂商需要粮食是为了生产啤酒以满足消费者的需求。

二、完全竞争厂商对生产要素的需求

完全竞争的生产要素市场的前提条件与完全竞争的商品市场的前提条件相似,即要素的买方和卖方人数众多;买卖的生产要素都是同质的;生产要素是完全流动的;生产要素市场中的买方和卖方都拥有完全信息等。

在这里我们假设,完全竞争厂商只使用一种生产要素、生产单一产品、追求利润最大化。在产品市场中,利润最大化的原则是"边际收益"等于"边际成本",这一原则可以决定最优的产品数量,也可以决定最优的要素使用量。但是产品市场中的"边际收益"与生产要素市场中的"边际收益"含义并不一样,同样,两个市场中的"边际成本"的含义也是不同的。

1. 完全竞争厂商使用要素的边际收益

在完全竞争产品市场理论中,收益函数等于产品产量与产品价格的乘积,用公式表示为 $R(Q) = Q \cdot P$ (7-1)

其中,R 代表总收益,Q 代表产量,P 代表产品价格。在式 (7-1) 中,产品价格 P 为既定常数。这是因为,在完全竞争条件下,产品买卖双方人数众多,而且产品为同质的,故任何厂商单独增加或减少产量都不会影响产品的价格。换句话说,厂商是市场价格的接受者,产品价格与单个厂商的产量多少没有关系,因此厂商的总收益被看作产量 Q 的函数。

但在要素市场理论中,产量 Q 又是生产要素的函数。假设完全竞争厂商使用的生产要素为劳动 L，则要素与产量之间的关系就是生产函数公式（7-2）。

$$Q = Q(L) \tag{7-2}$$

则收益函数可以看作生产要素的复合函数（7-3）。

$$R(L) = Q(L) \cdot P \tag{7-3}$$

对式（7-3）求一阶导数，则可以求出使用要素的边际收益，即

$$\frac{dR(L)}{dL} = \frac{dR}{dQ} \cdot \frac{dQ}{dL} = MR \cdot MP_L = P \cdot MP_L = VMP_L \tag{7-4}$$

其中，在完全竞争条件下，产品的边际收益等于产品的价格，即 MR = P，而式（7-4）中的 MP_L 则是以前讨论过的边际产量。VMP 被称为边际产品价值（Value of Marginal Product），它等于 MP_L 与 P 的乘积，表示在完全竞争条件下，厂商增加使用一个单位要素所增加的收益。边际产品价值是相对要素而言的，是要素的边际产品价值。

在这里需要再次明确边际产品价值 VMP 与边际收益 MR 的区别：产品的边际收益是对产量而言的，所以边际收益是产品的边际收益的简称；边际产品价值是相对要素而言的，是要素的边际产品价值。

根据"边际生产力递减规律"，要素的边际产品是要素投入量的减函数，即随着要素使用量的增加，其边际产量将不断下降，因此在坐标中，要素的边际产量曲线体现为一条向右下方倾斜的曲线，如图7-1所示的 MP。更进一步，要素的边际产品价值也是要素的函数，并且，由于产品价格 P 为正的常数，要素的边际产品价值曲线也是一条向右下方倾斜的曲线，如图7-1所示的 VMP，且边际产品价值曲线与边际产量曲线平行，边际产品价值曲线是边际产量曲线的 P 倍。两者的相对位置关系，取决于产品价格 P 与 1 的关系。

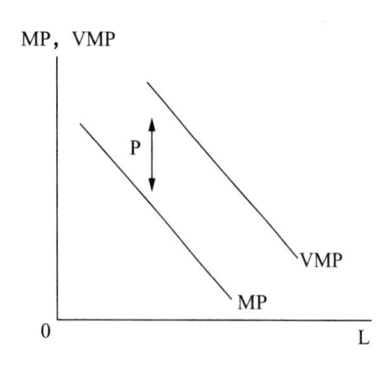

图7-1 完全竞争厂商的边际产品价值和边际产品

如果产品价格 P 大于 1，则对于给定的某个要素数量，边际产品价值大于边际产量，因而边际产品价值曲线位于边际产量曲线的右上方；如果产品价格 P 小于 1，则情况正好相反，边际产品价值曲线位于边际产量曲线的左下方；如果产品价格 P 等于 1，边际产品价值等于要素边际产量，两条曲线完全重合。

2. 完全竞争厂商使用要素的边际成本

在第五章讨论过厂商的成本函数，成本函数表示厂商的成本与产量之间的关系：

$$C = C(Q) \tag{7-5}$$

但是，如果从使用要素成本的角度来看，要考虑两个阶段：首先，生产成本是产量的函数；其次，产量本身又是所使用要素的函数，取决于所使用的生产要素的数量。所以，使用要素的成本就可以直接表示成生产要素的函数。假设所使用的劳动要素的价格即工资为 w，则使用要素的成本就可以表示为（7-6）。

$$C = C(Q) = C[Q(L)] = C(L) = w \cdot L \tag{7-6}$$

即成本等于要素价格和要素数量的乘积，其中，要素价格 w 是既定不变的常数。这是因为在完全竞争条件下，要素买卖双方的数量很多，而且要素是同质的，任何一家厂商单独增加或减少要素购买量都不会影响要素的价格。换句话说，厂商只是要素价格的被动接受者。由于要素价格为既定常数，使用要素的"边际成本"等于劳动价格：

$$\frac{dC(L)}{dL} = w \tag{7-7}$$

它表示完全竞争厂商增加使用单位生产要素所增加的成本就是生产要素的价格。在这里需要再次强调，此时使用的成本与边际成本不同于第五章提到的相应概念。第五章论述的是产品市场，成本是产量的函数，而本章论述的是要素市场，成本是要素的函数。因此，第五章中的边际成本指的是增加一单位产品所增加的成本，是所谓的产品的边际成本，而本章中边际成本指的是增加一单位要素所增加的成本，是使用要素的边际成本。

3. 完全竞争厂商使用要素的原则

在前面分析产品的均衡价格和产量的决定时已经指出，为了实现利润最大化，厂商就会把它的产量调节到 MR = MC 的水平。厂商对要素的投入是利润最大化的一个主要组成部分。所以同样的道理，在要素的使用上，厂商通过调整要素的投入量以实现利润最大化的条件，即它所投入的最后一个单位的要素所带来的收益（即边际产品价值，VMP）恰好等于它投入最后一单位要素所带来的成本（即边际要素成本，w）。因此，完全竞争厂商使用生产要素的原则可以表示为式（7-8）或者式（7-9）。

$$VMP = w \tag{7-8}$$
$$MP \cdot P = w \tag{7-9}$$

当上述条件满足时，使用的要素数量为最优要素数量，完全竞争厂商达到了利润最大化。原因是，当 VMP > w 时，增加一单位可变要素投入量所带来的收益大于为此付出的成本，因而增加可变要素的投入量可以使利润总量有所增加。随着要素使用量的增加，要素价格不变，而要素的边际产量进而边际产品价值将下降，从而最终使 VMP = w。当 VMP < w 时，增加一单位可变要素投入量所带来的收益小于为此付出的成本，因而获得的利润总量必然较之前有所减少，因而厂商会减少要素的使用以提高利润。随着要素使用量的减少，要素的边际产量进而边际产品价值上升，最终也会达到 VMP = w。只有在 VMP = w 时，总利润对要素投入量的变化率为零，即利润达到最大化，该赚得的利润没少赚，不该损失的利润也没损失。

4. 完全竞争厂商对生产要素的需求曲线

完全竞争厂商对生产要素 L 的需求函数说明的是当其他条件不变时，完全竞争厂商对要素 L 的需求量与要素价格 w 之间的关系。式（7-9）的左边为 MP（L）与 P 的乘积，P 是常数，等式的右边为 w，因此该式实际上确定了从要素价格 w 到要素使用量 L 的一个函数关系，即确定了完全竞争厂商对要素 L 的需求函数。为强调问题起见，将式

(7-9) 重写如下:

$$P \cdot MP(L) = w \qquad (7-10)$$

由式 (7-10) 所确定的需求曲线将向右下方倾斜。当要素价格上升时,要素需求量随之下降。这是因为假定一开始时,厂商使用的要素数量为最优数量,使 $P \cdot MP(L) = w$。现在 w 上升,于是有 $P \cdot MP(L) < w$。为了恢复平衡,厂商必须调整要素使用量 L 使 MP(L) 变大,从而使 $P \cdot MP(L)$ 变大。根据边际生产力递减规律,只有通过减少要素使用量才能达到这一目的。

我们还可以证明需求曲线与边际产品价值曲线完全重合。在图 7-2 中,对应于劳动价格 w_0,在劳动的 VMP 曲线上找到一点 A,相应的劳动最优需求量为 L_0。如果工资率由 w_0 上升到 w_1,在劳动的 VMP 曲线上找到了一点 B,相应的最优劳动雇用量为 L_1。如果工资率下降到 w_2,在劳动的 VMP 曲线上找到了一点 C,劳动雇用量为 L_2。因此,对于劳动的每个工资水平,我们都可以在劳动的 VMP 曲线上找到利润最大化的劳动雇用量。也就是说,完全竞争厂商的短期要素需求曲线和其要素边际产品价值曲线是完全重合的。厂商的 VMP 曲线表示了劳动的最优数量和劳动的价格之间的关系。厂商的 VMP 曲线就是厂商对劳动的需求曲线。

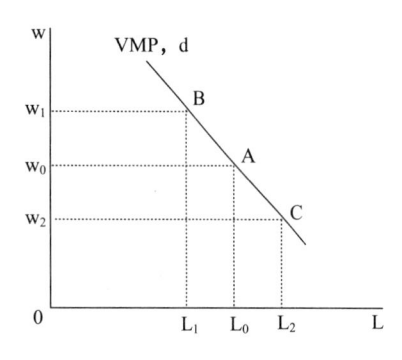

图 7-2 完全竞争厂商的要素需求曲线

尽管要素的需求曲线与其边际产品价值曲线重合为一条线,但两者的含义却是截然不同的:第一,包含的变量的含义不同。作为边际产品价值曲线,L 表示要素使用量,而作为要素需求曲线,L 却是表示最优要素使用量或要素需求量。第二,反映的函数关系不同。在边际产品价值曲线场合,自变量为要素使用量 L,边际产量价值是要素使用量的函数,而在要素需求曲线场合,自变量却是要素价格 w,要素需求量是要素价格的函数。

因此,要素需求曲线与边际产品价值曲线重合,需要依赖于两个前提:第一,要素的边际产量曲线不受要素价格变化的影响,即生产函数不变;第二,产品价格不受要素价格变化的影响。

5. 完全竞争市场的要素需求曲线

在完全竞争市场中,如果不考虑其他厂商的调整,则要素价格的变化就不会影响产品的价格,从而不会改变要素的边际产品价值曲线。这是由于,当要素价格发生变化时,该厂商会因此增加或减少要素的使用,所生产的产品数量也随之而变。再加上产品市场是竞争性的,所以该厂商产品产量的变化并不会影响到产品的价格。不过,如果其他厂商也调整要素使用量和产量,则情况会完全不同。要素价格的变化会导致所有厂商的一致行动。单个厂商的要素使用量和产量的变化不会影响产品价格,但所有厂商的要素使用量和产量的变化却会影响到产品价格。产品价格的变化反过来又使每一个厂商的边际产品价值发生改变，进而单个厂商的要素需求曲线也不再与其边际产品价值曲线完全重合。

如图7-3所示，设给定的初始要素价格为 w_0，相应的产品价格为 P_0，边际产品价值曲线为 $P_0 \cdot MP$，从而要素需求量为 L_0。于是点 $A(w_0, L_0)$ 为需求曲线上一点。如果这时没有其他厂商的调整，则 $P_0 \cdot MP$ 曲线就是需求曲线。假定要素价格降为 w_1，则要素需求量会增加到 L_2。但现在由于其他厂商也调整，产品市场供给增加，产品价格下降，于是该厂商的边际产品价值曲线将向左下方移动到 $P_1 \cdot MP$ 位置。这样，在要素价格 w_1 之下，L 的需求不再是 L_2，而是稍少一些的 L_1。于是又得到需求曲线上一点 $B(w_1, L_1)$。重复上述过程，可以得到属于需求曲线的其他各点。将这些点连接起来，就得到了该厂商在其他厂商也调整时对要素 L 的需求曲线 d。d 表示经过多个厂商相互作用的调整，即经过行业调整之后得到的该厂商的要素需求曲线，因此称为行业调整曲线。一般来说，行业调整曲线仍向右下方倾斜，但比边际产品价值曲线要陡峭一些，缺乏弹性一些。

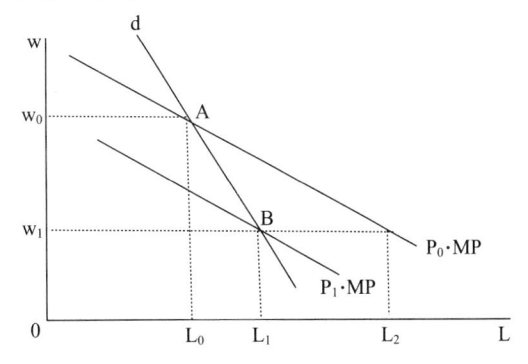

图7-3 多个厂商调整时单个厂商的要素需求曲线

现已求得单个厂商的行业调整曲线，在这种情况下，只要将所有厂商的要素需求曲线水平相加，就能够得到要素的市场需求曲线。即可假设市场中有 n 个厂商，其中，厂商 i 经过行业调整后的要素需求曲线为 d_i（i = 1, 2, …, n），那么，整个市场的要素需求曲线 D 为（7-11）。

$$D = \sum_{i=1}^{n} d_i \tag{7-11}$$

特别地，如果假定这 n 个厂商的情况均一样，那么：

$d_1 = d_2 = \cdots = d_n$

则式（7-11）将变为（7-12）。

$$D = \sum_{i=1}^{n} d_i = n \cdot d_i \tag{7-12}$$

其中，d_i 为任何一个厂商的要素需求曲线。式（7-12）可以通过图7-4来演绎。

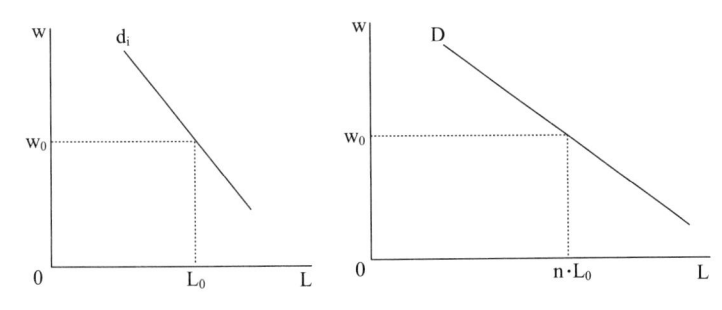

图7-4 单个厂商和整个市场的要素需求曲线

第二节 生产要素供给论

生产要素有原始生产要素和中间生产要素之分,要素所有者也可以分为拥有原始生产要素的消费者和提供中间要素的厂商。消费者的行为目标是效用最大化,而厂商的行为目标是利润最大化。从根本上说,分析两者行为的方法是一样的,但由于要素特点及要素拥有者自身的区别,分析过程的具体形式将会有所不同。由于中间要素的供给与一般产品的供给没有任何区别,而关于一般产品的供给理论在产品市场中已详细阐述过,所以在这里,我们将集中探讨消费者的要素供给问题。

一、要素所有者和要素供给问题

消费者拥有的资源能给消费者带来直接效用,如消费者可以利用自己的时间进行娱乐和休息。那消费者为什么不将这些要素全部留给自己消费,而要将其中的一部分甚至全部提供给市场呢?要素供给能给要素供给的消费者带来一种间接效用,因此消费者将把他所拥有的要素分为两部分:一部分"保留自用",另一部分则供给市场。这样,要素供给问题可以看作消费者在一定的要素价格水平下,将其全部既定资源在"要素供给"和"保留自用"两种用途上进行分配以获得最大效用。

二、要素供给原则

要素所有者可以通过对要素的供应与自用获得效用,要素的供应与自用之间存在一个此消彼长的关系。对于要素所有者而言,他既可以通过出售要素获得收入,购买并消费商品获得效用,也可以直接消费要素获得效用,因此对于他而言也是一个在既定预算约束下追求效用最大化的决策过程。

怎样才能使效用达到最大呢?显然,在这里为获得最大的效用必须满足如下条件:作为要素供给资源的边际效用要与作为保留自用资源的边际效用相等。如果要素供给的边际效用小于保留自用的边际效用,则可以将原来用于要素供给的资源转移一单位到保留自用中去,从而增大总的效用。因为减少一单位要素供给所损失的效用要小于增加一单位保留自用资源所增加的效用;反之,如果要素供给的边际效用大于保留自用的边际效用,则可以反过来,将原来用于保留自用的资源转移一单位到要素供给中去。同理,这样改变的结果亦将使总的效用增大。由于边际效用是递减的,上述调整过程可以最终达到均衡状态,即要素供给的边际效用和保留自用的边际效用相等。

借助于上面指出的要素供给的间接效用和自用资源的直接效用概念,可以将效用最大化条件表示为(7-13)。

$$\frac{dU}{dL} = \frac{dU}{dY} \cdot w \tag{7-13}$$

如果考虑有所谓收入的价格"w_y",则显然有 $w_y = 1$。于是可以将式(7-13)写成式(7-14)。

$$\frac{dU/dL}{dU/dY} = \frac{w}{w_y} \tag{7-14}$$

式(7-14)左边为资源与收入的边际效用之比,右边则为资源和收入的价格之比。

三、劳动和闲暇

劳动供给涉及消费者对其拥有的既定时间资源的分配。我们通常将劳动者个人拥有的除必需的睡眠之外的可以自由支配的时间分成两部分:一部分是工作时间,在这段时间里,人们提供劳动,从事生产活动,获得收入;另一部分是闲暇或休闲时间,在闲暇时间里,人们可以吃、喝、玩、乐等,这段时间是非生产时间。在现实生活中,闲暇时间也可以用于非市场活动的"劳动",例如干家务活。在上述假定之下,劳动的供给问题可以看作消费者如何决定其全部时间在闲暇和劳动供给两种用途中的分配。消费者选择一部分时间作为闲暇来享受,直接增加了效用。选择其余时间作为劳动供给,可以带来收入,通过将收入用于消费可以再增加消费者的效用。因此,就实质而言,消费者并非是在闲暇与劳动之间进行选择,而是在闲暇与劳动收入之间进行选择。

四、劳动供给曲线

假设个人每天必需的睡眠时间是 8 小时,则劳动者个人每天可以自由支配的时间是 16 小时,那么劳动的供给曲线问题就演变成劳动者如何有效分配每天的 16 小时进行工作和休闲,从而使自己的效用最大化。

我们假设消费者不管是否工作,最初都有一笔货币收入 $\overline{Y}$,这些收入可能来自赠予,也可能来自投资,我们称为非劳动收入。我们用 Y 代表收入,H 表示闲暇,w 代表工资,L 代表劳动供给量,那么消费者的预算约束为(7-15)。

$$Y = \overline{Y} + w \cdot L \tag{7-15}$$

图 7-5 表示了消费者在偏好和预算约束既定情况下的最优选择。最优选择出现在无差异曲线与预算约束线相切的地方,即 E 点。在该点上,消费者的边际替代率等于预算线的斜率 w。此时,消费者的闲暇量为 H^*,从而所提供的劳动时间为 $(H - H^*)$,收入 $Y^* = \overline{Y} + w \cdot (H - H^*)$。

如图7-6所示,横轴H表示闲暇,纵轴Y表示收入,U_0、U_1、U_2分别表示在不同的工作时间和闲暇组合下,消费者获得的效用水平。消费者的初始状态点E表示的是非劳动收入Y_0与可支配时间资源总量16小时的组合。假定劳动价格即工资为W_0,消费者的劳动收入为$I = W_0 \cdot (16 - H)$,加上非劳动收入Y_0可以得到消费者的总收入为$K = W_0 \cdot (16 - H) + Y_0$。当16小时的可支配时间全部用于工作时,最大收入为$K_0 = 16W_0 + Y_0$,连接EK_0的直线就是消费者的预算约束线。如图7-7所示,横轴表示劳动供给量,纵轴表示工资水平。在图7-6中,EK_0与无差异曲线U_0相切于点A,对应的闲暇时间是H_0,表明在工资为W_0的情况下,消费者最优闲暇时间是H_0,从而最优的工作时间,也就是劳动供给量是$(16 - H_0)$,于是得到图7-7中劳动供给曲线上的一点$a(w_0, 16 - H_0)$。

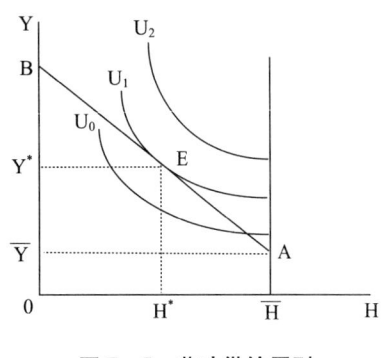

图7-5 劳动供给原则

工资率上升,预算约束线会更加陡峭;工资率下降,预算约束线较为平缓。所以,在工资率发生变动后,消费者必须在新的预算约束线上找到新的工作与闲暇的均衡点。例如当工资变化为W_1时,则消费者的预算约束线将变化成EK_1,其中$K_1 = 16W_1 + Y_0$,预算约束方程为$K = W_1 \cdot (16 - H) + Y_0$。预算约束线与$U_1$相切于B点,对应的闲暇时间是$H_1$,表明在工资为$W_1$的情况下,消费者最优闲暇时间是$H_1$,从而最优的工作时间即劳动供给量是$(16 - H_1)$,于是得到图7-7中劳动供给曲线上的一点$b(w_1, 16 - H_1)$。同理,当价格变化为$W_2$时,可以得到图7-7中的一点$c(w_2, 16 - H_2)$,重复上述过程,可以得到图7-6中类似A、B、C的其他点,连接这些点得到图7-6中的价格扩展线PEP;相应地,在图7-7中可以得到类似a、b、c的其他点,连接这些点可以得到消费者的劳动供给曲线S。

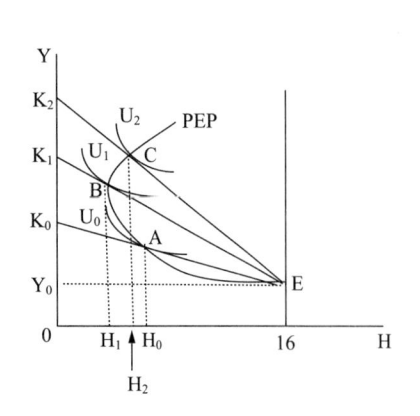

图7-6 时间资源在闲暇和劳动供给之间的分配

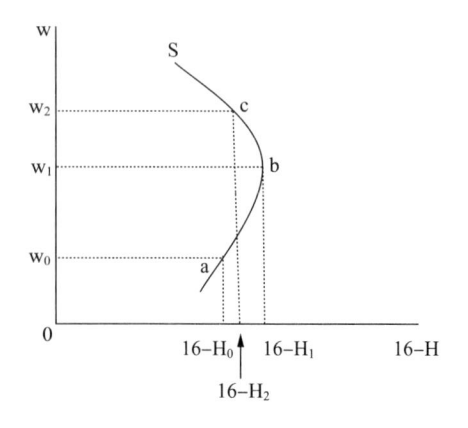

图7-7 消费者的劳动曲线

与一般的供给曲线不同，图7-7描绘的劳动供给曲线具有一个鲜明的特点，即它具有一段"向后弯曲"的部分。当工资较低时，随着工资的上升，消费者被较高的工资吸引将减少闲暇，增加劳动供给量。在这个阶段，劳动供给曲线向上方倾斜。但是，工资上涨对劳动供给的吸引力是有限的。当工资涨到 w_1 时，消费者的劳动供给量达到最大。此时如果继续增加工资，劳动供给量非但不会增加，反而会减少，于是劳动供给曲线从工资 w_1 处起开始向后弯曲。

五、劳动供给曲线为何向后弯曲

劳动供给曲线为什么呈现出向后弯曲的特点？经济学中运用工资的替代效应与收入效应来解释这一现象。

替代效应是指在其他条件不变的情况下，工资率越高，消费者也就越愿意减少更多的非市场活动，并增加用于工作的时间。随着工资率的提高，消费者将中断收益低于工资率的任何非市场活动，并更多地转向市场活动。例如，消费者要用一些时间做饭和洗衣服，这些是我们定义的广义的闲暇，假定每小时这种活动相当于10元。如果消费者可以得到的每小时工资率高于10元，他们就会认为多工作一小时并用10元去购买这些服务是值得的，高工资率使时间从闲暇转向工作。收入效应是指工资率越高，消费者的收入也就越多。在其他条件不变的情况下，收入高就会使消费者对大多数物品的需求增加。闲暇也是这些物品中的一种。由于收入增加引起对闲暇的需求增加，所以，这也会引起用于市场活动的时间减少，从而劳动的供给量减少。替代效应与收入效应按照相反的方向发生作用。工资率越高，一方面由于替代效应，劳动供给量也越多；另一方面由于收入效应，劳动供给量将减少。在工资率低时，替代效应大于收入效应，这样，随着工资率提高，消费者供给的劳动增加。但当工资率继续提高时，收入一定会达到使替代效应与收入效应相互抵消的水平。这时，工资率的变动对劳动供给量就没有影响了。如果工资率继续提高，收入效应就要大于替代效应，从而劳动供给量减少。消费者的劳动供给曲线并不是一直向右上方倾斜的，而是从某一点上向后弯曲。这就被称为向后弯曲的供给曲线。

【案例7-2】

单个和两个挣钱者家庭的劳动供给

一项研究分析了工作选择的复杂性质，它通过比较94个未婚女子的工作决定和397个家庭户主及其配偶的工作决定，描述了各种不同的家庭组别工作决定的一个方法是计算劳动供给弹性。每种弹性都把工作小时数与家庭户主得到的工资联系起来，同时与两个挣钱者家庭中另一个成员的工资相联系。表7-1概括了其分析结果。表7-1显示，当较高的工资率导致较少的工作时间时，劳动供给曲线是向后弯曲的，因为鼓励更多闲暇的收入效应大于鼓励更多工作的替代效应,这时的劳动供给弹性是负的。有孩子的单个挣钱者家庭和两个挣钱者家庭的户主都有向后弯曲的劳动供给曲线,其弹性为 -0.078 ~ -0.02,大多数单个挣钱者家庭的户主处在劳动供给曲线的向上倾斜部分,其中有孩子的未婚女子的弹性最大,为 0.106。家庭户主的配偶处在劳动供给曲线向后弯曲的部分,其弹性为 -0.086 ~ -0.04。这意味着,在两个挣钱者家庭中,给配偶较高的工资会抑制而不是鼓励其更多的工作。家庭户主的工作决定同样对配偶的工资有反应,当户主的配偶挣到较高的工资时,她或他就会减少工作时间。

(资料来源:平狄克,鲁宾费尔德. 微观经济学 [M]. 北京:中国人民大学出版社,2000.)

表 7-1 劳动供给(工作小时)的弹性

劳动供给	未婚男子(没有孩子)	未婚女子(有孩子)	未婚女子(没有孩子)	一个挣钱者家庭(有孩子)	一个挣钱者家庭(没有孩子)	两个挣钱者家庭(有孩子)	两个挣钱者家庭(没有孩子)
户主工作小时与户主工资的相关度	0.026	0.106	0.011	-0.078	0.007	-0.02	-0.107
配偶工作小时与配偶工资的相关度						-0.086	-0.004
户主工作小时与配偶工资的相关度						-0.028	-0.059

六、劳动的市场供给曲线和均衡工资的决定

劳动的需求与供给共同决定了完全竞争市场上的工资水平。工资的决定如图 7-8 所示。在图 7-8 中,劳动的需求曲线 D 与劳动的供给曲线 S 相交于 E,这就决定了工资水平为 w_0,w_0 等于劳动的边际生产力,这时劳动的需求量与供给量都是 L_0。西方经济学家认为,当劳动的需求大于劳动供给时,工资会上升,从而增加劳动的供给,减少劳动的需求;当劳动的需求小于劳动供给时,工资会下降,从而减少劳动的供给,增加劳动的需求。正如价格的调节使产品市场实现供求相等一样,工资的调节也使劳动市场实现供求相等,并实现充分就业。

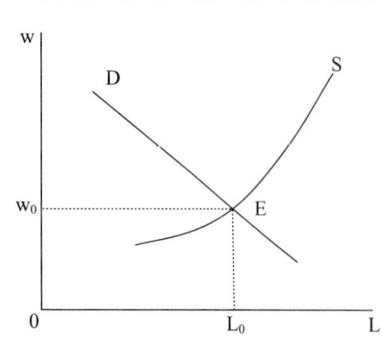

图 7-8 均衡工资的决定

七、土地的供给曲线

对消费者而言，土地在一定时期内是既定的和有限的。土地的用途有两种：一是自用；二是提供给市场以获取收入。一般来说，自用土地只占消费者所拥有土地的微小部分，所以我们可以假设自用土地对消费者而言是中性商品。所谓中性商品，就是无论从哪一方面来说，消费者对其都抱着无所谓态度的商品。这样，消费者的收入和自用土地的无差异曲线就平行于横轴，如图 7-9 所示。图 7-9 中横轴表示自用土地 q，纵轴表示收入 Y，消费者能拥有的自用土地的最大数量为 $\bar{Q}$。由图 7-9 可知，消费者只关心收入的多少，却丝毫不关心他拥有多少自用土地。增加收入是消费者所乐意的，而增加自用土地对消费者毫无影响。

那么，消费者会提供多少土地呢？假设刚开始消费者拥有非土地收入 $\bar{Y}$，拥有的全部土地数量为 $\bar{Q}$，土地价格为 R。消费者的预算约束方程为（7-16）。

$$Y = \bar{Y} + R \cdot (\bar{Q} - q) \tag{7-16}$$

转换，得：

$$Y + R \cdot q = \bar{Y} + R \cdot \bar{Q} \tag{7-17}$$

需要注意的是，在式（7-16）中，R 是所售土地的价格，而在式（7-17）中，R 却是自用土地的价格，即为把土地留作自用的机会成本。等式的右端为消费者潜在的最大收入，即当自用土地为零时，消费者所能获得的收入。式（7-17）反映在图 7-9 中，就是直线 AB_0 和 AB_1，其中 AB_0 对应着土地价格 R_0，AB_1 对应着土地价格 R_1。

由图 7-9 可以清楚地看到，消费者的最优选择为角点 B_0 和 B_1，消费者处于角点均衡状态。在角点，消费者的自用土地数量 q 为零，消费者把土地全部提供出去，而不论价格是多少。由此可知，土地的供给曲线将如图 7-10 所示的那样，是一条垂直于横轴的直线。

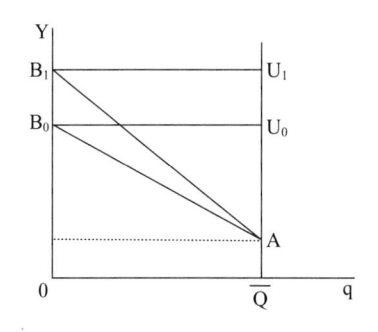

图 7-9 土地所有者的无差异曲线

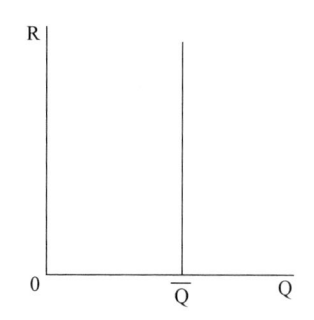

图 7-10 土地供给曲线

八、使用土地的价格和地租的决定

将所有单个土地所有者的土地供给曲线水平相加，即得到整个市场的土地供给曲线。再将向右下方倾斜的土地的市场需求曲线与土地供给曲线结合起来，即可决定使用土地的均衡价格，如图7-11所示。图中土地需求曲线D与土地供给曲线S的交点是土地市场的均衡点，该均衡点决定了土地服务的均衡价格 R_0。

当土地供给曲线垂直时，它与土地需求曲线的交点所决定的土地服务价格具有特殊意义：它常常被称为地租。如图7-12所示，由于此时土地供给曲线垂直，并且固定不变，所以地租完全由土地的需求曲线决定，而与土地的供给曲线无关，它随着需求曲线的上升而上升，随着需求曲线的下降而下降。如果需求曲线下降到 D_1，则地租将消失，即土地价格等于零。

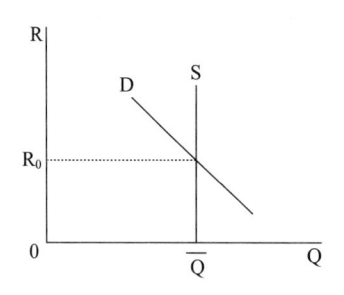

图7-11 土地服务的均衡价格

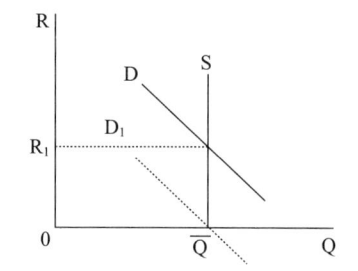

图7-12 地租及其原因

九、租金、准租金和经济租金

1. 租金

地租是土地供给固定时的土地服务价格，因此地租只与固定不变的土地有关。然而，不仅土地在很多情况下可以被看作是固定不变的，许多其他资源在某些情况下也可以被看作是固定不变的，这些固定不变的资源也有相应的服务价格。可以把这种供给数量同样固定不变的一般资源的服务价格叫作租金。换句话说，地租是当所考虑的资源为土地时的租金，而租金则是广义的地租。

2. 准租金

租金以及特殊的地租均与资源的供给固定不变相联系。这里的固定不变显然对短期和长期（经济学意义上的）都适用。但是，在现实生活中，有些生产要素尽管在长期中可变，但在短期中却是固定的。例如，由于厂商的生产规模在短期不能变动，其固定生产要素对于厂商来说就是固定供给的。它不能从现有的用途中退出而转到收益较高的其他用途中去，也不能从其他相似的生产要素中得到补充。这些要素的服务价格在某种程度上也类似于租金，通常被称为准租金。所谓准租金就是对供给量暂时固定的生产要素的支付。

3. 经济租金

租金是固定供给要素的服务价格，这意味着，要素价格的下降不会减少该要素的供给量，更进一步，要素收入的减少不会减少该要素的供给量。据此租金数量的减少不会引起要素供给量的减少。有许多要素的收入尽管从整体上看不同于租金，但其收入的一部分却可能类似于租金。亦即如果从该要素的全部收入中减去这一部分并不会影响要素的供给，我们将这一部分要素收入叫作经济租金。经济租金的大小显然取决于要素供给曲线的形状。供给曲线越陡峭，经济租金部分就越大。特别是当供给曲线垂直时，全部要素收入均变为经济租金，它恰好等于租金或地租。由此可见，租金实际上是经济租金的一种特例，即当要素供给曲线垂直时的经济租金，而经济租金则是更为一般的概念，它不仅适用于供给曲线垂直的情况，也适用于不垂直的一般情况。在另一个极端上，如果供给曲线成为水平的，则经济租金便完全消失。总之，经济租金是要素收入的一个部分，该部分并非为要获得该要素于当前使用中所必须，它代表着要素收入中超过其在其他场所可能得到的收入部分。简而言之，经济租金等于要素收入与其机会成本之差。

十、资本的供给

资本所有者的资本供给问题也是一个如何将资本在自用和提供给他人使用以获取利息收入之间分配的问题。也就是说，对于资本所有者来说，也存在一个收入在消费和储蓄两方面进行分配的问题。资本所有者进行储蓄从而增加资本拥有量，其目的是将来能够得到更多的收入，从而有可能在将来进行更多的消费。这样一来，既定收入如何在消费和储蓄之间分配的问题，又可以看作既定收入在现在消费和未来消费之间的选择问题。假定资本所有者可以选择在两个时期消费，在第一时期的消费为 c_1，在第二时期的消费为 c_2，在每个时期所拥有的货币量分别为 m_1 和 m_2，则资本所有者在消费时面临如下预算约束：

$$c_1 + \frac{c_2}{1+r} = m_1 + \frac{m_2}{1+r}$$

其中，r 为储蓄的利率，则预算线如图 7–13 所示。

预算线的横截距度量的是禀赋的现值，纵截距度量的是禀赋的终值。

预算线经过点 (m_1, m_2)，它是资本所有者支付得起的消费模式，这也是资本所有者的禀赋点，且预算线的斜率是 $-(1+r)$。

那么，资本所有者在什么情况下会选择供给资本呢？这取决于资本所有者跨期消费的无差异曲线与预算线相切的状况。如果资本所有者选择一个 $c_1' < m_1$ 点，那么他将进行储蓄，把钱贷出去，如图 7-14 所示。

给定一个市场利率 r，消费者今年有一个最优的储蓄量。如果令利率变化，例如，若市场利率提高，则预算线将绕禀赋点顺时针旋转，从而将与另一无差异曲线相切，得到另一均衡点及另一个最优储蓄量。一般来说，随着利率的上升，人们的储蓄也就是贷款供给曲线会增加，从而曲线向右上方倾斜。与劳动供给曲线的情况相同，当利率处于很高水平之上时，贷款曲线亦可能出现向后弯曲的现象。

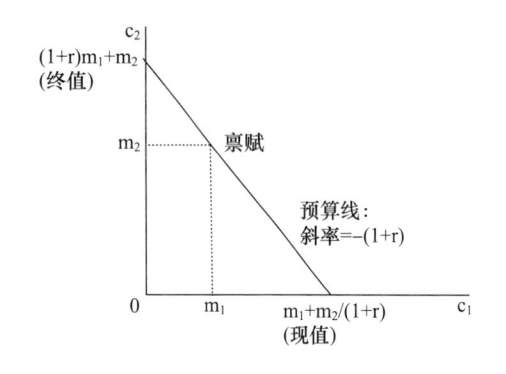

图 7-13　资本的预算线

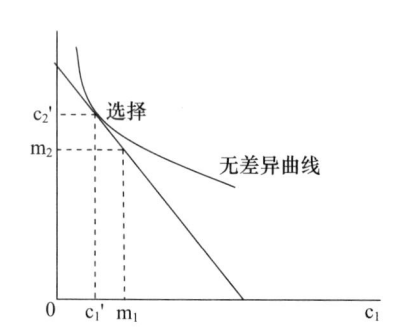

图 7-14　资本供给的无差异曲线

第三节　洛伦兹曲线和基尼系数

帕累托最优是一个十分严格的规定，举一个极端的例子，即使一个饥肠辘辘的乞丐从另一个挥霍无度的富翁处拿一块面包，也不是帕累托更优或效率的提高，因为社会中某一成员的处境变坏了。因此，许多人不同意将效率作为评价经济运行的唯一标准和社会发展的唯一目标。有学者提出，有些时候，虽然一些人处境的改善伴随着另一些人处境的恶化，但是社会总福利水平能够得到提高，他们比较看重的是公平。然而，我们已经知道，什么叫作公平很难有一个客观、统一的标准。社会产品应该按劳分配、按需分配还是平均分配，不同的制度、不同的道德规范会有不同的选择。

由于公平是很难衡量的，有些经济学家用一个比较容易测量的指标——平等（Equality）作为公平的近似指标。当然，平等只是衡量社会财富分配的平均程度，只是关于公平的观点中的一种。关于完全的平均分配就是达到了公平这一问题，很多人持反对意见，这显然是一个典型的规范分析的问题。衡量经济平等的一个有用的工具是洛伦兹曲线。

一、洛伦兹曲线

现在西方经济学家在测定社会收入分配平均程度时,一般习惯把整个社会人口按收入的多少从低到高平均分为五档,每档人口均占全部人口的20%,再看每20%的人口的收入占总收入的比重,即可比较出社会收入的差别。表7-2举例比较了收入分配绝对平均和收入分配不平均的情况。由于上述收入分配不平均的情况最先被统计学家洛伦兹采用并以图形表示,因此形成了著名的"洛伦兹曲线"。洛伦兹曲线就是反映收入分配平均程度的曲线,如图7-15所示。

表7-2 收入分配资料 单位:%

收入分组		占人口的百分比		绝对平均的情况		不平均的情况	
		百分比	累计	占收入百分比	累计	占收入的百分比	累计
最低至最高	1	20	20	20	20	4	4
	2	20	40	20	40	10	14
	3	20	60	20	60	20	34
	4	20	80	20	80	26	60
	5	20	100	20	100	40	100

图7-15中,OI表示国民收入百分比,OP表示人口百分比,对角线OY是绝对平均曲线,因为该线上的任何一点到纵坐标和横坐标的距离都是相等的。对角线上的任何一点都表示,总人口中每一定百分比的人口所拥有的收入在总收入中也占相同的百分比。如果社会收入是按这种情况分配,那就说明社会收入分配是绝对平均的。

图7-15中,OPY线是绝对不平均曲线。这条线表示社会的全部收入都被一人占有,其余的人收入都是

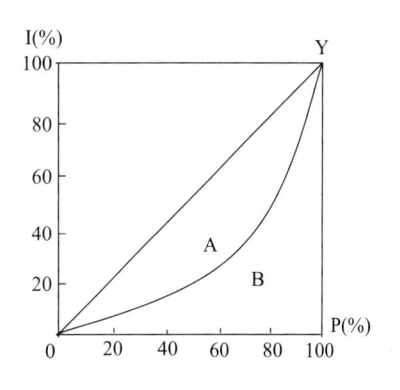

图7-15 洛伦兹曲线

零。图7-15中介于上述两个极端之间的曲线则是实际收入分配线,即洛伦兹曲线。在这条曲线上,除了起点(O点)与终点(Y点)以外,任何一点至两坐标轴间的距离都不相等。这条线上的每一点都表示占总人口的一定百分比的人口拥有的收入在总收入中所占的百分比。图7-15中的洛伦兹曲线是以表7-2中的数据为例的。

从洛伦兹曲线的形状可看出:实际收入分配线越靠近对角线,则表示社会收入分配越接近平均;反之,实际收入分配线越远离对角线,则表示社会收入分配越不平均。

二、基尼系数

除洛伦兹曲线之外，另一种方法可以反映收入分配的平均程度，是由20世纪初意大利经济学家基尼于1912年首次采用的。他根据洛伦兹曲线图找出了判断收入分配平均程度的指标，这个指标被称为"基尼系数"。

在图7-15中，A表示实际收入分配曲线与绝对平均曲线之间的面积，B表示实际收入分配曲线与绝对不平均曲线之间的面积，设G为基尼系数，则：

$$G = \frac{A}{A+B}$$

如果 A=0，G=0，则表示收入绝对平均；如果 B=0，G=1，则表示收入绝对不平均。事实上基尼系数在0和1之间。基尼系数数值越小，收入分配越平均；基尼系数数值越大，收入分配越不平均。

基尼系数被西方经济学家公认为是一种反映收入分配平均程度的方法。现代国际组织也以其作为衡量各国收入分配平均程度的一个尺度。据经济学家钱纳里等人在20世纪70年代初的计算，对收入分配高度不均的国家来说，基尼系数的数值在0.5~0.7；对于收入分配相对平等的国家，基尼系数的数值在0.2~0.35。

练习题

一、名词解释
1. 边际产品价值
2. 地租
3. 准租金
4. 经济租金
5. 基尼系数

二、选择题
1. 在完全竞争的市场上，厂商对生产要素的需求量取决于（　　）。
   A. 消费者对该要素生产的产品的需求
   B. 产品市场的价格
   C. 要素的边际产品
   D. 市场要素的价格
2. 在完全竞争的单一要素可变的情况下，此要素的市场需求曲线之所以向下倾斜，是因为（　　）。

A. 该要素生产的产品价格递减　　　　B. 该要素的边际产品价值递减

C. 要素参加的生产规模报酬递减　　　D. 以上都是

3. 就单个劳动者而言，一般情况下，在工资率较低的阶段，劳动供给量随着工资率的上升而（　　）。

A. 上升　　　　B. 下降　　　　C. 不变　　　　D. 不能确定

4. 随着单个劳动者的劳动供给曲线向后弯曲变化，市场的劳动供给曲线将会（　　）。

A. 向前弯曲　　　　　　　　　　B. 向后弯曲

C. 仍保持向右上方倾斜　　　　　D. 以上均不正确

5. 有关工资率变动的收入效应描述不正确的一项是（　　）。

A. 它是指工资率对于劳动者的收入进而对劳动时间产生的影响

B. 若劳动时间不变，工资率的提高使得劳动者的收入提高

C. 若劳动时间不变，工资率的提高使得劳动者有能力消费更多的闲暇

D. 工资率提高的收入效应使得劳动供给量增加

6. 工资率的上升所导致的替代效应是指（　　）。

A. 工作同样长的时间可以得到更多的收入

B. 工作较短的时间可以得到同样的收入

C. 工人宁愿工作更长的时间，用工作带来的收入替代闲暇带来的享受

D. 以上都正确

7. 完全竞争市场上，土地的需求曲线与供给曲线的形状分别是（　　）。

A. 水平，垂直　　　　　　　　　　B. 向左下方倾斜，向右下方倾斜

C. 向右下方倾斜，向左下方倾斜　　D. 向右下方倾斜，垂直

8. 洛伦兹曲线代表（　　）。

A. 税收体制的效率　　　　　　　　B. 税收体制的透明度

C. 贫困程度　　　　　　　　　　　D. 收入不平均的程度

9. 如果收入是完全平均分配的，则基尼系数将等于（　　）。

A. 0　　　　B. 0.75　　　　C. 0.5　　　　D. 1.0

10. 假定某大学老师的月工资为 5000 元，但若她从事其他职业，最多每月只能得到 3000 元，那么该教师所获的经济租金为（　　）元。

A. 5000　　　　B. 2000　　　　C. 3000　　　　D. 不可确定

三、计算题

1. 某汽车生产厂生产自用汽车配件，假设其产品单价为 25 元，月产量为 600 个配件。每个配件消耗材料、人工费共计 16 元，每月固定成本为 3100 元。求：

（1）该汽车生产厂的准租金和经济利润各为多少？

（2）若决定扩大产量，每月生产 1000 个配件，产品的单价为 20 元，则此举对该厂

的准租金和经济利润的影响有多少?

2. 假定某厂商生产产品只使用劳动和资本两种要素,其中劳动是唯一的可变要素。生产函数为 $Q = -0.01L^3 + L^2 + 36L$,其中 Q 为产品的日产出数量,L 为日劳动投入量(以小时计算)。所有的市场是完全竞争的,产品的价格为每单位 0.1 元,每小时工资为 4.8 元。求当厂商利润最大时:

(1) 厂商每天雇用多少小时的劳动量?

(2) 如果厂商每天的固定成本为 50 元,那么工厂每天的纯利润是多少?

四、分析说明题

1. 在完全竞争情况下生产要素的市场需求曲线与产品的市场需求曲线有何不同?
2. 试述厂商的要素使用原则。
3. 试述消费者的要素供给原则。
4. 解释劳动供给曲线的形成。
5. 解释土地供给曲线垂直的原因。

第八章 一般均衡与福利经济学

📝 **学习目的**

1. 了解局部均衡和一般均衡
2. 掌握判别经济效率的标准
3. 掌握交换的帕累托最优条件
4. 掌握生产的帕累托最优条件
5. 掌握交换和生产的帕累托最优条件
6. 掌握完全竞争市场机制可以实现帕累托最优状态的原因

📝 **重点**

交换的帕累托最优条件；生产的帕累托最优条件

📝 **难点**

交换和生产的帕累托最优条件

📝 **引导案例**

倒票有利于市场结果改善吗

希望观看备受欢迎的比赛或文娱表演的人数，经常会超过体育场或娱乐场所能提供的有限的座位。如 2008 年北京奥运会组委会收到的奥运会开幕式门票申购数量为 551017 张，与共 2.6 万张的配额相比较，平均每 21 人中才能产生 1 位幸运者；闭幕式门票申购数量为 172219 张，平均每 7 人当中有 1 人才能得到门票。原则上承办人可以提高票价以解决供不应求的问题，但仍然不能解决票数有限的问题。为了解决配额不足的问题，组织者常常通过抽签等方式公平、随机地发放有限的门票。这时候，票贩子也即我们耳熟能详的"黄牛"就应运而生了。

公众对于各种黄牛的出现呈现出"一边倒"的反对和谴责，许多城市的法律禁止这种活动，对这种行为的处罚是相当重的。但备受公众青睐的门票仍被广泛地倒卖，为什么呢？

（资料来源：豆丁网的西方经济学案例库。）

我们可以从这种门票的分配过程着手分析。由于这种紧缺的门票是按照公平的、随机的方式进行分配的，而不是依据消费者对于这种门票的评价进行分配，这就使得这些票势必会被重新出售。因为这个重新出售的过程常常是由不同消费者对于相同的门票的不同评价引致的。假如消费者A按照随机原则得到了一张门票，我们假设他对这张门票的评价等同于400元，而另一位没有他幸运的某项运动的狂热爱好者对这张门票的评价则为1000元，这时候，通过门票的重新出售即黄牛的"倒卖"，以价格600元成交，交易双方都会从中受益，资源配置效率也得到了改善。从这个角度来讲，大部分经济学家对这种市场自愿的交易并不持反对态度。通过本章对一般均衡、帕累托最优的学习将有助于理解此类问题。

第一节 一般均衡

【案例8-1】

马歇尔《经济学原理》（片段）

局部均衡论的奠基者是英国经济学家马歇尔。马歇尔在其著作《经济学原理》中论述道：

"我们要研究的力量为数是如此之多，以致最好一次研究几种力量，做出若干局部的解答，以辅助我们主要的研究。这样，我们首先单独研究某一特殊商品的供求和价格的初步关系。我们用'其他情况不变'这句话，把其他一切力量当作是不起作用的：我们并非认为这些力量是无用的，不过是对它们的活动暂不过问而已。这种科学的方法早在科学发生之前就已经存在了，自古以来明达的人研究日常生活中的每个困难问题，就有意或无意地采用这个方法了。

到了第二阶段，在原来被假定不起作用的那些力量中，有较多的力量发生作用：特殊种类的商品之需求和供给的条件之变化开始发挥它的作用，我们开始对这些条件之复杂的相互作用加以观察……这样，经济学主要研究不论为好为坏都不得不要求变化和进步的人类。片段的静态假定，是被用来暂时辅助动态的——或不如说是生物学的——概念。但是，经济学的经济中心概念必须是关于活力和运动的概念，即使只在研究它的基础时也是这样。"

（资料来源：马歇尔. 经济学原理［M］. 北京：人民日报出版社，2009.）

迄今为止，我们已经分别考察了产品市场和要素市场价格和数量的确定问题。在分析时往往把被研究的市场与其他市场孤立开来，也就是说，我们假定某一商品的需求函数和供给函数仅仅取决于该商品的价格，而其他商品的价格被看作是固定不变的。这种方法叫作局部均衡分析。本章我们将开始探讨一般均衡分析，即各个市场的需求与供给条件是如何互相影响的，从而如何决定多种商品的价格，并在此基础上进一步讨论福利经济学问题。

局部均衡是指其他市场条件不变的情况下单个产品市场或要素市场存在的均衡。局部均衡分析方法的特点是：在假设其他条件不变的情况下，孤立地考察某一种商品、某一种资源、某一个消费者、某一个生产者如何达到均衡状态。前面几章就是运用这种方法进行分析的。例如，按照局部均衡的分析方法，我们在分析汽车市场的供求规律时，只分析企业生产汽车所需要的生产要素的变化，消费者消费汽车带来的效用的变化，而不会考虑收入、汽油、道路、大气环境等相关因素供求与价格的变化对汽车的影响。我们在分析汽车的生产时，是假定这些因素不变的，是处于均衡状态的。同样，在考察消费者行为时，我们也假定产品市场和要素市场的价格不变，同时假定消费者的偏好不变，单独考察某个消费者是如何达到均衡的。

但在现实经济中，这些假定并不是不变的。汽车制造商在确定汽车产量时，必须根据市场需求来定，而人们对汽车的需求受到收入水平和消费汽车所支出成本（汽油及相关费用等）的限制，同时还受到道路的限制、一国消费政策的限制等。因此，厂商在确定其产量时，必须综合考虑这些因素的影响。这种分析就是一般均衡分析。

一般均衡是指包括所有产品市场和要素市场的整个经济社会存在的均衡。一般均衡分析方法的特点是：它从相互联系的角度来考察各种商品、各种资源、各个消费者、各个生产者都同时达到均衡的状态。总体来说，在现实经济中各个经济变量是相互依存、相互影响的，因此，各消费者之间、各厂商之间、各消费者与各厂商之间、各个市场之间，都存在密切联系。任何一种商品或资源的供求，不仅是该商品或资源价格本身的函数，而且是所有其他商品和资源价格的函数。所以，一种商品或资源的价格与供求的均衡，只有在所有商品与资源的价格与供求都达到均衡时才能决定。

【案例 8-2】

国际市场的相互依赖

由于在世界大豆市场上巴西是与美国竞争的，因此巴西对其国内大豆市场的管制会显著地影响到美国的大豆市场，而这反过来又会对巴西市场产生反馈效应。当巴西采取旨在提高其短期国内供给和长期大豆出口的管制政策时，会导致预料不到的结果。

20世纪60年代末和70年代初，巴西政府限制大豆的出口，导致巴西大豆的价格下降。巴西希望其大豆价格的下降会鼓励国内大豆的销售，并刺激对大豆产品的国内需求。最终出口控制将被取消，巴西的出口也会上升。

这一预期是建立在巴西大豆市场的局部均衡分析上的。事实上，巴西大豆出口量的减少使美国大豆的出口量增加，并使美国的大豆价格上升，生产扩大。这使得巴西即使在取消控制之后也更难出口大豆了。

（资料来源：贾辉艳. 微观经济学原理 [M]. 北京：北京大学出版社，2010.）

第二节 判别经济效率的标准

经济学的一项重要任务是对不同经济状况的社会合意性进行评价，探讨改进经济状况的途径。经济状况是经济活动和经济资源的某种特定的安排，每种经济状况都具有不同的资源配置和收入分配。福利经济学是在一定价值判断的基础上提出社会福利目标和判断福利大小的标准，用以评判经济运行和资源配置的优劣。福利经济学具有规范经济学的性质。

一、福利经济学

福利经济学是在一定价值判断的前提下，研究社会经济制度、评价经济体系运行的经济理论。它研究的问题牵涉优劣、好坏问题，即包含了价值判断的内容，不能通过事实来检验，属于规范经济学的范畴。

福利经济学起源于19世纪20年代以边沁为代表的功利主义，他认为人的本性是追求幸福，人的行为是趋利避害。1920年，英国经济学家庇古出版了代表作《福利经济学》，创建了福利经济学的第一个理论体系，是"旧福利经济学"产生的标志。庇古认为，个人的福利可以用效用来表示，整个社会的福利应该是所有个人效用的简单加总。到了20世纪30年代，以帕累托的最优理论为出发点的新福利经济学有了很大发展，其代表人物有希克斯、艾伦等。20世纪50年代，美国经济学家阿罗提出不可能定理和社会选择理论，又大大发展了新福利经济学。20世纪70年代以后，阿马蒂亚·森等人的研究成果解释了导致不可能性结论的原因，阿马蒂亚·森本人则于1998年度获得诺贝尔经济学奖，这一方面说明阿马蒂亚·森的理论贡献，另一方面也说明福利经济学的发展已经成为经济学发展的重要内容。福利经济学研究的主要内容包括两个方面：一是一个社会的资源配置在什么条件下达到最优状态，如何才能达到最优状态；二是国民收入如何进行分配才能使社会全体成员的经济福利达到最大化。

二、帕累托最优标准

如何判断不同资源配置方式的优劣并确定所有可能的资源配置方式中最优的那一种呢？意大利经济学家帕累托最早提出了福利经济学中最重要的一项准则——帕累托最优标准。

根据前面的分析，如果一般均衡存在，经济就会处于某种稳定状态。这种稳定状态是否有效地配置了有限的资源？这样的经济制度还有没有可能进一步提高社会每一成员的福利？帕累托提出了一个用来比较不同经济制度结果的标准，这就是著名的帕累托效率（Pareto Efficiency）或帕累托最优（Pareto Optimum）。

帕累托认为，在分配标准既定时，现状的改变如果使每个人的福利都增进了，这种改变就有利；如果使每个人的福利都减少了，这种改变就不利；如果使一些人的福利增进而使另一些人的福利减少，那么对整个社会来说，就不能认为这种改变有利。帕累托最优状态又叫帕累托最优标准，它实际上是指这样一种状态：任何改变都不可能使一个人的境况变好而又不使别人的境况变坏。换言之，如果一种改变有可能使一个人的境况变好而又不使别人的境况变坏，这种状态就不是帕累托最优。

帕累托最优是评价资源配置效率的一种经济学标准。其基本含义是：在不减少其他任何人效用或福利的情况下，如果任何生产与分配的重新安排都不能增加另外一些人的效用或福利，这时的资源配置状态就是最优化状态，即帕累托最优状态。若整个社会实现帕累托最优状态，则说明该经济有效率；反之，则缺乏效率。当然，在不减少任何其他人效用或福利的前提条件下，如果某种经济变动还可以再增加另外一些人的效用或福利，则这种资源配置就不是帕累托最优，而是帕累托改进。这说明通过调整资源配置，经济运行的效率还有提高的余地。

资源配置要达到帕累托最优状态，需要具备三个条件：交换的最优条件、生产的最优条件、交换与生产的最优条件。

【案例 8-3】

浙江省义乌—东阳供水合同

东阳和义乌两市毗邻，同在钱塘江重要支流金华江的上游。改革开放前，两市经济发展在浙江省处于下游水平。改革开放后，两市商品经济发展较早，形成了很有特色的区域经济，经济水平在全省已处于领先地位。

义乌市水资源相对紧缺，人均水资源为 1132 立方米。特别是 20 世纪 80 年代以来，义乌市新老市区人口从 3 万多猛增至 35 万，义乌市进一步向超过 50 万人口的大城市发展。市区现有供水能力 9 万吨/日，城市水源主要来自 60 公里外的八都水库，但该水库只能基本满足老城区的用水，水资源不足成为义乌市经济社会发展的瓶颈。根据城区用水需求预测，义乌市必须在 2～3 年内新增水源，并为此提出了种种预案。经过近期方案和远期方案的科学论证和技术经济比较，义乌市作出了用 2 亿元水利建设资金，购买东阳市横锦水库 5000 万立方米用水权的决策。东阳市的水资源相对较为丰富，人均水资源 2126 立方米。水资源开发成效较大，拥有横锦和南江两座大型水库。东阳市经过后续战略水资源保证的科学论证和技术经济比较，做出了转让 5000 万立方米用水权的历史抉择。优质水权从农业灌溉向城市供水转移。2000 年 11 月 24 日，义乌市和东阳市签订有偿转让横锦水库部分用水权协议，被称作我国水权制度改革实践的先例。协议主要内容：一是义乌市一次性出资 2 亿元购买东阳市横锦水库每年 4999.9 万立方米水的使用权，水质达到国家现行一类饮用水标准。二是转让用水权后水库原有所有权关系不变，水库运行管理、工程维护仍由东阳市负责，义乌市按当年实际供水量支付 0.1 元/立方米的综合管理费。三是从横锦水库到义乌市的引水管道工程由义乌市负责规划设计和投资建设，其中东阳市境内段引水工程的有关政策处理和管道工程施工由东阳市负责，费用由义乌市承担。义乌市购买用水权的 2 亿元资金根据引水工程进程分期付清。

东阳市水余量供应义乌市已经具备了部分水权转让的特点，特别是增量调节和余量转让的观念，在不影响现有用水者利益的前提下，解决了新增水资源需求并改善了旧有用水者的用水条件，资源配置的经济效益明显。但是，尽管义乌—东阳供水合同被称作我国第一例水权交易，但无论买方还是卖方都缺少增量供水的取水许可，永久性转让期限也缺乏法律支撑，这些都是交易的隐患。究其实质只能称为水债权合同。从经济学角度分析，这是一起较典型的"帕累托"改进：在不改变所有权的前提下，义乌得到了清洁水源并保证了供给量；东阳市富余的水源得到了更充分合理的利用；东阳得到的水费可以增强当地经济实力，并降低了水库的相对维护成本。

（资料来源：于善波. 微观经济学 [M]. 北京：中国商务出版社，2008.）

第三节　交换的帕累托最优条件

帕累托最优要求产品在消费者之间的分配达到最优。分配的最优化是通过交换产品实现的，并且交换可以在任意两个消费者之间进行。从交换的一般均衡分析中我们已经了解，交换的均衡条件是两个消费者所拥有的任意两种商品之间的边际替代率相等。当这个条件得到满足时，消费者已经不可能通过改变产品的分配使一部分人的效用增加，同时又不使其他人的效用减少。因此，交换的帕累托最优条件要求任何两名消费者所拥有的任何两种产品之间的边际替代率都相等。

交换的一般均衡是指经济中生产的所有商品都以最有效的方式在个人之间进行分配，从而人们不能通过商品的进一步交换来获益，交换的一般均衡实现时所具备的条件就是相应的交换的帕累托最优条件。具体来说，如果 X、Y 这两种商品在 A、B 之间实现了最优分配，那么商品在 A 和 B 之间就不存在任何有益的交换机会。对于如何实现交换的一般均衡，经济学采用边际替代率加以分析：只要各个消费者的边际替代率相等，社会就达到了交换的一般均衡，实现了效用最大化。我们知道，边际替代率反映了消费者在维持效用水平不变的条件下，为了多消费 1 单位 X 商品所愿放弃的 Y 商品的数量，换言之，也就是要使消费者减少 1 单位 X 商品的消费所必须补偿给他的 Y 商品的数量。当消费者 A 的边际替代率（假设为 3）超过消费者 B 的边际替代率（假设为 1，如图 8-1 中的 F 点所示）时，即消费者 A 为了多享用 1 单位 X 商品所愿意放弃的 Y 商品的量（即 3）超过消费者 B 放弃 1 单位 X 商品所希望得到的 Y 商品的量（即 1）时，消费者 A 以 2 单位 Y 商品向消费者 B 换取 1 单位 X 商品，那么消费者 A 节约了 1 单位 Y 商品，而消费者 B 多得到 1 单位 Y 商品，两位消费者的满足程度都比交易前提高了。因此，我们可以了解到，若产品在消费者之间的分配并未使每位消费者之间的边际替代率都相等，那必然存在进一步交易的机会，使交易双方都能得到好处。只有当各个消费者之间的边际替代率相等，商品在消费者之间的任何重新分配都不能进一步提高社会的总效用水平，从而也就不存在进一步交换的可能时，就达到了交换的一般均衡。因此，任意两个消费者在任意两种商品之间的边际替代率相等，是实现交换一般均衡的条件。用公式表示为：

$$\text{MRS}_{XY}^{A} = \text{MRS}_{XY}^{B} \tag{8-1}$$

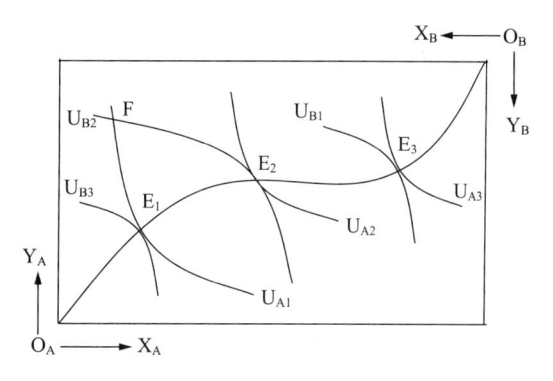

图 8-1　交换的帕累托最优

第四节 生产的帕累托最优条件

生产的一般均衡是指经济中一切资源都以最有效的方式在生产者之间进行配置,因而厂商之间不能通过资源的重新分配来获得好处,生产的一般均衡实现时所具备的条件就是相应的生产的帕累托最优条件。在简单经济体系中,要求资源 L、K 在 A、B 两个厂商之间合理分配,以至于它们无法通过资源的再配置来增加产量。现在的问题是:L 和 K 这两种要素如何在 A、B 两个厂商之间进行配置,才能实现生产的一般均衡?为此经济学采用了边际技术替代率来说明:只要两个厂商的边际技术替代率相等,社会就达到了生产的一般均衡,实现了产量的最大化,实现了生产的帕累托最优。边际技术替代率描绘了生产者在保持产量水平不变的情况下,为了多使用 1 单位的 L 所愿意减少的 K 的数量,也就是生产者减少 1 单位 L 使用所必须补上的 K 的数量。当厂商 A 的边际技术替代率(比如说 3)超过厂商 B 的边际技术替代率(比如说 1)时(如图 8-2 中 F 点所示),即厂商 A 为了多使用 1 单位的 L 所愿意减少的 K 的数量(即 3)超过厂商 B 放弃 1 单位 L 所必须补上的 K 的数量(即 1)。在这种情况下,若厂商 A 以介于 3 和 1 之间的某一数量的 K(比如说 2)与厂商 B 换取 1 单位 L,那么厂商 A 节约了 1 单位的 K,厂商 B 则多得了 1 单位的 K,两个生产者的产量水平都将比交换前有所提高。因此,若要素在厂商之间的分配没有使每一个厂商的边际技术替代率相等,那么必定存在进一步交易的可能性,使交易双方都能提高产量。只有各个厂商之间的边际技术替代率相等时,才不存在能够进一步提高产量的交易机会,从而达到生产的一般均衡。因此各个厂商在任意两种要素之间具有相同的边际技术替代率,就是实现生产的一般均衡的基本条件。用公式表示为:

$$MRTS_{LK}^A = MRTS_{LK}^B \tag{8-2}$$

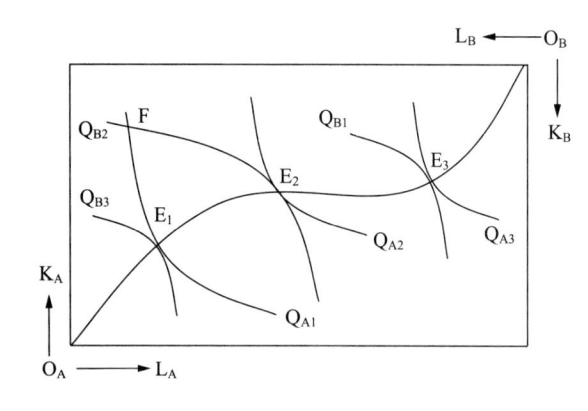

图 8-2 生产的帕累托最优

生产的帕累托最优要求每种产品的产出水平在其他产品的产出水平既定时都达到最大。在生产的一般均衡分析中我们已经谈到,只有契约曲线上的点才代表着资源的有效配置,即在生产可能性边界上,无论怎样改变资源配置都不可能提高一种产品的产量而不减少另一种产品的产量。契约曲线上的任何一点都满足这样的条件:生产两种产品的两种要素的边际技术替代率相等。当满足这个条件时,生产要素在生产者之间的分配就达到了帕累托最优状态，也就是说，不可能通过生产要素的重新分配，使某些生产者的产量增加，同时又不使其他生产者的产量减少。

第五节 交换和生产的帕累托最优条件

交换的一般均衡描述了既定的产品如何在各个消费者之间进行合理分配，而生产的一般均衡则描述了既定的资源如何在不同的生产者之间进行分配。产品组合的一般均衡是指在社会资源既定的条件下，生产者充分有效地使用这些资源来生产各种产品，同时消费者完全合理地消费这些产品。经济学采用了边际替代率和边际转换率来进行分析：只要社会消费的边际替代率等于社会生产的边际转换率，就实现了产品组合的一般均衡。我们知道，X 商品对 Y 商品的边际替代率等于 X 商品的边际效用与 Y 商品的边际效用之比。如果边际替代率为 3 而边际转换率为 1，即增加 1 单位 X 商品所增加的效用刚好等于减少 3 单位 Y 商品所减少的效用，也就是说，在消费者看来，1 单位 X 商品相当于 3 单位 Y 商品，而在生产者看来，1 单位 X 商品只相当于 1 单位 Y 商品。在这种情况下，由于增加 1 单位 X 商品所增加的效用（3Y）大于增加 1 单位 X 商品所增加的成本（1Y），因此从社会的角度来看，还应该通过资源的再配置来增加 X 商品的生产和减少 Y 商品的生产。也就是说，厂商可以通过调整资源在产品之间的配置，找到使用相同的投入水平来增加产出的方式，同时消费者也能相应地改善商品的消费组合。一旦消费的边际替代率等于生产的边际转换率，那么就不存在使社会更加有利的资源配置方式。因此，要实现产品组合的一般均衡，就必须使边际替代率与边际转换率相等。如图 8-3 中 B 点所示。用公式表示为：

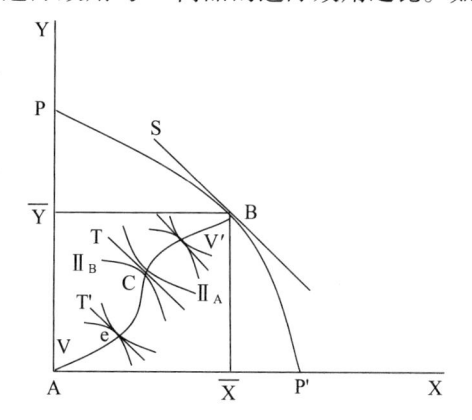

图 8-3 生产和交换的最优

$$\mathrm{MRS}_{XY} = \mathrm{MRT}_{XY} \tag{8-3}$$

现在我们把对消费者和生产者导出的各项帕累托条件推广到将经济作为一个整体来考虑，即综合消费者和生产者两方面的因素。经济在生产可能性曲线上的某一点所生产的产品组合必须反映消费者的偏好，因此，生产与交换的效率条件是任何两种产品之间的边际转换率必须等于消费者对于这两种产品的边际替代率。这一条件又被称为产品组合效率条件。这一结论也可推广到许多种产品，即帕累托最优要求消费者对于任何两种产品的边际替代率都等于这两种产品生产的边际转换率。

第六节　完全竞争和帕累托最优状态

上述帕累托最优的三个条件如何才能得到满足呢？可以证明，在完全竞争的市场机制下所形成的均衡状态，将是帕累托最优状态。

在完全竞争市场中存在一般均衡，即存在一组价格，使得所有商品的需求和供给恰好相等。在完全竞争条件下，每个消费者和生产者都是这一组价格的接受者，它们将在既定的价格下实现自己的效用和利润最大化。

首先我们来看消费者。在效用理论中我们已经学习过，任意一个消费者在完全竞争市场中追求效用最大化时，都要使任意两种商品的边际替代率等于这两种商品的价格比率。设 P_X、P_Y 分别为商品 X 和 Y 的均衡价格，则对于消费商品 X 和 Y 的消费者 A 来说，$MRS_{XY}^A = \frac{P_X}{P_Y}$。同样，对于消费商品 X 和 Y 的消费者 B 来说，$MRS_{XY}^B = \frac{P_X}{P_Y}$，容易得出 $MRS_{XY}^A = MRS_{XY}^B$。也就是经济体中所有消费者的边际替代率相等。这也是我们上面提到的交换的帕累托最优条件。因此，在完全竞争市场中，产品的均衡价格实现了交换的帕累托最优状态。

其次我们来考虑生产者。在生产理论中我们学习过，任意一个厂商在完全竞争市场中追求利润最大化时，都要使任意两种生产要素的边际技术替代率等于这两种要素的价格比率。设 P_L、P_K 分别为生产要素 L 和 K 的均衡价格，则对于使用生产要素 L 和 K 进行生产的厂商 A 来说，$MRTS_{LK}^A = \frac{P_L}{P_K}$。同样，对于使用生产要素 L 和 K 进行生产的厂商 B 来说，$MRTS_{LK}^B = \frac{P_L}{P_K}$，容易得出 $MRTS_{LK}^A = MRTS_{LK}^B$，也就是经济体中所有厂商的边际技术替代率相等。这也是我们上面得出的生产的帕累托最优条件。因此，在完全竞争市场中，要素的均衡价格实现了生产的帕累托最优状态。

最后我们把生产者和消费者综合在一起进行考虑。从生产角度看，完全竞争市场中厂商利润最大化的条件是所生产的 X 和 Y 两种产品的价格分别等于它们的边际成本，即 $P_X = MC_X$、$P_Y = MC_Y$。我们已知消费者效用最大化条件为 $MRS_{XY} = \frac{P_X}{P_Y}$，所以有 $MRS_{XY} = \frac{P_X}{P_Y} = \frac{MC_X}{MC_Y}$。产品的边际转换率为 $MRT_{XY} = \left|\frac{\Delta Y}{\Delta X}\right|$，它表示增加 ΔX 就必须减少 ΔY，或者增加 ΔY 就必须减少 ΔX。因此，ΔY 可以看作 X 的边际成本（机会成本），ΔX 也可以看作 Y 的边际成本。因此，产品的边际转换率又可以继续写成 $MRT_{XY} = \left|\frac{\Delta Y}{\Delta X}\right| = \left|\frac{MC_X}{MC_Y}\right|$。综上可以推出 $MRT_{XY} = MRS_{XY}$。因此，在完全竞争市场中，商品的均衡价格实现了生产和交换的帕累托最优状态。

练习题

一、名词解释

1. 局部均衡
2. 一般均衡
3. 帕累托最优
4. 帕累托改进
5. 交换的帕累托最优
6. 生产的帕累托最优

二、选择题

1. 局部均衡分析是对（　　）的分析。

A. 一个部门的变化对其他部门的影响

B. 一个市场出现的情况而忽视其他市场

C. 经济中所有的相互作用和相互依存关系

D. 与供给相独立的需求的变化

2. 当最初变化的影响广泛分散到很多市场，每个市场只受到轻微的影响时，（　　）。

A. 要求用一般均衡分析　　　　　　B. 一般均衡分析很可能推出错误的结论

C. 局部均衡分析很可能推出错误的结论　　D. 局部均衡将提供合理可靠的预测

3. 帕累托最优配置被定义为（　　）情况下的资源配置。

A. 总产量达到最大

B. 边际效用达到最大

C. 没有一个人可以在不使他人境况变坏的条件下使自己的境况变得更好

D. 消费者得到他们想要的所有东西

4. 经济中生产的所有商品都必须以有效率的方式在个人之间加以分配，这样的要求称为（　　）。

A. 生产的效率　　　　　　　　　B. 分配的效率

C. 产品组合的效率　　　　　　　D. 交换的效率

5. 在甲和乙两个人、X 和 Y 两种商品的经济中，达到交换的全面均衡的条件为（　　）。

A. 对甲和乙，$MRS_{XY} = MRT_{XY}$　　　　B. 对甲和乙，$MRS_{XY} = \dfrac{P_X}{P_Y}$

C. $MRS_{XY}^{甲} = MRS_{XY}^{乙}$ D. 以上所有条件

6. 在两种商品 X 和 Y、两种要素 L 和 K 的经济中，达到生产的全面均衡的条件为（   ）。

A. $MRTS_{LK} = \dfrac{P_L}{P_K}$ B. $MRTS_{LK} = MRS_{XY}$

C. $MRT_{XY} = MRS_{XY}$ D. $MRTS_{LK}^{X} = MRTS_{LK}^{Y}$

7. 小李有 5 个鸡蛋和 5 个苹果，小陈有 5 个鸡蛋和 5 个苹果，小李更喜爱鸡蛋，小陈更喜爱苹果。在帕累托最优状态下，可能（   ）。

A. 小李消费更多的鸡蛋

B. 小陈消费更多的苹果

C. 两个人对苹果与鸡蛋的边际替代率相等

D. 上面说的都对

8. 如果有 A 和 B 两个消费者，对于 A 消费者来说，以商品 X 替代商品 Y 的边际替代率为 5；对于 B 消费者来说，以商品 X 替代商品 Y 的边际替代率为 3，假如 A 和 B 之间最终进行了交换，那么 X 和 Y 两种商品之间的交换比率可能为（   ）。

A. 1 单位 X 和 5 单位 Y 相交换

B. 1 单位 X 和 3 单位 Y 相交换

C. X 和 Y 之间的交换比率介于 1/5 和 1/3 之间

D. 上述均不正确

9. 一个经济中包含了 A 和 B 两个消费者。A 的效用函数为 $U_A(x, y) = 3x + 90y^{\frac{1}{2}}$，B 的效用函数为 $U_B(x, y) = x + 5y$。在帕累托最优的配置下，两人均消费了两种商品。那么 A 消费了（   ）单位的商品 y。

A. 9   B. 6   C. 12   D. 11

10. 在一个两个人埃奇沃斯方盒图中，有两种总量固定的商品，则供给曲线（   ）。

A. 一定与契约曲线相交   B. 一定不与契约曲线相交

C. 不一定与契约曲线相交   D. 无法判断

三、计算题

1. 现在假设一个经济中只有一个生产者不是处于帕累托状态，其余均处于帕累托最优状态；我们假定该生产者在其产品市场上是一个完全垄断者，在其生产产品的要素市场上是一个垄断买方。假设其生产函数为 $Q = 2L$（L 为唯一的生产投入要素）。该厂商的产品的需求函数为 $P = 100 - 5Q$，投入要素 L 的供给函数为 $W = 32 + L$。计算：

（1）当该生产者利润最大时，产品的价格、生产的产量、投入要素的需求量和投入要素的价格是多少？

（2）假如该生产者满足帕累托最优状态，则产品的价格、生产的产量、投入要素的需求量和投入要素的价格是多少？

2. 所有捕鱼者都可以自由进入一个大湖捕鱼，假设每个捕鱼者拥有一只船。如果有 b 只船在湖上捕鱼，每天总捕鱼数量为 $b^{\frac{1}{2}}$。假设每天每条船的捕鱼机会均等，总捕鱼量在每条船只均等分配。捕鱼的成本（比如柴油费）为 $c>0$。每单位鱼的市价为 $p>0$，而且不受捕鱼量的数量影响。问：

（1）在没有干预的情况下，均衡时有多少捕鱼者在湖上作业？

（2）帕累托最优情况的捕鱼船只应该为多少？

（3）假设政府对每条船征收柴油税，那么税率应该为多少才能保证帕累托最优？

四、分析说明题

1. 什么是帕累托最优配置，其主要条件是什么？

2. 为什么完全竞争市场机制能够实现帕累托最优状态所要求的三个条件？

3. 整个经济原来处于全面均衡状态，如果某种原因使商品 X 的市场供给（S_X）增加，试考察：

（1）在 X 商品市场中，其替代品市场和补充品市场会有什么变化？

（2）在生产要素市场上会有什么变化？

（3）收入的分配会有什么变化？

4. 假设：①一个简单经济最初处于全面的长期的完全竞争均衡；②L 和 K 是仅有的两种生产要素，各有一定的数量；③仅有两种商品 X 和 Y，X 的劳动密集程度（即 L/K 的比例）大于 Y；④商品 X 和 Y 互为替代品；⑤X 行业和 Y 行业是成本递增行业。那么：

（1）以局部均衡的观点来看，如果 D_X 上升将会发生什么情况？

（2）Y 商品市场将会发生什么变化？

（3）劳动和资本市场将会发生什么情况？

（4）劳动和资本市场中发生的变化是如何影响整个经济的？

第九章　市场失灵和外部经济政策

学习目的

1. 了解市场失灵的微观表现
2. 掌握垄断造成低效率的原因及对垄断的管制
3. 掌握外部影响造成资源配置失当的原因及纠正由于外部影响所造成资源配置不当的政策
4. 了解科斯定理
5. 掌握公共物品最优数量的确定
6. 了解公共选择理论

重点

垄断造成低效率的原因及对垄断的管制；外部影响造成资源配置失当的原因及纠正由于外部影响所造成资源配置不当的政策

难点

公共物品最优数量的确定

引导案例

市场失灵将医药行业引入囚徒困境

中国广大人民群众看病治病的医疗费用飞速上涨，看一次病花费上千元、住一次院或动一次小手术花费几万元已经成为普遍现象。将医疗卫生行业彻底市场化之所以对整个社会极其有害，是因为在医疗和医药行业中存在严重的"市场失灵"，而医疗和医药行业中的"市场失灵"又有两个主要来源：一个是传染病的预防和治疗的特殊性质；另一个是医疗和医药行业中严重的信息不对称。

霍乱、鼠疫、非典型肺炎等是具有极强传染能力和很高死亡率的恶性传染病，能够在相互接触的人中间很快流传。这样，任何人感染这一类传染病并受其伤害，不仅会使他个人的福利受到损失，而且会给其他人造成受恶性传染病伤害的危险，给其他人带来极其严重的威胁和伤害。用经济学的术语说，个人"感染传染病"这一事件具有极强的"外部性"，只不过个人"感染传染病"这一事件并不是对个人有好处的一种"物品"，而是对个人造成极大伤害的"坏东西"。个人"感染传染病"这一事件的严重外部性，使"对传染病的预防和医治"成为一个公共物品。像任何公共物品一样，对"传染病的预防和医治"这种物品的"消费"是非争夺性的和非排他性的：受到各种预防和医治传染病措施保护的绝不是单个的个人，而是全体居民中的每一个人；每一个居民受这种措施保护不妨碍其他居民受同一措施保护，而且每一个居民受这种措施保护时也不能不让其他居民受同一措施保护。而在提供公共物品方面，市场通常是没有效率的：让每一个人仅仅为自己去"生产"或"购买""传染病的预防和医治"这种"物品"，不仅效率极低，有时甚至根本就不可能。

医疗和医药行业中"市场失灵"的另一个主要原因是，这些行业中存在严重的信息不对称，而信息的不对称越严重，彻底的市场化交易的效率就越低。首先，医疗服务的买方与卖方之间的信息不对称主要是医生与求诊者之间的信息不对称。其次，即使正确地诊断出了求诊者所患的疾病，医生也可以利用自身在应当如何医治、到哪里医治等方面的信息优势，诱导消费者多花钱从而为自己牟利。最后，即使知道了求诊者是否患病、患了何种病、应当如何医治及到哪里医治这种病，医生仍然可以利用他在治病时应当使用什么药、什么器械以及这些药和器械的价格方面的信息优势，让患者多花许多不必要的钱以便增加自己的收入。由于医疗服务的买方与卖方掌握的信息在上述三个方面都严重不对称，医疗服务的卖方又有极强的动力要把买方的货币支出最大化，这就使得中国的医疗费用日益高昂，看病也越来越贵。

当然，如果仅仅是医疗服务的买方与卖方的信息不对称，但提供医疗服务的医生却并没有将求诊者的货币支出最大化的动力，医疗费用也不会如此之高。而目前中国医疗行业的最大问题恰恰是医疗服务的提供者——医院和医生都有极强的动力把求诊者的货币支出最大化。这是因为在目前的中国，求诊者的货币支出会变为医院的货币收入，越来越多的医院追求自己的货币收入最大化，并且将医生的职业地位、个人收入与医院出售的药物、检查等医疗服务的货币收入挂钩。

（资料来源：左大培. 市场失灵将医药行业引入囚徒困境 [J]. 政治经济学评论，2006，1（2）：54-72.）

实际上，要尽可能消除医疗行业中的资源配置扭曲，政府措施还是远远不够的。"市场化改革"的卫道士们肯定会指责说，这些措施"破坏了市场经济的正常运行"。但是，如果不实行这些措施，医疗行业中的资源配置扭曲就会给整个社会的福利造成巨大的损害。在医疗这样有着严重的信息不对称的行业中，单纯追求盈利的"市场化行为"对整个社会都是极大的伤害。前文我们研究了市场是如何配置稀缺资源的，讨论了在完全竞争条件下一般均衡和帕累托效率的一致性。但是，市场效率是有条件的，只能是有限范围内的。在垄断、公共产品和外部影响这些因素的干扰下，市场会出现失灵，价格机制不能正常发生作用，资源配置就不能达到最优状态。在这种情况下，政府必须实施微观经济政策以矫正这些缺陷，使经济社会接近完全竞争的市场机制。

第一节 垄断

【案例 9-1】

机场内商品的价格

在浦东机场，一碗吃不饱肚子的"烧肉拉面"没什么特别用料就卖到了 45 元。与此同时，在南京路附近一家豪华面馆吃这种面，一碗也就 20 元出头。无独有偶，据《华商报》报道，有人在西安咸阳国际机场也亲身体验到餐饮价格贵得没边没谱儿：一碗牛肉面 38 元，一碗炸酱面 38 元，一碗水饺 38 元，一碗馄饨 35 元。而这些食品在普通店里只卖几元钱。2 元一瓶的可乐在机场餐厅卖到了 10 元，一杯普通的柠檬茶要价 30 元。其实不只是这两家机场的商品价格特别高，各地机场的情况大多如此。

在乘坐飞机越来越大众化、机票天天喊打折的今天，机场餐饮收费为何居高不下？目前各大城市的机场多设在郊区——"前不着村、后不着店"。因此机场所辖范围内，自然形成了一个各行业垄断经营的圈子。旅客在机场待机或滞留期间，除非是自备干粮酒水，否则，就只能到机场商店消费。换言之，机场商店本来就具有"只此一家，别无分号"的经营条件。

不过，广东省广州市出台的《新机场候机楼商业价格管理暂行规定》中增加了最高限价方面的内容。最高限价原则主要是针对零售商品价格、餐饮类服务价格、品牌店商品价格，要求机场价格不得高于其在广州市中心设立的同一品牌店的价格。记者在候机楼内检查时发现物价确实有所调整，在一个水果店，罐装可乐只卖 3 元钱，甚至比市区部分地方的价格还便宜。但水果的价格则普遍比市区的贵一点，据有关人士解释，这是因为水果比较容易腐烂，而且运输不方便。此外，专卖店、首饰店等也明确向媒体表示，它们实施全市等价，有的甚至在机场分店推出优惠，以吸引旅客在候机的同时进行购物。

（资料来源：王英，刘碧云，江可申. 微观经济学［M］. 南京：东南大学出版社，2011.）

本章以前的整个微观经济理论中心，是要证明市场价格机制的完善性，证明在"看不见的手"的调节下，能够解决"生产是什么？如何生产？为谁生产？"三个基本经济问题，能够实现整个经济和谐稳定地发展。但是，事实并非如此，价格的调节作用并不像理论上所说的那样完美，价格在调节经济的同时，也会引起许多副作用，这种情况被称为"市场失灵"。

一、市场失灵

市场失灵是指完全竞争的市场机制并不是完美无缺的，它在很多场合不能实现资源的有效配置或充分利用，即使实现了，也不一定能实现社会福利的最大化，即帕累托最优。

市场自身的不足表现在微观层面就是市场失灵，具体有：

垄断。竞争有利于经济效率的提高，但竞争必然产生垄断。垄断会给社会生产的进一步发展提供有利的条件，但也会破坏市场机制的正常作用，造成资源浪费，侵害消费者利益，引起社会收入分配的不平等。

外部影响。外部影响是指一个微观单位的经济生活对其他微观经济单位或整个社会造成的有利或不利的影响，这种影响是市场机制无法调节或解决的。

公共物品的缺失。公共物品是指提供整个社会共同享用的物品，如国防、公安、公共卫生等，这种物品是无法在市场机制下生产和提供的。

信息不完全。在现实经济生活中，信息常常是不完全的或不对称的。信息的不完全或不对称会破坏市场效率，产生逆向选择和道德风险。

收入分配不公。市场经济中的价格机制无法兼顾社会的非市场目标，缩小贫富差距。

本书重点论述前三种市场失灵的微观表现。

二、垄断与市场失灵

严格地说，垄断是指一家厂商控制一个行业的全部销售量，即只存在唯一卖者的市场结构。但是，如果按照这一定义，在西方国家很难找到一个垄断组织，从而在理论上垄断干扰了市场机制的说法也就很难成立。因此，西方经济学在提供微观经济政策建议时，不得不给垄断下一个广义的定义，认为垄断是一个或几个厂商控制一个行业的全部或大部分供给的情况。按照这一定义，美国的钢铁工业、汽车工业、飞机制造业、化学工业等都属于垄断市场。这些市场的大部分供给被少数几个厂商所控制。

如何评价垄断问题,在西方学者之间是有争议的。有些西方学者赞成垄断,认为大企业的联合比单个厂商更能展开有效竞争,更能获取规模经济效益,更能进行研究和开发工作。但是更多的西方学者在理论上反对垄断,认为垄断存在许多问题:垄断厂商通过控制产量提高价格的办法获取高额利润,损害消费者的利益,妨碍市场机制的有效运作,使资源配置和收入分配不合理;垄断造成经济和技术停滞等。因此,他们认为,必须反对垄断,推动竞争。

在实践中,以美国为主的西方发达国家都不同程度地制定了反托拉斯法。1890～1950年,美国国会通过了一系列反对垄断的法案和修正案,其中包括《谢尔曼法》(1890年)、《克莱顿法》(1914年)、《联邦贸易委员会法》(1914年)、《罗宾逊—帕特曼法》(1936年)、《威勒—李法》(1938年)和《塞勒—凯费维尔法》(1950年)。在其他西方国家中也先后出现了类似的法律规定。

现代西方经济学认为,在完全竞争的条件下,市场的需求和供给决定价格,而价格又调节着市场的需求量和供给量,从而实现社会资源的有效配置。另外,在市场的调节下,消费者可以实现效用的最大化,生产者可以实现产量的最大化,社会可以达到帕累托最优状态,市场是有效率的。但是,在存在垄断的条件下,竞争受到限制,市场调节将会失灵。

垄断有两种情形:一种是自然垄断;另一种是市场垄断。自然垄断是指一个行业由一家厂商来生产将达到最高效率的情况下所产生的垄断。自然垄断的产生有两个原因:一是规模经济,二是范围经济。规模经济是指随着产量的增加平均成本趋于下降的情形。在某些行业里,特别是在公用事业部门里,当厂商的产量增加时,平均成本不是先趋于下降再趋于上升,而是不断地趋于下降,因而由一家厂商来提供产品是最经济和最有效率的。例如,在一座城市里,由一家水厂提供自来水或由一家电厂提供电力,成本将降低;由一家以上的水厂或电厂来提供自来水或电力,成本将提高。因此,某些产品的性质决定了由一家厂商来生产是最经济的,从而形成了自然垄断。范围经济是指一家厂商同时生产多种相似的产品所产生的成本节约的情形。例如,一家生产轿车的厂商具备生产汽车的技术和设备,它在生产客车和卡车方面将具有某种优势。如果这家生产轿车的厂商增加客车和卡车品种的生产,将比另外建立新的工厂生产客车和卡车节约成本。因此,当某家厂商凭借它的优势扩大生产范围时,便产生了自然垄断。

市场垄断是指由于某家或某几家厂商控制了市场的供给或需求而产生的垄断。市场垄断的产生有两个原因:一是产品差别,二是法律限制。产品差别是指由于某种产品本身的差异或销售条件的差异造成买者对这种产品具有特定的偏好,从而使生产这种产品的厂商处于垄断地位。法律限制是指政府对某些行业竞争的限制,它包括专利限制、进入限制和外贸限制。首先,政府为了鼓励发明的积极性,对发明者的专利给予保护,赋予发明者独自生产具有专利的产品或使用具有专利的生产方法,从而使发明者在某种产品的生产上处于垄断地位；其次，政府为了得到递增的规模报酬或实现生产成本的下降，特许某一家或某几家大厂商经营某个行业的生产，从而使这家或这些厂商处于垄断地位；最后，政府为了保护国内某些行业，对国外同类产品的进口征收高额关税或实行低配额，从而使生产这些产品的厂商处于垄断地位。

在存在自然垄断或市场垄断的条件下，垄断厂商可以对商品的价格实行控制，商品的价格不能真正反映市场供求的情况并随着供求的变化而变化，市场调节将失灵。

三、垄断与低效率

前面对垄断厂商利润最大化的长期均衡状况的分析，已经证明了垄断厂商在达到长期均衡时，并没有达到帕累托最优状态。在其利润最大化的产量上，价格高于边际成本，表明消费者为增加一单位产品购买所支付的代价超过了生产该单位产品所引起的成本，意味着存在帕累托改进的余地。如图 9-1 所示，为简单起见，这里假定平均成本和边际成本相等且固定不变，由图中水平线 AC = MC 表示，垄断厂商按照边际成本等于边际收益的原则确定最优产量为低于竞争行业的产量 Q_m，在该产量上垄断价格为 P_m，显然该价格高于边际成本。在完全竞争的情况下，价格等于边际成本，从而在均衡时，消费者增加一单位商品购买所支付的价格正好等于厂商生产该产品的边际成本。但在垄断的情况下，消费者所支付的货币额比在竞争情况下所需支付的货币额要多，垄断厂商能以竞争厂商做不到的方式获利。

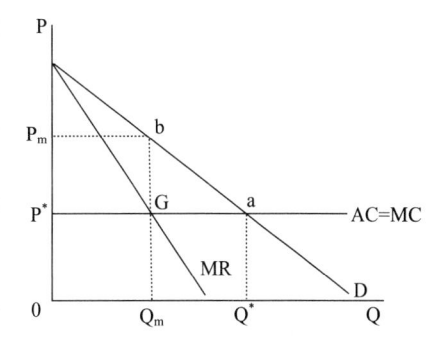

图 9-1 垄断与低效率

那么，是否可以有某种方式使消费者的状况变得更好？如果让垄断厂商再多生产一单位产品，消费者按低于垄断价格但高于边际成本的某一价格购买该产品，则消费者的福利会进一步提高，因为此时消费者实际支付的价格低于其本来愿意支付的价格。按照帕累托最优状态，最优产量应在什么地方呢？应在 Q^* 产量水平上，此时需求曲线与边际成本曲线相交，消费者为增加一单位产品购买支付的价格等于生产该产品的成本，达到帕累托意义上的最优产品。若厂商生产 Q^* 产品，并在等于边际成本的价格 P^* 上出售产品，那么垄断厂商的利润会下降 $(P_m - P^*) \cdot Q^*$。但由于价格下降给消费者带来的好处是全部的消费者剩余，即图中 $P_m b a P^*$ 围成的面积，它超过了垄断厂商利润损失的那部分面积，因而存在帕累托改进的余地。如果这个利益可以在厂商和消费者之间进行适当分配，则双方的利益都会得到增进。

在现实中，之所以垄断厂商的均衡产量不会确定在帕累托最优状态，是因为垄断厂商和消费者之间无法达成相互满意的一致意见，如垄断厂商与消费者在如何分配增加产量所得到的收益问题上可能存在很大分歧，以至于无法达成一致，而且消费者之间在如何分摊弥补垄断厂商由于增加产量而带来的利润损失的支付问题上也可能难以达成一致意见。此外，也可能无法防止某些消费者不承担相关支付而享受价格降低的好处等问题。基于上述种种原因，无法实现依靠市场机制调整无效率的垄断情况，或者说在垄断情况下，市场是失灵的。

四、垄断的公共管制

垄断常常导致资源配置的低效率，垄断利润通常也被看成是不公平的，这就有必要对垄断进行政府干预。对于政府来说，解决垄断条件下的价格高于竞争价格这一问题，方法之一是对垄断厂商可能索取的价格进行管制。如果一个垄断厂商在正常情况下索取15美元的价格，那么，政府可以实施一个12美元的最高限价，以便降低消费者使用该产品的成本。一般而言，在一个竞争市场上实行最高限价会导致产量减少，从而造成在控制价格下的产品短缺和非价格配给。但是，垄断厂商对最高限价的反应方式与竞争行业不同，在一定条件下，对垄断价格的强制限制可能会导致垄断产量的提高。我们知道，垄断厂商限制产量的目的是索取较高的价格，实施最高限价意味着限制产量不能得到较高的价格，所以，最高限价将消除垄断厂商限制产量的理由。如图9-2所示，垄断厂商的需求曲线是AD，边际收益曲线是MR，在不存在价格管制的情况下，该厂商最有利可图的产量为Q_1，此时边际收益等于边际成本，垄断厂商索取15美元的价格P_1。现在政府实施了12美元的最高限价，使得垄断厂商的需求曲线变成了P_2CD。由于从零到Q_2产量之间的任何产量决策都能以12美元的价格出售，所以，与该厂商产量决策相关的需求曲线在这一产量范围内是一条水平线P_2C。超过Q_2的较高水平的产量仍可以按照低于12美元的价格出售，因此，需求曲线CD段与原需求曲线仍然是相同的。同时由于边际收益曲线是随着需求曲线而变化的，在需求曲线为水平段时，边际收益曲线与需求曲线重合，也就是说，P_2C也是Q_2产量之前的边际收益曲线。在大于Q_2产量水平上，原有的需求曲线没有变化，所以原有边际收益曲线的FM段仍然是CD段需求曲线的边际收益曲线。

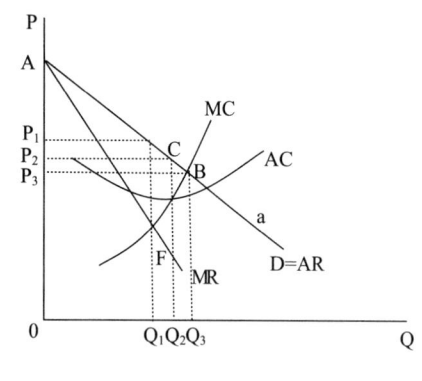

这样，边际收益曲线是非连续的。当产量为Q_2时，边际收益等于价格，而当再增加单位产量时，厂商价格将会陡然下降。在实行最高限价后，对应于最初产量水平Q_1的利润必定下降，因为在此产量上的边际收益P_2C大于边际成本，所以垄断厂商可以通过扩大产量弥补一些利润损失。例如将产量从图中的Q_1扩大到Q_2后，其边际收益都是超过边际成本的，这表明在这一产量范围内，利润是随着产量的扩大而增加的。但超过Q_2，边

际收益就会低于边际成本。

很明显,当管制价格在 P_2 且产量在 Q_2 处,垄断造成的净损失减少了,若管制价格进一步下降,产量则进一步增加,净损失还会进一步下降。在价格达到 P_3 时,平均收益或价格等于边际成本,产量达到完全竞争的水平,垄断引起的净损失已经被消除,从而实现了帕累托最优状态,此时垄断厂商仍然可以得到一部分经济利润。若政府试图制定一个更低的"公平价格"以消除垄断的经济利润,价格应在平均收益等于平均成本的水平上,但由于这时的边际成本大于价格,已经违反了帕累托最优条件。

五、反托拉斯法

政府对垄断更加强烈的反应是制定反垄断法或反托拉斯法。

尽管许多国家已通过了反托拉斯法令,并有积极的反托拉斯行动计划,但第一个就垄断企业和垄断化通过国家立法的是美国。诚然,早在美国 1890 年通过《谢尔曼法》之前,英国已经开始了某些反垄断工作。但是,美国在反托拉斯立法、实施和研究方面曾经并仍然居于领先地位。

美国在反托拉斯法中的垄断含义不仅包括完全垄断,还包括寡头垄断;不仅包括实际垄断,还包括垄断倾向。英国政府反垄断的工作可追溯到 19 世纪末。在此后的 100 多年间,美国国会又通过了一系列补充性法案来加强反垄断工作,经过不断补充和完善,四部相关联邦立法构成了有关企业规模和集中度的基本法律。

1890 年,美国通过了第一部反垄断法——《谢尔曼法》。这部法案的核心集中体现在以下两个条款中:第一,任何以托拉斯或密谋形式发生的合约和联合,如果限制了州际之间和各国之间的贸易或商业活动,均为非法行为;第二,任何个人,如果将要实现垄断或企图垄断,或伙同他人以联合或密谋的形式垄断任何州或跨州、跨国的贸易或商业活动,将被判为有罪。

如果说《谢尔曼法》主要针对已经存在的垄断行为,1914 年通过的《克莱顿法》则更强调防患于未然。该法案主要从四个方面来加强《谢尔曼法》,使其意图更加明显。其中,第二部分规定价格歧视非法,当价格歧视并非基于正常成本差异且影响到竞争时,将被视为非法;第三部分禁止捆绑合同,捆绑合同是指卖方在买方购买某一商品的同时强行向其销售另一种商品的行为;第七部分规定当结果有可能削弱竞争时,禁止收购竞争对手公司的股票;第八部分禁止组成具有互锁关系的董事会以降低竞争,一公司的董事不得同时在另一家具有竞争关系的公司担任董事。

1914 年的联邦贸易委员会法案设立了由 5 个成员构成的联邦贸易委员会(FTC),同美国司法部共同负责反垄断法的执行。FTC 被授权主动或应受伤害公司的要求调查不公平竞争实践,如果有必要,可就此类抱怨举行公众听证会。当发现有"不正当商业行为"时,它可下达终止令。1938 年出台的《威勒—李法》又赋予了 FTC 监管"欺诈性商业活动和实践"的权力,自此,FTC 力图保护公众不受虚假产品广告和描述的误导,这就扩大了联邦贸易委员会监管非法商业行为的范围。

1950 年的《塞勒—凯费维尔法》对《克莱顿法》的第七部分进行了补充。虽然原规定禁止竞争性公司通过购股方式合并（由此可降低竞争),但企业可以通过实物资产交换方式来规避这一规定。修正后的《塞勒—凯费维尔法》弥补了这一法律漏洞,该法案禁止实际上以减少竞争为目的的实物资产合并行为。这就从法律上禁止了以任何形式进行的反竞争合并。

总体来看,美国的反垄断法适用于几乎所有行业和公司。美国反托拉斯法的主要内容为限制贸易的协议或共谋、垄断或企图垄断市场、兼并、排他性规定、价格歧视、不正当竞争、欺诈行为。美国政府实施反垄断法的最终目的是"通过促进市场竞争来保护经济自由和机会"。美国反托拉斯法的执行机构是联邦贸易委员会和司法部反托拉斯局。前者主要反对不正当的贸易行为,后者主要反对垄断活动。反托拉斯法又称为反垄断法,是政府反对垄断及垄断行为的重要法律手段,许多发达国家都有反垄断法。

第二节　外部性

【案例 9-2】

塑料袋应该由谁埋单

一个不争的事实是,塑料袋的使用给人们带来了诸多方便。不论大商场、超市或集市以及各种小商店,都会主动提供免费塑料袋,这似乎是商家与消费者两相情愿的事。仔细分析却可以发现,其实不然。塑料袋不易降解,而且容易飘散,这给垃圾回收、运输带来了许多麻烦,因而容易造成环境污染。

对于厂商来说,塑料袋生产成本较为低廉,从这个意义上来讲,私人成本较低。但是,这却给环境造成了较大的污染,即导致了较高的社会成本。为了响应环保号召,曾有个别超市宣布对塑料袋收取少量费用,以减少塑料袋的使用,但是应该向消费者提供收费塑料袋,以方便消费者。

(资料来源:刘东. 微观经济学教程 [M]. 北京:科学出版社,2010.)

根据外部影响的"好与坏",外部效应可以分为"正的"和"负的"两种。公共物品属于正的外部效应,而环境污染等造成的影响属于"负的外部效应",其特征是引起他人效用的降低或成本的增加。

一、外部性及其分类

市场有效配置资源的一个假定是单个消费者或生产者的经济行为对社会上其他人的福利没有影响，即不存在所谓的"外部影响"。但是在实际生活中，这个假定往往不存在，个人利益最大化的行为往往不会带来社会效益的最大化。也就是说，人们的行为总是存在外部效应。经济学中的外部效应（外部性）是指在实际经济活动中，生产者或消费者的活动给其他生产者或消费者带来的非市场性影响。这种影响可能是有益的，也可能是有害的。有益的影响（收益外部化）称为外部经济性，或正外部性，指一个经济主体对其他经济主体产生积极影响，无偿为其他人带来利益；有害的影响（成本外部化）称为外部不经济性，或负外部性，即产生负面外部影响的经济活动。外部不经济给其他经济单位带来消极影响，对他人施加了成本。生活中外部性的例子很多。如一个养蜂的人和栽种果树的农场主之间相互施加了正的影响，他们的行为为典型的外部经济。农场主为蜜蜂提供了蜂源，提高了养蜂者的产量，同时，蜜蜂采蜜过程中加速果树的授粉，提高了水果的产量，双方互相无意识地为对方带来好处。相反，有的工厂烟囱浓烟滚滚，造成空气中粉尘弥漫，四邻的人不能开窗，不能穿白领衬衫，更增加了患呼吸系统疾病的风险。有的工厂把污水直接排入江河农田，发黑发臭的水使鱼虾和作物死亡。某地方在建设高速公路时进行爆破作业，不料惊动了附近一个养兔场，兔子的胆子特别小，好多兔子受惊后精神失常，怀孕的母兔流了产，造成了经济损失。烟民在公共场合吸烟导致周围的人被迫吸二手烟而健康受损。飞机、火车给机场和火车站附近的居民带来了噪声污染。这些都是外部不经济的例子。有的活动兼有正的和负的外部性。例如某户人家养狗，使小偷不敢光顾这一带，但增加了该社区狂犬病的传播概率。

二、外部性对资源配置的影响

无论何种类型的外部影响，都将造成同一后果：资源配置偏离帕累托最优状态。外部影响是如何导致资源配置不当的呢？

1. 外部不经济时资源配置的非优情况

当存在外部不经济时，单个经济行为者从事某活动的私人成本小于社会成本。在市场经济中，个人经济活动的决策基于私人成本与私人利益的比较，只要这个经济行为者从事该项活动所得到的私人利益大于私人成本而小于社会成本，个人就会采取其经济活动，尽管此时从社会的观点看，该项活动应减少或停止。一般而言，在存在外部不经济的情况下，私人活动的水平常常要高于社会所要求的最优水平。假设有一个制造污染的造纸厂，图 9-3 中 MC 表示厂商的边际成本曲线，而社会成本由私人成本加上其给社会造成损失的外部成本构成，用 MSC 表示，社会成本必然高于私人成本。

当完全竞争市场的价格为 P* 时，厂商为追求利润最大化，其产量确定在价格或边际收益等于边际成本的水平 Q_2 上，但从全社会资源最优配置的要求看，使社会利益达到最大的产量应当定在社会边际收益（可以看作价格）等于社会边际成本的水平 Q_1 上。

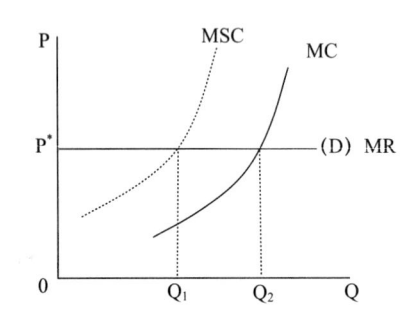

图 9-3 外部不经济时资源配置不当

2. 外部经济时资源配置的非优情况

当存在外部经济时，单个经济行为者从事某活动的私人利益小于社会利益，按照利益最大化原则，只要个人从事某一经济活动所支付的私人成本大于私人利益而小于社会利益，则个人就不会采取这项活动，尽管从社会的角度看，继续进行该项活动是有利的。显然在这种情况下，没有实现帕累托最优状态。由于个人受到的损失小于社会上其他人所得到的好处，因而可以从社会上其他人所得到的好处中拿出一部分来补偿行动者的损失，这会使社会上某些人的状况变好而没有使他人的状况变坏。由此可见，在存在外部经济的情况下，私人活动水平常常低于社会资源最优配置所要求的最优水平。

三、有关外部影响的政策

通常，解决外部性的基本思路是外部影响内在化。主要政策手段包括：

第一，庇古税和补贴。政府可以对那些有外部不经济性的行为征税，与此同时，补贴那些有外部经济性的行为，从而使外部性内在化。用于对付外部不经济性影响的税收被称为庇古税。但是，如何制定征税或补贴标准呢？从理论上说，对造成外部不经济的家庭或厂商实行征税，其征税额应该等于该家庭或厂商给其他家庭或厂商造成的损失额，从而使该家庭或厂商的私人成本等于社会成本。对于产生外部经济的家庭或厂商，政府应给予补贴，其补贴额应该等于该家庭或厂商给其他家庭或厂商带来的收益额，从而使该家庭或厂商的私人利益和社会利益相等。与管制相比，经济学家们普遍更倾向于使用庇古税。为了更好地说明问题，我们来看下面的例子。某地有一造纸厂和化肥厂，每家都要排放 4000 吨的废弃物。现在，当地环保部门试图控制它们的排放量以改善环境，为此设计了两种方案：其一，管制政策，即环保部门命令每家厂商只能排放 2000 吨的废弃物；其二，征收庇古税，即对每个厂商征收每吨废弃物 2 万元的税收。

在大多数经济学家看来，在减少污染总水平上，管制政策与征收庇古税两者同样有效。因为环保部门可以把税收确定在某一适当水平，从而使得每家厂商的废弃物排放量与环保部门所期望的管制量一致。经济学家之所以偏爱税收，主要原因在于它在减少污染上更有效率。虽然管制可以要求每个厂商减少相同量的废弃物，但这并不是最佳的办法。一种完全可能的情况是，化肥厂减少污染的成本比造纸厂低。那么化肥厂对税收的反应是大幅度地减少污染以减少纳税，而造纸厂减少的污染则要比化肥厂少，与此同时，它缴纳的税多。反之亦然。换句话说，庇古税实际上是对污染权进行分配。与市场把物品分配给那些对物品评价最高的消费者一样，庇古税把污染权分配给那些减少污染成本最高的工厂。总而言之，通过征收庇古税，环保部门可以最低的成本达到所规定的染污水平。此外，经济学家还认为，在管制政策制定后，厂商的废弃物排放量一旦达到2000吨后，就没有理由再减少排放量，而税收则可以激励厂商开发更为先进的技术，以减少废弃物排放量，从而减少厂商所支付的税收量。

第二，企业合并。将施加和接受外部成本或利益的经济单位合并是解决外部性的第二种手段。存在外部效应时，市场之所以失灵是因为经济活动主体作决策时没有考虑可能产生的一些外部效应。当几个企业合并成一个企业之后，其生产决策就会考虑到所有的成本与收益。以河流上游的化工厂和河流下游的养鱼场为例，当它们是两个企业时，化工厂进行生产决策时不会考虑到下游养鱼的利益，但当它们合并为一个企业时，为了使企业利润最大化，不得不考虑化工生产对渔业生产的负面影响，进而对化工生产和渔业生产进行协调，达到社会资源的有效配置。对具有外部经济性的好事，也要设法将其内部化，以使"肥水不流外人田"。例如，当一家新的电影院建成并开张以后，它周围那些小吃店的生意会好起来，这时电影院不妨自建一个餐馆。这也是现在许多企业搞多元化经营的一个原因，多元化的项目最好是外部经济性所及之处。除了以上两种处于经济层面的干预方式外，政府还应对一些经济手段解决不了的外部性问题采取行政管理、制定法律、政府指导等方式。例如制定污染标准，对污染超出一定标准的企业限令整改或停产等。

第三，明确产权。明确产权这一措施的思想来源于以科斯为代表的产权学派经济学家。在许多情况下，外部性导致资源配置失当，多是由产权不明确造成的。如果产权完全确定并能得到充分保障，就可杜绝一部分外部性发生。因为在产权明确的条件下，通过市场交易就可以解决一部分外部性问题。以造纸厂排放污水所造成的外部不经济性为例，假定政府给予下游养殖场不受污染的权利，如果上游的造纸厂想把污水排放到河中，则需要同下游的养殖场协商，将这种权利购买过来，从而让造纸厂承担了污染成本。

在上述三个政策中，前两个政策强调政府的作用，而最后一个政策则强调依靠市场本身解决外部性问题。

四、科斯定理

20世纪60年代之前，在处理外部性问题的过程中，经济理论界基本上沿袭庇古的引入政府干预力量的思想，运用课税或给予补贴的方法解决。这一传统被美国著名经济学家科斯打破。1991年的诺贝尔经济学奖获得者科斯在1960年发表了《社会成本问题》一书，确定了科斯于1937年在《企业的性质》中提出的"交易费用"（又称交易成本，指完成一笔交易时，交易双方在买卖前后所产生的各种与此交易相关的成本）。这两篇论文要解决的重要问题之一就是外部不经济问题。科斯教授在《社会成本问题》中提出了著名的"科斯定理"。

以科斯为代表的产权经济学家指出，只要明确界定产权，经济行为主体之间的交易行为就可以有效地解决外部性问题。著名的科斯定理概括了这一思想。科斯定理表述如下：只要法定权利可以自由交换，且交易成本等于零，那么法定权利的最初配置状态对于资源配置效率而言就是无关紧要的。科斯在《社会成本问题》一书中提出：无论哪一方拥有产权都能带来资源的有效配置。例如，牧场主和农场主是邻居，牧场主的牛经常闯入农场主的田地并践踏庄稼，如果这片土地的产权没有界定（比如是公共地产），那么践踏庄稼所带来的损失就是一种外部成本。现在，假定农场主拥有农场的土地产权，那么牧场主必须为他的牛所犯的过失向农场主支付赔偿，否则农场主可与他对簿公堂。这样，践踏庄稼所带来的损失就变成了牧场主的内部成本，他会好好管束他的牛，减少牛损害庄稼的事件发生。最优的结果不是杜绝这类事件发生，而是使牧场主管束牛的边际成本正好等于他需要付给农场主的赔偿费（损害庄稼的经济损失）。

科斯还认为，即使牧场主拥有这片土地的产权，拥有让他的牛践踏庄稼的权利，农场主（相当于租户）将愿意贿赂牧场主，通过支付给牧场主一定的补偿，让他不要放牛出来毁坏自己的庄稼，因为牛少毁坏一点庄稼，农场主的利润就能多一点，所以这种贿赂的金额，最高也会达到牛损害庄稼带来的经济损失，最终"均衡"的损害庄稼的水平将与农场主拥有土地产权的情形一样。

如果只是考虑资源的最优配置的话，将产权赋予交易的任何一方都没有什么差异，只要产权是明晰的，并受到法律的有效保护，双方之间的谈判和交易会带来资源的最有效利用，这就是科斯定理。即不管权利属于谁，只要产权关系界定明确，那么私人成本和社会成本就不会产生背离，而一定会相等。虽然权利属于谁的问题会影响财富的分配，但是如果交易费用为零，无论权利如何界定，都可通过市场的交易活动和权利买卖者的互订合约而达到资源的最佳配置。产权界定在不同的人身上只是带来收入分配上的不同，当农场主拥有产权时，牧场主必须付出补偿；当牧场主拥有产权时，农场主必须付出补偿。在两种情况下，牛践踏庄稼的事件都下降到最低水平（不一定是零），只是不同的人承担了成本或享受了收益。

结合科斯定理，我们分析化工厂排放污染的例子，只有在污染的权利不明确的情况下才会偏离帕累托最优状态。如果我们假定厂商有向空气中排放废气的权利，而居民对清洁空气没有产权，那么厂商就没有动力把废气排放成本纳入生产成本，导致废气产生的成本外部化，造成外部成本问题。假如居民对清洁空气有产权，就可以要求厂商向他们付钱以获得排放废气的权利。厂商或者停止生产，或者支付与废气相关的成本，外部成本就会内部化，资源的有效配置就会实现。所以，若要明确界定污染的权利，可以通过给予化工厂污染的权利，或者给予居民不受污染的权利。化工厂与居民之间的自由交易，可以使污染量符合帕累托最优条件，也就是使污染符合社会的最优标准。

科斯定理使人们推断，在解决外部性时，可以用市场交易形式替代法律程序以及其他政府管制手段。然而，由于科斯定理所设置的一些假定条件（如交易费用等于零等）在现实生活中不存在。因此，科斯定理虽然引起了理论界的极大轰动，但也引起了激烈的争议和批评。比如科斯定理无法解决"搭便车"问题；在外部性涉及人数众多时，外部性问题内在化的成本是巨大的；建立一系列的财产权反而会产生低效率等。尽管科斯定理被人们认为具有一定局限性，但它主张利用明确的产权关系来提高经济效率，解决外部性给资源最优配置造成的困难，尤其是解决公共资源中出现的严重外部性问题，具有不可低估的重要意义。

必须指出，科斯所阐明的私人交易可以使外部效应内部化的道理，有一个重要的限制条件，那就是这一理论分析是以不存在交易成本为前提的，如果存在交易成本，情况就不同了。所谓交易成本，即为达成协议或完成交易所需耗费的经济资源，包括谈判、讨价还价、监督协议的实施等成本。如果人们预见到这些交易成本过大，交易过程本身就不会发生，因为这时人们为了消除外部效应所造成的损失而做出的努力就会是不经济的，于是就不会有私人之间的协议，外部效应就会仍然存在。因此，从理论上说，如果消除一种外部效应带来的收入提高大于为此必须花费的交易成本，那么这种外部效应就会被市场消除；如果外部效应没有被消除，就说明消除它的交易成本要大于消除它之后的收益，因此它是不值得被消除的。交易成本阻碍着外部效应市场的建立，阻碍着外部效应的消除。

第三节 公共物品

【案例9-3】

门票保护不了清华北大的安宁

许多孩子的父母都把暑假带孩子到清华园或者未名湖畔旅游称作"朝圣之旅"，因为这两所中国最著名的大学，是许多家庭心目中的学术殿堂，寄托了他们对于下一代的期待。但是这几年夏天，许多孩子的"朝圣"过程都遭遇到了门票的困惑。有媒体报道说，团体进校参观，清华和北大都要收取门票钱了。

清华、北大这些著名高校收取入校参观费的问题，已经不是第一次被提起了，之所以每年暑假这个问题都成为公众关注的焦点，是因为这些高校作为中国高等教育的符号，承载了中国教育的理想。这个理想就是平等的受教育机会、公正的竞争环境、优秀的人才培养体制和开放的教育氛围。进校参观收费，给这个理想抹上了一层阴影。

其实，参观这两所名校是否该收费并非真问题，真问题在于，我们该如何对待公共资源和公共利益。众所周知，高等院校并非某个人或者某些人的私产，而是典型的公共场所。在这个场所中的各个科研院所和校园设施，都是取之于民用之于民的公共资源。这些公共资源的一个重要作用就是为公共利益服务。我们可以在保护公共利益的前提下来确定该如何保护清华、北大的公共资源，但恐怕不能以门票作为这些资源的准入门槛。

与故宫、颐和园这些被批准收取门票的旅游场所不同的是，清华和北大并非营利性的旅游场所，其门票收入从制度上说，也不能被称为合理收入。如果收取门票，不但需要得到有关部门的许可，还要向税务等部门承担相应的营业税等责任。这就容易使学校的性质在百姓心目中发生偏移。其实作为公共资源，两校每年有来自国家的大量拨款以及取自学生的学杂费，其中的一部分本来就是用于校园的维护和秩序的管理。换位思考一下，我们也应当想到，如何保护公共场所的特定价值，比如维持清华、北大校园的科研和教学秩序，也不是简单地通过收费就能够解决的。在此事曝光之后，许多学者在媒体发表看法，认为可以安排参观时间、分批次地进行参观或者发放参观券等，这些都不失为有益的建议。如果说收费就可以解决秩序问题，那么门票岂不是成了管理的"万能灵药"了？

比起之前两所高校对参观者收费的新闻，现在媒体报道说，两所高校对社会参观者并不收费，而只对团体参观者收费，主要用途是安排讲解和导游等。这种变化应该算是一种进步，但是仍然没有从商业的困惑中彻底跳出来。其实在市场化的今天，作为老百姓心目中的大学圣殿，清华和北大的"圣"并非不食人间烟火，而是"圣"在能够有水平、令人信服地处理包括本校在内的令社会困惑的是非问题。如果把校园的环境维护简单地和入校收费挂钩，那么这种处理方法非但不"圣"，还可能有点"俗"。

大学的作用，不仅在于培养人才，更在于开放的示范教育效应。从这个意义上说，大学从来就不是一个封闭的象牙塔。在全球范围内，很少出现进入高校参观收费的情况。例如在美国，各个高校不但都是开放的，而且每年各校都会安排专门的时间邀请中学生到校园中参观。参观活动包括向孩子们讲解校史，而且对外开放引以为豪的著名系所和实验室。美国的教育工作者认为，高校向孩子们开放，不但有助于增强学校对于未来生源的向心力，而且能够发挥高等教育的理想主义示范作用。

（资料来源：门票保护不了北大清华的安宁［EB/OL］. 腾讯新闻网，2005.）

可以把经济分为私人部门和公共部门。私人部门提供的产品叫作私人物品，公共部门提供的产品叫作公共物品。在许多情况下，物品并不是"纯粹的私人物品"，而是具有一定的"公共性"，即原则上能使社会全体成员共享一种正的外部效应。正因如此，公共物品的存在是干扰自由竞争市场的重要原因之一，需要用"看得见的手"来调节。

一、物品的分类

一般地，根据物品是否具有竞争性和排他性的特点，可以将物品分为四种类型。

私人物品。私人物品是指既具有竞争性又具有排他性的物品。物品的竞争性是指当一个人使用某件物品时，别的人就不能同时使用这件物品。例如自行车，如果你在使用，别人就不能同时使用；再如衣服，如果穿在你身上了，就不能同时穿在别人的身上。物品的排他性指的是一个人拥有某个物品时，可以阻止别人对它的使用。例如对自己拥有的自行车，如果你不想让别人使用，别人就不能使用；自己拥有的衣服，没有经过你的允许，别人同样也不能穿，也就是说你可以阻止别人使用。现实生活中大多数的物品是私人物品，市场要有效率地运行，实际上隐含地假设物品是私人物品。

公共物品。公共物品是那种不论个人是否愿意购买，都会使社会每一个成员获益的物品。公共物品具有非排他性和非竞争性。要阻止人们使用公共物品几乎是不可能的，或者说非常困难，每个人都可以免费使用，这是公共物品的非排他性。同时，当一个人使用公共物品时，不会影响别人使用，而且一旦公共物品被生产出来，多增加一个人使用并不会增加任何成本，这是公共物品的非竞争性。国防便是典型的例子。

公共资源。公共资源具有竞争性和非排他性。例如，对于海洋中的鱼，渔民不需付费就可以捕捞，也就是说，海洋中的鱼具有非排他性。但是当一个渔民多捕捞到一些鱼时，别的渔民能捕捞到的鱼就少了一些，这时海洋中的鱼又具有竞争性。由于公共资源没有排他性，很容易出现过度使用的情况。这也是市场失灵的表现之一。

具有排他性但不具有竞争性的物品。例如有线电视，有线电视需付费才能收看，也就是阻止没有付费的家庭使用。但是有线电视不具有竞争性，因为当一个付费家庭收看有线电视时，并不影响其他付费家庭同时收看有线电视。

本节接下来的部分将考察公共物品。公共物品与外部性密切联系。如果向一个人提供了公共物品，其他人也会受益，但受益的这些人并没有支付费用。由于这种外部性，由市场来提供这类产品会导致低效率。因而，政府必须潜在地解决这个问题。

二、公共物品的社会最优数量

从形式上看，公共物品的生产并没有什么特殊性，修筑公路和建造房屋没有什么不同，而路灯的装置与家用照明的装置也是相同的产品和技术，正因如此，在政府供应公共物品的情况下，这些产品仍可以由私人生产。例如，在私有制市场经济里，政府和私营企业签约订购相关产品。但这里存在的问题是生产多少公共物品是有效的？

我们用局部均衡的方法来分析。为简便起见，假定社会上只有两个消费者 A 和 B，各自的需求曲线分别为 D_A 和 D_B，商品市场的供给曲线为 S，如图 9-4 所示。如果市场是完全竞争的，该物品为私人物品，那么通常市场的总需求量是在同一价格下所有消费者的需求量的总和，即由单个消费者的个人需求曲线水平相加构成该私人物品的市场需求曲线 D。市场需求曲线 D 与市场供给曲线 S 的交点决定了该私人物品的均衡供求量 Q_0 和均衡价格 P_0。这个均衡数量显然是私人物品的最优数量，因为在这个数量上，每个消费者的边际利益恰好等于商品的边际成本。我们知道，供给曲线代表了每个产量（供给量）水平上的边际成本，而需求曲线代表了每个产量（需求量）水平上的边际利益，所以当均衡时，每个消费者的边际利益均等于边际成本。

再看公共物品最优数量的决定。公共物品在消费上的特殊性导致了其市场需求函数的特殊性。公共物品的非竞争特点使得每个消费者消费的是同一商品数量，尽管他们从这同一数量的公共物品消费中得到的边际效用各不相同，即他们愿意为公共物品支付的价格不一样。既然所有消费者享用同一公共物品，那么对一定量的公共物品，消费者集体愿意支付的价格应该是所有消费者愿意支付的价格总和。于是，公共物品的总需求曲线由所有消费者的个人需求曲线纵向相加形成。如图 9-4（b）所示，消费者共同消费的公共物品数量为 R，消费者愿意支付的价格按各自的需求曲线分别为 L 和 N。因此，在公共物品消费量为 R 时，消费者所愿意支付的总价格为 L+N=T。市场需求曲线与供给曲线的交点决定了公共物品的均衡供求量和均衡价格。从理论分析来看，这个均衡量 R 也代表着公共物品的最优数量。这一点很容易解释。当公共物品为 R 时，根据供给曲线，公共物品的边际成本为 T，而根据消费者的需求曲线，消费者 A 和 B 的边际收益分别为 L 和 N，从而社会总的边际收益为 L+N=T。于是社会边际利益等于边际成本，公共物品数量达到最优。这里必须指出的是，公共物品的最优标准与私人物品的最优标准不同，在私人物品场合，最优标准是每个消费者的边际利益与边际成本相等，而在公共物品场合，则是每个消费者的边际利益之和与边际成本相等。

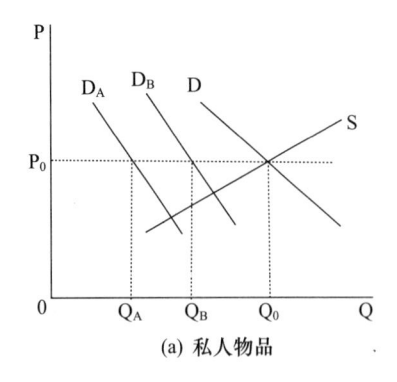

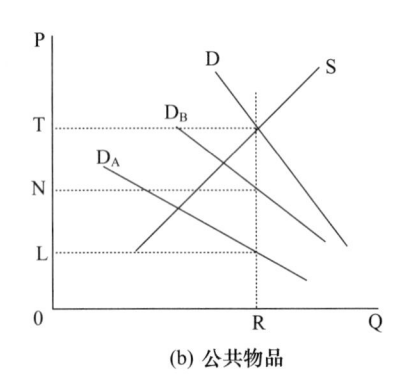

(a) 私人物品

(b) 公共物品

图 9-4 私人物品和公共物品的最优数量

上面关于公共物品最优数量的决定的分析实际上并没有多大的现实意义，或者说，现实中是找不到公共物品最优数量的均衡点的。因为，如果消费者认为他们的支出取决于他们所显示的偏好，他们在公共物品的消费上就会隐瞒自己的真实偏好，以图"搭便车"，这样，上述的需求曲线 D 不会自动显示出来，也就是说，公共物品的需求曲线是虚假的。那么，政府如何来确定某公共物品是否值得生产以及应该生产多少呢？

西方经济学家经常提到的一个重要方法是成本—收益分析。成本—收益分析是用来评估经济项目或非经济项目的方法。运用此方法时，首先估计一个项目所需花费的成本以及它所可能带来的收益，其次把两者加以比较，最后根据比较的结果决定该项目是否值得投资。运用成本—收益分析来评估公共物品的生产，可以确定的是，如果评估结果是该公共物品的收益大于或等于其成本，则它就值得生产，否则就不应生产。这里进行成本估计时，不仅要考虑私人成本，而且要考虑社会成本、外部成本。同样，进行收益估计时，不仅要考虑私人利益，也要考虑社会利益、外部利益。

三、公共选择理论

公共选择理论，是依据自由的市场交换能使双方都获利的经济学原理，来分析政府的决策行为、民众的公共选择行为以及两者关系的一种理论。公共选择理论将政治过程看作某种特殊的"经济活动"，在这个"经济活动"中，政府是"生产者"，选民是"消费者"，选票是"货币"，而选举制度则可等同于"市场制度"。公共选择理论并不研究选择的好坏，而是研究作为集体的选民为什么选择这样而不是选择那样。对选民投票及其相关决策程序的研究是公共选择理论的核心。

投票是把个人偏好转变为社会偏好的手段，是现有的民主集体决策最主要的方法。选民（纳税人）参加投票的原因是期望通过投票来改善其处境（提高福利），投票不仅是公民权的体现，更是个人偏好的显示，因而个人偏好是投票也是公共选择的研究起点，个人偏好怎样以及个人偏好会导致什么样的社会偏好是投票研究的重点。

投票的结果会因不同的投票规则而有所不同，最常用的投票规则有两个：一个是一致同意规则，另一个是多数票规则。

一致同意规则又称为全体一致投票规则，是指一项集体行动方案只有在所有投票者都同意，或者至少没有任何一个人反对的前提下才能通过的一种表决方式。一致同意规则实行的是一票否决制，按照该规则取得的集体决策能够满足全部投票人的偏好，也就是该决策可以满足至少一个人的偏好而又不损害其他任何一个人的偏好，因而一致同意规则产生的选择结果是一种帕累托最优状态。所有投票人的个人偏好都得到体现，权利能平等地得到保障，可以有效地避免"搭便车"行为的发生。但是一致同意规则需要全体参与者一而再，再而三地协商与讨价还价才能最终达成，交易成本很高，而且随投票人数的增加，交易成本以指数形式递增，通常只有在投票人数比较少且事件比较重大时才会采用。

多数票规则，是指一项集体行动方案必须经至少一半以上投票人同意才能通过和被采纳的一种投票规则，又可分为简单多数票规则和比例多数票规则。按简单多数票规则，只要赞成票超过半数，集体行动方案就可以通过。按比例多数票规则，赞成票高于半数以上的比例，方案才能获得通过。相比一致同意规则，多数票规则具有节约集体决策成本的优点，顾及大多数人的偏好总比照顾全体参与者的偏好容易得多，但是存在"多数人强制"的弊端："多数人"可能会把某些规则强加于少数人而使他们遭受损失。布坎南和塔洛克把这种损失（集体决策结果与个人愿望不一致时使个人遭受的损失）称为决策规则的"外部成本"。

除了多数票规则和一致同意规则，有的场合也采取一些其他的投票方式，例如加权投票规则，即根据利益差别将参与人进行"重要性"程度的分类，再按照这种分类分配选票，相对重要者拥有的票数较多，反之则较少。加权投票规则承认了不同参与者之间的利益差别，因此，在实际中的应用也较为普遍。

四、公共决策与政府失灵

上面各节表明，现实社会对市场机制作用的发挥存在许多限制。这些限制或多或少可以借助政府的力量，求得某种程度的缓和或解决。政府的经济职能一般有三个，即效率、平等和稳定。然而，由于现实经济社会的情况极其复杂，用来弥补市场经济缺陷的政府职能本身并不是完美无缺的。在许多情况下，政府未能发挥作用，或者因这种干预而引发了不良的副作用，我们称为政府失灵。政府对市场的调节受到很多因素的限制：

第一，信息不完全。市场信息的不足是造成市场失灵的一个因素，政府往往要承担起提供信息的职能，或者代替某些市场交易者进行决策。但由于现实生活是相当复杂且难以预计的，政府也很难做到掌握充分信息，如政府不能准确确定介入市场的最佳时机，无法准确确定社会福利的补助应该发放给哪些人。

政府部门生产公共物品往往会缺乏效率和动力。政府部门垄断着公共物品的供给，在生产公共物品时没有受到私人部门的竞争，因而处于垄断的地位，这种垄断地位使公共物品的生产缺乏效率。另外，政府部门是非营利机构，因而缺乏一种动力去实现成本的最小化和利润的最大化；政府部门的支出来自预算，不同的政府部门为了各自的利益，往往都强调本部门所生产的公共物品的重要性，希望获得尽可能大比例的预算。其结果是公共物品的过度供给，损害了效率。

第二，时滞限制。政府的公共政策从决策到执行都受到时滞的限制，从问题产生到被纳入政府考虑日程的这一段时间被称为认识时滞，从政府已认识到某一问题到政府最终得出解决方案的这一段时间被称为决策时滞，从政府公布某项决策并付诸实施到引起私人市场反应的时间被称为执行与生效时滞。任何公共政策都难逃这些时滞。这一问题在宏观经济政策方面显得尤为突出。

第三，有限决策。政府的经济决策都会涉及利益的重新分配，即使政府拥有充分信息，通过政治过程在不同方案之间选择仍会产生困难。少数个人或利益集团为了维护既得的经济利益或对既得利益进行再分配而对政府决策或政府官员施加影响，这种非生产性行为被称为"寻租行为"。要提高政府部门的经济效率，可以让私人承包公共物品的生产，政府部门需要向社会提供公共物品，但不是非自己生产不可。政府部门可以用招标的方式，让私人部门投标承包公共物品的生产。由于私人部门相互之间存在竞争，政府部门就可以花费较小的成本生产出同样数量的公共物品。政府部门还可以和私人部门一起生产同一种公共物品，以促进两个部门之间的竞争，提高政府部门的效率。使公共部门的权力分散化。在私人部门，公众并不希望将类似于通用、福特和克莱斯勒三大汽车公司那样的企业加以合并来提高汽车行业的效率，相反地，倒是希望把大公司分解为一些较小的公司以加强竞争。同样，不应当把一些看起来业务有重复，实际上有利于竞争的公共部门加以合并。一个城市有几个给水排水机构总比只有一个好。公共部门的权力分散有利于减少垄断成分，增加竞争因素，提高效率。权力集中会带来规模不经济的坏处，但权力分散可以带来劳务质量高而价格低的好处。因此，可以把过于庞大的公共机构分解成几个比较小的、有独立预算的机构。

练习题

一、名词解释

1. 市场失灵
2. 外部影响
3. 公共物品
4. 自然垄断
5. 市场垄断
6. 科斯定理

二、选择题

1. 假如在一个自由竞争的市场上，一个人可以在不使其他任何人状况变糟糕的情况下使他自己的状况变好，那么我们可以说（   ）。

   A. 实现了资源的配置　　　　　　B. 反映了收入分配不公
   C. 存在市场失灵　　　　　　　　D. 以上都不对

2. 垄断市场出现资源配置的低效率是由于厂商将产品价格制定在该产品生产的边际成本（   ）。

   A. 下　　　　B. 上　　　　C. 相等　　　　D. 都有可能

3. 某一项经济活动属于外部不经济活动，那么该经济活动（   ）。

A. 私人成本大于社会成本　　　　B. 私人收益大于社会收益

C. 私人成本小于社会成本　　　　D. 私人收益小于社会收益

4. 得到公共物品总需求曲线的方法是（　　）。

A. 把个人边际成本曲线垂直相加　　B. 把个人边际成本曲线水平相加

C. 把个人边际收益曲线垂直相加　　D. 把个人边际收益曲线水平相加

5. 政府提供的物品与公共物品的关系是（　　）。

A. 一定是公共物品　　　　　　　B. 有些是公共物品

C. 不是公共物品　　　　　　　　D. 以上说法都不对

6. 如果上游的工厂污染了下游居民的饮用水，那么按照定理，下面哪种方法能够解决问题？（　　）

A. 不管交易成本是多少，只要产权明确

B. 不管交易成本是否为零，也不必产权明确

C. 不管产权是否明确，只要交易成本为零

D. 交易成本为零，且产权明确

7. 由于垄断会使效率下降，因此任何垄断都是要不得的。这一命题（　　）。

A. 一定是正确的　　B. 并不正确　　C. 可能正确　　D. 基本上正确

8. 市场不能提供纯粹的公共物品是因为（　　）。

A. 公共物品不具有排他性　　　　B. 公共物品不具有竞争性

C. 消费者都想"免费乘车"　　　　D. 以上三种情况都是

9. 市场失灵的标准是（　　）。

A. 市场不具有配置资源的功能　　B. 政府干预的结果

C. 市场主体追求自身利益　　　　D. 圆满实现帕累托最优

10. 关于科斯定理的描述，以下论断正确的是（　　）。

A. 科斯定理阐述的是产权和外部性之间的关系

B. 科斯定理假定没有政府的干预

C. 科斯定理一般在涉及的交易主体的数目较少时才较为有效

D. 以上都正确

三、计算题

1. 假定某垄断厂商生产的产品的需求函数为 $P = 600 - 2Q$，成本函数为 $C_p = 3Q^2 - 400Q + 40000$（产量以吨计，价格以元计）。试求：

（1）利润最大化时的产量、价格和利润。

（2）每增加1单位产量，由于外部不经济（环境污染）会使社会受到损失，从而使社会成本函数为 $C_S = 4.25Q^2 - 400Q + 40000$，试求帕累托最优的产量和价格。

（3）若政府决定对每单位产品征收污染税，税率应是多少才能使企业产量与社会最优产量一致？

2. 两企业间存在外部性，企业 A 对企业 B 产生外部性。X 和 Y 分别为企业 A 和 B 的产量；成本函数为 $C_A = X^2$，$C_B = Y^2 + X^2$；X、Y 的价格分别为 40、30。试问：

（1）若两企业不进行外部性问题的交涉，两企业的产量及利润各为多少？

（2）从经济福利角度看，A、B 两企业最佳的产量是多少？

（3）政府对企业 A 课税，税额 T 依存于生产量 X 和税率 t，T = tX。当企业之间不进行外部性问题交涉时，求使经济福利最大的最优税率 t。

（4）如果两企业间可自由地就外部性问题进行交涉，交易成本为零，在企业 A 没有赔偿责任的情况下，两企业的生产及利润分配为多少？

（5）若存在关于企业 A 的赔偿责任的法规，题（4）中的利润分配有何变化？

四、分析说明题

1. 论述垄断为什么会降低效率。

2. 试用图说明政府对垄断厂商的价格管制。

3. 什么叫外部影响？外部影响怎样使资源配置失灵？

4. 解决外部性问题有何政策？

5. 公共物品为什么不能靠市场来提供？

第十章 国民收入核算

学习目的

1. 掌握国内生产总值的含义
2. 理解国民收入核算的方法
3. 了解国民收入核算中五个总量之间的关系

重点

国内生产总值的核算方法

难点

国民收入核算中的恒等关系

引导案例

幸福不仅来自GDP——GDP与经济福利

20世纪60年代美国人普遍关注经济增长,迷信GDP。1968年美国参议员罗伯特·肯尼迪在竞选总统时批评了这种风气。他说,GDP衡量一切,但并不包括使我们的生活有意义这种东西。也许他的话极端了一点,GDP毕竟是我们幸福的基础。但他的话中有真理,因为GDP绝不是幸福的唯一来源,GDP并不等于经济福利。

从物质意义上说,幸福来自我们经济活动中所创造的一切产品与劳务。但按现行的统计方法,GDP中有许多遗漏。GDP衡量的是通过市场交易且有价格的东西。但经济中许多活动属于非市场活动,不统计在GDP之内。比如自己在家料理家务也是一种能给我们带来幸福的经济活动,但它不通过市场交易,不在GDP之内。

GDP中还不包括地下经济。地下经济有一些是非法的(如贩毒),还有一些是为了逃避税收或其他管制的隐蔽经济活动,如市场上无许可证的生产者或无营业许可证也不纳税的流动摊贩。

GDP是根据生产出来的最终产品进行统计的,但并不是这些产品都与我们的幸福相关。例如,军火生产是GDP中重要的一部分,但许多军火产品与我们的幸福无关。相反,多生产的军火使用了本来能生产消费品的资源,还会减少我们的幸福。

环境和闲暇是影响人们经济福利和幸福程度的两大因素,但GDP统计中无法正确反映这些因素。经济活动会带来环境污染,如果以环境污染为代价发展生产,GDP无疑增加了。但人们呼吸污浊的空气,喝受污染的水,生活在嘈杂的环境中,这能有幸福吗?经济活动带来污染,治理污染又增加了GDP。但这种情况下,人们的福利又增加了多少呢?闲暇是人们幸福的来源,我们用闲暇去从事各种精神或没有产值的活动,例如听音乐、运动、与朋友聊天,都不会引起GDP增加,反而会减少GDP,但这种GDP的减少却是幸福的重要来源。人们的幸福程度、经济福利的大小还取决于一个社会的收入分配状况。无论是GDP也好,人均GDP也罢,都反映不出收入分配的状况。我们考察一个社会的幸福状况,不是看一部分人甚至少数人是否幸福,而是看所有的人是否幸福。衡量的经济福利也不是少数人的经济福利,而是整个社会的经济福利。一个社会如果收入差距过大,少数人花天酒地,多数人难以为生,即使这个社会GDP高,人均GDP高,也不能说是一个幸福的社会。美国经济学家克普格曼认为,社会经济福利取决于生产率、失业率与收入分配公平程度。GDP可以反映出生产率与失业率,但完全反映不出收入分配状况。其实收入分配差别太大、社会不安定,即使高收入的少数人也谈不上"幸福"二字。

正因为GDP不能反映出社会经济福利,美国经济学家托宾和诺德蒙斯提出了经济福利衡量指标,萨缪尔森提出了纯经济福利的概念,企图对GDP进行校正。他们的基本观点是,经济活动的最终目的是幸福或经济福利,福利更多地取决于消费而不是生产。GDP衡量的是生产,而经济福利衡量指标和纯经济福利是要衡量对福利做出贡献的消费。因此,这两个指标要在GDP中减去某些不能对福利做出贡献的项目,加上某些对福利做出了贡献而没有计入GDP的项目。具体来说,减去GDP中没有对福利做出贡献的项目(如超过国防需要的军备生产),减去对福利有负作用的项目(如污染、都市化的影响),加上不通过市场交易的经济活动的价值(如家务劳动、自给性产品),加上闲暇的价值(用所放弃的生产活动的价值作为机会成本来计算)。这种思路无疑是正确的,但如何进行计算这一问题并没有完全得到解决。

当然,话说回来,GDP并不是不重要。它毕竟是幸福与经济福利的基础。这里又用上了一句俗话:GDP不是万能的,但没有GDP是万万不能的。对于这样一个最常用、最重要的指标,GDP到底是什么?它又是如何定义和核算的呢?

(资料来源:梁小民. 宏观经济学纵横谈 [M]. 北京:三联书店,2003.)

宏观经济学把总体经济活动作为研究对象，它所研究的是经济中的总量。在各种总量中，衡量一个经济活动的基本总量是国民生产总值。因此，阐明国民生产总值及有关总量衡量的规定与技术的国民收入核算理论与方法是宏观经济学的前提。

第一节　国内生产总值

宏观经济学的研究对象是国民经济中的总量经济关系。这些总量经济关系主要有国民收入、物价水平、通货膨胀率、投资量、失业率、货币流通量等。在国民经济的这些总量中，国民收入是最具代表性的经济总量。因此，研究国民收入的决定因素、国民收入的决定过程，研究国民收入的增长、波动的因素及其作用机制等问题，就构成了宏观经济学理论的基本内容。均衡价格的决定是微观经济学理论的核心，因此微观经济学又叫价格理论。均衡国民收入的决定是宏观经济学理论的核心，所以，宏观经济学又叫国民收入决定理论。由于西方经济学理论是建立在一系列假设条件和概念基础上的，所以要研究宏观经济学运行关系，首先我们要详细了解国民收入的概念以及其他一些重要的宏观经济变量。

一、GNP、GDP

1. 国民生产总值（Gross National Product，GNP）

国民生产总值也称为国民总产值，是指一国在一定时间内（通常为 1 年）生产的全部最终产品和劳务的市场价值。

在这里，最终产品是相对中间产品而言的。

最终产品（Final Products）是指仅由最终使用者购买和消费的产品，如消费品和企业的厂房、设备等。

中间产品（Intermediate Products）是指仅用于生产别种产品使用的产品，或者说中间产品是不能直接使用，还需要加工的产品，如钢材、木材等原材料。

例如，一个经济中，棉花的价值为 2000 万美元，棉花纺成棉纱后的价值为 5000 万美元，棉纱织成棉布后的售价为 10000 万美元，棉布做成服装后的价值为 15000 万美元，这一过程为棉花—棉纱—棉布—服装—消费者，在这一过程中，棉花、棉纱、棉布都为中间产品，服装为最终产品。

2. 国内生产总值（Gross Domestic Product，GDP）

国内生产总值是指一国在一定时期内（通常为 1 年）生产的全部最终产品和劳务的市场价值总和。

GNP 和 GDP 是相同的概念，只是两者考察的标准不同。GNP 是以本国国民为标准，而不管国民创造的最终产品价值是来自国内还是国外。GDP 则是以本国国境为标准，而不管创造者是本国居民还是外国居民，只要是在本国境内实现的最终产品和劳务价值，都属于 GDP。

在一定时期内，一国的国民生产总值 GNP 与国内生产总值 GDP 可能不相等。一国的国民生产总值小于国内生产总值，说明该国公民从外国取得的收入小于外国公民从该国取得的收入。

二、国内生产总值 GDP 的特点

国内生产总值 GDP 的特点如下：

第一，GDP 是一个市场价值的概念，各种最终产品的价值都是用货币这个尺度加以衡量的。产品市场价值就是用这些最终产品的单位价格乘以产量获得的。

第二，GDP 测度的是最终产品的价值，中间产品不计入 GDP，否则会造成重复计算。

第三，GDP 是一定时期内（往往为 1 年）所生产的而不是所售的最终产品价值。

第四，GDP 是计算期内（通常为 1 年，如 2000 年）生产的最终产品价值，因而是流量而不是存量。

第五，GDP 一般仅指市场活动带来的价值。家务劳动、自给自足生产等非市场活动带来的价值不计入 GDP 中。另外，大量的地下经济活动在 GDP 中也没有得到反映。

三、GDP 指标的意义与局限性

1. GDP 核算的意义

（1）判断宏观经济运行状况。判断宏观经济运行状况主要有三个经济指标，即经济增长率、通货膨胀率和失业率，这三个指标都与 GDP 有密切关系，其中经济增长率就是 GDP 增长率，通货膨胀率就是 GDP 紧缩指数，失业率中的奥肯定律表明当 GDP 增长大于 2.25 个百分点时，每增加一个百分单位的国内生产总值，失业率就降低 0.5 个百分点。

（2）在宏观经济管理中有重要作用。如制订战略目标、计划规划和财政金融政策时，都以达到一定数量的 GDP 为标准。

（3）在对外交往中有重要意义。GDP 与我国承担的国际义务相关，如承担联合国会费；与我国享受的优惠待遇有关，如世界银行根据 GDP 来划分给予优惠的标准。

2. GDP 的局限性

GDP 在反映福利水平变动方面存在较大局限性：

第一，它不反映分配是否公平。

第二，非市场活动得不到反映。

第三，有些严重影响社会发展和人们生活质量的内容无法得到反映，如不能反映环境质量的变动，不能反映精神满足程度以及闲暇福利。

第四，它把所有市场交易活动都反映出来，但并不能正确反映社会经济发展水平，也无法反映人们从产品和劳务消费中获得的福利状况。

第五，GDP 的数值不能完全反映经济内容的实质。

第六，由于不同国家的产品结构和市场价格存在差异，两个国家的 GDP 指标难以进行精确比较。

第七，生活质量的改善不能得到体现。

四、国内生产总值的计算方法

GDP（或 GNP）有三种计算方法。

1. 最终产品法（或支出法）

最终产品法又称产品流动法、产品支出法，这种方法是从产品的使用出发，把一年内购买各项最终产品的支出加总，计算出该年内生产出来的最终产品与劳务的市场价值。也就是把购买各种最终产品所支出的货币额加在一起，得出社会最终产品和劳务的货币价值总和。

2. 增值法（或附加价值法）

附加价值是厂商销售产品所得收益减去从其他厂商购买的商品和服务的量。增值法就是将一国经济中的所有厂商在生产和流通过程中各环节所创造的增加值（即附加价值）加总起来形成的价值总和。这一总和必然等于最终产品的总价值。

例如，在上例中，棉花的价值为 2000 万美元。

棉花纺成棉纱后的价值为 5000 万美元，增加值 = 5000 - 2000 = 3000（万美元）；

棉纱织成棉布后的售价为 10000 万美元，增加值 = 10000 - 5000 = 5000（万美元）；

棉布做成服装后的价值为 15000 万美元，增加值 = 15000 - 10000 = 5000（万美元）。

各环节的增加值一共为 3000 + 5000 + 5000 + 2000 = 15000（万美元），增加值等于最终产品价值。如图 10 - 1 所示。

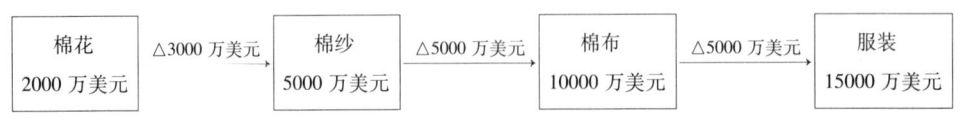

图 10 - 1 增值法计算 GDP

3. 收入法（或生产要素法）

这种方法是从收入的角度出发，把生产要素在生产中所得到的各项收入相加。用收入法核算的 GDP 应包括的项目：其一，工资、利息和租金等这些生产要素的报酬。其二，非公司企业主收入，如医生、律师、农民和小店铺主的收入。其三，公司税前利润，包括公司所得税、社会保险税、股东红利及公司未分配利润等。其四，企业转移支付及企业间接税。这些虽然不是生产要素创造的收入，但要通过产品价格转嫁给购买者，故也应视为成本。企业转移支付包括对非营利组织的社会慈善捐款和消费者呆账，企业间接税包括货物税或销售税、周转税。其五，资本折旧。它虽不是要素收入，但包括在总投资中，也应计入 GDP。

所以按收入法计算的 GDP = 工资 + 利息 + 利润 + 租金 + 间接税和企业转移支付 + 折旧 + 统计误差。

注意：第一，这里的工资，包括所有对工作的酬金、津贴和福利费，也包括工资收入者必须缴纳的所得税及社会保险税。第二，利息，这里是指人们向企业提供货币资金所得的利息收入，如银行存款利息、企业债券利息、股息等。但政府公债利息及消费信贷利息不包括在内，而只能当作转移支付。第三，租金，包括出租土地、房屋等租赁收入及专利、版权等收入。

核算国民收入可用生产法、支出法和收入法，但最常用的为支出法和收入法。

第二节 几个相关指标

在西方国民收入核算体系中，除了国内生产总值和国民生产总值以外，还包括国内生产净值、国民收入、个人收入、个人可支配收入等内容，它们可以从多方面反映一个国家或地区的经济发展情况。

一、国民收入核算中的五个基本总量

在国民收入核算中，除了国内生产总值之外还有四个重要的总量：国内生产净值、国民收入、个人收入、个人可支配收入。这五个总量之间存在一定的关系。

1.4 个重要总量

（1）国内生产净值（NDP）。一个国家一年内新增加的产值，即在国内生产总值中扣除了折旧之后的产值。

（2）国民收入（NI）。一个国家一年内用于生产的各种生产要素所得到的全部收入，即工资、利润、利息和地租的总和。它是从 GDP 中减去折旧和间接税而得到的。这里的国民收入，实际上是按要素费用计算的国民净收入。在西方国家，有时简称为（狭义的）国民收入。

（3）个人收入（PI）。一个国家一年内个人所得到的全部收入。

(4) 个人可支配收入（PDI）。一个国家一年内个人可以支配的全部收入。从个人收入中减去个人税收和非税支付，就可以得到个人可支配收入。个人税收包括个人收入税、个人财产税、遗产税和赠予税等。非税支付包括罚金和馈赠等。个人可支配收入也被称作税后收入。

2. 几个总量指标之间的关系

GNP – 折旧 = NDP

NDP – 间接税 = NI

NI – 公司未分配利润 – 企业所得税 + 政府给居民户的转移支付 + 政府向居民支付的利息 = PI

PI – 个人所得税 = PDI = 消费 + 储蓄

二、实际国内生产总值与名义国内生产总值

按当年价格计算的国内生产总值称为名义国内生产总值（名义 GDP）。按不变价格计算的某一年的国内生产总值称为实际国内生产总值（实际 GDP）。不变价格是指统计时确定的某一年（称为基年）的价格。名义国内生产总值与实际国内生产总值之比，称为国内生产总值折算指数：国内生产总值折算指数 = 某年名义国内生产总值/某年实际国内生产总值。假设一国仅生产香蕉和服装两种产品，这两种产品的价格、产量及价值如表 10 – 1 所示。

表 10 – 1 名义 GDP 与实际 GDP

产品名称	1996 年名义 GDP	2006 年名义 GDP	2006 年实际 GDP
香蕉	15 万单位 × 1 美元 = 15 万美元	20 万单位 × 1.5 美元 = 30 万美元	20 万单位 × 1 美元 = 20 万美元
服装	5 万单位 × 40 美元 = 200 万美元	6 万单位 × 50 美元 = 300 万美元	6 万单位 × 40 美元 = 240 万美元
合计	215 万美元	330 万美元	260 万美元

第三节 储蓄—收入恒等关系

从支出法与收入法所得出 GDP 的一致性，可以说明国民经济中的一个基本平衡关系。总支出代表了社会对最终产品的总需求；总收入和总产量代表社会对最终产品的总供给。从 GDP 的核算方法中可得出一个恒等关系是：总需求 ≡ 总供给

$AD \equiv AS$

一、两部门经济中的收入流量循环模型与恒等关系

两部门经济指由厂商和居民这两种经济单位所组成的经济,也是一种最简单的经济。企业部门指所有生产最终产品和劳务的企业的总和。家庭部门是指生产要素占有者的总和,也是所有消费者的总和(如图10-2所示)。

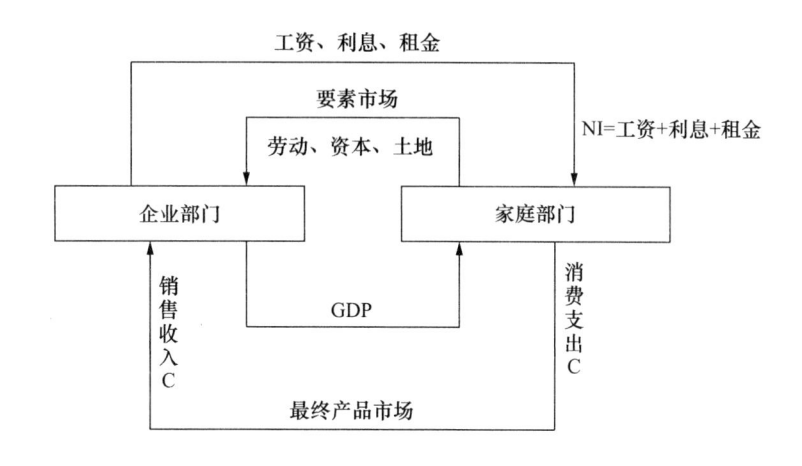

图 10-2 两部门、两市场国民收入循环

注:本循环模型暗含的假设为,家庭将获得的要素收入之和(NI)全部用来购买企业生产的最终产品和劳务,则 GDP = NI。

该模型把整个社会经济活动分为两大部门:居民和厂商。两部门经济中的总需求分为居民的消费需求(C)和厂商的投资需求(I)。

总需求 = 消费 + 投资

$AD = C + I$

两部门经济中的总供给:居民的全部收入(工资、利息、利润、地租)中一部分用于消费,其余部分用于储蓄。根据收入法,总收入和总产量代表社会对最终产品的总供给(AS),因此:总供给 = 消费 + 储蓄

$AS = C + S$

由于存在恒等关系 $AS \equiv AD$

且 $AD = C + I$;$AS = C + S$

从而 $C + I \equiv C + S$

即有 $I \equiv S$

二、三部门经济中的恒等关系

三部门经济是指由厂商、居民和政府这三种经济单位所组成的经济。在这种经济中,政府的经济职能是通过税收与政府支出来实现的。

三部门经济中的总需求不仅包括居民的消费需求和厂商的投资需求,也包括政府的需求,即 $AD = C + I + G$

三部门经济中的总供给:除了居民供给的各种生产要素外,还有政府的供给。政府的供给是指政府为整个社会生产提供了国防、立法、基础设施等公共物品。政府由于提供了这些公共物品而得到相应的收入——税收(T)。所以,税收是代表政府的供给。因此:

$AS = C + S + T$

由于存在恒等关系 $AD \equiv AS$

且 $AD = C + I + G$;$AS = C + S + T$

从而 $C + I + G \equiv C + S + T$

即有 $I + G \equiv S + T$

三、四部门经济中的恒等关系

四部门经济是指由厂商、居民、政府和国外部门这四种经济单位所组成的经济。在这种经济中,国外部门的作用是进口和出口。

四部门经济中的总需求:出口(X)表示国内总需求的增加,而 $AD = C + I + G + X$。

四部门经济中的总供给:进口(M)表示国内总供给的增加,从而 $AS = C + S + T + M$。

由于存在恒等关系 $AS \equiv AD$,且 $AD = C + I + G + X$;$AS = C + S + T + M$

从而 $C + I + G + X \equiv C + S + T + M$

即有 $I + G + X \equiv S + T + M$

在上述三部门模型中加入国外部门就成了四部门经济,四部门的国民收入循环图如图10-3所示。

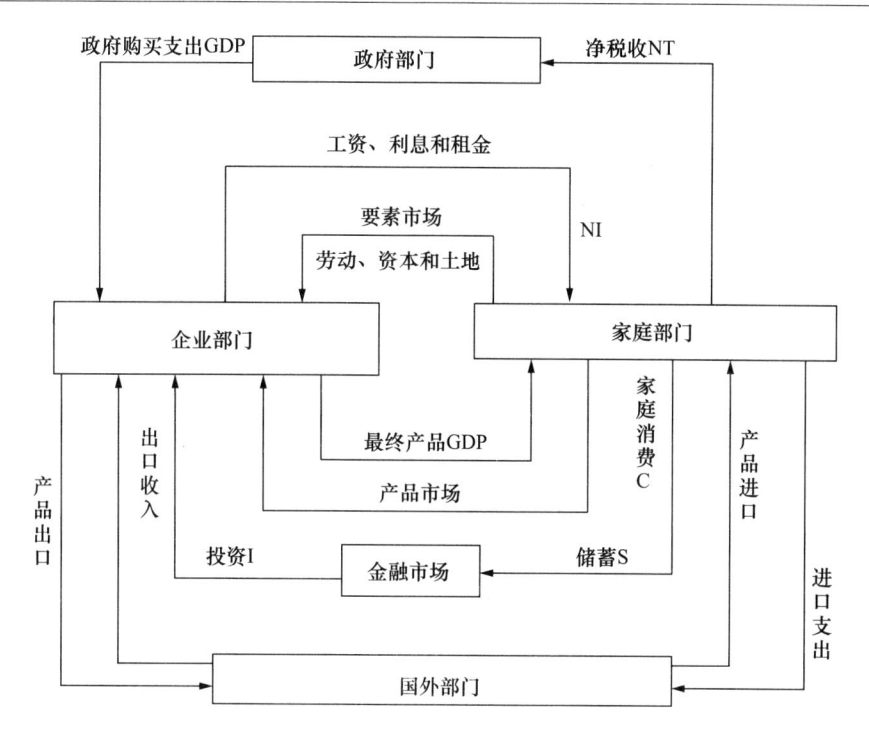

图 10-3 四部门的国民收入循环图

练习题

一、名词解释

1. 国内生产总值

2. 中间产品

3. 最终产品、国民生产总值、国外净要素支付、支出法、消费支出、投资支出、名义GDP、实际GDP、GDP折算指数、国内生产净值、国民收入、个人收入、个人可支配收入

二、问答题

1. 假定A为B提供服务应得报酬400美元，B为A提供服务应得报酬300美元，A、B商定相互抵消300美元，结果A只收B 100美元。应如何计入GDP？

2. 什么是国内生产总值？理解时应注意哪几个方面？

3. "某公司生产的汽车多卖掉一些时比少卖掉一些时，GDP 将增加"，判断此说法是否正确并说明理由。

4. "如果政府雇用原来领取失业救济金的人员做工作人员，GDP 会发生变化"，判断此说法是否正确并说明理由。

5. 为什么计入 GDP 的只能是净出口而不能是出口？

6. 如果一企业用 5 台新机器替换 5 台报废的旧机器，它没有使 GDP 增加，因为机器数量未变。判断此说法正确与否并说明理由。

7. 将一部分国民收入从富者转移给穷者，将提高总收入水平。判断此说法正确与否并说明理由。

8. 国内生产总值与国民生产总值有何区别？

9. 比较实际国民生产总值与名义国民生产总值。

10. 为什么政府转移支付不计入 GDP？

三、计算题

1. 一经济社会生产三种产品：书本、面包和菜豆，它们在 2000 年和 2006 年的产量和价格如下表所示：

	2000 年		2006 年	
	数量	价格（美元）	数量	价格（美元）
书本	100	10	110	10
面包（条）	200	1	200	1.5
菜豆（千克）	500	0.5	450	1

（1）计算 2000 年的名义 GDP。

（2）计算 2006 年的名义 GDP。

（3）以 2000 年为基期，2000 年和 2006 年的实际 GDP 是多少？这两年实际 GDP 的变化为多少？

（4）以 2000 年为基期，2000~2006 年该社会物价上涨了多少？

2. 假设某国只生产两种产品，矿泉水和乒乓球拍，以 2000 年为基年，2000 年矿泉水价格为 1 元/瓶，共 15 万瓶，球拍价格 40 元/个，共 5 万个。2006 年矿泉水价格为 1.5 元/瓶，共 20 万瓶，球拍价格 50 元/个，共 6 万个。请计算 2006 年的名义 GDP、实际 GDP 和 GDP 折算指数。

第十一章 简单国民收入决定理论

学习目的

1. 掌握凯恩斯的消费理论和其他消费理论
2. 掌握两部门、三部门、四部门经济中国民收入的决定
3. 掌握投资乘数等概念

重点

1. 凯恩斯的消费理论
2. 两部门、三部门、四部门经济中国民收入的决定

难点

乘数原理

引导案例

假日经济的作用有多大——消费函数理论

在"五一"、"十一"、春节的长假期间，外出旅游的人增加，商店也人头攒动。于是，人们把拉动经济的希望寄托在假日带动消费上，并称之为假日经济。其实，假日经济尽管很火也不过几十亿元的消费而已，更别说假日之后还会冷落。假日经济这匹小马怎么能拉动经济这部大车呢？我们只要对消费函数理论有所了解，就能知道把经济振兴的希望寄托于假日不过是一厢情愿的南柯一梦。

经济学家认为，影响消费的因素很多，但最重要的还是收入水平。人们的消费支出与收入水平之间的关系就是消费函数。我们还可以用两个概念来说明消费函数。一个是平均消费倾向，即消费支出与收入之比。例如，社会收入为2万亿元，消费支出为1.5万亿

元,平均消费倾向就是0.75。另一个是边际消费倾向,即增加的消费支出与增加的收入之比。例如,收入增加到3万亿元(增加了1万亿元),消费增加到2万亿元(增加了0.5万亿元),边际消费倾向就是0.5。

消费函数理论最早是凯恩斯所提出的。他确定了消费支出和收入之间的关系,把收入作为影响消费支出最重要的因素,这是一个贡献。但凯恩斯主观地推测边际消费倾向递减,即随着收入增加,消费支出也会增加,但增加的消费在增加的收入中所占的比例都在减少,却是错误的。以后的经济学家研究了长期中消费与收入关系的数据,得出的结论是,并不存在凯恩斯所说的边际消费倾向递减。在长期中,平均消费倾向等于边际消费倾向,而且是稳定的。这就是消费函数的稳定性。

经济学家不仅从数据上证明了消费函数的稳定性,而且还从理论上解释了这种现象。这些解释消费函数稳定性的理论就是宏观经济学中的消费函数理论,各种消费函数理论中最有影响的是生命周期假说和持久收入假说。美国经济学家莫迪利安尼的生命周期假说认为,人要从一生的角度来安排自己的消费与储蓄。人一生的消费取决于一生的收入,在不同的生命周期阶段每个人的消费与储蓄不同。一般而言,在年轻时消费大于收入,有负债;在中年时收入大于消费,有储蓄;在老年时消费又大于收入,用储蓄支付。每个人都按这种方式消费。在整个社会人口结构稳定时,消费与收入的比例就是稳定的。美国经济学家弗里德曼的持久收入假说认为,人的消费取决于持久性收入,即长期中的稳定收入。不确定的暂时性收入变动对消费并没有什么影响。在长期中,持久收入是稳定的,消费也是稳定的。这两种理论分析的角度不同,但都证明了消费函数的稳定性。

消费函数理论有助于我们深化对假日经济的认识。既然消费取决于收入而不是有没有时间消费——假日有多长,那么,如果收入水平不提高,消费就很难增加了。或者说,刺激消费的方法是增加收入,而不是放假。现在我们经济中的消费不足不在于高收入者没时间消费,而在于低收入者没钱去消费。当城市中失业人口和低收入者居高不下时,放假有什么用呢?特别应该强调的是,农村人口占我国人口的绝大部分,是我们消费的主力军。自从改革开放以来,农民解决了温饱问题,这是一个巨大的历史进步。但由于各种原因,农民收入增加缓慢,有些地区甚至出现了农民实际收入水平下降的情况。许多人强调启动农村消费市场,但总是启而不动。其原因就在于农民收入增长缓慢。未从根本上解决低收入者,尤其是农民的收入增加问题,恐怕刺激消费无从谈起。

对于中高收入者而言,假日经济也起不到刺激消费的作用。消费函数是稳定的,即人们收入中消费的比例,从整个社会来看是稳定的。假日期间的消费并没有增加总消费或提高边际消费倾向,只是改变了消费的方式和时间而已。假日出去旅游的人的消费支出增加了,很可能要减少其他消费,例如,少买几件时尚服装,少去几次饭店或推迟购车计划。商店更多遇到的情况是,节假日人头攒动,销售额猛增,但节假日过后冷冷清清,平均起来销售额并没有什么增加。假日期间消费增加仅仅是消费方式不同和季节性变化,对整体经济并没有什么影响。在国外,圣诞节也是消费高峰,有些地方,圣诞节的购物要占一年购物的1/3左右。但决没有什么圣诞节经济之说，也没有人希望由圣诞节经济去拉动经济。

在宏观经济中，消费函数的稳定性有两点重要的含义：一是消费函数的稳定性是经济稳定的重要因素。就发达国家的情况而言，消费支出在总需求中占2/3左右。这就使经济能基本保持稳定，即使发生衰退也有底线，因为无论如何衰退，人们还要保持稳定的消费。例如，在美国1991~1992年的衰退中，消费支出并没有减少。这种消费的稳定性使经济衰退不太严重，并能较快地从衰退中复苏。二是消费函数的稳定性使得刺激消费来带动经济增长较为困难。在总需求中，波动最大的是投资。因此，使经济走出衰退或实现繁荣的关键不是刺激消费而是刺激投资。总把刺激消费、寻找新的消费增长点作为拉动经济的主力，甚至寄希望于什么莫须有的假日经济，有点走入了误区。

当然，我的意思并不是说不要发展假日经济，更不是反对放长假，只是认为不要扩大假日经济对整个经济的刺激作用，把假日经济神化。

（资料来源：梁小民. 宏观经济学纵横谈［M］. 北京：三联书店，2003.）

上一章讨论了国内生产总值和国民收入核算，这一章起讨论国民收入如何决定，即经济社会的生产或收入水平是怎样决定的。现代西方宏观经济学的奠基人凯恩斯学说的中心内容就是国民收入决定理论。凯恩斯主义的全部理论涉及四个市场：产品市场、货币市场、劳动市场和国际市场。遵循由简到繁、由浅入深的原则，本章首先讨论仅包括产品市场的简单国民收入决定理论，假定货币工资和物价水平等给定不变，研究国民收入的决定：收入—支出模型。

第一节 凯恩斯的消费函数和储蓄函数

【案例11-1】

我国的储蓄问题

我国一直是一个储蓄率很高的国家，截至2011年8月末，我国城乡居民储蓄存款余额为7.06万亿元，首次突破7万亿元大关，同比增长12.3%，增幅比2010年同期高6.1个百分点，比2010年底高5.4个百分点。8月储蓄存款增加881亿元，比2010年同月多增861亿元。年累计储蓄存款增加6254亿元，比2010年同期多增2748亿元。其中，活期储蓄增加2423亿元，比2010年同期少增415亿元；定期储蓄增加3661亿元，比2010

年同期多增 2396 亿元。定期储蓄存款增加较多表明储蓄存款稳定性增强。

为了刺激我国的经济增长，使大量的居民储蓄向投资转化，我国央行多次调整利息，2002 年 2 月 20 日，中国人民银行再次宣布，降低金融机构人民币存贷款利率。这已经是自 1996 年 5 月 1 日央行首次降息以来的第八次降息，但是实际效果并不明显，我国的居民储蓄还是呈不断上升的势头。

（资料来源：圣才经济学习网，http：//jingji.100xuexi.com.）

什么是消费函数和储蓄函数？决定一国储蓄率的原因是什么？为什么我国储蓄率居高不下？在国民收入决定理论中，涉及凯恩斯主义的第一个规律即边际消费倾向递减规律以及乘数理论。

一、均衡产出的几个假定

说明一国的生产或收入是如何决定的，要从分析最简单的经济关系开始。因此，需要先做一些假设：

第一，两部门经济的假设。在一个只有居民部门与厂商部门的两部门经济也就是经济关系最简单的经济社会中，居民部门的经济行为是消费与储蓄，厂商部门的经济行为是投资与生产，厂商的投资是不随利率与产量变动的自主投资。

第二，假定折旧与公司未分配利润都为零，从而使得 GDP、NDP、NI、PI 在数量上都相等。

第三，在价格黏性的条件下，社会总需求的变动只会引起社会产量的变动，从而使社会总供求相等，价格总水平则不发生变动。这也就是所谓的凯恩斯定律。凯恩斯的巨著《就业、利息与货币通论》产生的背景是 1929～1933 年的资本主义世界大萧条，资源大量闲置，产品大量积压，工人大批失业。此时，社会总需求的增加，会使闲置资源得到利用从而生产增加，就业也有所增加，或者使积压产品售出，但产品成本和产品价格基本上保持不变。

二、均衡产出的概念

在以上的假设条件下，均衡产出是指与总需求相等的产出。

均衡产出条件下，经济社会总收入刚好等于所有居民和全体厂商希望的消费支出与投资支出。这就是说，企业的产量以至于整个社会的产量一定稳定在社会对产品的需求水平上。由于两部门经济中的总需求只包括居民的消费需求和厂商的投资需求，因此，均衡产出用公式就表示为 $y = c + i$。

小写的 y、c、i 分别表示实际产出、实际消费与实际投资。同时，c 和 i 分别表示居民、厂商实际希望的消费与投资，即意愿消费和意愿投资的数量，而不是国民收入构成公式中实际发生的消费与投资。因为如果企业的产量比市场的需求量多，那么多出来的这部分价值就成为企业的非意愿存货投资或非计划存货投资。在国民收入核算中，这部分存货投资是投资支出的一部分，但不是计划投资，故国民收入核算中的实际产出就等于计划支出与非计划存货投资之和，但在国民收入决

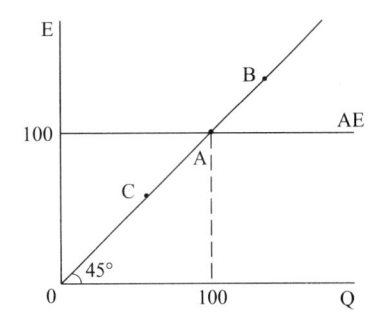

图 11-1 支出决定收入

定理论中，由于均衡产出是指与计划支出相等的产出，故在均衡产出水平上，计划支出和计划产出正好相等，非计划存货投资也就等于零。当国民经济处于均衡收入水平上时，实际收入一定与计划支出量相等。若用 E 表示总支出，y 表示总收入，则经济均衡条件就是 E=y。E=y 也表示总支出即总需求决定总收入。这一关系可以用图 11-1 来表示。

图 11-1 中的横轴表示总收入，纵轴表示总支出。45°线上的任何一点都表示总支出与总收入相等。假定总支出即包括总消费与总投资的总需求为 100，图中的 A 点表示总支出与总收入相等，都是 100，A 点也就是均衡点，表明生产总额正好等于总需求；B 点表示总收入大于总支出，非计划存货投资大于零，产生库存，企业就要削减生产，直到总供求相等的 A 点表示的 100 为止，实现总供求相等。反之，C 点表示总收入小于总支出，社会生产额小于社会需求量，企业就要增加生产，也是到总供求相等的 A 点表示的 100 为止，实现总供求相等。当然，总支出即总需求变化了，总收入也就相应发生了变化。

由于计划支出用 E=c+i 表示，生产创造的总收入等于计划消费与计划储蓄之和，即 y=c+s，所以均衡产出的条件就是 E=y，即

i=s

这表示计划投资等于计划储蓄。当计划投资与计划储蓄相等时，国民收入就达到均衡状态。经济社会的总产量或总收入取决于总需求水平。

三、消费函数

什么因素决定消费呢？凯恩斯认为影响消费的众多因素中，具有决定意义的是消费者的收入。

消费函数就是消费与收入的依存关系。用 c 表示消费，用 y 表示收入，则消费函数可以表示为 c=f(y)。

边际消费倾向（MPC）可以用公式表示为：

$$MPC = \frac{\Delta c}{\Delta y}$$

由于边际消费倾向经常会被用到，为书写方便，就用 β 代替 MPC，于是，边际消费倾向可以表达为另外一种形式：

$$\beta = \frac{\Delta c}{\Delta y}$$

如果收入增量为极小时，边际消费倾向又可以表达为：

$$MPC = \frac{dc}{dy} \text{或} \beta = \frac{dc}{dy}$$

消费随着收入的增加而增加，但消费的增加不如收入增加，这就是边际消费倾向递减规律。凯恩斯认为，边际消费倾向递减规律是引起总需求不足的三个基本心理规律之一。

平均消费倾向是指消费支出在收入中所占的比重，平均消费倾向（APC）的公式是：

$$APC = \frac{c}{y}$$

由于消费增量只是收入增量的一部分，故边际消费倾向的取值范围是 0～1；由于消费可能大于、等于、小于收入，则平均消费倾向可能大于、等于、小于1。

消费与收入的关系也可以用消费曲线表示，消费曲线包括线性的消费曲线与非线性的消费曲线。

消费与收入存在线性关系的消费函数可表示为 $c = \alpha + \beta y$。

α 为生活中必不可少的消费部分，被称为自发消费，即与收入没有关系的消费，即使收入为零时借债或者动用过去的储蓄也必须进行的基本生活消费支出；β 为边际消费倾向，边际消费倾向为一常数；β 与 y 之积是引致消费，这是边际消费倾向既定条件下与收入相联系的消费。$c = \alpha + \beta y$ 的经济含义是，消费等于自发消费加上引致消费。如果 α = 200，β = 0.8，则 c = 200 + 0.8y，即收入增加 1 单位，其中的 80% 就被用于消费，只要知道了收入 y，就可以计算出消费者的全部消费量了。图 11-2 为线性消费曲线图。

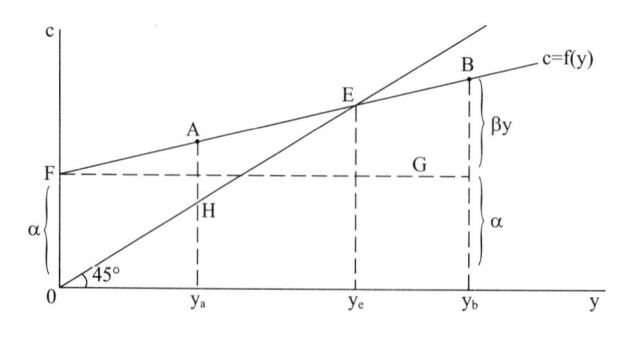

图 11-2　线性的消费曲线

在图 11-2 中，横轴表示收入 y，纵轴表示消费 c，45°线上任何一点都表示消费等于收入。c = f（y）曲线是消费曲线，表示消费和收入之间的函数关系。E 点是消费曲线与 45°线的交点，表示此时消费等于收入。位于消费曲线上 E 点左下方的点（比如 A 点）表示消费大于收入，而位于 E 点右上方的点（比如 B 点）则表示消费小于收入。消费曲线向右上方倾斜，表示消费随收入的增加而增加。OF 或 Gy_b 为自发消费 α，BG 为引致消费 βy_b，By_b 为消费总量即自发消费与引致消费之和。

显然，消费曲线上某一段或某一点的斜率，就是边际消费倾向，所以，线性的消费曲线上任意一段或一点的斜率都相等，都等于数值不变的边际消费倾向。消费曲线上任一点与原点连线的斜率，是与该点相对应的平均消费倾向。随着消费曲线向右上方延伸，曲线上各点与原点连线的斜率越来越小，即平均消费倾向是递减的。

从图 11-2 还可看到，消费曲线上任意一点与原点连线的斜率都比线性的消费曲线的斜率大，说明平均消费倾向总是大于边际消费倾向的，即 APC > MPC。即使从公式看，APC > MPC 也是成立的。因为 $APC = \dfrac{c}{y} = \dfrac{\alpha + \beta y}{y} = \dfrac{\alpha}{y} + \beta$，由于 α 和 y 都是正数，因而 $\dfrac{\alpha}{y} > 0$，所以 APC > MPC。当然，随着收入的增加，$\dfrac{\alpha}{y}$ 会越来越小，表明 APC 逐渐接近于 MPC。

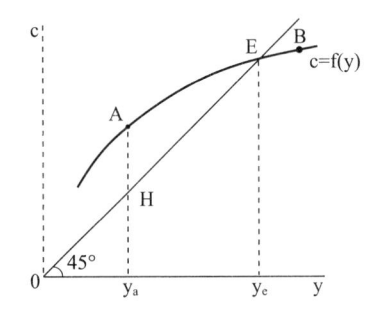

图 11-3 非线性的消费曲线

图 11-3 为非线性消费曲线。同样，横轴表示收入 y，纵轴表示消费 c，45°线上任何一点都表示消费等于收入。c = f (y) 曲线是消费曲线，表示消费和收入之间的函数关系。消费曲线上某一段或某一点的斜率，也就是边际消费倾向；消费曲线上任一点与原点连线的斜率，也是与该点相对应的平均消费倾向。E 点是消费曲线与 45°线的交点，表示此时消费等于收入。消费曲线上的点，比如 A 点表示消费大于收入，B 点表示消费小于收入。从图 11-3 也可以看到，随着非线性消费曲线向右上方延伸，曲线上各点与原点连线的斜率越来越小，即平均消费倾向也是递减的。消费曲线上任意一点与原点连线的斜率都比消费曲线的斜率大，说明平均消费倾向总是大于边际消费倾向的，即 APC > MPC。

但是，与线性消费曲线相比，非线性消费曲线的特殊性在于：随着收入的增加，非线性消费曲线的斜率越来越小，即非线性消费曲线上各点切线越来越平缓，各点切线的斜率越来越小，非线性消费曲线以递减的速率向右上方倾斜，表现出边际消费倾向的递减。这一点在图 11-3 上也能看得出来：随着收入的增加，非线性消费曲线在和 45°线相交之前，与 45°线的距离越来越小，而在相交之后，与 45°线的距离越来越大，表示消费增加的幅度越来越小于收入增加的幅度——边际消费倾向递减。

四、储蓄函数

由于 y = c + s，所以 s = y - c，故储蓄是收入减去消费后的剩余部分。储蓄函数表示的是储蓄与收入的关系，其公式是 s = f (y)。

边际储蓄倾向是指储蓄增量与收入增量之比,可用公式表示为:

$$MPC = \frac{\Delta c}{\Delta y}$$

如果收入增量为极小时,边际储蓄倾向又可以表达为 $MPC = \frac{dc}{dy}$

平均储蓄倾向是指任一收入水平上储蓄在收入中的比例,用公式表示为 $APS = \frac{s}{y}$

与消费函数一样,储蓄与收入的关系也可以用储蓄曲线表示,储蓄曲线包括线性的储蓄曲线与非线性的储蓄曲线。

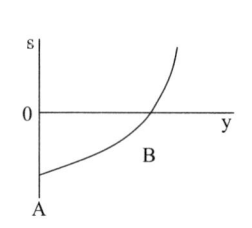

储蓄与收入存在线性关系的储蓄函数可表示为:

$$s = -\alpha + (1-\beta)y$$

这是因为 $s = y - c$,$c = \alpha + \beta y$,故 $s = y - c = y - (\alpha + \beta y) = -\alpha + (1-\beta)y$

图 11-4 为线性的储蓄曲线。横轴表示收入,纵轴表示储蓄,储蓄曲线向右上方倾斜,表明储蓄随收入的增加而增加。OA 为 -α,表示收入为零时储蓄的减少量,即储蓄是自发消费的来源。B 点是储蓄曲线与横轴的交点,表示收入为 OB 时全部的收入都用于消费,此时储蓄为零;位于储蓄曲线上且在横轴以上的点比如 C 点表示存在正储蓄,而位于储蓄曲线上且在横轴以下的点比如 D 点表示存在负储蓄。

储蓄曲线上任意一段弧或任一点的斜率就是边际储蓄倾向,所以,线性的储蓄曲线上任意一段弧或任一点的斜率都相等,都等于数值不变的边际储蓄倾向。储蓄曲线上任何一点与原点连线的斜率,就是平均储蓄倾向。

图 11-5 为非线性的储蓄曲线。与线性的储蓄曲线相比,非线性储蓄曲线有自己的特殊性。随着收入的增加,非线性储蓄曲线的斜率越来越大,即非线性储蓄曲线上各点切线越来越陡峭,各点切线的斜率越来越大,非线性消费曲线以递增的速率向右上方倾斜,这表现出边际储蓄倾向递增的状况。图 11-5 中,随着收入的增加,非线性储蓄曲线向右上方延伸,在 B 点与横轴相交后,与横轴的距离越来越大,表示储蓄增加的幅度越来越大,边际储蓄倾向是递增的。

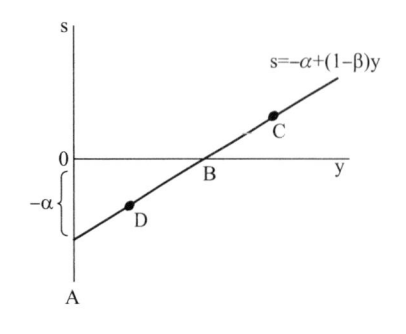

图 11-4 线性的储蓄曲线　　图 11-5 非线性的储蓄曲线

五、消费函数与储蓄函数的关系

从 y = c + s、s = y – c 中可以看到消费函数与储蓄函数的关系。

第一，消费函数与储蓄函数互为补数，消费与储蓄之和总是等于收入。

由于 c = α + βy，s = – α + (1 – β)y，故而 c + s = (α + βy) + [– α + (1 – β)y] = y

消费与储蓄的这一关系还可用图 11 – 6 表示。

图 11 – 6 中，消费者的收入等于 Oy_0 时，消费曲线与45°线相交于 A 点，储蓄曲线与横轴相交于点 y_0，此时消费等于收入，储蓄等于零；A 点左下方、在 45°线以上的消费曲线上的各点表示消费大于收入，相应的储蓄曲线位于横轴以下，有负储蓄；A 点右上方、位于 45°线下方的消费曲线上的各点表示消费小于收入，相应的储蓄曲线位于横轴以上，有正储蓄。

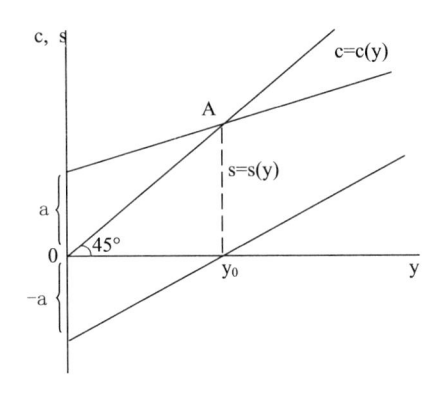

图 11 – 6 消费曲线与储蓄曲线的关系

第二，由于 APC、MPC 都随着收入的增加而递减，但 APC > MPC，相应地，APS、MPS 都随着收入的增加而递增，但 APS < MPS。这一点在图 11 – 6 上表现为：消费曲线上任何一点与原点连线的斜率都大于消费曲线上该点的斜率，同时，y_0 点右上方的储蓄曲线上任何一点与原点连线的斜率都小于储蓄曲线上该点的斜率。

第三，APC 与 APS 之和恒等于 1，MPC 与 MPS 之和也恒等于 1。这两个恒等式可以证明如下：

y = c + s

等式两边都除以 y，得：$\dfrac{y}{y} = \dfrac{c}{y} + \dfrac{s}{y}$

即 APC + APS = 1

由上式可得 1 – APC = APS，1 – APS = APC

同样，由于 Δy = Δc + Δs，等式两边都除以 Δy，

得 $\dfrac{\Delta y}{\Delta y} = \dfrac{\Delta c}{\Delta y} + \dfrac{\Delta s}{\Delta y}$

即 MPC + MPS = 1

由上式可得 1 – MPC = MPS，1 – MPS = MPC

根据以上消费函数与储蓄函数的关系，只要知道其中的一个，另一个就可以推算出来。

六、社会消费函数

在以上分析的单个消费者的消费函数基础之上,可以得出整个社会的消费函数,也就是总消费与总收入之间的函数关系。毫无疑问,社会消费函数是单个消费者消费函数之和,但社会消费函数并不是单个消费者消费函数的简单加总,社会消费函数的形成除了受消费者消费函数的影响之外,还受到其他因素的影响,这些影响因素包括:

国民收入分配的公平程度。社会成员因拥有的财富数量不同而具有不同的消费能力与储蓄能力。国民收入分配越不公平,富有者拥有的社会财富越多,其储蓄能力越强,但其边际消费倾向较低,社会消费曲线的位置就较低。反之,若国民收入分配较为公平,社会成员的边际消费倾向就较高,社会消费曲线的位置也就较高。

政府的税收政策。如果实行的是累进个人所得税制,富有者一些可能的储蓄就会转化成政府税收,政府将这部分税收以政府购买支出和政府转移支付的方式花费掉,会直接或间接增加消费,最终使得社会消费总量增加。这样,社会消费曲线就较高。

公司未分配利润的数量。公司利润中未分配的数量较少,意味着股东得到了更多的红利,从而消费就多,社会消费曲线位置就较高。反之,公司利润中未分配的数量较多,社会消费数量就少,社会消费曲线就靠下。

尽管社会消费曲线并非个人消费曲线的简单相加,但社会消费曲线与个人消费曲线的形状是相似的。

七、其他消费理论

1. 生命周期消费理论

生命周期消费理论由美国经济学家弗朗科·莫迪利安尼提出。

生命周期消费理论认为,人们会在相当长的时间跨度内计划自己的消费开支,以便于在整个生命周期内实现消费的最佳配置。从个人一生的时间发展顺序看,一个人年轻时的收入较少,但具有消费的冲动、消费的精力等消费条件,此时的消费会超过收入;进入中年后,收入会逐步增加,收入大于消费,其收入既可以偿还年轻时的债务,又可以为今后的老年时代进行积累;退休之后步入老年,收入减少,消费又会超过收入,形成负储蓄。下面的例子可以说明生命周期消费理论。

假定一个人 20 岁开始工作,60 岁退休,预期寿命 80 岁。这样,这个人的工作时期 $T_W = 60 - 20 = 40$(年),生活年数 $N_L = 80 - 20 = 60$(年),人生前 20 年受父母抚养的时期不算入生活年数中;如果每年工作收入 $y_W = 24000$(元),则终生收入 $y_H = 24000 \times 40 = 960000$(元)。一生安稳生活的心理与追求,使得人们在 60 年的生活年数中有计划地、均匀地消费终生收入 960000 元,则每年的消费额为:

$$c = \frac{960000}{60} = 16000 = \frac{T_W}{N_L} \cdot y_W = \frac{40}{60} \times 24000 = \frac{2}{3} \times 24000 \text{（元）}$$

以上例子表明，该人在生活年数（60年）内每年消费年工作收入 y_W（24000元）的 $\frac{2}{3}$，$\frac{2}{3}$ 正好也是其工作时期 T_W（40年）占生活年数 N_L（60年）的比例；另外 $\frac{1}{3}$ 的年工作收入 y_W 用于储蓄，年储蓄额等于 $\frac{1}{3} y_W = \frac{1}{3} \times 24000 = 8000$（元），40年的工作时期累计的储蓄额达到 $8000 \times 40 = 320000$（元），320000元储蓄用于退休后的20年的消费，按照工作时期年消费16000元计，320000元储蓄可以使用20年，在预期生命结束时正好花完。

以上例子暗含一些假定，比如工作时期的年收入保持不变、人生前20年没有积累、年储蓄没有利息、不给后代留遗产、人的一生不经历大的社会动荡等。即使加入更符合现实的因素比如储蓄有利息、给后代留遗产等，生命周期消费理论也是成立的。

考虑到更多的现实因素后，生命周期消费理论可以用公式表示为：

$$c = \beta_W \times W_r + \beta_{YM} \times y_W$$

其中，c 仍然为年消费额，β_W 为财富的消费倾向即每年消费的财富的比例，W_r 为实际财富，β_{YM} 为工作收入的消费倾向即每年消费的工作收入的比例，y_W 为年工作收入。

生命周期消费理论还得出另外一个结论：整个社会不同年龄段人群的比例会影响总消费与总储蓄。比如，若社会中的年轻人与老年人所占比例大，则社会的消费倾向就较高、储蓄倾向就较低；若中年人所占比例大，则社会的储蓄倾向较高、消费倾向较低。

生命周期消费理论也分析了其他一些影响消费与储蓄的因素，比如高遗产税率会促使人们减少欲留给后代的遗产从而增加消费，而低遗产税率则对人们的储蓄产生激励、对消费产生抑制，健全的社会保障体系会使储蓄减少，等等。

显然，生命周期消费理论与凯恩斯的消费理论是不一样的，生命周期消费理论强调或注重长时期甚至是一生的生活消费，人们对自己一生的消费做出计划，以达到整个生命周期的最大满足；凯恩斯的消费理论则把一定时期的消费与该时期的可支配收入联系起来，是短期分析。

2. 持久收入消费理论

美国经济学家米尔顿·弗里德曼的持久收入消费理论认为，消费者的现期收入不是消费的主要决定因素，消费的主要决定因素是消费者的持久收入。持久收入是指消费者能够预计到的、较为固定的长期收入。可以运用加权平均方法来计算持久收入，所用权数的大小由时间的久远性决定，离现在越近的收入权数越大，离现在越远的收入权数越小。可用下面的式子表达某消费者的持久收入：

$$yp = \phi y + (1 - \phi) y_{-1}$$

其中，yp 为持久收入，ϕ 为权数，y 为当前收入，y_{-1} 为前期收入。假定 $\phi = 0.8$，

$y = 25000$ 元，$y_{-1} = 20000$ 元，则：

$yp = 0.8 \times 25000 + (1 - 0.8) \times 20000 = 24000$（元）

消费取决于持久收入，比如 $c = \beta_p \cdot yp$，β_p 为持久收入的边际消费倾向，则当前收入的边际消费倾向仅仅为 $\beta_p \cdot \phi$，低于持久收入的边际消费倾向 β_p。当前收入的短期边际消费倾向低的原因是，在短期内，如果消费者的收入增多，消费者却不能确信收入的增加会一直持续下去，故而不会立即增加消费；相反，如果消费者的收入减少，消费者也不能断定收入会持续减少，故消费者也不会马上减少消费。当然，如果消费者能够判定收入的增加或减少是持久的，其消费最终就会调整到与变化后的收入相对应的水平上。

如果一个人认为自己的事业很有前途，这项事业将来会有更大的发展，今后他会挣到更多的钱，他就会在当前不多的暂时收入之外借债消费。又如，经济繁荣时期，居民的收入水平提高，由于不能断定今后的收入会持续增长，故居民基本上按照持久收入来消费，消费不会增加太多，所以，经济繁荣时期的消费倾向低于长期平均消费倾向。反之，经济萧条时期，消费者不会减少太多的消费，此时消费倾向是高的，高于长期平均消费倾向。

以上所述的持久收入消费理论与生命周期消费理论既有区别又有相同之处。两者的区别在于分析的侧重点不同，持久收入消费理论主要从消费者个人对自己收入的预测方面来分析消费，生命周期消费理论偏重对储蓄动机的分析，并在此基础上分析了包括工作收入与储蓄在内的财富对消费的影响。由于都认为单个消费者是前向预期决策者，即单个消费者对今后的收入状况进行预测，从而决定自己的消费，因此，这两个理论在以下三个方面是相同的：

第一，消费既与当期收入有关，又主要与一生的收入或持久收入相联系，当期收入特别是持久收入是消费者消费决策的依据。

第二，经济繁荣时期或经济萧条时期的暂时性收入变化只对消费产生较小的影响，暂时性收入的边际消费倾向很小甚至接近于零，而持久收入的边际消费倾向则接近于1。

第三，如果政府的税收政策是临时性的，就不会对消费产生什么影响，消费变化就很小，持久性的税收政策才会影响持久收入，从而影响个人消费。

3. 相对收入消费理论

相对收入消费理论由美国经济学家杜森贝利创立，这一理论因为消费习惯和消费者周围的消费水平决定消费者的消费且当期消费是相对地被决定的而得名。这一理论的基本观点是：长期内，消费与收入保持较为固定的比率，故而长期消费曲线是从原点出发的直线；短期内，消费随收入的增加而增加，但难以随收入的减少而减少，故短期消费曲线是具有正截距的曲线。

对保持高水平收入的人来说，消费水平会随着自己收入的增加而增加，增加消费是容易的；当收入减少时，因较高的消费水平所形成的消费习惯使得消费具有惯性，降低消费水平就有一定的难度，不太容易把消费水平降下来，消费者几乎会继续在原有的消费水平上进行消费。这就是说，消费容易随着收入的增加而增加，但难以随收入的减少而减少。

仅就短期而言，在经济波动的过程中，低收入者收入水平提高时，其消费会增加至高收入者的消费水平，但收入减少时，消费的减少则相当有限。因而，短期消费曲线与长期消费曲线是不同的。这一理论可以用图 11-7 来说明。

图 11-7 中，横轴为收入，纵轴为消费。当收入逐步增加时，消费在收入中的比例较为固定，长期消费函数表示为 $C_L = \beta y$，C_L 是长期消费曲线。当经济发生周期性波动时，短期消费函数与长期消费函数具有不同的变化状况。例如，当收入为 y_1 时，消费为 C_1。当经济因衰退或萧条而使收入由 y_1 减少到 y_{-1} 时，消费不会沿着 C_L 曲线减少，而是循 C_{S1} 的路径减少，即消费不是沿 C_L 曲线向左下方移动，而是沿 C_{S1} 曲线向左下方移动——移动到 C_{-1} 的水平。显然，C_{S1} 曲线表现出的平均消费倾向大于 C_L 曲线表现出的平均消费倾向，即 $\frac{C_{-1}}{y_{-1}} > \frac{C_1}{y_1}$，这说明相对于收入的减少，消费减少得不是太多。如果经济逐步复苏，收入由 y_{-1} 恢复至原来的 y_1 水平，消费就由 C_{-1} 沿 C_{S1} 路径向右上方移至 C_1 的水平。经济由 y_1 再继续增长时，消费就沿着 C_L 曲线增加。如果经济在收入为 y_2 的水平上又发生衰退或萧条，收入由 y_2 减少时（比如减少到 y_{-2}），消费沿 C_{S2} 的路径向左下方移动（比如移动到 C_{-2}），消费仍然表现出减少得不是太多 $\left(\frac{C_{-2}}{y_{-2}} > \frac{C_2}{y_2}\right)$。如此反复的结果，实际上表现出不同的长期消费函数与短期消费函数。长期消费函数就是 $C_L = \beta y$，短期消费函数可以表达为 $C_S = C_0 + \frac{C_{Dt}}{y_t} \cdot y_t$

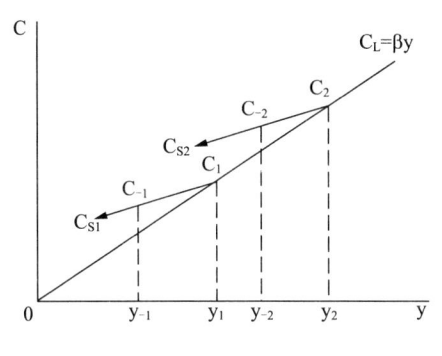

图 11-7 相对收入消费理论

其中，C_S 为短期消费，C_0 为短期消费路径在纵轴的正截距，C_D 为短期消费与 C_0 的差额，t 表示时期，t = 1, 2, …, n。

短期消费函数正截距的产生，是因为消费者决定当期消费特别是决定经济衰退或萧条时期的消费时，相当大程度上会受到经济景气时期消费习惯（或者说是消费支出水平）以及当期收入的影响。

从以上叙述可以看到，相对收入消费理论的核心在于消费者的消费容易随收入的增加而增加，但不易随收入的减少而减少，这就是所谓的消费量"上去容易下来难"的"棘轮效应"。

另外，相对收入消费理论还论述了消费方面的"示范效应"，即消费者的消费受到周围人们消费水平的影响，特别是低收入者因攀比心理、提高社会相对地位的愿望等因素而使自身的消费处于和收入不相称的较高水平，在社会收入增多的情况下自然就提高了短期消费水平。

第二节 国民收入的决定

为了说明一个国家的生产或收入是如何决定的,要从分析最简单的经济关系开始,讨论两部门经济国民收入的决定问题。为此,有必要先做些假设。

第一,假设经济社会中不存在政府,也不存在对外贸易,只有居民部门和企业部门,消费行为和储蓄行为都发生在居民部门,生产行为和投资行为都发生在企业部门,还假定企业投资是自主的,即不随利率和产量的变动而变动。

第二,假设不论需求量是多少,经济社会均能以不变的价格提供相应的供给量。这就是说,社会总需求变动时,只会引起产量变动,不会引起价格变动。这在西方经济学中有时被称为凯恩斯定律。由于凯恩斯写作《就业、利息和货币通论》时,面对的是1929~1933年的大萧条,工人大批失业,资源大量闲置。在这种情况下,社会总需求增加时,只会使闲置的资源得到利用,从而使生产增加,而不会使资源的价格上升,从而产品成本和价格能保持不变。这条所谓的凯恩斯定律适用于短期分析。凯恩斯自己也认为,他分析的是短期中收入和就业如何决定。在短期中,价格不易变动,或者说价格具有黏性。当经济社会需求变动时,企业首先考虑的是调整产量,而不是改变价格。

此外,还假定折旧和公司未分配利润为零。这样,GDP、NDP、NI 和 PI 就都相等。

在这种情况下,当经济社会处于均衡循环状态时,一个国家在一年里所生产出来的全部产品(即总供给价格)一定会被该社会的经济单位全部购买(即总需求价格),要达到这一点,必须使总支出等于总收入。在两部门经济中,总支出由两部分构成——消费和投资,即 $Y = C + I$;总收入有两种用途——消费和储蓄,即 $Y = C + S$。均衡国民收入的条件是总支出等于总收入,即 $C + I = C + S$。

一、两部门经济中国民收入的决定

两部门经济中总需求与总供给组成部分中的任何一项,都会对国民收入产生影响。如果假定投资为自发投资,即投资是一个固定的量,不随收入的变动而变动,或者说投资是一个常数,则可以分别依据消费函数与储蓄函数求得均衡国民收入。

1. 消费与均衡国民收入的决定

由于收入恒等式为 $y = c + i$,$c = \alpha + \beta y$,将这两个方程联立并求解,就得到均衡收入:

$$y = \frac{\alpha + i}{1 - \beta} \tag{11-1}$$

根据式（11-1），如果已知消费函数与投资，便可求出均衡的国民收入。例如，消费函数为 c = 600 + 0.8y，自发投资为 200 亿美元，则均衡收入：

$$y = \frac{600 + 200}{1 - 0.8} = 4000$$

表 11-1 也说明了消费函数 c = 600 + 0.8y 和自发投资为 200 亿美元时的均衡收入决定情况。

表 11-1 均衡收入决定情况

（1）收入 y	（2）消费 c	（3）储蓄 s	（4）投资 i
1000	1400	-400	200
2000	2200	-200	200
3000	3000	0	200
4000	3800	200	200
5000	4600	400	200
6000	5400	600	200
7000	6200	800	200

表 11-1 的数据表明，y = 4000 亿美元时，c = 3800 亿美元，i = 200 亿美元，y = c + i = 3800 + 200 = 4000（亿美元），说明 4000 亿美元是均衡收入。当收入小于 4000 亿美元时，c 与 i 之和都大于相应的总供给，这意味着企业的产量小于市场需求。于是，企业增加雇用的工人的数量，增加生产，使均衡收入增加。相反，当收入大于 4000 亿美元时，c 与 i 之和都小于相应的总供给，这意味着企业的产量比市场需求多，产生了存货投资，这会迫使企业解雇一部分工人，减少生产，使均衡收入减少。两种不同情况变化的结果都是产量正好等于需求量，即总供求相等，收入达到均衡水平。

均衡收入的决定还可用图 11-8 来表示。

图 11-8 中的横轴表示收入，纵轴表示消费、投资。消费曲线 c 加投资曲线 i 就得到总支出曲线 c+i，因投资为自发投资，自发投资总是等于 200 亿美元，故总支出曲线 c+i 与消费曲线 c 是平行的，两条曲线在任何收入水平上的垂直距离都等于自发投资 200 亿美元。总支出曲线与 45°线相交于 E 点，E 点为均衡点，E 点决定的收入是均衡收入 4000 亿美元。如果经济处于总支出曲线 E 点之外

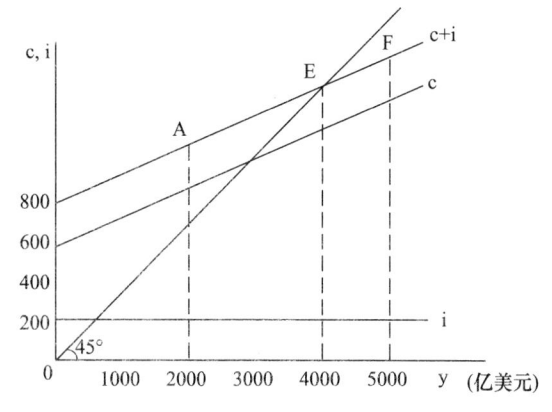

图 11-8 消费加投资决定国民收入

的其他点上，就出现了总供求不相等的情况，这会引起生产的扩大与收缩，直至回到均衡点。比如，A 点的总需求为 2400 亿美元，比总供给 2000 亿美元多出 400 亿美元，这会使得国民收入增加，直到达到均衡的 4000 亿美元为止。F 点的总需求为 4800 亿美元，比总供给 5000 亿美元少 200 亿美元，国民收入就会减少，直到达到均衡的 4000 亿美元为止。

2. 储蓄与均衡国民收入的决定

由于 y = c + i，y = c + s，得 i = y - c = s

而 s = -α + (1 - β)y

将以上两个方程联立并求解，就得到均衡收入 $y = \dfrac{\alpha + i}{1 - \beta}$

上例中，c = 600 + 0.8y，s = -600 + (1 - 0.8) y = -600 + 0.2y，i = 200，令 i = s，即 200 = -600 + 0.2y，得 y = 4000（亿美元）。这一结果在表 11 - 1 中也体现出来，即 y = 4000 亿美元时，投资 i 与储蓄 s 正好相等，从而实现了均衡。可以看到，这一结果与使用消费决定均衡收入的方法得到的结果是一样的。

储蓄与均衡国民收入的决定可以用图 11 - 9 表示。

图 11 - 9 中的横轴表示收入，纵轴表示投资、储蓄。s 为储蓄曲线，由于储蓄随收入增多而增多，故储蓄曲线向右上方倾斜。i 代表投资曲线，由于投资为自发投资，自发投资又不随收入的变化而变化，其值总是等于 200 亿美元，故投资曲线是一条平行线。储蓄曲线与投资曲线相交于 E 点，E 点为 i = s 的均衡点，由 E 点决定的收入是均衡收入，即 4000 亿美元。如果实际产量小于均衡收入，比如实际产量为 2000 亿美元，此时的投资大于储蓄，社会总需求大于总供给，产品供不应求，存货投资为负，企业就会扩大生产，社会收入水平就会增加，直至均衡水平；反之，如果实际产量大于均衡收入，比如实际产量为 5000 亿美元，此时的投资小于储蓄，社会总需求小于总供给，产品过剩，产生了非计划存货投资，企业就会缩小生产，社会收入水平因此而减少，直至均衡水平。只要投资与储蓄不相等，社会收入就处于非均衡状态，经过调整，最终达到均衡收入水平。

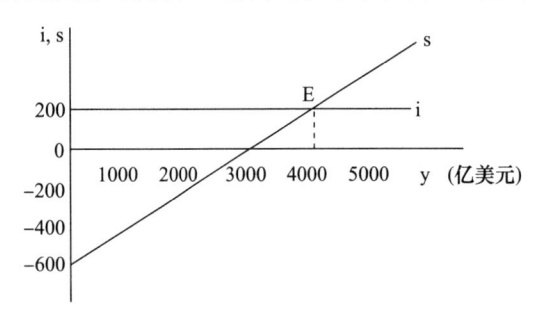

图 11 - 9 储蓄与投资相等决定国民收入

由于消费函数与储蓄函数的互补关系，无论使用哪种函数决定收入的方法，最终得到的均衡收入的结果都是相同的。

可以将使用消费函数决定国民收入的方法与使用储蓄函数决定国民收入的方法在一个图中表示出来。

二、三部门经济中国民收入的决定

三部门经济中，从总支出即总需求的角度看，国民收入由消费、投资、政府购买支出构成，从总收入即总供给的角度看，国民收入由消费、储蓄、税收组成。因此，三部门经济的国民收入均衡条件是消费、投资、政府购买支出之和等于消费、储蓄、税收之和，即
$c + i + g = c + s + t$

消去等号两边的 c，便得到 $i + g = s + t$

这是三部门经济的国民收入均衡条件，在此条件下的国民收入就是均衡收入。

税收可以分为定量税与比例税两种，定量税是不随收入变动而变动的税收，比例税则是与收入变动相关的税收，定量税与比例税对均衡收入产生不同的影响。

先看定量税的情况。

假定有消费函数 $c = 1000 + 0.8 y_d$，y_d 为可支配收入，定量税 $t = 50$，投资 $i = 100$，政府购买性支出 $g = 150$，以上数字的单位均为亿美元。

根据以上条件可得 $y_d = y - t = y - 50$

又由于 $s = -\alpha + (1 - \beta) y_d$
$= -1000 + (1 - 0.8)(y - 50)$
$= 0.2y - 1010$

将已知和已求出的变量代入经济均衡的公式 $i + g = s + t$ 中，即 $100 + 150 = (0.2y - 1010) + 50$，求解，得出均衡收入 $y = 6050$（亿美元）

如果其他条件不变，税收形式由定量税改为比例税，税率为 0.25，则税收 $t = 0.25y$，可支配收入 $y_d = y - t = y - 0.25y = 0.75y$，相应地，储蓄为
$s = -\alpha + (1 - \beta) y_d$
$= -1000 + (1 - 0.8) \cdot 0.75y$
$= 0.15y - 1000$

此时也将已知和已求出的变量代入经济均衡的公式 $i + g = s + t$ 中，即 $100 + 150 = 0.15y - 1000 + 0.25y$，求解，得出均衡收入：

$y = 3125$（亿美元）

从以上的例子中可以得出如下结论：定量税下的均衡收入大于比例税下的均衡收入。

三、四部门经济中国民收入的决定

四部门经济是开放经济，国家之间通过对外贸易等形式建立了经济联系。所以，一个国家均衡的国民收入不仅取决于国内的消费、投资、政府购买支出，还取决于其净出口，即

$$y = c + g + (x - m)$$

把上式中的各个组成部分进行分解：

$c = \alpha + \beta y_d$

$y_d = y - T + TR$，其中，T 为总税收，TR 为政府转移支付。

$T = T_0 + ty$，其中 T_0 为定量税，ty 为比例税。

$i = \bar{i}$ 为假定投资既定。

$g = \bar{g}$ 为假定政府购买既定。

$TR = \overline{TR}$ 为假定政府转移支付既定。

$x = \bar{x}$ 为假定出口既定。

$m = m_0 + \theta_y$，其中，m_0 为自发进口，即不受国民收入变化影响的进口，θ 为边际进口倾向，$\theta = \dfrac{\Delta m}{\Delta y}$，$\theta_y$ 为引致进口。

经整理，得到四部门经济均衡的国民收入：

$$y = \frac{1}{1 - \beta(1 - t) + \theta}(\alpha + \bar{i} + \bar{g} - \beta T_0 + \beta \overline{TR} + \bar{x} - m_0)$$

第三节　乘数理论

【案例 11 – 2】

做大乘数

亚洲金融危机发生后，面对通货紧缩和亚洲其他地区金融危机的负面影响，我国中央政府正确地采取了扩大内需和避免风险的基本对策。然而，尽管扩张性的宏观政策的力度很大，但其带动作用却非常有限，连续降息并没有将股市刺激起来，财政扩张也只使国有部门的投资有所增长，而统计资料显示，1998 年的非国有部门的投资呈负增长。这是怎么回事呢？

我们现在采取的宏观经济政策被称为凯恩斯主义。凯恩斯是个英国贵族，也是个经济学家。在他学术生涯的巅峰时期，正好（不巧）赶上了 1929~1933 年的世界大萧条。他提出的救治方案就是扩张性的宏观经济政策，既包括货币政策，即降低利率，也包括财政政策，主要是赤字政策和公共工程。但是这些政策之所以被称为政策，而不是政府的单打独斗，就意味着它要在社会上产生连锁反应，使效果数倍甚至数十倍于政府的努力。为了解释这样的效果，凯恩斯提出了"投资乘数"的概念。意思是说，当政府新增一笔公共工程的投资时，由于该工程要雇用工人和购买设备与原材料，就要支付工资和贷款，而贷款最终也会变成生产设备、原材料以及工人的工资。因此投资会引致消费，消费支出又会变成生产消费品的工人收入，即消费又会引致新的消费。如此循环往复，一笔投资就会变成数倍于这笔投资的需求。这个倍数就是乘数，一个扩张的财政政策的直接效果，就是财政扩张的数额乘以"投资乘数"。由于这是凯恩斯最早提出来的，所以又叫"凯恩斯乘数"。

后来，乘数概念在经济学中泛滥，又有人提出了"存款乘数"。意思是说，当银行新增一笔存款时，银行会扣掉一定比率的准备金，然后再把它贷出去；获得贷款的企业或者将其用来支付货款，或者将其暂时存入银行，无论如何，它都会又回到银行；银行仍旧按上面的办法处理。如此循环，也会使这笔新增存款"创造"出数倍于原来的存款。这个倍数就是"存款乘数"。

有趣的是，上面讲的"投资乘数"正好对应于今天的财政政策，而"存款乘数"正好对应于今天的货币政策，因为所谓"新增存款"是降息所致。当我们讨论或预测政策效果时，有两个简单的影响因素：一个是政策本身的力度，另一个是"乘数"。当政策没有达到预期的效果时，我们既可以说是由于政策的力度不够，又可以说是由于乘数不大。经济学家自然可以讨论政策力度问题，但这更多的是政府的事情，并且无论是财政政策还是货币政策，都是有很多约束条件的，不是可以任意使用的。例如，财政的首要功能还是筹措公共物品的资源。当财政本身吃紧时，发挥政策作用的余地就很小，更为积极的因素是"乘数"。

毫无疑问，在政策力度一定的情况下，如果政策效应较小，就意味着乘数较小，那又是什么决定乘数呢？在前面的讨论中我们注意到，无论是"投资乘数"还是"存款乘数"，其产生和大小都和经济活动及其频率相关。具体地说，就是商品交易的频率和金融交易的频率。交易频率高，也可以说是交易效率高。这就涉及市场的发育和成熟程度了。在我国，市场制度建立不久，它信用不足，而且缺乏效率，所以交易效率就会较低，交易速度就会较慢，在有些时候，交易甚至会受阻。一旦交易缓慢或受阻，形成乘数的循环就会较少，乘数自然也会很小。

事情还不仅如此。政策力度与乘数之间，也不是简单的相乘关系，有时两者会互相冲突。政府政策相对于经济制度也并非中性，而是经常会产生"体制效应"，即政策本身会对经济制度产生影响。这就存在一种可能性，即扩张性的宏观经济政策会导致负面的体制效应，损害市场制度的改进和完善，结果会使乘数变小。譬如，为了筹措更多的财政资源以支持扩张性的财政政策，政府扩大了对市场的管制范围，结果损害了市场的效率；又譬如，为了避免金融风险，政府采取了过分保守的金融管制政策，这会使问题走向另一个极端，导致金融体系的效率降低，存款—贷款的循环甚至会被中断，"存款乘数"就会变小。

既然我们面对的是乘数太小的问题，我们的任务就是要把乘数做大。做大乘数的方法就是继续进行市场化的制度变革，使初步建立起来的市场制度变得更有效率。既然政府政策会产生"体制效应"，我们的目标就是变负效应为正效应。在财政方面，既然大量亏损的国有企业是财政的"鸡肋"，进行企业并购和产权交易，就是具有制度变革特征的、缓解财政危机的手段；在公共工程方面，打破国有部门独揽项目的局面，让非国有企业参与公平的竞标，则是扩展市场规则的又一契机；在货币政策方面，只有将中央银行的再贷款利率与商业银行的市场利率分开，才能更有效地使政策发挥作用，同时使我国的货币体系向着市场化的方向迈进一步；即使是财政政策手段，如发行政府债券，也可以用来促进金融市场的发展，如利用政府债券支撑起证券市场的交易。

当然，除了短期手段外，乘数变大是一个漫长的过程。但这并不意味着政府可以忽视这个对政策效果举足轻重的变量。一个明智而有效的政府更应注重借用经济制度本身的力量。政府在推行短期的宏观经济政策时，不应伤及那个会使政策效应更为显著的制度基础，同时为了社会与国家长远计，不应有一刻忘记改进使政府显得更有效的市场体系。至少在政府制定政策的视野内，它的名字叫"乘数"。

"乘数"是如何发挥作用的？有哪些途径可以做大乘数？

不论是从总需求方面来看，还是从总供给方面来看，组成国民收入的任何一个因素（比如投资、政府购买、税收等）在数量上的变动都会使国民收入数量产生变动。乘数理论就是要说明国民收入变动量与引起这种变动量的某一因素的变动量在数量上的对比关系。乘数原理研究总支出的变动对国民收入变动的影响，是凯恩斯国民收入决定论的核心组成部分之一。所谓乘数原理，简单地说，讲的是假如一个国家增加一笔投资（以 ΔI 表示），那么，由此引起的国民产品（或国民收入）的增加量（以 ΔY 表示）并不限于原来增加的这笔投资，而是原来这笔投资的若干倍，即 $\Delta Y = K \times \Delta I$，其中 K 称为"投资乘数"，K 的值通常是大于1的正数，故有乘数（倍数）原理之称。这个原理或理论是在涉及一项具体政策的争论中，对现实的经济运行机制进行抽象的理论概括而产生和发展起来的。

乘数原理一般被认为是凯恩斯在剑桥大学的年轻的学生卡恩（R. F. Kahn, 1905~）于1931年发表在凯恩斯长期担任主编的《经济学杂志》上的《国内投资与失业关系》一文中首先提出的。从下文可以看到，卡恩论文的一个关键点是引进"消费函数"这个概念，从而使乘数效应发生作用的实际过程可以被描述出来，"乘数"的数值可以在一些简化的假设下被计算出来。凯恩斯在《就业、利息和货币通论》中把卡恩文章涉及的内容规范为"形式化"的"乘数"原理，成为凯恩斯国民收入决定论或就业理论的两大支柱之一（另一支柱是他所说的"三大基本心理法则"和货币供应量），并在之后西方经济学的文献中得到广泛的应用和发展。

为什么战时大量军事开支会导致 GDP 的快速增长？为什么美国20世纪60年代或80年代的减税引发了一场时间较长的经济扩张？西方经济学家发现这些都可以在乘数模型中找到最简单的解释。

（资料来源：圣才经济学习网，http://www.100xuexi.com。）

一、投资乘数

投资乘数就是收入的变化量与带来收入变化量的投资变化量的比率。如果用 k_i 表示投资乘数,用 Δy 表示收入的增量,用 Δi 表示投资的增量,则投资乘数的公式可表达为:

$$k_i = \frac{\Delta y}{\Delta i}$$

由于收入与投资是同方向变动关系,故 $k_i > 0$,即投资乘数为正数。

为什么投资增加会带来收入成倍增加呢?

因为增加的投资(如 100 亿美元)是用来购买生产所用的劳动、资本、土地、企业家才能等生产要素的,于是,100 亿美元就相应地以工资、利息、地租、利润等形式成为要素所有者即居民的收入而流入到居民手中,社会收入就增加了 100 亿美元。居民收入增加了 100 亿美元后,因 $\beta = 0.8$,故居民会有 80 亿美元的消费支出,生产部门相应地得到出售产品的 80 亿美元。生产部门用此 80 亿美元购买 80 亿美元的生产要素,80 亿美元就以工资、利息、地租、利润等形式又流回到居民手中,即社会收入增加了 80 亿美元。在边际消费倾向仍然是 0.8 的条件下,居民会有 64 亿美元的消费支出,生产部门就相应地得到 64 亿美元,而生产部门又用此购买 64 亿美元的生产要素,64 亿美元便以工资、利息、地租、利润等形式流回到居民手中,社会收入因此而增加了 64 亿美元。在不变的 $\beta = 0.8$ 的条件下,居民会有 51.2 亿美元的消费,生产部门得到 51.2 亿美元。生产部门再购买 51.2 亿美元的生产要素,51.2 亿美元以工资、利息、地租、利润等形式又流回到居民手中,社会收入再次增加,增加值为 51.2 亿美元。这样的过程不断持续下去,投资、收入、消费就一轮一轮地增加,最终的社会收入会增加 500 亿美元。可以用以下公式表示收入的增加:

$$\begin{aligned}
& 100 + 80 + 64 + 51.2 + \cdots \\
=& 100 + 100 \times 0.8 + 100 \times 0.8^2 + 100 \times 0.8^3 + \cdots + 100 \times 0.8^{n-1} \\
=& 100 \times (1 + 0.8 + 0.8^2 + 0.8^3 + \cdots + 0.8^{n-1}) \\
=& 100 \times \frac{1}{1 - 0.8} = 500 \text{(亿美元)}
\end{aligned}$$

$\frac{500}{100} = 5$ 就是投资乘数。

很显然,根据以上例子,投资乘数公式又可写为:

$$k_i = \frac{1}{1 - \beta}$$

又由于 $1 - \beta = MPS$,投资乘数又可表达为:

$$k_i = \frac{1}{MPS}$$

可见，投资乘数与边际消费倾向成正比、与边际储蓄倾向成反比，且 $k_i > 0$，亦即收入的变化量与投资变化量同方向变动。

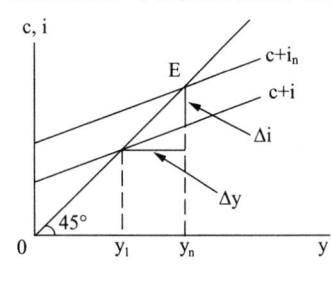

图 11-10 中，横轴表示收入，纵轴表示消费与投资，$c+i$ 表示原有的总支出曲线，相应的均衡收入为 y_1；$c+i_n$ 表示新的总支出曲线，$i_n = i + \Delta i$，相应的均衡收入为 y_n，$y_n - y_1 = \Delta y = k_i \cdot \Delta i$。当投资增加 100 亿美元即 $\Delta i = 100$ 时，收入增加 500 亿美元，即 $\Delta y = 5 \times 100 = 500$（亿美元）。

图 11-10 乘数效应

但是投资乘数是一把"双刃剑"。以上例子和图示说明投资增加对收入成倍增多的影响，但是，如果投资减少，收入则成倍减少。这就是说，无论是增加的投资还是减少的投资，都具有乘数作用，都会对收入的增加或减少产生成倍的作用，因此，投资乘数是一把"双刃剑"。

在现实生活中，投资增加对国民收入增加的影响即投资乘数作用与社会的经济状况有密切关系，以下四个因素影响着投资乘数作用的发挥：第一，经济中过剩的生产能力。如果经济中没有过剩的生产能力或者过剩的生产能力较小，增加投资只会引起总需求的增长，却不会或难以使生产增加，最终结果只能是物价水平上升。只有在社会过剩的生产能力大、社会的闲置资源（比如生产设备、劳动力等）数量多的情况下，增加投资则能充分利用闲置资源，从而更多地增加国民收入。第二，投资与储蓄的关联性。如果投资与储蓄的联系非常密切，投资增加会使对货币的需求产生增长，从而提高利率水平，进而引起储蓄增加，消费相应减少，最终部分地抵消投资增加对国民收入增加的影响。反之，只有当投资与储蓄之间的独立性较强时，投资增加才不会使利率上升，也就不会增加储蓄和减少消费，收入自然就能增加。第三，货币供给量的非适应性。如果货币供给量不能随投资的增加而增加，即投资增加得不到相应的货币支持，投资增加只会增加货币需求，促使利率上升，从而抑制总需求水平的提高，国民收入的增长就会遇到阻碍。第四，投资的外购性。如果增加的投资用于购买进口的生产要素，则不会对国内的总需求产生什么影响，也就不会增加多少国民收入。

二、政府购买支出乘数

如果税收为定量税，三部门经济的总支出或总需求为：
$$y = c + i + g = \alpha + \beta(y - T + TR) + i + g$$

整理可得定量税下的均衡国民收入的公式：
$$y = \frac{\alpha + i + g - \beta T + \beta TR}{1 - \beta}$$

其中，税收 T 是定量税。

如果定量税之外再加上比例税，三部门经济的总支出或总需求的公式会有一些变化。

定量税、比例税并存条件下的可支配收入为：

$y_d = y - T - ty + TR = y(1-t) - T + TR$

则 $y = c + i + g$
$= \alpha + \beta(y - T - ty + TR) + i + g$
$= \alpha + \beta y(1-t) - \beta T + \beta TR + i + g$

整理可得定量税、比例税并存条件下均衡国民收入的公式：

$$y = \frac{\alpha + i + g - \beta T + \beta TR}{1 - \beta(1-t)}$$

下面就运用以上两个公式，分别分析政府购买支出乘数、税收乘数、政府转移支付乘数等。

政府购买支出乘数是指收入变动与引起收入变动的政府购买支出变动的比率。用 k_g 表示政府购买支出乘数，Δy 表示收入变动，Δg 表示政府购买支出变动，则

$$k_g = \frac{\Delta y}{\Delta g}$$

定量税下政府购买支出乘数的推导过程如下：

假定除 g 之外，组成收入的其他因素保持不变，当政府购买支出从 g_1 变为 g_2 时，收入分别为以下各式：

$$y_1 = \frac{\alpha + i + g_1 - \beta T + \beta TR}{1 - \beta}$$

$$y_2 = \frac{\alpha + i + g_2 - \beta T + \beta TR}{1 - \beta}$$

$$y_2 - y_1 = \Delta y = \frac{g_2 - g_1}{1 - \beta} = \frac{\Delta g}{1 - \beta}$$

整理得 $\frac{\Delta y}{\Delta g} = k_g = \frac{1}{1-\beta}$

可见，此时政府购买支出乘数等于 1 减去边际消费倾向 β 的倒数，与边际消费倾向 β 成正比。由于 $1 - \beta > 0$，故 $k_g > 0$，即收入的变化量与政府购买支出的变化量呈同方向变动。

定量税与比例税并存条件下的政府购买支出乘数的推导过程如下。

同样假定除 g 之外，组成收入的其他因素保持不变，当政府购买支出从 g_1 变为 g_2 时，收入分别如下：

$$y_1 = \frac{\alpha + i + g_1 - \beta T + \beta TR}{1 - \beta(1-t)}$$

$$y_2 = \frac{\alpha + i + g_2 - \beta T + \beta TR}{1 - \beta(1-t)}$$

$$y_2 - y_1 = \Delta y = \frac{g_2 - g_1}{1 - \beta(1-t)} = \frac{\Delta y}{1 - \beta(1-t)}$$

整理得 $\dfrac{\Delta y}{\Delta g} = k_g = \dfrac{1}{1 - \beta(1-t)}$

可见，政府购买支出乘数与比例税 t 成反比。

显然，定量税与比例税并存条件下的政府购买支出乘数小于仅有定量税的政府购买支出乘数。

三、税收乘数

税收乘数是指收入变动与引起收入变动的税收变动的比率。用 k_T 表示税收乘数，Δy 表示收入变动，ΔT 表示税收变动，则：

$$k_T = \frac{\Delta y}{\Delta T}$$

$\dfrac{\Delta y}{\Delta T} = k_T = \dfrac{-\beta}{1 - \beta}$ 为定量税下的税收乘数的表达式。

可见，税收乘数等于边际消费倾向 β 与 1 减去边际消费倾向 β 之比的负值，$k_T < 0$ 表明收入的变化量与税收的变化量呈反方向变动。

定量税与比例税并存条件下的税收乘数是 $k_T = \dfrac{-\beta}{1 - \beta(1-t)}$

可见，税收乘数与比例税 t 成正比。

显然，定量税与比例税并存条件下的税收乘数的绝对值小于仅有定量税的税收乘数的绝对值。

四、政府转移支付乘数

政府转移支付的增加，会增加居民的可支配收入，社会消费因此而增加，从而国民收入增加。所以，政府转移支付也具有乘数作用。

政府转移支付乘数是指收入变动与引起收入变动的政府转移支付变动的比率。用 k_{TR} 表示政府转移支付乘数，Δy 表示收入变动，ΔTR 表示政府转移支付变动，则 $k_{TR} = \dfrac{\Delta y}{\Delta TR}$。

定量税下的政府转移支付乘数为 $\dfrac{\Delta y}{\Delta TR} = k_{TR} = \dfrac{\beta}{1 - \beta}$

可见，政府转移支付乘数等于边际消费倾向 β 与 1 减去边际消费倾向 β 的倒数的乘积，政府转移支付乘数与边际消费倾向 β 成正比，且政府转移支付乘数为正值，表明收入的变化量与政府转移支付的变化量呈同方向变动。

定量税与比例税并存条件下的政府转移支付乘数可表示为 $k_{TR} = \dfrac{\beta}{1-\beta(1-t)}$

可见，政府转移支付乘数与比例税 t 成反比。

显然，定量税与比例税并存条件下的政府转移支付乘数小于仅有定量税的政府转移支付乘数。

五、平衡预算乘数

平衡预算乘数是指政府支出和政府收入同时以相等的数量增加或减少时，国民收入变动与政府收支变动的比率。

用 k_b 表示平衡预算乘数，Δy 表示政府支出和政府收入同时以相等的数量变动时国民收入的变动量，则：

$\Delta y = k_g \Delta g + k_T \Delta T = \dfrac{1}{1-\beta}\Delta g + \dfrac{-\beta}{1-\beta}\Delta T$

由于政府支出和政府收入以相等的数量变动，即 $\Delta g = \Delta T$，所以：

$\Delta y = \dfrac{1}{1-\beta}\Delta g + \dfrac{-\beta}{1-\beta}\Delta g = \dfrac{1-\beta}{1-\beta}\Delta g = \Delta g$

同样得 $\Delta y = \dfrac{1}{1-\beta}\Delta T + \dfrac{-\beta}{1-\beta}\Delta T = \dfrac{1-\beta}{1-\beta}\Delta T = \Delta T$

因而 $\dfrac{\Delta y}{\Delta g} = \dfrac{\Delta y}{\Delta T} = \dfrac{1-\beta}{1-\beta} = 1 = k_b$

上式是定量税条件下的平衡预算乘数，可见，定量税条件下的平衡预算乘数等于 1。

在定量税与比例税并存条件下，平衡预算乘数小于 1，即 $k_b = \dfrac{1-\beta}{1-\beta(1-t)}$

由于 $1-\beta < 1-\beta(1-t)$，故 $k_b < 1$。

六、对外贸易乘数

上一节曾推导出公式 $y = \dfrac{1}{1-\beta(1-t)+\theta}(\alpha + \bar{i} + \bar{g} - \beta T_0 + \beta TR + \bar{x} - m_0)$

则对外贸易乘数为 $\dfrac{dy}{d\bar{x}} = \dfrac{1}{1-\beta(1-t)+\theta}$

对外贸易乘数表明，在 β 与 t 既定的条件下，对外贸易乘数取决于 θ，两者呈反方向变动关系。由于 $\theta = \dfrac{\Delta m}{\Delta y}$，即增加的收入中有一部分用于进口而未用于国内需求，对外贸易乘数就小于政府购买支出乘数 $\dfrac{1}{1-\beta(1-t)}$。

练习题

一、名词解释
1. 边际消费倾向递减
2. 平均消费倾向
3. 边际消费倾向
4. 平均储蓄倾向
5. 边际储蓄倾向
6. 投资乘数
7. 均衡产出
8. 税收乘数
9. 政府购买支出乘数
10. 平衡预算乘数
11. 政府转移支付乘数

二、选择题

1. 根据平均消费倾向（APC）、平均储蓄倾向（APS）、边际消费倾向（MPC）、边际储蓄倾向（MPS）之间的关系，下面（   ）是正确的。

    A. 如果 MPC 增加，那么 MPS 也增加　　　　B. MPC + APS = 1

    C. MPC + MPS = APC + APS　　　　　　　　D. MPC + MPS > APC + APS

2. 如果投资突然下降，那么凯恩斯模型预期（   ）。

    A. GDP 将开始持续下降，但最终下降量将小于投资的下降量

    B. GDP 将迅速上升，其上升量大于投资的下降量

    C. GDP 将迅速上升，其上升量小于投资的下降量

    D. GDP 将开始持续下降，直至下降量大大超过投资的下降量

3. 假定其他条件不变，税收增加将引起国民收入（   ）。

    A. 增加，但消费水平下降　　　　　　　　B. 增加，同时消费提高

    C. 减少，同时消费水平下降　　　　　　　D. 减少，但消费水平上升

4. 在两部门经济中，均衡发生于（   ）之时。

    A. 实际储蓄等于实际投资　　　　　　　　B. 计划储蓄等于计划投资

    C. 实际的消费加实际的投资等于产出值　　D. 总支出等于企业部门的收入

5. 消费倾向与储蓄倾向的关系是（   ）。

A. APC + APS = 1　　　　　　　　　　　B. APC + APS = 2

C. MPC = 1 – APC　　　　　　　　　　　D. MPC + MPS = 2

6. 在凯恩斯的两部门经济模型中，如果边际消费倾向值为0.8，那么自发支出乘数值必是（　　）。

　　A. 1.6　　　　　B. 2.5　　　　　C. 5　　　　　D. 4

7. 如果 GDP 是均衡水平，则要求（　　）。

　　A. 收入总额必须正好等于消费者收入中的计划支出加上计划储蓄

　　B. GDP 总额必须正好等于计划储蓄总额与计划投资总额之和

　　C. 消费者支出总额必须正好等于收入的收支平衡水平

　　D. 所得收入总额必须正好等于全体消费者收入中的计划支出加上计划投资总额

8. 边际消费倾向是指（　　）。

　　A. 在任何收入水平上，总消费对总收入的比率

　　B. 在任何收入水平上，由于消费变化而引起的收入支出的变化

　　C. 在任何收入水平上，当收入发生微小变化时，由此导致的消费支出变化对收入水平变化的比率

　　D. 以上答案都不正确

9. 如果人们不是消费其所有收入，而是将未消费部分存入银行，这在国民收入的生产中是（　　）。

　　A. 储蓄而不是投资　　　　　　　　　B. 投资而不是储蓄

　　C. 既非储蓄又非投资　　　　　　　　D. 储蓄，但购买证券部分是投资

10. 当市场对某种产品的需求在某一年突然增加时，预期这将导致（　　）。

　　A. 厂商马上增加固定资产投资，扩大生产规模，以适应市场需求

　　B. 厂商保持生产规模不变

　　C. 厂商增加对原材料和劳动力的投入，其增加的产出就是市场需求的增加量

　　D. 厂商增加对原材料和劳动力的投入，其增加的产出一般小于市场需求的增加量

11. 若 MPC = 0.6，则 i 增加100万美元，会使收入增加（　　）美元。

　　A. 40万　　　　　B. 60万　　　　　C. 150万　　　　　D. 250万

12. 根据消费函数，决定消费的因素是（　　）。

　　A. 收入　　　　　B. 价格　　　　　C. 边际消费倾向　　　　　D. 偏好

13. 若 MPS = 0.2，则政府税收乘数值为（　　）。

　　A. 5　　　　　B. 0.25　　　　　C. –4　　　　　D. 2

14. 政府购买支出乘数 Kg、政府转移支付乘数 Ktr 之间的关系是（　　）。

　　A. Kg > Ktr　　　　B. Ktr > Kg　　　　C. Ktr = Kt　　　　D. 不确定

15. 当消费函数为 C = a + bY，a > 0，b > 0 时，平均消费倾向（　　）。

　　A. 大于边际消费倾向　　　　　　　　B. 小于边际消费倾向

C. 等于边际消费倾向　　　　　　D. 以上三种情况都有可能

16. 四部门经济与三部门经济相比，乘数效应（　　）。

A. 变大　　　　　　　　　　　B. 变小

C. 不变　　　　　　　　　　　D. 变大、变小或不变均有可能，不能确定

17. 边际消费倾向和边际储蓄倾向的关系为（　　）。

A. 由于某些边际收入必然转化为边际消费支出，其余部分则转化为边际储蓄，因而它们之和必定等于1

B. 由于可支配收入必定划分为消费和储蓄，它们之和必然表示现期收到的可支配收入的总额

C. 它们之间的比例一定表示平均消费倾向

D. 它们之和必等于0

18. 当一个家庭的收入为零时，其消费支出为2000元；而当其收入为6000元时，其消费支出为6000元。在图形上，消费和收入之间成一条直线，则其边际消费倾向为（　　）。

A. 2/3　　　　B. 3/4　　　　C. 4/5　　　　D. 1

19. 在一个不存在政府和对外经济往来的经济中，若现期GDP水平为5000亿元，消费者希望从中支出3900亿元于消费，计划投资支出总额为1200亿元，这些数字表明（　　）。

A. GDP不处于均衡水平，将下降　　B. GDP不处于均衡水平，将上升

C. GDP处于均衡水平　　　　　　　D. 以上三种情况都可能

20. 在国民收入和生产中的个人储蓄可以明确表示为（　　）。

A. 家庭所有资产的总额

B. 当期所得收入中不用于消费的部分

C. 当期所得收入中仅用于购买证券或存入银行的部分

D. 家庭所持有的所有资产总额减去其负债总额

21. 投资往往是易变的，其主要原因之一是（　　）。

A. 投资很大程度上取决于企业家的预期

B. 消费需求变化得如此反复无常以致它影响投资

C. 政府开支代替投资，而政府开支波动剧烈

D. 利率水平波动相当剧烈

22. 在一个只有家庭、企业和政府构成的三部门经济中，一定有（　　）。

A. 家庭储蓄等于净投资

B. 家庭储蓄等于总投资

C. 家庭储蓄加折旧等于投资加政府支出

D. 家庭储蓄加税收等于投资加政府支出

23. 消费者消费支出减少，则（   ）。

A. GDP 将下降，但储蓄 S 将不变　　　　B. GDP 将下降，但储蓄 S 将上升

C. GDP 和储蓄 S 都将下降　　　　　　　D. GDP 不变，但储蓄 S 将下降

24. 如果边际储蓄倾向为 0.3，投资支出增加 60 亿元，可以预期，这将导致均衡水平 GDP 增加（   ）。

A. 20 亿元　　　　B. 60 亿元　　　　C. 180 亿元　　　　D. 200 亿元

25. 在四部门经济中，若投资 I、储蓄 S、政府购买 G、税收 T、出口 X 和进口 M 同时增加，则均衡收入（   ）。

A. 不变　　　　　　　　　　　　　　　B. 趋于增加

C. 趋于减少　　　　　　　　　　　　　D. 变化的趋势不能确定

26. 当消费函数为 C = 100 + 0.8y，投资为 50 万元时，均衡国民收入为 750 万元，如果实际国民收入为 800 万元，则企业非自愿存货积累为（   ）万元。

A. 50　　　　　B. 10　　　　　C. 30　　　　　　　　D. 以上都不对

27. 投资乘数等于（   ）。

A. 收入变化除以投资变化　　　　　B. 投资变化除以收入变化

C. 边际消费倾向的倒数　　　　　　D. （1 – MPS）的倒数

28. 当政府购买的增加与政府转移支出的减少相等时，国民收入会（   ）。

A. 不变　　　　B. 减少　　　　C. 增加　　　　　　D. 不相关

29. 当消费者边际储蓄倾向增加时，（   ）。

A. GDP 下降，C 增加　　　　　　　B. GDP 下降，C 不变

C. GDP 和 C 都减少　　　　　　　　D. GDP 和 C 都减少

30. 一般的家庭是按照如下哪种方式从收入中支出消费的？（   ）

A. 当收入增加时，收入中的消费支出比例增大

B. 除了很低的收入水平外，各收入水平中的消费支出比例是相同的

C. 各收入水平中的消费支出比例是相同的

D. 当收入增加时，收入中消费支出比例是减小的

31. 边际储蓄倾向若为 0.25，则边际消费倾向为（   ）。

A. 0.25　　　　B. 0.75　　　　C. 1.0　　　　　　D. 1.25

32. 以下四种情况，投资乘数最大的是（   ）。

A. 边际消费倾向为 0.6　　　　　　B. 边际消费倾向为 0.4

C. 边际储蓄倾向为 0.1　　　　　　D. 边际储蓄倾向为 0.3

33. 对一个经济来说，哪种情况是正确的？（   ）

A. 总收入等于总支出，但不总是等于国内生产总值

B. 总收入等于国内生产总值，但一般要小于总支出

C. 总收入等于总支出等于国内生产总值

D. 只有在两部门经济中，总收入等于国内生产总值

34. 总支出曲线表明了计划总支出与下列（　　）之间的关系。

A. 可支配收入　　B. 实际 GDP　　C. 利率　　D. 消费支出

35. 假如乘数为 4，投资增加 100 亿元，均衡的实际 GDP 将（　　）。

A. 增加 400 亿元　　　　　　B. 增加大于 400 亿元

C. 增加小于 400 亿元　　　　D. 不能确定

36. 下列哪种情况可能使国民收入增加得最多？（　　）

A. 政府对高速公路的开支增加 250 亿美元

B. 政府转移支付增加 250 亿美元

C. 个人所得税减少 250 亿美元

D. 企业储蓄增加 250 亿美元

37. 消费函数为 C = 100 + 0.8（Y－T），政府支出乘数是（　　）。

A. 0.8　　B. 1.25　　C. 4　　D. 5

38. 消费函数的斜率取决于（　　）。

A. 边际消费倾向　　　　　　B. 与可支配收入无关的消费总量

C. 平均消费倾向　　　　　　D. 由收入变化引起的投资量

39. 消费曲线位于 45°线的上方表明，储蓄是（　　）。

A. 正数　　B. 0　　C. 负数　　D. 不能确定

40. 在边际储蓄倾向等于 20% 时，边际消费倾向等于（　　）。

A. 20%　　B. 80%　　C. 30%　　D. 不能确定

41. 当总需求增加时，国民收入将（　　）。

A. 减少　　B. 不变　　C. 增加　　D. 不能确定

42. 假定边际储蓄倾向等于 20%，则增加 100 万美元的投资，可使国民收入增加（　　）。

A. 200 万美元　　B. 500 万美元　　C. 800 万美元　　D. 不能确定

43. 哪一对变量对国民收入具有同样大的乘数作用（　　）。

A. 政府支出和政府减税　　　B. 消费支出和投资支出

C. 政府增税和政府支出　　　D. 消费支出和转移支付

44. 假定边际消费倾向等于 60%，政府同时增加 20 万美元的支出和税收，将使国民收入（　　）。

A. 增加 20 万美元　B. 保持不变　C. 增加 12 万美元　D. 不能确定

45. 下列哪种情况不会引起国民收入水平的上升（　　）。

A. 增加投资　　B. 增加税收　　C. 增加转移支付　　D. 减少税收

46. 在两部门经济中，均衡发生于（　　）之时。

A. 实际储蓄等于实际投资

B. 实际的消费加实际的投资等于产出值

C. 计划储蓄等于计划投资

D. 总支出等于企业部门的收入

47. 假定某国经济目前的均衡收入为 5500 亿元，如果政府要把收入提高到 6000 亿元，在边际消费倾向等于 0.9 的条件下，应增加政府支出（　　）亿元。

  A. 10　　　　　　B. 30　　　　　　C. 50　　　　　　D. 500

48. 张三每月的可支配收入 1000 元，每月消费 820 元；现在张三每月的收入增加了 200 元后，他每月消费 960 元。此时张三边际消费倾向和平均消费倾向分别为（　　）。

  A. 0.8，0.9　　　B. 0.7，0.9　　　C. 0.7，0.8　　　D. 0.8，0.8

49. 令 M 等于边际消费倾向与边际储蓄倾向之和，A 等于平均消费倾向与平均储蓄倾向之和，那么（　　）。

  A. M = 1，A = 1　　B. M = 1，A < 1　　C. M < 1，A = 1　　D. M < 1，A < 1

50. 消费函数的斜率等于（　　）。

  A. APC　　　　　B. APS　　　　　C. MPC　　　　　D. MPS

三、计算题

1. 假设某经济的消费函数为 $c = 100 + 0.8y_d$，投资 $i = 50$，政府购买性支出 $g = 200$，政府转移支付 $t_r = 62.5$，税收 $t = 250$（单位均为 10 亿美元）。

（1）求均衡收入。

（2）试求投资乘数、政府支出乘数、税收乘数、转移支付乘数、平均预算乘数。

2. 边际消费倾向为 0.8，如果政府增加 200 亿美元支出，其中政府购买增加 150 亿美元、政府转移支付增加 50 亿美元，均衡的国民收入增加多少？

3. 在两部门经济中，消费函数为 $c = 100 + 0.8y$，投资为 50 万美元，求均衡收入、消费和储蓄。

4. 若消费函数为 $c = 100 + 0.9y$，投资为 50 万美元，求收入和储蓄为多少？投资增至 100 万美元时收入增加多少？

5. 假设某经济的消费函数为 $C = 100 + 0.8y$，投资为 500 亿元。

（1）求国民经济均衡时的国民收入，消费和储蓄。

（2）如果当时实际的国民收入为 4500 亿元，则企业非意愿存货积累为多少？

（3）若投资增至 1000 亿元，求增加的国民收入。

6. 已知边际消费倾向为 0.8，若政府购买支出和税收同时分别增加 200 亿美元和 100 亿美元，求国民收入总量变动多少？

7. 社会收入为 1500 亿元时，储蓄为 500 亿元，收入增加为 2000 亿元时，储蓄为 800 亿元，如果要使国民收入增加 200 亿元，那么，财政支出应增加多少？（不考虑利率）

8. 假设某经济社会的储蓄函数是 $s = -1000 + 0.25y$，投资从 300 万美元增至 500 万美元时，均衡收入增加多少？

第十二章　IS－LM 模型

📝 学习目的

1. 了解货币的层次，银行体系与货币供给，货币需求动机、流动偏好理论及利率、投资与国民收入之间的关系
2. 熟练地计算货币乘数、投资函数
3. 掌握 IS 与 LM 曲线的由来及其移动对利率和收入的影响

📝 重点

1. IS－LM 模型及推导
2. 两个市场同时均衡的利率和收入的计算

📝 难点

IS 曲线及其推导、LM 曲线及其推导、影响 IS 曲线和 LM 曲线斜率的因素

📝 引导案例

中国的 IS－LM 模型

IS－LM 模型的假定为需求决定产出（社会需要多少产品，厂商就愿意生产多少）。改革开放前，中国经济严重供给不足，不能用该模型来分析中国经济。随着改革开放的发展，在中国经济逐渐显示出需求约束性特征的背景下，就有必要建立中国的 IS－LM 模型。

根据统计资料测算，我国居民的消费函数为：$C = 412.839 + 0.4538y$；投资函数为：$I = -725.5516 + 0.4264y - 19.5494r$；货币需求函数为：$L = 0.4939y - 104.2760r$。则可以推算出 IS 曲线：$y = 1312.4325 - 60.6808r + 2.8788G$；LM 曲线：$y = 20.247M +$

211.1276r。若将政府支出和货币供应看作固定常数,则可以大致画出中国的 IS-LM 模型（如图12-1所示）。

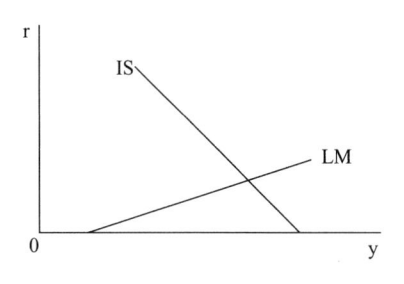

图 12-1 中国的 IS-LM 模型

从图 12-1 可以看出:①IS 曲线较陡峭;②LM 曲线较平坦。为什么会呈现出这样的形状呢?又和哪些因素有关系呢?什么是 IS 曲线和 LM 曲线,它们和经济的关系又如何呢?
（资料来源:根据百度文库资料整理获得。）

第一节 IS 曲线

本章是短期均衡国民收入决定问题的核心理论。这个模型将投资纳入分析,投资成为内生变量,并引入利率和货币市场,均衡的国民收入必须满足产品市场和货币市场两个市场的均衡条件。同时,IS-LM 模型为财政和货币政策的综合使用提供了分析平台。下面简单介绍一下 IS-LM 模型的基本思想:在简单的国民收入决定模型中我们看到,均衡收入水平的大小,实际上取决于自发需求（这里不考虑政府和外贸）,因为自发需求中的自发消费在短期是稳定的,所以均衡收入的大小和波动就取决于投资。而投资的大小有两个影响因素:一个是预期利润（这也是一个外生的不确定变量）,另一个则是资本使用的利率。在预期利润率外生给定的情况下,投资就唯一地决定于利率。

一、货币供求决定利率

宏观经济学中的利率,是指一个时期内,整个货币市场上,当货币需求和货币供给相等时的利率。

由于货币供给为既定,因此,均衡利率由货币需求决定。货币供求由失衡到均衡,只通过货币需求的变化即可决定。当货币供给大于需求时，人们感到手中持有的货币太多，就会把多余的货币买进债券。于是债券价格将上升，即利率会下降，利率的下降使货币需求量增加。相反，如果当前利率低于均衡利率，则说明货币需求超过货币供给，存在货币的超额需求，这时人们感到手中持有的货币太少，就会卖出债券，债券价格就会下降，亦即利率会上升，利率的上升会使货币需求量减少。只有货币市场供求相等时，利率才达到均衡。

货币需求曲线和供给曲线发生变动，均衡利率就会相应变动。故影响均衡利率变动的因素有：

1. 货币供给曲线变动的影响

当货币市场已经处于均衡时，如果货币需求和收入不变，中央银行决定增加货币供给，那么货币市场上的货币供给量将通过货币乘数成倍增加，使货币供给曲线右移。此时，人们将把多余的货币换成债券，由此导致债券价格上涨，利率下跌，直至债券收益减少，人们持有货币的愿望恢复，最终形成低于原均衡利率的新的均衡利率。如果中央银行决定减少货币供给，则会形成一个高于原均衡利率的新的均衡利率。

2. 货币需求曲线变动的影响

（1）收入水平变动的影响。当货币市场已经处于均衡时，如果货币供求不变，在经济繁荣时期，随着收入增加，财富增加，货币市场上的货币交易需求或投机需求也会增加，此时货币需求曲线右移，货币供不应求，人们必将抛售债券换得货币，以应付交易活动新增的货币需求，因此债券价格下降，利率上升，以便减少因货币交易需求增加而应当相应减少的货币投机需求，最终形成高于原均衡利率的新的均衡利率。反之，如果经济处于萧条时期，则会出现相反的结果。

（2）预期利率的影响。当货币市场已经处于均衡时，如果预期利率将下降——预期债券价格将上升，人们将按债券现行市场价格以货币换取债券，以便日后债券价格上涨时再抛售债券换回货币，货币的投机需求下降，从而货币的总需求下降，货币需求曲线左移，最终形成低于原均衡利率的新的均衡利率。如果人们预期利率将上升，则会出现相反的结果。

如果货币供求曲线同时变动，利率就会在两者的共同影响下，在移动后的需求曲线和供给曲线的交点上达到新的均衡。

二、投资与利率

投资也叫资本形成，是指在一定时期内社会实际资本的增加，表现为生产能力的扩大。投资和资本是两个不同的概念，投资是流量，而资本是存量。

经济学中所说的投资是指社会的实际资本的增加，包括厂房、设备和存货，也就是资本存量的变动。

可以从不同角度将投资划分为不同的种类。按投资和资本存量关系，投资可分为重要投资、净投资与总投资；按引起投资的原因不同，投资可分为自发投资与引致投资；按投资者是否参与经营，投资可分为直接投资与间接投资；按投资内容，投资可分为非住宅固定投资和存货投资。

实际生活中，投资要受到如利率、预期通货膨胀率、资本边际效率等许多因素的影响。其中，利率是决定投资的首要因素，投资与利率反方向变化，投资是利率的减函数。投资与利率之间的这种关系称为投资函数，可写为 $i = i(r)$

或 $i = e - dr \ (d > 0)$

其中，i 代表投资，r 代表利率，e 代表自发投资，d 代表投资的利率弹性，即一定利率的变动所引起的投资变动的大小。

三、利率和国民收入之间的关系

既然投资是利率的函数，即投资量与利率之间存在反方向变化关系。那么，国民收入水平必然会受到利率的影响，这是因为投资是总需求的一个组成部分，投资的变动必然引起总需求的变动。在考虑到投资的变动时，总需求函数应该写为（以两部门经济为例）：

$$AD = c + i$$
$$= \alpha + \beta y + e - dr \tag{12-1}$$

根据社会总供给等于社会总需求的原理，则有：

$$y = AD = c + i$$
$$= \alpha + e + \beta y - dr \tag{12-2}$$

从式（12-1）和式（12-2）可以看出，国民收入水平不仅要受自发消费 α、自发投资 e、边际消费倾向 β 的影响，而且还要受到利率 r 的影响。以上两式还表明，国民收入水平与利率也是反方向变动的关系。

四、产品市场的均衡

所谓产品市场均衡，是指产品市场中总需求等于总供给时各经济变量的状态。

1. 二部门经济中产品市场的均衡方程

根据前面的分析，二部门经济中产品市场的均衡模型可以表示如下：

$$\begin{cases} I = S & \text{均衡条件} \\ I = I(r) = e - dr & \text{投资函数} \\ s = s(y) = -\alpha + (1-\beta)Y & \text{储蓄函数} \end{cases}$$

得到

$$y = \frac{\alpha + e - dr}{1 - \beta} \qquad (12-3)$$

或 $$r = \frac{e + \alpha}{d} - \frac{1-\beta}{d} \qquad (12-4)$$

式（12-3）就是二部门经济中 IS 曲线的方程。

2. 三部门经济中产品市场的均衡方程

根据前面的分析，三部门经济中产品市场的均衡模型可以表示如下：

$$\begin{cases} I + G = S + T & \text{均衡条件} \\ I = I(r) = e - dr & \text{投资函数} \\ S = S(y) = -\alpha + (1-\beta)Y_D & \text{储蓄函数} \\ Y_D = Y - T + T_R \quad G = G_0 \\ T = T_0 + tY \end{cases}$$

得到

$$r = \frac{\alpha + e + G_0 - \beta T_0 + \beta T_R}{d} - \frac{1 - \beta(1-t)}{d} Y \qquad (12-5)$$

3. IS 曲线的推导

IS 曲线是描述产品市场达到均衡时，利率与收入之间关系的曲线。从以上分析可以看出，要使产品市场保持均衡，则均衡的国民收入与利率之间存在反方向变化的关系，下面我们举例来说明这一点。

设投资函数 $I = 80 - 20r$，消费函数 $c = 40 + 0.5y$，即储蓄函数为 $s = y - c = -40 + 0.5y$，根据式（12-3），于是有 $y = \frac{\alpha + e - dr}{1 - \beta} = \frac{40 + 80 - 20r}{1 - 0.5} = 240 - 40r$

如果以纵轴代表利率，横轴代表收入，则可得到一条反映利率和国民收入之间相互关系的 IS 曲线，如图 12-2 所示。

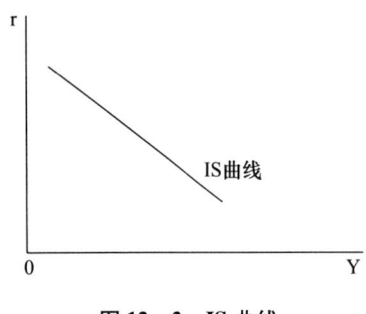

图 12-2 IS 曲线

IS 曲线的几何推导（四象限法）如图 12-3 所示。

五、IS 曲线的斜率

IS 曲线表示社会经济活动中产品市场出现均衡时，即投资等于储蓄时，国民收入与利率之间存在负相关关系。国民收入 y 对利率 r 变动的敏感程度实际上可通过 IS 曲线的斜率来表示。

IS 曲线斜率的绝对值越小，IS 曲线平缓，则收入对利率变动敏感；反之，则收入对利率变动不敏感。在三部门经济中，IS 曲线的斜率为 $-\frac{1-\beta(1-t)}{d}$，所以 IS 曲线的斜率取决于 d、β、t 的变化。

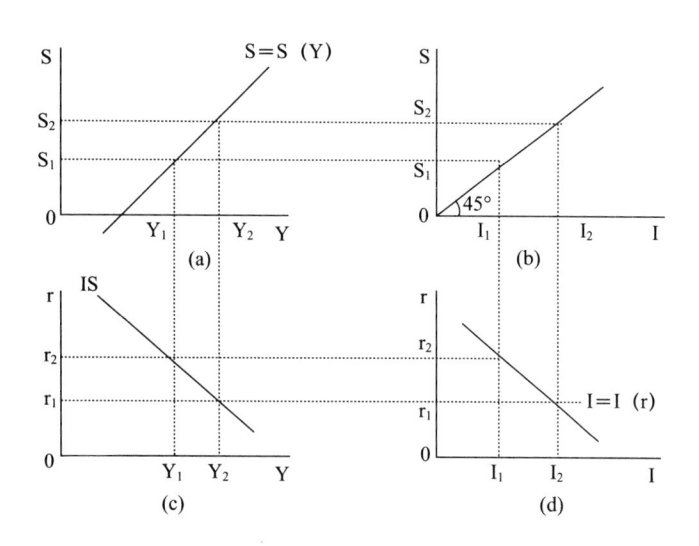

图 12-3 IS 曲线的推导

第一，在其他条件不变时，d 越大，则 Y 对 r 的变化越敏感；反之，则不敏感；
第二，在其他条件不变时，β 越大，则 Y 对 r 的变化越敏感；反之，则不敏感；
第三，在其他条件不变时，t 越小，则 Y 对 r 的变化越敏感；反之，则不敏感。
西方学者认为，由于在一定时期内消费倾向 β 较为稳定，税率也不会轻易变动。因而在决定 IS 曲线斜率大小的因素中，主要是投资的利率弹性 d。

六、IS 曲线的移动

引起 IS 曲线移动的主要因素有以下几种：
第一，投资需求变动。当厂商对未来的经济前景看好时，其投资支出 e 会增加，在 IS 曲线斜率不变的条件下，IS 曲线就会平行地向右上方移动，其移动量等于自主性支出变动量乘以乘数。
第二，储蓄函数变动。如果其他条件不变，而人们的储蓄意愿增加了，即自发性消费 α 下降，则储蓄水平会提高，并会以一定的乘数引起国民收入下降。
第三，政府支出及税收的变动。增加政府购买支出会使 IS 曲线向右上方平行移动，IS 曲线移动的幅度等于增加的政府购买支出乘以乘数之积；政府增加一笔税收，则会使 IS 曲线向左移动。
第四，净出口额变动。在其他条件不变时，如果净出口额增加，其作用相当于增加了自发支出，因此，IS 曲线右移。反之，则左移。移动的距离为净出口额的变动量乘以相应的乘数。

由于增加政府支出和减税都属于增加总需求的扩张性财政政策,而减少政府支出和增税都属于减少总需求的紧缩性财政政策。因此,政府实行扩张性财政政策就表现为 IS 曲线向右上方移动。实行紧缩性财政政策就表现为 IS 曲线向左下方移动。而运用 IS 曲线分析财政政策如何影响国民收入的变动,正是西方经济学家提出 IS 曲线的重要目的之一。

七、产品市场的失衡

在 IS 曲线上任何一点都是产品市场均衡时利率与国民收入的组合。这就是说,IS 曲线上任何一点利率和国民收入的组合都是产品市场实现了均衡的组合,而在 IS 曲线以外任何一点上利率和国民收入的组合都表明产品市场的失衡。如图 12-4 所示。

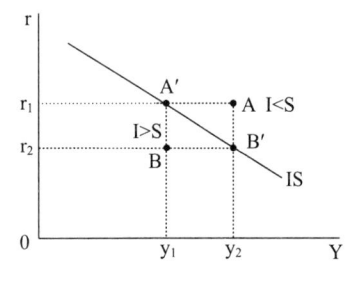

图 12-4 产品市场的失衡

在图 12-4 中,A 点为 IS 曲线右边的任意一点,B 点为 IS 曲线左边的任意一点。在 A 点上,国民收入与利率的组合为 $y = y_2$,$r = r_1$。在这一组合中,S 将超过 I。这是因为只有当利率为 r_1,国民收入为 y_1 时,投资才等于储蓄,如果要使国民收入的均衡点为 y_2,利率必须为 r_2,而 A 点的利率为 r_1,这时 $r_1 > r_2$,即实际利率 > 均衡利率,从而导致储蓄增加,投资减少。A 点上的这一组合必然是 S > I,即产品市场上供给出现过剩,在市场机制的作用下,产量将下降,最终恢复到 IS 曲线上的 A′点。

在 B 点,国民收入与利率的组合为 $y = y_1$,$r = r_2$。而国民收入 $y = y_1$ 时的均衡利率为 r_1,而 B 点的利率为 r_2,这时 $r_2 < r_1$,即实际利率 < 均衡利率,从而导致储蓄减少,投资增加,从而出现 S < I,产品市场上出现过度需求,在市场机制的作用下,产量将增加,最终恢复到 IS 曲线的 B′点。

由此可见,IS 曲线外的任何一点均处于失衡状态,在 IS 曲线右上方的任何一点所对应的国民收入与利率的组合都是产品市场存在过度供给的情况,即 S > I,同时总需求 < 总供给;而在 IS 曲线左下方的任何一点所对应的国民收入与利率的组合都是产品市场存在过度需求的情况,即 I > S,同时总需求 > 总供给。在市场机制的作用下,各种失衡状态最终会恢复到产品均衡状态。

第二节 LM 曲线

所谓货币市场的均衡,是指货币市场上货币需求等于货币供给时的状况。

一、货币需求动机

按照凯恩斯的说法,人们之所以愿意牺牲利息及利润收入,以不能增值的货币形式保持一部分财产,是出于流动性偏好,并将其归纳为以下三种动机:交易动机、谨慎动机和投机动机。

1. 交易动机

交易动机是指人们持有货币是为了进行正常的交易活动。由于收入和支出在时间上是不同步的,人们必须持有足够的货币来支付日常需要的开支,出于这种动机所需要的货币,就是货币的交易需求(The Transaction Demand for Money)。它取决于收入水平、惯例以及交易制度,而惯例和交易制度在短期内是稳定的,可视为不变,于是,凯恩斯认为货币的交易需求主要取决于收入,收入越高,交易需求越大,即货币的交易需求与收入成正比。

2. 谨慎动机

谨慎动机也称为预防动机,是指人们为了预防意外支出而需要持有一部分货币的动机,出于谨慎动机而产生的货币需求,就称为货币的谨慎需求或预防需求(The Precautionary Demand for Money)。

凯恩斯认为,货币的预防需求主要取决于人们对未来事件的看法,取决于人们对未来交易的预期。但从全社会的角度看,这些未来的交易也大体上与收入成正比,从而可认为货币的预防需求也与收入成正比,是收入的增函数。

因此,若用 L_1 表示交易动机和谨慎动机所产生的全部货币需求量,用 y 表示收入,则这种货币需求量和收入的关系可表示如下:

L_1 = 交易动机货币需求 + 谨慎动机货币需求 = L_1(y)= ky

3. 投机动机

人们之所以宁可持有不能生息的货币,是因为持有货币可以供投机性债券买卖之用。人们出于投机动机而需要持有的货币,称为货币的投机需求(The Speculative Demand for Money)。

货币的投机需求是凯恩斯最早提出的,凯恩斯把财富分为两类,即货币和债券。债券能带来收益,而闲置货币没有收益。债券的年收益是固定的,债券价格 = 债券收益/收益率。这就是说,债券价格与利息率呈反比例变化。若用 L_2 表示货币的投机需求,用 r 表示市场利率,则这一货币需求量和利率的关系可表示为 $L_2 = L_2(r)$

或 $L_2 = -hr$

其中,h 代表货币需求的利率弹性,它反映当利率变动一单位时,L_2 的变动量。

二、流动性陷阱

投机性动机产生的货币需求与利率成反比,它有两种极端情况:一种是利率高到一定程度时,投机性货币需求为零;另一种是利率低到一定程度时,投机性货币需求为无限大,即当利率降低到一定程度时,人们手边不管有多少货币,都不肯购买债券,而是愿意在此种利率下,持有任何数量的货币,这就是流动性陷阱(凯恩斯陷阱、流动偏好陷阱)。

三、货币的需求函数

凯恩斯把人们持有货币的三种动机综合起来,放入货币需求公式之中,便构成了货币的总需求。其中,货币的交易需求和预防需求是实际收入的增函数,即 $L_1 = L_1(y) = ky$,而货币的投机需求是利率的减函数,即 $L_2 = L_2(r) = -hr$,因此,货币的总需求函数可表达为 $L = L_1 + L_2 = L_1(k) + L_2(r) = ky - hr$

根据前面的分析我们可以得到如下各式:

$L = Ms$ 货币市场的均衡条件

$L = L_1(y) + L_2(r) = ky - hr$ 货币需求函数

$Ms = m$ 货币供给为常数

故有 $ky - hr = m$ (12-6)

在货币供给量既定时,货币市场的均衡就只能通过调节对货币的需求来实现。从式(12-6)可知,当 m 为一定量时,若 L_1 增加,则 L_2 必须减少,否则就不能保持货币市场的均衡。即若国民收入增加使货币的交易需求增加时,利率必须相应提高,从而使货币的投机需求减少,才能维持货币市场的均衡。

总之,当 m 给定时,$m = ky - hr$ 就是表示货币市场的均衡条件。

四、LM 曲线

由货币市场均衡条件可以推导出在货币的供给 m 为既定时,用以表达货币市场货币供求达到平衡时的国民收入 y 与利率 r 之间依存关系的函数式。那么描述 y 与 r 之间函数关系的曲线就称为 LM 曲线。由于货币市场均衡时 $m = ky - hr$,因此,LM 曲线代数表达式如下:

$$y = \frac{hr}{k} + \frac{m}{k} \tag{12-7}$$

或 $$r = \frac{ky}{h} - \frac{m}{h} \tag{12-8}$$

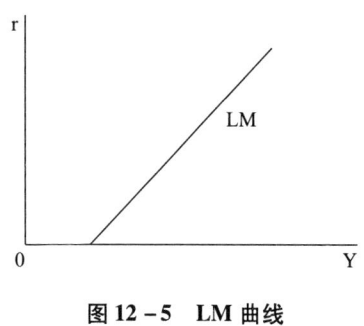

由于 LM 曲线在图形上以纵轴代表利率，横轴代表国民收入，因此一般用式（12-8）代表 LM 曲线的代数表达式。从式（12-8）可以看出，要使货币市场保持均衡，则均衡的国民收入与利率之间存在同方向变化的关系。

如果以纵轴代表利率，以横轴代表国民收入，则可得到一条反映国民收入与利率间相互关系的 LM 曲线，如图 12-5 所示。

图 12-5 LM 曲线

五、LM 曲线的几何推导

LM 曲线的推导方法主要是四象限方法，如图 12-6 所示。

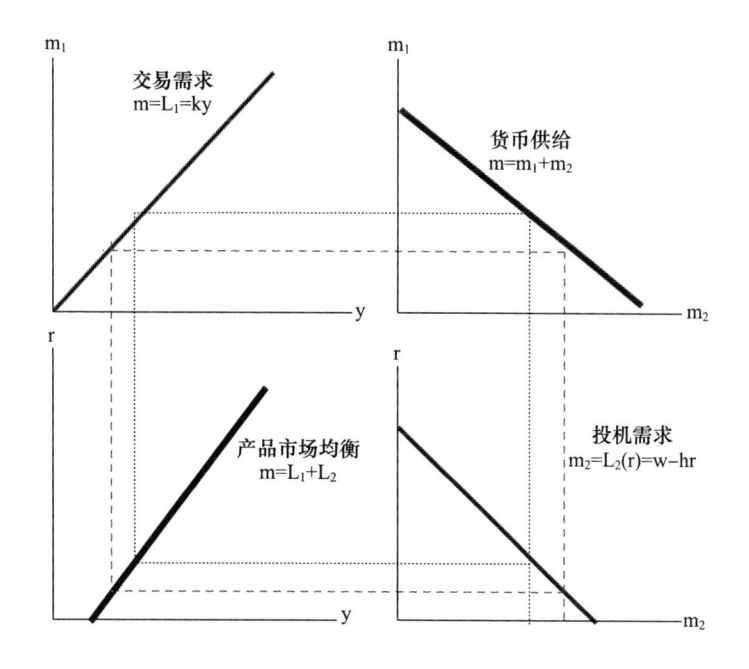

图 12-6 LM 曲线的推导

六、LM 曲线的斜率

LM 曲线总体来讲是一条向右上方倾斜的曲线。这条曲线表明，在货币总需求（$L = L_1 + L_2$）等于既定货币总供给（$M_s = m$）的条件下，国民收入越多，利率水平就越高。这主要是因为，当国民收入 y 增加时，用于交易需求的货币量 L_1 就会相应增加，在货币总供给不变的条件下，只有提高利率才能使投机需求的货币量下降，最终使货币供给等于需求，即 L = M。

LM 曲线斜率的大小反映了利率变动与国民收入变动之间的数量关系。从 LM 曲线的代数表达式（12-8）$r = \frac{ky}{h} - \frac{m}{h}$ 中可以看出，$\frac{k}{h}$ 就是 LM 曲线的斜率，即 LM 曲线的斜率取决于货币需求的收入弹性 k 和货币需求的利率弹性 h。

第一，其他条件不变，h 越大，LM 曲线的斜率越小，即 LM 曲线平缓，意味着利率变动较小，收入变动较大；反之，则利率变动较大，收入变动较小。

第二，其他条件不变，K 越大，LM 曲线的斜率越大，即 LM 曲线陡峭，意味着利率变动较大，收入变动较小；反之，则利率变动较小，收入变动较大。西方学者认为，货币需求的收入弹性 k 一般变化不大，即货币的交易需求函数一般比较稳定，因此，LM 曲线的斜率就主要取决于货币需求的利率弹性 h。

七、LM 曲线的三个区域

根据不同利率水平下货币的投机需求大小，可将 LM 曲线划分为凯恩斯区域、中间区域、古典区域三个区域。

凯恩斯区域（萧条区域）：LM 曲线上斜率为零或与横轴平行的区域。在此区域，货币政策无效，财政政策有效。

中间区域：LM 曲线上斜率为正的区域。在此区域，货币政策与财政政策都有效。

古典区域：LM 曲线上斜率为无穷大的区域。在此区域财政政策无效而货币政策有效。另外，在此区域货币的投机需求为零，由于古典学派认为，人们只有货币的交易需求而无投机需求，所以此区域被称作古典区域。

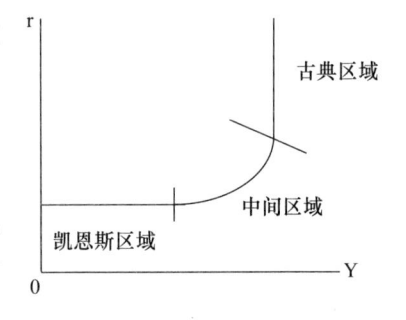

图 12-7 LM 曲线的三个区域

八、LM 曲线的移动

从 LM 曲线的代数表达式 $r = \frac{ky}{h} - \frac{m}{h}$，我们可推出影响 LM 曲线移动的因素：

第一，货币供给量（m）的变动。在其他条件不变的情况下，当货币供给量增加时，LM 曲线就会向右下方平行移动，货币供给量减少时，LM 曲线向左上方移动。这是因为，在货币需求不变时（包括交易需求和投机需求），货币供给增加必然使利率下降，利率下降又刺激投资和消费,从而使国民收入水平上升。

值得注意的是,以上所说的货币供给量是指实际货币供给,也就是说,它是剔除了物价水平影响的货币供给。若是名义货币供给,还应考虑物价水平的升降对 LM 曲线的影响。

第二,货币需求的利率弹性变动。投机性货币需求的利率弹性(h)的变动不仅会影响 LM 曲线的斜率,而且还会导致 LM 曲线的移动。在其他条件不变时,h 值增大,LM 曲线就会向右下方移动;h 值减小,LM 曲线就会向左上方移动。

第三,货币需求的收入弹性变化。同样,货币需求的收入弹性 k 的变动也会导致 LM 曲线的移动。在其他条件不变时 k 值增大,LM 曲线就会向左上方移动;k 值减小,LM 曲线就会向右下方移动。

在影响 LM 曲线移动的诸因素中,货币供给量通常是一个较活跃的因素,政府在宏观经济调控中往往根据经济发展的状况,通过调节货币供给量来调节利率和国民收入,从而实现宏观经济的调控目标。

九、货币市场的失衡

LM 曲线上的任何一点都是货币市场均衡时利率与国民收入的组合。也就是说,LM 曲线上任何一点利率与国民收入的组合都表明货币市场实现了均衡,而在 LM 曲线以外任何点上利率与国民收入的组合都是货币市场的失衡。

第三节 IS-LM 模型分析

前两节分别论述了 IS 曲线与 LM 曲线,在这一节中把 IS 曲线与 LM 曲线结合在一起来分析两个市场的同时均衡。

一、LM 模型的提出与发展

1936 年凯恩斯发表了他的划时代著作《就业、利息和货币通论》,简称《通论》。在这本著作中,凯恩斯说明了均衡的国民收入决定于与总供给相等的总有效需求。由于凯恩斯理论在逻辑推理中出现了循环推理的矛盾,即利率通过投资影响国民收入,而国民收入又通过货币需求影响利率;反过来说,国民收入依赖于利率,而利率又依赖于国民收入。为了解决循环推理的矛盾,凯恩斯的后继者把产品市场和货币市场结合起来,建立了一个产品市场和货币市场的一般均衡模型,即 IS-LM 模型,通过产品市场均衡与货币市场均衡这两者之间的相互作用，得出两个市场同时达到均衡状态时的国民收入和利率水平。

IS-LM 模型最初是由英国经济学家 J. 希克斯（1904~1989）在 1937 年发表的《凯恩斯先生与古典学派》一书中提出的，美国经济学家 A. 汉森（1887~1975）在 1948 年《货币理论与财政政策》以及 1953 年《凯恩斯学说指南》中对这一模型作了解释，因此，这一模型又被称为"希克斯—汉森模型"，通称修正凯恩斯模型。此外，对这一模型进行解释、补充与发展的还有 F. 莫迪利安尼在 1944 年发表的《流动偏好与利息和货币理论》，克莱因在 1947 年写的《凯恩斯革命》，以及萨缪尔森在 1948 年写的《收入决定的简单数学表述》等。

IS-LM 模型是凯恩斯宏观经济学的核心，凯恩斯主义的全部理论与政策分析都是围绕这一模型而展开的。

二、国民收入和利率的同时均衡

从前面的分析中已经知道，在 IS 曲线上的任意一点都是使产品市场实现均衡的利率和国民收入的组合，在 LM 曲线上的任意一点都是使货币市场实现均衡的利率和国民收入的组合。由于在 IS 曲线中国民收入与利率之间呈反方向变化的关系，在 LM 曲线中国民收入与利率之间呈同方向变化的关系，因此，把 IS 曲线与 LM 曲线在图上结合起来就会有一个交叉点，交叉点上国民收入和利率的组合表明，在这一点上不仅产品供给等于产品需求，而且货币的供给也等于货币的需求，即这一点是使产品市场及货币市场同时均衡时的均衡利率和均衡的国民收入。如图 12-8 所示。

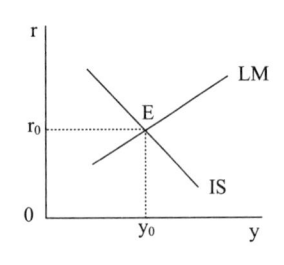

图 12-8 IS-LM 模型

在图 12-8 中，IS 曲线与 LM 曲线相交于 E 点，决定了均衡的利率为 r_0，均衡的国民收入水平为 y_0，这时产品市场与货币市场同时处于均衡状态，即在产品市场上有 I=S，在货币市场上有 L=M。

IS-LM 模型也可用数学公式来推导：

两部门经济产品市场 IS 曲线　　$Y=(a+e-dr)/(1-b)$

两部门经济货币市场 LM 曲线　　$Y=hr/k+m/k$

产品市场与货币市场同时均衡，联立求解上述两个方程，即可得到利率 r 和国民收入 Y。

IS-LM 模型的含义如下：

第一，IS 曲线与 LM 曲线的相交点 E 表示的是使产品市场和货币市场同时实现均衡的唯一利率和国民收入的组合。

第二，在均衡点以外的 IS 曲线和 LM 曲线上的任何一点，都只是实现一个市场的均衡，而没有同时实现两个市场的均衡。

第三，IS 曲线和 LM 曲线外的任何一点，表示两个市场都不均衡。

第四，在两个市场都处于非均衡状态时，可通过对利率和国民收入的调整逐步实现两个市场的共同均衡。

三、IS – LM 模型中均衡收入与均衡利率的变动

一般而言，投资增加（财政政策的变动）会使 IS 曲线向右移动，从而均衡的利率和国民收入水平都提高；投资减少会使 IS 曲线向左移动，从而使均衡的利率和国民收入水平都下降。

货币供给量的增加（货币政策变动）会使 LM 曲线向右移动，从而使均衡的利率水平下降，国民收入水平上升；货币供给量的减少会使 LM 曲线向左移动，从而使均衡的利率水平上升，均衡的国民收入水平下降。

四、IS – LM 模型的失衡

当 IS 曲线与 LM 曲线的交点正好是均衡的利率与国民收入水平时，两个市场同时实现了均衡。但如果均衡的利率与国民收入不是这一交点时，两个市场就无法同时达到均衡。换句话说，就是除了 IS 曲线和 LM 曲线的交点所表示的组合外，所有不在这个交点上的组合都是失衡点。

因此，在四个不同的区域内，失衡状况各不相同，具体如表 12 - 1 所示。

由此可见，两个市场的均衡是特例，而失衡是常见的情况。但经济一定要由失衡调整到均衡。这个过程可以是经济体内自发力量的调整，也可以通过财政政策与货币政策来进行，现在我们就分析这种调节过程。

表 12 - 1 产品市场与货币市场的失衡

区域	产品市场	货币市场
区域 I	I < S 有产品供给过剩	L < M 有货币供给过剩
区域 II	I > S 有产品需求过度	L < M 有货币供给过剩
区域 III	I > S 有产品需求过度	L > M 有货币需求过度
区域 IV	I < S 有产品供给过剩	L > M 有货币需求过度

五、均衡的调节过程

当经济运行中出现各种失衡时，市场经济本身的力量将使失衡向均衡状况调整，IS 不均衡会导致国民收入变动：投资大于储蓄（I＞S）会导致国民收入上升，投资小于储蓄（I＜S）会导致国民收入下降。LM 不均衡会导致利率变动：货币需求大于货币供给（L＞M）会导致利率上升，货币需求小于货币供给（L＜M）会导致利率下降。这种调整最终都会趋向均衡利率和均衡国民收入，即一直到 IS＝LM 为止。因此，IS＝LM 就是一般宏观均衡理论的均衡条件。

各种影响 IS 曲线与 LM 曲线位置因素的变化，都会导致均衡国民收入和均衡利率的变动。具体而言，大致有以下三大类情况：

在其他条件不变的情况下，如果 IS 曲线由于投资需求、消费需求、政府购买支出的增加或税收减少而向右上方移动时，则均衡的国民收入增加，均衡利率上升；如果 IS 曲线由于投资需求、消费需求、政府购买支出的减少或税收增加而向左下方移动时，则均衡的国民收入减少，均衡利率下降。

在其他条件不变的情况下，如果 LM 曲线由于货币供给增加，或货币投机性需求增加或货币的交易性需求减少而向右下方移动时，均衡的国民收入增加，均衡利率下降；反之，当 LM 曲线向左上方移动时，则会使均衡国民收入减少，均衡利率上升。

如果 IS 曲线和 LM 曲线同时移动，国民收入和均衡利率的变动情况，则由 IS 曲线和 LM 曲线如何移动而定。若 IS 曲线向右上方移动，LM 曲线同时向右下方移动时，则均衡国民收入增加，而利率的变动则主要取决于 IS 曲线与 LM 曲线两者之间的变动幅度。

练习题

一、名词解释

1. 资本边际效率
2. 投资边际效率
3. IS 曲线
4. 货币需求
5. 流动偏好陷阱
6. 货币供给

7. LM 曲线

二、选择题

1. IS 曲线表示满足（　　）关系。
   A. 产品市场的收入与均衡支出相等　　　B. 产品市场供求均衡
   C. 储蓄和投资均衡　　　　　　　　　　D. 以上都对

2. 净税收和政府购买性支出的等量增加，使得 IS 曲线（　　）。
   A. 不变　　　　　　　　　　　　　　　B. 向右平移 $k_i \times \Delta g$ 单位
   C. 向左平移 $k_i \times \Delta g$ 单位　　　　D. 向右平移 Δg 单位

3. 货币市场和产品市场同时均衡出现于（　　）。
   A. 各种收入水平和利率上　　　　　　　B. 一种收入水平和利率上
   C. 各种收入水平和一定利率水平上　　　D. 一种收入水平和各种利率水平上

4. 自发投资支出增加 10 亿美元，会使 IS 曲线（　　）。
   A. 右移 10 亿美元　　　　　　　　　　B. 左移 10 亿美元
   C. 右移支出乘数乘以 10 亿美元　　　　D. 左移支出乘数乘以 10 亿美元

5. 利率和收入的组合点出现在 IS 曲线右上方，LM 曲线左上方的区域中，则表示（　　）。
   A. 投资小于储蓄，货币需求小于货币供给
   B. 投资小于储蓄，货币供给小于货币需求
   C. 投资大于储蓄，货币需求小于货币供给
   D. 投资大于储蓄，货币需求大于货币供给

6. 一般来说，IS 曲线的斜率（　　）。
   A. 为负　　　　B. 为正　　　　C. 为零　　　　D. 等于 1

7. 按照凯恩斯的观点，人们持有货币是由于（　　）。
   A. 交易动机　　B. 预防动机　　C. 投机动机　　D. 以上都正确

8. 人们在（　　）情况下倾向于减少手持货币。
   A. 债券价格趋于下降　　　　　　　　　B. 债券价格趋于上升
   C. 债券收益率不变　　　　　　　　　　D. 债券价格不变

9. 当利率降得很低时，人们购买债券的风险将会（　　）。
   A. 变得很小　　　　　　　　　　　　　B. 变得很大
   C. 可能很大，也可能很小　　　　　　　D. 不发生变化

10. 当投资支出与利率负相关时，产品市场上的均衡收入（　　）。
    A. 与利率不相关　　　　　　　　　　　B. 与利率负相关
    C. 与利率正相关　　　　　　　　　　　D. 随利率下降而下降

11. 如果货币市场均衡方程为 $r = k/h \times y - m/h$，则引致 LM 曲线变得平坦是由于（　　）。

A. k 变小，h 变大　　　　　　　B. k 和 h 同比例变大

C. k 变大，h 变小　　　　　　　D. k 和 h 同比例变小

12. 在凯恩斯区域，LM 曲线（　　）。

A. 水平　　　　B. 垂直　　　　C. 向右上方倾斜　　D. 不一定

13. 假定货币供给量和价格水平不变，货币需求为收入和利率的函数，则收入增加时（　　）。

A. 货币需求增加，利率上升　　　　B. 货币需求增加，利率下降

C. 货币需求减少，利率上升　　　　D. 货币需求减少，利率下降

14. IS 曲线为 $y = 500 - 3000r$，下列哪一个利率和收入水平的组合在 IS 曲线上（　　）。

A. $r = 0.02$　$y = 440$　　　　B. $r = 0.03$　$y = 400$

C. $r = 0.10$　$y = 210$　　　　D. $r = 0.15$　$y = 200$

15. 如果净税收增加 10 亿美元，会使 IS 曲线（　　）。

A. 右移税收乘数乘以 10 亿美元　　B. 左移税收乘数乘以 10 亿美元

C. 右移支出乘数乘以 10 亿美元　　D. 左移支出乘数乘以 10 亿美元

16. 自发投资增加 12 亿美元，会使 IS 曲线（　　）。

A. 向右移动 12 亿美元　　　　　　B. 向左移动 12 亿美元

C. 右移支出乘数乘以 12 亿美元　　D. 左移支出乘数乘以 12 亿美元

17. 若 LM 方程为 $Y = 750 + 2000R$，当货币需求与货币供给相等时利率和收入为（　　）。

A. $R = 10\%$　$Y = 750$　　　　B. $R = 10\%$　$Y = 800$

C. $R = 10\%$　$Y = 950$　　　　D. $R = 10\%$　$Y = 900$

18. IS 曲线上的每一点都表示（　　）。

A. 产品市场的投资等于储蓄时收入与利率的组合

B. 使投资等于储蓄的均衡货币额

C. 货币市场的货币需求等于货币供给时的均衡货币额

D. 产品市场与货币市场都均衡时的收入与利率组合

19. 货币市场均衡的条件是（　　）。

A. I = S　　　B. L = M　　　C. C = I　　　D. C = S

20. 引起 LM 曲线向右方移动的原因是（　　）。

A. 实际国民生产总值增加　　　　　B. 名义货币供给与物价水平同比例增加

C. 名义货币供给不变，物价水平上升　D. 名义货币供给不变，物价水平下降

21. 如果投资对利率变得很敏感，则（　　）。

A. IS 曲线会变得更陡　　　　　　B. IS 曲线会变得更平坦

C. LM 曲线会变得更陡　　　　　　D. LM 曲线会变得更平坦

22. 在 IS 曲线上，存在储蓄和投资均衡的收入和利率的组合点有（　　）。

A. 一个　　　　　B. 无数个　　　　C. 小于100个　　D. 上述都不对

23. 在IS曲线与LM曲线的交点（　　）。

A. 经济一定处于充分就业状态　　　　B. 经济一定不处于充分就业状态

C. 经济有可能处于充分就业状态　　　D. 经济资源一定得到了充分利用

24. 一般而言，位于IS曲线左下方的收入和利率的组合都属于（　　）。

A. 投资大于储蓄的非均衡组合　　　　B. 投资小于储蓄的非均衡组合

C. 投资等于储蓄的均衡组合　　　　　D. 货币供给大于货币需求的非均衡组合

25. IS曲线和LM曲线的交点意味着产品市场（　　）。

A. 均衡而货币市场非均衡　　　　　　B. 和货币市场均非均衡

C. 和货币市场同时达到均衡　　　　　D. 处于充分就业均衡

26. 所谓"凯恩斯陷阱"一般产生于债券价格的（　　）。

A. 高位区　　　　B. 低位区　　　　C. 中位区划　　　D. 无法判断

27. 储蓄增加将导致（　　）。

A. IS曲线向右移动　　　　　　　　　B. IS曲线向左移动

C. LM曲线向右移动　　　　　　　　　D. LM曲线向左移动

28. 当货币需求对利率的敏感度降低时，LM曲线将（　　）。

A. 向左上方移动　　　　　　　　　　B. 向右下方移动

C. 变平缓　　　　　　　　　　　　　D. 变陡峭

29. 凯恩斯认为在极端情形下，当利率低到一定程度时，（　　）。

A. 交易动机的货币需求将趋于无穷大　B. 预防动机的货币需求将趋于无穷小

C. 投机动机的货币需求将趋于无穷大　D. 投机动机的货币需求将趋于无穷小

30. 下列哪一种说法是正确的（　　）。

A. 如果没有投机货币需求，则LM曲线是水平的

B. 如果没有投机货币需求，则LM曲线是垂直的

C. 如果LM曲线斜率为正的话，增加实际货币供给对LM曲线没有影响

D. 如果LM曲线垂直的话，增加实际货币供给对LM曲线没有影响

31. 假定货币供给量不变，货币的交易需求和预防需求的减少将导致货币的投机需求（　　）。

A. 增加　　　　　B. 不变　　　　　C. 减少　　　　　D. 不确定

三、计算题

1. 假设一个只有家庭和企业的二部门经济中，消费 $C = 100 + 0.8y$，投资 $i = 150 - 6r$，货币供给 $m = 150$，货币需求 $L = 0.2y - 4r$。

（1）求IS曲线和LM曲线。

（2）求商品市场和货币市场同时均衡时的利率和收入。

2. 某两部门经济中，IS方程为 $y = 1250 - 20r$，假定货币供给为100亿美元，当货币

需求为 L = 0.1y – 3r 时，LM 方程如何？两个市场同时均衡的利率和收入为多少？

3. 假定货币需求函数 L = ky – hr 中的 k = 0.5，消费函数 C = a + by 中的 b = 0.5，现假设政府支出增加 10 亿美元，试问货币供给量（假定价格水平为 1）要增加多少才能使利率保持不变？

4. 假设一经济体系的消费函数 C = 600 + 0.8y，i = 400 – 50r，g = 200，实际货币需求函数 L = 250 + 0.5y – 125r，货币供给 M = 1250，P = 1，求产品市场和货币市场同时均衡时的利率和收入。

5. 某两部门经济中，假定货币需求为 L = 0.2y – 4r，货币供给为 200 美元，消费 C = 100 + 0.8y，投资 i = 150 美元。

（1）求 IS 和 LM 方程。

（2）求均衡收入、利率、消费和投资。

6. 假定一个只有家庭和企业的二部门经济中，C = 100 + 0.8y，i = 150 – 6r，名义货币供给 M = 250，P = 1，L = 0.2y + 100 – 4r。

（1）求 IS 曲线和 LM 曲线。

（2）求产品市场和货币市场同时均衡时的利率和收入。

7. 假设一经济体内，C = 600 + 0.8y，i = 800 – 50r，政府购买为 200，L = 0.5y + 250 – 125r，货币供给为 1250，价格水平为 1，求 IS – LM 曲线方程以及均衡利率和收入。

8. 若货币交易性需求为 L_1 = 0.20y，货币投机性需求为 L_2 = 2000 – 500r（单位：亿美元）。

（1）写出货币总需求函数。

（2）当利率 r = 6，收入 y = 10000 亿美元时货币需求量为多少？

（3）若货币供给 Ms = 2500 亿美元，收入 y = 6000 亿美元时，可满足投机性需求的货币是多少？

9. 若投资函数为 i = 100 – 5r（单位：亿美元）。

（1）找出利率 r 为 4、5、6 时的投资量。

（2）若储蓄为 s = – 40 + 0.25y，求 IS 曲线，并找出与上述投资相均衡的收入水平。

10. 假设货币需求为 L = 0.20y，货币供给量为 200，C = 90 + 0.8y_d，t = 50，i = 140 – 5r，g = 50（单位：亿美元）。

（1）导出 IS 和 LM 方程，求均衡收入、利率和投资。

（2）若其他情况不变，g 增加 20 亿美元，均衡收入、利率和投资各为多少？

11. 若货币交易需求为 L_1 = 0.30y，货币投机性需求为 L_2 = 2500 – 500r。（单位：亿美元）

（1）写出货币总需求函数。

（2）当利率 r = 6，收入 y = 10000 亿美元时，货币需求量为多少？

（3）当货币供给为 2800 亿美元，收入 y = 6000 亿美元时，可满足投机性需求的货是多少?

(4) 当收入 y = 5000 亿美元,货币供给为 2500 亿美元时,货币市场均衡时利率是多少?

四、分析说明题

1. 什么是 LM 曲线的三个区域,其经济含义是什么?
2. 比较资本边际效率曲线和投资边际效率曲线。
3. 简要说明决定货币需求函数的三种动机。
4. 简述"流动偏好陷阱"的基本原理。
5. 在 IS 曲线平行于横轴、LM 曲线垂直于横轴的情况下,政府增加支出会不会产生挤出效应?为什么?
6. 税收的增加对 IS 曲线、利率和均衡收入有什么影响?(要求作图)

第十三章 财政政策和货币政策效果与实践

学习目的
1. 理解宏观经济政策的目标
2. 掌握财政政策的内容与运用
3. 理解凯恩斯主义的赤字财政政策
4. 掌握凯恩斯主义货币政策的工具，能熟练货币政策的运用

重点
宏观经济政策的运用

难点
政策工具运用效果的比较

引导案例

美联储2001年的多次降息

20世纪90年代，美国经济在克林顿政府时代经历了长达8年的高涨以后，从2000年下半年开始出现衰退迹象，国内生产总值以年率表示的季度增长率从第一、第二季度的4.8%、5.6%下降到第三、第四季度的2.2%、1.4%。制造业存货从2000年4月开始连续9个月增加，而制造业活动指数和纳斯达克综合股票价格指数则逐月连续下降。

在这样的形势下，美国央行——美国联邦储备系统（以下简称美联储）连续采取行动：2001年1月3日把联邦基金利率即银行拆借存款准备金的利率从6.5%降到6.0%，1月3日、4日把贴现率从6.0%降到5.75%，再从5.7%降到5.5%；1月5日又实行临时

性的公开市场操作政策,3天内净买进55亿美元政府债券、联邦机构证券和抵押贷款证券,以扩张货币供给。1月31日再把联邦基金利率从6.0%降到5.5%,把贴现率从5.5%降到5.0%。

美联储的行动在股票市场上迅速得到了反映。1月初美联储宣布降息后,道—琼斯30种工业股票平均价格指数当天上升299.60点,纳斯达克综合指数当天也上升324.83点。1月底再次宣布降低贴现率后,股票市场反映就不及月初那样强烈了。但人们还是预料,在美联储调控下,美国经济有可能避免衰退。

但正如基本理论所说,扩张的货币政策在反衰退方面作用有限。美联储几次降息并未能有效刺激经济。这使美联储不得不再次降息,从2001年初到6月底,美联储6次降低利息,降幅达2.75个百分点。分析家们普遍认为,在美联储如此大幅降息动作刺激下,从2000年下半年开始进入疲软状态的美国经济在2001年下半年应当出现明显好转。但事实并非如此,2001年6月、7月美国经济继续处于低增长甚至停滞状态。尤其使人不安的是,制造业的衰退开始波及其他部门。造成这样疲软的原因有:一是企业投资下滑。绝大多数企业由于盈利状况没有改善,不得不裁员,投资继续减少。二是美国经济疲软波及其他国家,日本经济恢复无望,欧洲经济开始放缓,拉美和亚洲一些国家形势继续恶化,再加上美元坚挺,美国出口受到严重打击,2001年上半年出口比2000年下半年下降2.3%。三是华尔街股市萎靡不振,失业上升,使消费支出增势减缓。正是在这样的背景下,美联储于2001年8月21日再次宣布降息,累计降低利率3个百分点,使利率达到了1994年春以来的最低水平。

这次降息,表明了以格林斯潘为首的美联储决心运用利率杠杆促使美国经济走出疲软困境。1991年,为了促使经济走出衰退阴影,美联储曾一口气降息9次。这次从2001年1月到8月,又连续降息7次,力度可说不小。

自从20世纪50年代以来,美国联邦储备系统一直就是这样对美国经济进行调节:在经济趋于高涨时,实行适当的收缩,以防止经济过热;在经济趋于衰退时,实行适当扩张,以防止经济过冷。2003年以来,美国经济逐渐走出衰退,消费者信心逐步恢复,企业盈利能力逐步增强,需求逐步上升,加上国际原油价格大幅上涨,物价水平开始上升。这样,美联储认为,可以逐渐调整刺激性货币政策,转而采取加息的紧缩性货币政策。

美国政府为什么用一直降息来调控经济,而这样的政策又会产生什么样的影响呢?美国政府又要达到什么样的目标呢?这些都和经济政策有关。

(资料来源:根据百度文库资料整理获得。)

第一节 经济政策目标

宏观经济政策指的是西方国家的政府有意识、有计划地运用一定的政策工具，调节控制宏观经济的运行，以达到一定的政策目标。

1. 充分就业

充分就业有两种含义：一是指除了摩擦失业和自愿失业之外，所有愿意接受各种现行工资的人都能找到工作的一种经济状态，即消除了非自愿失业就是充分就业。二是指包括劳动在内的各种生产要素，都按其愿意接受的价格，全部用于生产的一种经济状态，即所有资源都得到充分利用。

2. 物价稳定

物价稳定是指物价总水平的稳定。一般用价格指数来衡量价格水平的变化。价格指数又分为消费物价指数（CPI）、批发物价指数（PPI）和国内生产总值折算指数（GNP Deflator）三种。物价稳定并不是通货膨胀率为零，而是允许保持一个低而稳定的通货膨胀率，所谓低就是通货膨胀率在1%～3%，所谓稳定就在相当时期内能使通货膨胀率维持在大致相等的水平上。

3. 经济增长

经济增长是指在一个特定时期内经济社会所生产的人均产量和人均收入的持续增长。通常用一定时期内实际国民生产总值年均增长率来衡量。经济增长会增加社会福利，但并不是增长率越高越好。这是因为一方面经济增长要受到各种资源条件的限制，不可能无限地增长，尤其是对于经济已相当发达的国家来说更是如此。另一方面，经济增长也要付出代价，如造成环境污染，引起各种社会问题等。因此，经济增长就是实现与本国具体情况相符的适度增长率。经济增长和失业常常是相互关联的。如何维持较高的经济增长率来实现充分就业，是西方国家宏观经济政策追求的目标之一。

此外，经济增长应该与经济发展（Economic Development）相互区别开来。经济发展除了包括经济增长的含义外，还有其他较多的含义。经济发展除了意味着人均收入上升外，还意味着经济结构的根本变化。经济发展的一个关键是大多数人民参与发展的过程，他们不仅参与利益的生产，还参与利益的享受。

4. 国际收支平衡

国际收支平衡的目标是汇率稳定，外汇储备有所增加，进出口平衡。

国际收支平衡既不是消极地使一国在国际收支账户上经常收支和资本收支相抵，也不是消极地防止汇率变动、外汇储备变动，而是使一国外汇储备有所增加。适度地增加外汇储备是改善国际收支的基本标志。同时一国国际收支状况不仅反映了这个国家的对外经济交往情况，还反映出该国经济的稳定程度。

以上四大目标之间既存在互补关系，也存在交替关系。互补关系是指一个目标的实现对另一个目标的实现有促进作用。如为了实现充分就业水平，就要维护必要的经济增长。因此，经济增长与充分就业之间具有内在一致性。交替关系是指一个目标的实现对另一目标的实现有排斥作用。如物价稳定与充分就业之间就存在两难选择，这在后面有关的菲利普斯曲线时会有详细说明。

但常见的是以上四大宏观经济政策目标的交替关系，由此，在制定经济政策时，必须对经济政策目标进行价值判断，权衡轻重缓急和利弊得失，确定目标的实现顺序和目标指数高低，同时使各个目标实现最佳的匹配组合，使所选择和确定的目标体系成为一个和谐的有机整体。

第二节 财政政策效果分析

在西方国家的两大经济政策上，凯恩斯主义者更加重视财政政策的作用，因此，我们先着手分析财政政策。

一、财政政策

宏观财政政策是国家调控经济、实现政策目标最主要的政策工具之一。所谓财政政策，就是指政府为提高就业水平，减轻经济波动，防止通货膨胀，实现稳定增长而采取的税收、借债和政府支出的政策，即政府为了实现其宏观经济政策目标而对其收入和支出水平所做出的决策。

二、财政政策的效果

政府财政收支的变动会引起国民收入水平的变动。那么，一定的政府财政收支的变动，会引起国民收入水平变动多少呢？这就是我们要分析的财政政策效果。一定的政府财政收支变动引起的国民收入水平变动大，则财政政策效果就强；一定的政府财政收支变动引起的国民收入水平变动小，则财政政策效果就弱。财政政策效果的强弱就可以用既定斜率的 IS 曲线在横轴上移动的距离大小来衡量。

当 LM 曲线的斜率不变时，对于相同的财政政策，财政政策效果因 IS 曲线的斜率不同而不同。若 IS 曲线越平坦，即 IS 曲线的斜率绝对值越小，财政政策引起的国民收入变动越小，财政政策效果就越小；若 IS 曲线越陡峭，即 IS 曲线的斜率绝对值就越大，财政政策引起的国民收入变动越大,财政政策效果就越大。如图 13-1 所示。

在图 13-1（a）和（b）中,LM 曲线的斜率是相同的,而 IS 曲线的斜率不同,且初始均衡状态的国民收入水平 y_0 和利率 r_0 也完全相同。若政府实行一项扩张性财政政策,它可以是增加政府支出,也可以是减少税收。现假定政府增加同样一笔购买支出,则会使 IS_0 曲线右移到 IS_1。IS_1 曲线与 LM 曲线相交于 E_1 点,对应的国民收入水平在（a）图中为 y_1,在（b）图中为 y_2,相应的利率水平分别是 r_1 与 r_2,在图 13-1（a）与（b）中,新均衡点 E_1 与原均衡点 E_0 相比,无论是国民收入水平,还是利率水平都提高了。但（a）图中,利率上升的少,国民收入增加量 y_0y_1 也较少。在（b）图中,利率上升的较大,国民收入增加量 y_0y_2 也较多,即 $y_0y_1 < y_0y_2$。也就是说,图（a）中表示的政策效果小于图（b）,原因就在于图（a）中 IS 曲线较平坦,而图（b）中 IS 曲线较陡峭。IS 曲线较平坦,也就是投资需求的利率弹性 d 较大,即利率变动一定幅度所引起的投资变动的幅度较大。这时实行扩张性财政政策使利率上升时,就会使私人投资下降很多,也就是"挤出效应"大,从而使国民收入增加量较少,因而财政政策效果较小。反之,IS 曲线较陡峭,也就是投资需求的利率弹性 d 较小,当实行扩张性财政政策使利率上升时,被挤出的私人投资就较小,从而国民收入增加量较大,因而财政政策效果较大。

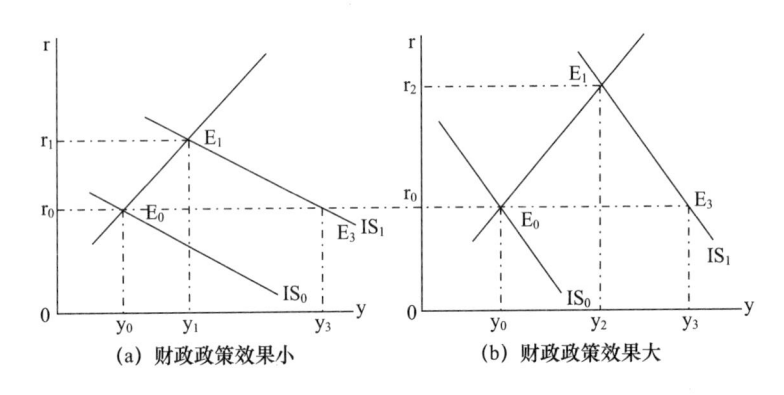

图 13-1　IS 曲线斜率与财政政策效果

在 IS 曲线斜率不变时,财政政策效果又随 LM 曲线的斜率不同而不同。若 LM 曲线斜率越大,即 LM 曲线越陡峭,扩张性财政政策引起的国民收入增加就越小,财政政策效果就越小。反之,LM 曲线越平坦,则财政政策效果就越大。如图 13-2 所示。

在图 13-2（a）和（b）中,IS 曲线斜率相同,但 LM 曲线的斜率不同,初始均衡状态时的均衡国民收入水平 y_0 和利率水平 r_0 也相同。在此情况下,若政府增加同样一笔购买支出使 IS 曲线从 IS_0 右移到 IS_1,IS_1 曲线与 LM 曲线相交于 E_1 点,相对应的国民收入水平是 y_1 与 y_2,利率水平是 r_1 与 r_2,（a）、（b）两图中新均衡点 E_1 与原均衡点 E_0 相比无论是国民收入水平还是利率水平都提高了。但在（a）图中,利率上升较小,国民收入增加量较大,（b）图中利率上升较大,国民收入增加量较小。由图 13-2（a）、（b）可知，政府增加同样一笔支出，在 LM 曲线斜率较小即 LM 曲线较为平坦时，引起的国民收入增量较大，即财政政策效果较大；相反，在 LM 曲线斜率较大即 LM 曲线较为陡峭时，引起的国民收入增量较小，即财政政策效果较小。这是因为 LM 曲线较平坦，表示货币需求的利率弹性 h 较大，这意味着一定的货币需求增加所引起的利率变动较小，从而对私人部门投资不会产生很大的影响，挤出效应较小，结果使国民收入水平增加较多，财政政策效果较大。相反，若 LM 曲线较陡峭，也就是货币需求的利率弹性 h 较小，意味着一定的货币需求增加所引起的利率变动较大，从而对私人部门投资产生较大的挤出效应，结果使财政政策效果较小。

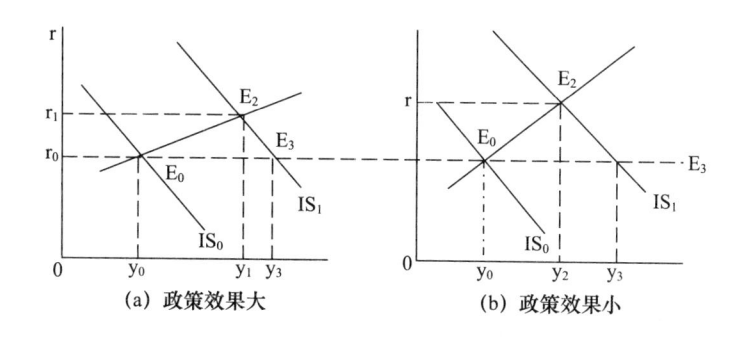

图 13-2　LM 曲线斜率与财政政策效果

财政政策效果除了用既定斜率的 IS 曲线在横轴上移动的距离大小来衡量外，还可以用财政政策乘数来表示与计量。所谓财政政策乘数，是指当 LM 曲线不变或者说货币市场均衡情况不变时，政府收支的变化能使均衡收入变动多少。如果均衡收入变动大，说明财政政策乘数大，也就是政策效果较强；反之，则政策效果较弱。

当 d、k、h 既定时，支出乘数越大，财政政策乘数就越大，进而财政政策效果也就越大。

当 β、t、d、k 既定时，货币需求的利率弹性 h 越大，财政政策乘数就越大，则财政政策效果就越强；相反，若 h 越小，财政政策乘数就越小，政策效果就越弱。

当 β、t、d、h 既定时，货币需求的收入弹性 k 越大，财政政策乘数就越小，则财政政策效果就越小；反之，若 k 越小，则财政政策效果就越大。

同样，若其他参数既定，d 越大即投资需求的利率弹性越大，则财政政策效果就越小；反之，d 越小，财政政策效果就越大。

在以上四个影响因素中，支出乘数主要决定于边际消费倾向 β 及边际税率 t。而 β 一般被认为是比较稳定的，税率 t 也是不会轻易变动的，故支出乘数的变化一般不大，特别在短期内，可视为不变。而货币需求的收入弹性 k 主要取决于支付习惯和制度，一般也被认为比较稳定。因此，财政政策乘数或者说财政政策效果大小的决定性因素是货币需求的利率弹性 h 及投资需求的利率弹性 d 的大小。

由于投资需求的利率弹性 d 是决定 IS 曲线斜率大小的主要因素，货币需求的利率弹性 h 是决定 LM 曲线斜率大小的主要因素。根据上一章内容可知，若 d 越大，IS 曲线斜率就越小，即 IS 曲线就越平坦；若 d 越小，IS 曲线斜率就越大，即 IS 曲线就越陡峭。而若 h 越大，LM 曲线的斜率就越小，LM 曲线就越平坦；反之，若 h 越小，LM 曲线的斜率就越大，即 LM 曲线就越陡峭。

因此，财政政策效果的强弱，无论是用既定斜率的 IS 曲线在横轴上移动的距离大小还是用财政政策乘数的大小来衡量，结论都是一致的。

需要指出的是，上述的财政政策乘数与我们前面所讲的产品市场均衡条件下的简单政策乘数是有区别的。产品市场均衡条件下的简单政策乘数是在不考虑货币因素的条件下分析政府收支变动如何影响国民收入变动的，而此处所讲的财政政策乘数则是在考虑了货币市场上利率的变动会对产品市场投资产生影响的情况下分析政府收支变动对国民收入变动的影响程度。由于下面要讲的挤出效应的存在，因此，财政政策乘数一般要小于简单的政策乘数，只有在凯恩斯陷阱的特殊情况下，即货币需求的利率弹性 h 为无穷大时，财政政策乘数才等于简单政策乘数。

三、财政政策的挤出效应

为了进一步认识财政政策效果，有必要对"挤出效应"作进一步说明。如图 13 - 3 所示。

在图 13 - 3 中，E_0 为原 IS_0 曲线和 LM 曲线的交点。相应的均衡的国民收入水平和利率是 y_0 和 r_0。假如政府增加购买支出，使 IS_0 曲线右移至 IS_1 曲线，IS_1 曲线与 LM 曲线相交于 E_1 点，与 E_1 点相对应的新均衡国民收入水平和利率水平已上升到 y_1 与 r_1，当政府增加购买支出时，如果不考虑利率水平的变动，即利率水平仍为 r_0 的话，新的国民收入水平将是与 E_2 点相对应的 y_2，y_2 大于 y_1。这是因为，政府购买支出增加会引起总需求的增加和国民收入水平的提高，国民收入水平的提高会引起对货币需求的相应增加。在货币供给量不变条件下，这会导致货币需求大于货币供给，如果要想使货币需求减少，达到与货币供给平衡的水平，那么利率必然上升，而利率水平的上升又会引起私人部门投资的减少，从而引起总需求的减少和国民收入的减少。在西方宏观经济学中，把这种由于政府支出的增加引起的利率上升，从而引起投资水平下降的作用称为"挤出效应"。

挤出效应的大小可以用图 13 - 3 中 y_1y_2 的距离来衡量。相对应的 y_0 到 y_1 的距离就可以用来衡量财政政策效果的大小。显然，政府支出的挤出效应越大，财政政策效果就越小；反之，政府支出的挤出效应越小，财政政策效果就越大。若政府支出的挤出效应为 100%，则财政政策就无效，若政府支出的挤出效应为零，则财政政策十分有效。

由此可见，影响挤出效应大小的因素与影响财政政策效果的因素是相同的，主要是投资需求的利率弹性 d 与货币需求的利率弹性 h。若投资需求的利率弹性 d 越大，一定利率水平的变动对投资水平的影响就会越大,则"挤出效应"就越大;反之,"挤出效应"就越小。

若货币需求的利率弹性 h 较大,说明只有当货币需求很大时才会引起利率的上升,那么政府支出增加引起货币需求增加所导致的利率上升幅度较小,因而对投资的"挤出效应"也就越小;反之,若 h 越小,则"挤出效应"就越大。

当货币需求的利率弹性 h 为无穷大,而投资需求的利率弹性 d 为零时,即 LM 为水平线,IS 曲线为垂直线时,政府支出的"挤出效应"将为零;反之,当 h = 0,d→∞ 时,"挤出效应"将是 100%,或者说是完全的"挤出效应",即政府支出增加多少,私人投资支出就被挤占多少。实际上,完全的"挤出效应"只有在经济中资源得到充分利用,即经济中实现了充分就业时才会出现,在经济未实现充分就业时,挤出效应不会是完全的。因为 LM 曲线实际上不可能是一条垂线,尽管政府支出的增加会使利率上升,利率上升会挤占一部分私人投资,但国民收入水平仍会增加,即只存在部分的"挤出效应"。而"挤出效应"为零的情况在现实经济中也是极少见的。但政府为了实现其经济目标,使财政政策效果尽可能较强,可以在增加政府支出时,通过采用扩张性货币政策来抵消"挤出效应"。这可从图 13 - 4 中得到说明。

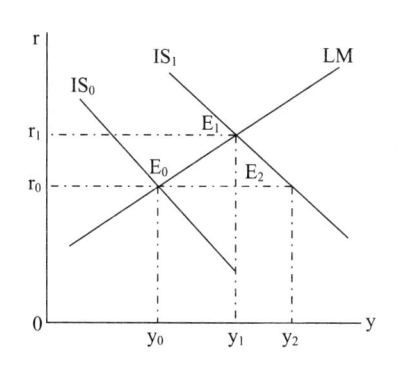

图 13 - 3 政府支出的挤出效应

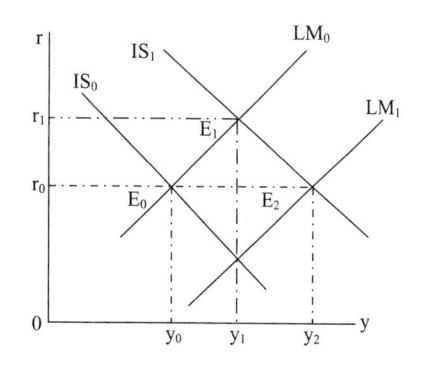

图 13 - 4 扩张性货币政策抵消挤出效应

在图 13 - 4 中,原均衡点为 E_0,假定政府为刺激经济,实施扩张性财政政策,增加政府购买支出。政府购买支出的增加使 IS_0 曲线右移到 IS_1 曲线,IS_1 曲线与 LM_0 曲线相交于 E_1。与 E_1 对应的利率为 r_1,国民收入水平为 y_1,由于政府购买支出的增加使利率上升,产生了挤出效应 y_1y_2。为了消除挤出效应 y_1y_2,政府采用增加货币供给量的扩张性货币政策,使 LM_0 曲线右移到 LM_1 曲线,这时利率由 r_1 降为 r_0,国民收入又增加到 y_2。由此可见,增加政府支出的财政政策会出现挤出效应,但若想消除挤出效应,则可以用货币政策来实现。

【案例 13-1】

中国积极的财政政策

1998年亚洲许多国家发生金融危机，经济遭到重创。由泰铢贬值开始，不少亚洲国家货币纷纷贬值，我国政府从维持亚洲地区经济稳定的大局出发，坚持人民币不贬值。周边国家货币贬值而我国货币不贬值，必然会影响我国出口商品在国际市场上的竞争力。再从当时国内经济形势看，几年来为治理通货膨胀而实行的适度从紧的财政政策和货币政策的政策效应已强烈地显现出来，那就是市场低迷，物价下跌，内需严重不足。

内需和外需都不足，怎么办？中共中央和国务院敏锐地把握了国际国内经济形势的变化，针对国际经济环境严峻和国内有效需求不足的困难局面，果断地把宏观调控的重点从实行适度从紧的财政政策和货币政策以治理通货膨胀，转为实施积极的财政政策和稳健的货币政策。

积极的财政政策，在国际上更通行的说法是扩张性财政政策，按当时财政部长项怀诚的解释，国人可能不太适应扩张性财政政策说法，故换以积极的财政政策的提法。

这种积极的财政政策的主要内容就是通过发行国债，支持国家的重大基础设施建设，以此来拉动经济增长。我国始终坚持经常性预算不打赤字，建设性预算不突破年初确定的规模。在银行存款增加较多、物资供给充裕、物价持续负增长、利率水平较低的条件下，发行国债搞建设既可以利用闲置生产能力，拉动经济增长，又可以减轻银行利息负担，也不会引发通货膨胀，可谓一举多得。1998年实施积极的财政政策当年就增发了1000亿元国债，国债投资带动了万亿元的基础设施建设，由此拉动GDP增长2.5个百分点。这为克服亚洲金融危机的影响，推动经济增长立下了汗马功劳，中国也成为当年亚洲地区唯一保持经济较高增长速度的国家。

为了继续保持经济增长，1999~2001年，我国每年增发的国债都在500亿元以上。南水北调、西电东送、西气东输、西部大开发等跨世纪工程也得以启动，这对增强中国经济增长后劲有十分重大的意义。不仅如此，中国积极的财政政策在过去6年间，平均每年增加就业岗位120万~160万个，6年共增加就业人数700万~1000万人，为促进社会稳定也做出了重大贡献。

当然，积极的财政政策也带来了一些负面影响。自从实施了积极的财政政策以来，我国预算赤字就一直处于较快上升之中，从1997年底的1131亿元增至2003年底的3198亿元，增长近2倍。财政赤字占GDP的比重即赤字率已由1998年的1.20%上升到2002年的3%，达到了国际普遍认同的债券警戒线水平。

2003年下半年起，我国经济形势开始发生显著变化。如果说原来地方政府和企业的投资积极性不高，从而需要中央政府推行积极的财政政策的话，那么，从2002年下半年开始，我国许多地区已显现出一股投资过猛的热浪，而且结构很不合理，其中钢铁、水泥、电解铝和高档房地产投资增长特别快，这些行业的投资中，中央政府所占的比例已很小，主要是地方政府和企业进行的投资。例如投资于钢铁的资金有76.1%是企业自筹，财政资金仅占很小的比例。这一方面表明，前几年所实施的积极的财政政策不仅已使整个国民经济走出了通货紧缩，而且对整个社会的投资环境和投资氛围已产生明显的催化作用；另一方面也表明，积极的财政政策在我国这一特定历史阶段已经完成该完成的历史任务。不仅如此，从1998年到2002年底和2003年初这段时间，我国民营资本已有长足的发展，全社会的固定资产投资应当逐步由企业特别是民营企业自己去进行。如果继续实施积极的财政政策，扩大中央投资，大规模发行国债，则势必对民间投资产生"挤出"和抑制作用，因为财政投资一般不盈利，或者回收期限很长，因此，只能靠增加税收来偿还国债。在这样一些背景下，财政部审时度势，做出了要将积极的财政政策向中性的财政政策及时转变的决定。中性的财政政策意味着将减弱财政投资的扩张力度，适度紧缩财政资金所支持的项目，同时，对国债使用的结构和方向进行调整，由拉动投资需求转变为刺激消费需求，由拉动第二产业（制造业）转向拉动第一产业，尤其是农林和环境生态等方面。当然，为保证在建工程完工，积极的财政政策的淡出也需要一个过程。

（资料来源：根据网上材料整理获得。）

第三节　财政政策实践

西方国家政府的作用都直接与财政联系在一起，财政体系包括政府收入体系和政府支出体系。

一、政府支出体系

政府支出包括各级政府的支出。

第一，政府支出内容。政府支出内容如下：社会福利支出；退伍军人的福利支出；国家防务和安全支出；债务利息支出；教育和职业训练支出；公共卫生和保健支出；科学技术研究费用；交通、公路、机场、港口和住宅的支出；自然资源和环境保护的支出；国际交往与国际事务的支出。

第二，政府支出方式。政府支出方式有两种：政府购买和政府转移支付。其中政府购买是指政府对商品和劳务的购买。政府购买的特点是以取得商品和劳务为报偿的支出。它是一种实质性的支出，可以使经济资源的利用从私人部门转到公共部门。由于政府购买有着商品和劳务的实际交易，因而直接形成社会需求和社会购买力，是国民收入的一个组成部分，是计入 GNP 的四大需求项目（消费、投资、政府购买和出口余额）之一。

而政府转移支付是指政府单方面的、无偿的资金支付，包括社会保障支出、社会福利支出、政府对农业的补贴以及债务利息支出、捐赠支出等。政府转移支付的特点是不以取得商品和劳务为报偿的支出。它是货币性支出，是通过政府把一部分人的收入转给另一部分人，整个社会的收入总量并没有变化，变化的仅是收入总量在社会成员之间的分配比例。正是由于政府转移支付只是资金使用权的转移，并没有相应的商品和劳务的交换发生，因此它不能计入 GNP，不能算作国民收入的组成部分。

二、政府收入体系

西方国家政府的收入主要来源于税收和公债两个部分。税收是西方各国财政收入的主要形式，目前，发达的资本主义国家里，税收在国民生产总值中经常占 20% 以上，甚至高达 50% 以上。

各国的税收通常由许多具体的税种所组成，且依据不同的标准可以对税收进行不同的分类。

1. 按照课税对象的性质可将税收分为财产税、所得税和流转税三大类

第一，财产税是对不动产或房地产即土地和土地上的建筑物等所征收的税。西方国家有一般财产税、遗产税、赠予税等。

第二，所得税是指对个人或公司的收入征收的税，例如对个人的工薪收入和股票、债券、存款等资产的收入征收的税，公司的利润税。所得税是大多数西方国家的主体税种。因此，所得税税率的变动对经济活动会产生重大影响。

第三，流转税则是对流通中的商品和劳务的买卖总额征税，包括增值税、消费税、营业税、关税等，流转税是目前我国最大的税类。

2. 按税负能否转嫁税收又可分为直接税和间接税两种

第一，直接税是直接征收的且不能再转嫁给别人的税，如财产税、所得税和人头税。

第二，间接税是间接地向最终消费者征收的作为生产商和销售商的原来纳税人能最终转嫁给最终消费者的税，如消费税、营业税和进口税。

3. 按照收入中被扣除的比例税收还可以分为累退税、累进税和比例税

第一，累退税是税率随征税对象数量增加而递减的一种税。即课税对象数额越大，税率越低。间接税是累退的。

第二，累进税是税率随征税对象数量的增加而递增的一种税，即课税对象数额越大，税率也越高，上述的财产税和所得税一般是累进税。

第三，比例税是税率不随征税对象数量的变动而变动的一种税，即按固定比率从收入中征税。多适用于流转税，如财产税、营业税和大部分关税一般属于比例税。

政府支出的主要来源是税收。政府当年的税收和支出之间的差额叫作预算余额

（Budget Balance）。预算余额为零叫作预算平衡（Balanced Budget），为正数叫作预算盈余，为负数叫作预算赤字。如果政府增加支出而没有相应地增加税收，或者减少税收而没有相应地减少支出，这种做法叫作赤字财政（Deficit Financed）。当政府发生预算赤字时，就可以通过发行公债向公众借钱或增发货币来弥补。

从以上论述可知，政府的财政政策工具的变动，对宏观经济的运行有着直接或间接的调节作用。当经济出现波动时，政府可采取两种方法来稳定经济，这就是自动稳定器和酌情使用的财政政策。

三、自动稳定器

自动稳定器（Automatic Stabilizer）是指财政制度本身所具有的能够调节经济波动、维持经济稳定发展的作用。即使在政府支出和税率保持不变的时候，财政制度本身也会影响社会经济的活动，能够在经济繁荣时期自动抑制膨胀，在经济衰退时期自动减轻萧条，从而减轻乃至消除经济波动。自动稳定经济的功能主要通过以下三项制度实现：

1. 累进税制度

当经济繁荣时，随着生产扩大和就业增加，人们收入随之增加，而通过累进的所得税所征收的税额也自动地以更快的速度增加，税收以更快的速度增加意味着人们可支配收入的增幅相对较小，从而消费和总需求的增幅也相对较小，最终起到遏制总需求扩张和经济过热的作用。当经济衰退时，国民产出水平下降，个人收入和公司利润普遍下降，在税率不变的条件下，政府税收会自动减少，留给人们的可支配收入也会自动地少减一些，从而使消费和总需求也自动地少下降一些，从而起到缓解经济衰退的作用。

因此，在税率既定不变的条件下，税收随经济周期自动地同方向变化，税收的这种自动变化与政府在经济繁荣时期应当增税、在经济衰退时期应当减税的意图正相吻合，因而它是经济体系内有助于稳定经济的自动稳定因素。

2. 政府转移支付制度

同税收的作用一样，政府转移支付有助于稳定可支配收入，从而有助于稳定在总支出中占很大比重的消费支出。大家知道，政府转移支付包括政府的失业救济和其他社会福利支出，按照失业救济制度，人们被解雇后，在没有找到工作以前可以领取一定期限的救济金，另外，政府也对穷人进行救济。这些福利支出对经济具有稳定作用。当经济出现衰退与萧条时，由于失业人数增加，穷人增多，符合救济条件的人数增多，失业救济和其他社会福利支出就会相应增加，从而间接地抑制人们可支配收入的下降，进而抑制消费需求的下降。当经济繁荣时，由于失业人数减少和穷人减少，福利支出额也自行减少，从而抑制可支配收入和消费的增长。

3. 农产品价格维持制度

这一制度实际上是以政府财政补贴这一转移支付形式，保证农民的可支配收入不低于一定水平，从而维持农民的消费水平。农产品价格维持制度有助于减轻经济波动，故被认为是稳定器之一。

总之，政府税收和转移支付的自动变化以及农产品价格维持制度都是财政制度的内在稳定器，是政府稳定经济的第一道防线，它在轻微的经济萧条和通货膨胀中往往起着良好的稳定作用。但是，当经济发生严重的萧条和通货膨胀时，它不但不能使经济恢复到没有通货膨胀的充分就业状态，而且还会起到阻碍作用。例如，当经济陷入严重萧条时，政府采取措施促使经济回升，但是当国民收入增加时，税收趋于增加，转移支付却减少，使经济回升的速度减缓，这时内在稳定器的变化与政府的需要背道而驰，因此，当代西方经济学家认为，要确保经济稳定，实现宏观调控的政策目标，主要靠政府的相机抉择法。

四、酌情使用的财政政策

同自动稳定器自动发挥作用不同，酌情使用的财政政策是政府根据对经济形势的分析而主动采用的增减政府收支的决策。当认为总需求非常低，即出现经济衰退时，政府应通过削减税收、增加支出或双管齐下的方式来刺激总需求。反之，当认为总需求非常高，即出现通货膨胀时，政府应增加税收或减少支出以抑制总需求。前者称为扩张性（膨胀性）财政政策，后者称为紧缩性财政政策。究竟什么时候采取扩张性财政政策，什么时候采取紧缩性财政政策，应由政府对经济发展的形势加以分析权衡，斟酌使用。它是凯恩斯主义的需求管理的内容。凯恩斯分析的是需求不足型的萧条经济，因此他认为调节经济的重点应放在总需求的管理方面，使总需求适应总供给。当总需求小于总供给出现衰退和失业时，政府应采取扩张性财政措施以刺激经济，当总需求大于总供给出现通货膨胀时，政府应采取紧缩性财政措施以抑制总需求。

但是，在采用以上财政政策的过程中会遇到许多制约因素影响其作用的发挥。主要有：①时滞。认识经济形势、做出决策、实施财政政策都需要一定的时间，因此，财政政策往往不能起到很好的作用。②不确定性。实行财政政策时，政府主要面临乘数大小难以准确地确定以及从采取财政政策到实现预定目标之间的时间难以准确预测的问题。③外在的不可预测的随机因素的干扰，也可能导致财政政策达不到预期效果。④"挤出效应"的存在，政府增加支出会挤占私人投资支出，从而使财政政策的效果减小。

第四节 货币政策效果分析

在美国,曾任美联储主席的格林斯潘被认为是仅次于总统的第二号人物,他的一言一行都受到全国和全世界的关注。他知道自己"一言可以兴邦,一言可以灭邦",所以说话特别谨慎,习惯于用一种故意让人听不懂的语言。格林斯潘用什么"魔术"对经济产生这么大的影响呢?我们必须要了解货币政策。

一、货币政策

货币政策就是中央银行改变货币供给量以影响国民收入和利率的政策。财政政策和货币政策的不同之处在于,财政政策是直接影响社会总需求的规模,中间不需要任何变量,而货币政策则是通过货币当局货币供给量的变化来调节利率进而间接地调节总需求,因而货币政策是间接地发挥作用的。

二、货币政策的效果

所谓货币政策的效果,是指变动货币供给量的政策对国民收入水平变动的影响。国民收入水平变动大,货币政策的效果就强。国民收入水平变动小,货币政策的效果就弱。在 IS-LM 模型中,货币供给量的变动是通过 LM 曲线的移动来反映的。因此,货币政策效果的强弱可以用既定斜率的 LM 曲线在横轴上移动的距离的大小来衡量。从 IS 和 LM 图形看,这种距离的大小,同样也取决于 IS 曲线的斜率和 LM 曲线的斜率。

在 LM 曲线斜率不变时,若 IS 曲线越平坦,一定货币供给量的变动引起的 LM 曲线的移动对国民收入水平变动的影响就越大,货币政策的效果就越强。反之,若 IS 曲线越陡峭,一定货币供给量的变动引起的 LM 曲线的移动对国民收入水平变动的影响就越小,货币政策的效果也就越弱,如图 13-5 所示。

在图 13-5 (a) 和 (b) 中,LM 曲线的斜率是相同的,只是 IS 曲线的斜率不同。假定初始的均衡国民收入水平 y_0 和利率 r_0 都相同。当中央银行实行扩张性货币政策,增加同样一笔货币供给量时,这两种情况下的国民收入的变动却不同,分别是 y_0y_1 与 y_0y_2,且有 $y_0y_1 > y_0y_2$。为什么会有如此差异呢?这是因为 IS 曲线的斜率不同,即投资需求的利率弹性不同(尽管 IS 曲线的斜率还受边际消费倾向 β 的影响,但边际消费倾向一般被认为是较稳定的,故 IS 曲线的斜率就主要取决于投资需求的利率弹性 d)。IS 曲线的斜率越小,即 IS 曲线越平坦,表示投资需求的利率弹性 d 就越大,即利率变动一定幅度所引起的投资变动的幅度越大。因此，当中央银行实行扩张性货币政策使 LM 曲线向右移动时，随着利率的下降，投资需求增加就较多，从而国民收入水平增加也较多，货币政策的效果就较强。反之，IS 曲线的斜率越大，即 IS 曲线越陡峭，表示投资需求的利率弹性 d 越小，当扩张性货币政策使 LM 曲线向右移动时，随着利率的下降，投资需求的增加量就较少，从而国民收入水平的增加量也较少，货币政策的效果就较弱。

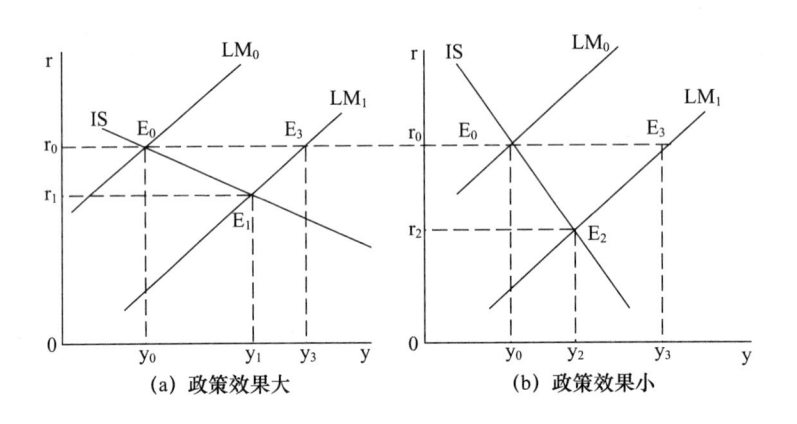

图 13-5　货币政策效果因 IS 曲线的斜率而异

在 IS 曲线斜率不变时，LM 曲线越平坦，由货币供给量的变动引起的 LM 曲线移动对国民收入水平变动的影响就越小，货币政策的效果就越小；反之，则货币政策的效果就越大。如图 13-6 所示。

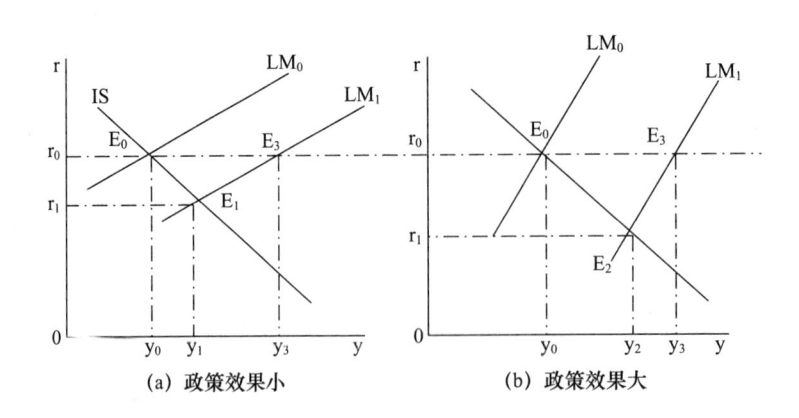

图 13-6　货币政策效果因 LM 曲线的斜率而异

在图 13-6（a）和（b）中，IS 曲线的斜率是相同的，只是 LM 曲线的斜率不同。对于相同的货币扩张，这两种情况下的国民收入水平的变动量不同：图（a）中的 $y_0 y_1$ 小于图（b）中的 $y_0 y_2$，究其原因是图（a）中 LM 曲线较平坦，而图（b）中 LM 曲线较陡峭。

LM 曲线较平坦，表示货币需求的利率弹性大（同理，当货币需求的收入弹性 k 较小时，LM 曲线也会较平坦，但 LM 曲线的斜率主要决定于货币需求的利率弹性 h），即利率稍有变动就会使货币需求变动很多。反之，货币供给量变动对利率变动的作用较小。因此，增加同样的货币供给量时，若货币需求的利率弹性 h 较大，则利率下降较少，从而使投资与国民收入水平增加较小，货币政策的效果就较弱。反之，若 LM 曲线较陡峭，表示货币需求的利率弹性小，因此，增加同样的货币供给量会使利率下降较多，从而引起投资与国民收入水平增加较多，货币政策的效果较强。

总之，当 IS 曲线的斜率较小，LM 曲线的斜率较大时，即 IS 曲线较平坦，LM 曲线较陡峭时，货币政策效果就较强；反之，货币政策的效果就较弱。

【案例 13-2】

稳健货币政策中的"适度从紧"

1997 年以来，我国所实行的货币政策长期被称为稳健的货币政策，这一政策强调的是货币信贷增长与国民经济增长大体保持协调关系，但在不同时期有不同的特点和重点，经济形势的变化要求适度调整政策实施的力度和重点。例如，从 2001 年 11 月开始，我国居民消费物价指数开始出现负增长，经济运行出现通货紧缩局面长达 14 个月，这种通货紧缩不仅表现为消费需求不足，也表现为投资需求不足，整个经济增长乏力。但是，在 2003 年居民消费物价指数由负转正仅一年时间，通货紧缩阴影尚未完全消散的情况下就出现了严重的投资过热趋势。中央政府高度警惕地看到了这一矛盾，及时做出了调控决策。考虑到积极的财政政策已到了必须淡出的时候，所以必须从货币政策方面考虑调控，前几年我国为配合积极的财政政策，在 1997~1998 年实行了稳健货币政策中的适度从宽，以扩大内需，促进经济增长。为此，取消了贷款限额控制，下调了存款准备金，并一再降低存款利率。这样，各行各业包括上述投资过热的那些行业，不但有了极宽松的贷款环境，而且借贷成本极为低廉，这无疑为这些行业进行盲目投资放开了资金的"水龙头"。要收紧这个"水龙头"，央行采取了多种措施，唯独尚未用提高利率的办法，这是考虑到种种因素，包括发达国家目前利率水平很低，如我国提高利率显然会使国外资金流入套利而形成人民币升值压力；还包括提高利率会加大企业利息负担（我国企业资产负债率普遍比较高）以及使股市雪上加霜等。

为此，中央银行采取了其他一系列措施：一是提高法定准备金率（2003 年 9 月 21 日起，把原来 6.1% 的法定准备金率提高到 7%，2004 年 4 月 25 日起，再把准备金率从 7% 提高到 7.5%）。二是实行差别存款准备金率，从 2004 年 4 月 25 日起，将资本充足率低于一定水平的金融机构的存款准备金率提高 0.5 个百分点。三是建立再贷款浮动制度，2004 年 3 月 25 日起，在再贴现基准利率基础上，适时确定并公布中央银行对金融机构贷款利率加点幅度，同时决定，将期限在 1 年以内、用于金融机构头寸调节和短期流动性支持的各档次再贷款利率在现行再贷款基准利率基础上统一加 0.63 个百分点，再贴现利率在现行基准利率基础上统一加 0.27 个百分点。四是加大公开市场操作力度，2004 年一季度，央行通过外汇公开市场操作投放基础货币 2916 亿元，通过债券市场公开市场操作（卖出债券）回笼基础货币 2810 亿元，基本全额对冲外汇占款投放的基础货币。五是加强对商业银行贷款的窗口指导，促进优化贷款结构。例如，央行于 2004 年 1 月 18 日下发通知，要求商业银行积极采取措施，严格控制对钢铁、水泥、电解铝等"过热"行业的贷款，同时，积极鼓励和引导商业银行加大对中小企业、扩大消费和增加就业方面的贷款支持。六是积极支持"三农"经济发展，加快推进农村信用社改革。例如，2004 年初，通过地区间调剂，央行对粮食主要产区增加再贷款 40 亿元；3 月对农村信用社单独安排增加 50 亿元再贷款，支持信用社发放农户贷款。

（资料来源：2004 年第一季度中国货币政策执行报告 [J]. 金融时报，2004 - 05 - 12.）

第五节　货币政策实践

货币政策一般也分为扩张性货币政策和紧缩性货币政策两大类。所谓扩张性货币政策，是指货币当局（中央银行）通过增加货币供给以刺激社会总需求水平。货币供给增加时，利率会降低，利率的下降会刺激投资水平和消费水平，从而使社会总需求水平上升，因此经济衰退或萧条时多采用扩张性货币政策。紧缩性货币政策是指货币当局通过削减货币供给来降低社会总需求水平。货币供给减少时，利率会上升，利率上升会使投资水平和消费水平在一定程度上收缩，从而使整体需求水平下降，因此，在经济过热或繁荣时期，多采用紧缩性货币政策。

中央银行一般通过公开市场业务、调整再贴现率和改变法定存款准备金率这三种主要的货币政策工具来改变货币供给量，以达到宏观经济调控的目标。

一、公开市场业务

这是目前中央银行控制货币供给量最重要也最常用的工具，所谓的公开市场业务是指中央银行在金融市场上公开买卖政府债券，以控制货币供给和利率的政策行为。中央银行通过在金融市场上公开买进或卖出政府债券，扩大或缩减商业银行存款准备金，从而导致货币供给量的增减和利率的变化。

公开市场业务过程大致如下：当经济过热时，即中央银行认为市场上货币供给量过多，出现通货膨胀，便在公开市场上出售政府债券，承购政府债券的既可能是各商业银行，也可能是个人或公司。当商业银行购买政府债券后，准备金会减少，可以贷款的数量也会减少。通过货币乘数的作用，整个社会的货币供给量将会成倍减少。反之，当经济萧条时，市场上出现银根紧缩，这时中央银行可在公开市场上买进政府债券，商业银行通过出售政府债券增加了准备金，个人或公司出售政府债券所得现金也会存入银行。这样，各商业银行的准备金既可以增加，银行的贷款能力也可以扩大，再通过货币乘数的作用，整个市场的货币供给量成倍增加。同时中央银行买卖政府债券的行为，也会引起债券市场上需求和供给的变化，进而会影响到债券价格和市场利率。有价证券市场是一个竞争性市场，证券价格由供求双方决定。当中央银行购买证券时，证券的需求就增加，证券的价格也随之上升，从而利率下降，利率的下降又会使投资和消费需求上升，从而刺激经济，增加国民收入。反之亦然。因此，中央银行可以通过公开市场业务增加或减少货币供给量，以实现宏观经济调控的目的。因此，公开市场业务是货币政策的工具之一。

二、调整再贴现率

贴现和再贴现是商业银行和中央银行的业务活动之一，一般商业银行的贴现是指客户因亟须使用资金而将所持有的未到期票据出售给商业银行，兑换现款以获得短期融资的行为。商业银行在用现金购进未到期票据时，可按该票据到期值的一定百分比作为利息预先扣除，这个百分比就叫作贴现率。商业银行可以将贴现后的票据保持到票据规定的时间向票据原发行单位自然兑现。但商业银行若因储备金临时不足等原因亟须现金时，可以将这些已贴现但仍未到期的票据售给中央银行，请求再贴现。中央银行作为银行的银行，有义务帮助银行解决流动性问题。这样，中央银行从商业银行手中买进已贴现但仍未到期的银行票据的活动就称为再贴现。在再贴现时中央银行同样要预先扣除一定百分比的利息作为代价，这种利息就叫作中央银行对商业银行的贴现率，即再贴现率。这就是再贴现率的本意。但在当前美国，商业银行主要不再用商业票据而是用政府债券作为担保向中央银行借款，所以现在都把中央银行给商业银行及其他金融机构的借款称为"贴现"，相应的放款利率都称为"贴现率"。

中央银行通过变动再贴现率可以调节货币供给量。若中央银行感到市场上银根紧缩，货币供给量不足时，便可以降低再贴现率，商业银行向中央银行的"贴现"就会增加，从而使商业银行的准备金增加，可贷出去的现金增加，通过货币乘数的作用使整个社会货币供给量成倍增加。反之，若市场上银根松弛，货币供给量过多，中央银行可以提高再贴现率，商业银行就会减少向中央银行的"贴现"，于是商业银行的准备金减少，可贷出去的现金也减少，通过货币乘数的作用，社会上的货币供给量将成倍减少。

中央银行调整贴现率对货币供给量的影响不是很大,实际上中央银行调整贴现率更多的是表达自己的意图,而不是发挥调整贴现率对货币供给量的直接影响。

三、改变法定存款准备金率

中央银行有权在一定范围内调整法定存款准备金比率,从而影响货币供给量。在经济萧条时,为刺激经济的复苏,中央银行可以降低法定准备金率。在商业银行不保留超额储备的条件下,法定准备金率的下降将给商业银行带来多余的储备,使它们得以增加贷款。这样,商业银行的存款和贷款将发生一轮一轮的增加,导致货币供给量的增加。货币供给量的增加又会降低利率,从而刺激投资的增加,最终引起国民收入水平的成倍增加。反之,在经济过热时,中央银行可用提高法定准备金率的方法减少货币供给,以抑制投资的增长,减轻通货膨胀的压力。

从理论上说,在以上三大主要货币政策工具中,改变法定存款准备金率是中央银行调整货币供给最简单的办法。但由于法定准备金率的变动,在短期内会导致较大幅度的货币扩张或收缩,引起宏观经济活动的震动,其作用十分猛烈,所以这一政策手段在实践中很少使用。调整再贴现率政策除了上述所讲的期限短等限制外,在实行过程中还有比较被动的缺点。这是因为中央银行可以通过降低再贴现率使商业银行来借款,但它不能强迫商业银行来借款。若商业银行不向中央银行借款,或借款数量很小,则再贴现率政策的效果就不明显。尽管再贴现率政策对银行的影响较小,但实施再贴现率政策的意义却重大,这是因为实施再贴现率政策是利率变化和信贷松紧的信号。一般来说,在再贴现率变化以后,银行的利率也随之改变。

公开市场业务与上述两项政策工具相比有下述优点:第一,公开市场业务可以按任何规模进行,中央银行既可以大量也可以小量买卖政府债券,使货币供给量发生较大的或迅速的变化。第二,公开市场业务比较主动和灵活,且可以连续进行。在公开市场业务中,中央银行可根据经济情况的需要自由决定有价证券的数量、时间和方向,即使中央银行有时会出现某些政策失误,也可以及时纠正。第三,公开市场业务还可以比较准确地预测出其对货币供给的影响。一旦买进或卖出一定数量金额的证券,就可以根据货币乘数估计出货币供给量增加或减少的数量。基于上述原因,公开市场业务就成为中央银行控制货币供给量最重要也最常用的工具。

除了上述三种调节货币供给量的主要工具外,中央银行还有其他一些次要的货币政策工具。例如道义上的劝告以及"垫头规定"的局部控制。

第六节　财政政策与货币政策的配合使用

从以上的分析中我们知道，不论是财政政策还是货币政策都有自身的局限性，它们调控经济各有侧重点，表现也各有不同，为了更好地实现宏观经济政策的目标，必须把这两者结合起来使用。

一、宏观经济政策的选择

究竟选择哪一种政策更有利呢，这涉及许多因素。这里我们以扩张性财政政策与扩张性货币政策为例，通过分析两者对社会经济产生不同的影响来说明这一问题。

从 IS-LM 模型的分析中我们可以看出，扩张性的财政政策和货币政策都可以扩大总需求，增加国民收入，但它们对利率的作用方向却不同。扩张性财政政策会使利率水平上升，而扩张性货币政策会使利率水平下降。正是两者对利率作用的方向不同，导致总需求内部结构不同。

在 IS-LM 模型中，扩张性货币政策使 LM 曲线向右移动，导致国民收入水平上升和利率水平下降，随着国民收入的增加，人们的可支配收入上升，消费需求也相应增加。同时，利率水平的下降也有利于投资需求的增加，尤其是与利率关系密切的住房投资更是如此。因此，扩张性货币政策会使总需求中的消费需求和投资需求增加。

上述两种政策对社会经济的影响，如表 13-1 所示。

表 13-1　财政政策与货币政策的影响

政策工具		国民收入	利率	消费	投资
扩张性货币政策		增加	下降	增加	增加
扩张性财政政策	1. 增加政府购买支出	增加	提高	增加	减少
	2. 减税	增加	提高	增加	减少
	3. 增加转移支付	增加	提高	增加	减少
	4. 投资津贴	增加	提高	增加	增加

从表 13-1 中可见，不同的政策对社会总需求的影响不同，因此，决策者在决定选择哪种政策时，首先要考虑产生社会总需求不足的主要原因是什么，然后对症下药，以促使经济回升。

二、两种政策的混合使用

当经济萧条时可以把扩张性财政政策与扩张性货币政策混合使用,这样能更有力地刺激经济。扩张性财政政策使总需求增加但提高了利率水平,采用扩张性货币政策就可以抑制利率的上升,以消除或减少扩张性财政政策的挤出效应,使总需求增加。

当经济出现严重通货膨胀时,可实行"双紧"组合,即采用紧缩性财政政策与紧缩性货币政策来降低需求,控制通货膨胀。一方面,采用紧缩性财政政策,从需求方面抑制通货膨胀;另一方面,采用紧缩性货币政策,从货币供给量方面控制通货膨胀。由于紧缩性财政政策在抑制总需求的同时会使利率下降,而紧缩性货币政策会使利率上升,从而无法使利率的下降起到刺激总需求的作用。

当经济萧条但又不太严重时,可将扩张性财政政策与紧缩性货币政策混合使用。这样是为了刺激总需求的同时又能抑制通货膨胀,这种混合的结果往往是对总需求的作用不确定,却使利率上升。当经济中出现通货膨胀但又不太严重时,可采用紧缩性财政政策与扩张性货币政策相配合,用紧缩性财政政策压缩总需求,又用扩张性货币政策降低利率,以免财政过度紧缩而引起衰退。

应用 IS – LM 模型,可以分析宏观经济政策各种混合使用的政策效应,如表 13 – 2 所示。

表 13 – 2　财政政策和货币政策混合使用的政策效应

政策混合	产出	利率
扩张性财政政策和紧缩性货币政策	不确定	上升
紧缩性财政政策和紧缩性货币政策	减少	不确定
紧缩性财政政策和扩张性货币政策	不确定	下降
扩张性财政政策和扩张性货币政策	增加	不确定

三、古典主义极端和凯恩斯极端

1. 古典主义极端

凯恩斯以前的古典学派认为,货币需求只同产出水平有关,同利率没有多大关系。也就是说,他们认为人们的货币需求只包括交易需求和预防需求,没有投机性货币需求,或投机性货币需求很小或几乎为零。在 L = ky – hr 中,就表现为货币需求的利率弹性 h 很小或 h 为零,因此,LM 曲线是一垂直线。这时在产品市场上,货币供给量任何变动都会对产出水平有极大影响，因此，货币政策十分有效。在长期内，经济已处于充分就业状态，增加政府支出就会完全地挤占私人投资，出现完全的挤出效应。因此，古典学派认为，财政政策完全无效。

正是由于古典学派以上观点，在经济政策方面，他们主张用货币政策，反对国家干预经济的财政政策。

古典学派的主张实际上可以表现为LM曲线为垂线或IS曲线为水平线，用IS-LM模型分析，具体如图13-7至图13-11所示。

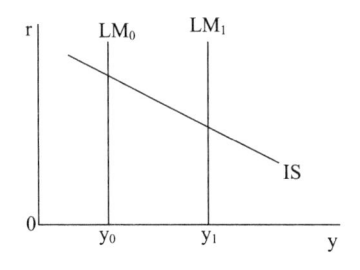

图13-7 古典主义下货币政策十分有效（一）　图13-8 古典主义下货币政策十分有效（二）

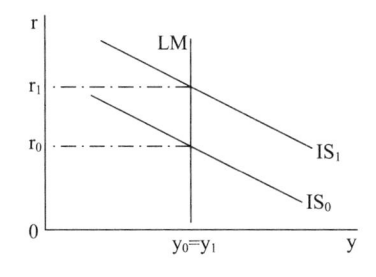

图13-9 古典主义下财政政策完全无效（一）　图13-10 古典主义下财政政策效应较小（二）

图13-11 古典主义极端　　　　　　　　图13-12 凯恩斯极端

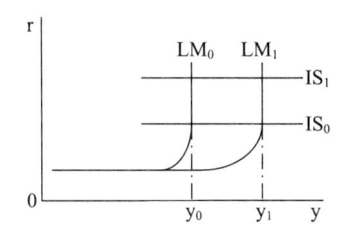

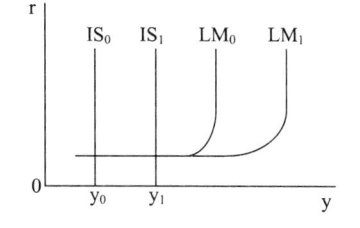

2. 凯恩斯极端

20世纪30年代，资本主义经济大危机的爆发在西方宏观经济发展史中掀起了一场革命，这就是所谓的"凯恩斯革命"，从此以凯恩斯为代表的国家干预主义理论成为宏观经济学的主流。而凯恩斯宏观经济学的建立是从批判萨伊定理开始的，在经济政策方面，凯恩斯主义强调国家要干预经济，特别强调通过增加财政支出来扩大总需求，以解决生产过剩的问题。凯恩斯认为，在促进经济稳定的两类基本政策工具中，财政政策有很好地促进经济稳定的功能，货币政策效应则十分有限，如图 13-12 ~ 图 13-16 所示。

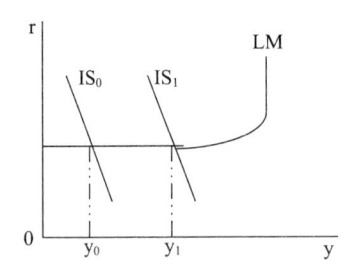

图 13-13　凯恩斯情况下财政政策十分有效（一） 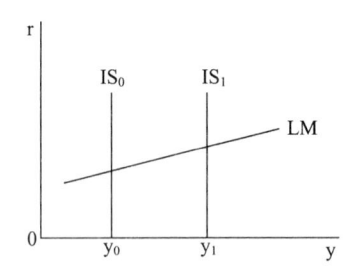　　图 13-14　凯恩斯情况下财政政策十分有效（二）

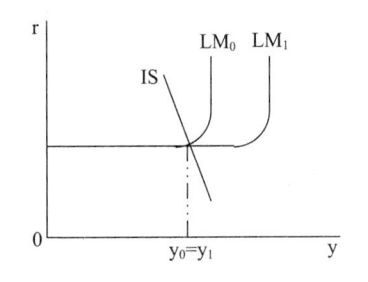

图 13-15　凯恩斯情况下货币政策无效（一） 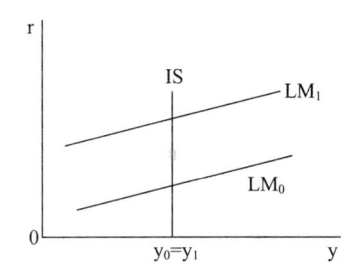　　图 13-16　凯恩斯情况下货币政策无效（二）

以上所讲的古典主义极端和凯恩斯极端这两种情况都并不符合经济中的实际情况，真正普遍存在的还是 LM 曲线向右上方倾斜，而 IS 曲线向右下方倾斜的被称为中间区域的情况，水平和垂直的 LM 曲线和 IS 曲线充其量只不过是这些曲线斜率变化过程中的一个极端的区域而已。但这两种极端情况仍有一定的理论价值，它们为财政政策和货币政策效应的分析与运用提供了一个有用的工具。在经济萧条时期，财政政策的效果要大于货币政策的效果，因此，此时应多用些财政政策来刺激经济；反之在通货膨胀严重时，应多用些货币政策来抑制物价上涨。

练习题

一、名词解释

1. 财政政策
2. 财政政策效果
3. 挤出效应
4. 货币政策
5. 货币政策效果
6. "双松"的政策配合
7. "双紧"的政策配合
8. 稳健的政策
9. 充分就业
10. 自然失业率
11. 物价稳定
12. 可持续发展
13. 政府购买
14. 转移支付
15. 自动稳定器
16. 斟酌使用的财政政策
17. 功能财政思想
18. 充分就业预算盈余
19. 准备金
20. 准备金率
21. 法定准备金率
22. 超额准备金
23. 再贴现率
24. 再贴现
25. 公开市场业务

二、问答题

1. 简述宏观经济政策目标。
2. 简述影响挤出效应的基本因素，并说明它们是如何影响挤出效率的。

3. 什么是斟酌使用的财政政策和货币政策？

4. 在 IS 垂直于横轴、LM 平行于横轴的情况下，政府增加支出会不会产生挤出效应？为什么？

5. 简述货币政策的局限性。

三、计算题

1. 假定 $L=0.2y$，实际货币供给 $m=200$，$C=90+0.8yd$，$t=50$，$i=140-5r$，$g=50$，求：

（1）均衡收入、利率和投资。

（2）政府支出 g 在其他情况不变的条件下增加 20，此时收入、利率和投资有何变化？

（3）是否存在"挤出效应"？

2. 假设货币需求为 $L=0.2y-10r$，实际货币供给为 200，消费 $C=60+0.8yd$，税收为 100，$i=150$，政府购买为 100，求：

（1）均衡收入、利率和投资。

（2）政府支出 g 在其他情况不变的条件下增加 20，此时收入、利率和投资有何变化？

（3）是否存在"挤出效应"？

3. 假设货币需求为 $L=0.20y$，货币供给量为 200，$C=100+0.8y$，$i=140-5r$，那么：

（1）导出 IS 和 LM 方程，求均衡收入、利率和投资。

（2）若货币供给增加 20，LM 曲线如何移动，均衡收入、利率和投资各为多少？

（3）为什么均衡收入的增加量等于 LM 曲线移动量？

4. 假设货币需求为 $L=0.20y-5r$，货币供给量为 100，$C=40+0.8yd$，$i=140-10r$，税收为 50，求：

（1）均衡收入、利率和投资。

（2）若政府支出增加 30 亿美元，均衡收入、利率和投资各为多少？

（3）为什么均衡收入的增加量小于 IS 曲线的右移量？

5. 货币需求为 $L=0.2y-4r$，货币供给为 200 美元，消费 $C=80+0.8yd$，税收为 100，政府购买为 100，投资 $i=140-6r$ 美元。求：

（1）均衡收入、利率。

（2）如果减少税收 25，求新的均衡收入和利率。

（3）挤出效应是多少？

第十四章　开放经济中的宏观经济学

学习目的

1. 了解国际收支平衡表的构成
2. 掌握汇率与汇率制度的基本知识和 J 曲线的含义
3. 掌握国际收支均衡曲线的含义
4. 能够运用 IS – LM – BP 模型分析开放条件下宏观经济政策的运用与效果

重点

1. 汇率与汇率制度的基本知识和 J 曲线的含义
2. 国际收支均衡曲线
3. IS – LM – BP 模型

难点

IS – LM – BP 模型

引导案例

1997~1998 年东亚金融危机的原因和结果

自 20 世纪 60 年代以来，东亚经济的快速增长和稳定令世人惊讶。但 1997 年投机风波冲击这一区域的货币时，"东亚奇迹"不复存在。十年内一直将货币与美元挂钩的泰国首先遭受攻击，之后这次危机迅速蔓延到韩国、印度尼西亚和马来西亚等其他国家，并导致各国的货币贬值。什么原因引起了这次危机？它的结果是什么？

在东亚国家令人瞩目的经济增长光环下，大多数政策制定者、经济学家和金融投资者对这次投机攻击始料未及。事发之后仔细分析东亚的经济，我们的确发现存在一些问题，并且正是这些问题造成了这次危机,其中最严重的问题在于东亚的银行系统。这次危机前,东亚的银行有大量资本流入,主要来自希望从东亚获利的外国金融投资者。如果利用好这些流入资本,确实能够促进经济繁荣。但不幸的是很多银行家用这些资金向家庭成员、朋友或者有政治关联的人发放贷款,这被称为唯亲资本主义。唯亲资本主义造成投资回报下降,并且很多借款人拖欠贷款。外国投资者认识到投资东亚的回报将远低于他们的期望,于是开始廉价出售东亚资产,资产出售的"滚雪球"发展最终形成了对东亚货币的投机攻击。

尽管有国际货币基金组织这样的国际贷款方的帮助,但投机攻击对东亚经济的影响仍然严重。股票和土地等资产的价格直线下降,几个国家同时出现银行恐慌。政策制定者为了提高汇率的基础价值,避免货币进一步贬值,急剧提高国家的实际利率。但是实际利率的提高遏制了总需求,造成产出急剧减少和失业增加。

幸运的是,到1999年为止大部分东亚国家的经济开始复苏。但这次危机在发展中国家的决策者脑海中留下了固定汇率潜在危险的深刻印象。这次危机的另一个教训是国家要建立规范的银行监管制度,促进有经济效益的贷款,避免唯亲资本主义的产生。

汇率制度主要有哪几种类型?东亚金融危机的成因是什么?不同的汇率制度又有哪些优缺点?

(资料来源:根据不同资料整理获得。)

广义地讲,经济学是描述各种不同制度形式下的所有交换活动的一门学科,其核心命题就是交换或贸易给交易双方带来好处。交换互惠互利的根源来自何处呢?在开放经济的环境下,一国的经济变动会深刻地影响到其他国家,这种影响已经突破了封闭经济条件下的商品贸易往来,更多地表现为资本、技术、劳动力的变更和流动,自由贸易的主张正是基于此认识。本章以开放经济为背景,阐述开放经济条件下一国宏观经济是如何实现均衡的。

第一节 国际贸易理论概述

【案例 14-1】

从中美贸易摩擦看"比较优势"

2014年以来,由美国单方面挑起的中美贸易摩擦,呈现出愈演愈烈之势。从对我国彩电征收高额反倾销税，到突然提出对中国的几类纺织品实行新配额；从对来自中国的可锻铸铁管件征收反倾销税，到对中国产的木制卧室家具进行反倾销诉讼。这些在短时期内密集推出、专门针对中国产品的种种贸易歧视政策，凸显了美国贸易保护主义思潮的日渐抬头。

美国针对中国产品堆砌的贸易壁垒，不仅因其严重影响了中美正常贸易往来而受到我国社会各界的强烈抵制，同时也因其轻率践踏了WTO框架下的国际自由贸易规则而受到全球经济界的广泛批评。就连美国联邦储备委员会主席格林斯潘也发出警告，认为这种贸易保护主义做法将使全球经济的灵活性受到侵蚀。

尽管经济界和理论界人士排除了现阶段在两国之间发生大规模贸易战的可能性，但大家还是共同认为，一些发达国家出于遏制我国经济和对外贸易发展的目的，以及一些发展中国家对本国产业安全的过激性防卫和对本国企业的过度呵护，我国企业今后将会面临越来越复杂的国际贸易环境。如果我们不能正确看待贸易摩擦的根源，并从中找到一些应对之策，今后将会遭遇到更多类似的摩擦。

纵观近年来中国曾经遭遇和正在经历的贸易歧视，绝大部分都集中于劳动密集型产品。不管是中日、中韩之间围绕农产品引发的贸易纠纷，还是中美、中欧之间围绕制造业产品所引发的贸易摩擦阴云，其发端都是贸易摩擦的发起国以种种证据和理由，指责中国产品因为"低价倾销"或者质量问题，严重影响了该国同类产业的正常市场竞争，进而导致相关企业的利益受损和产业工人的失业。

从全球范围来看，大凡贸易保护的对象，也大都集中于劳动密集型和资本密集型产品。之所以出现这种格局，是因为这两类产品往往属于制造业的范畴，一般不具备较高的技术含量，而且往往具有极强的替代性，其对生产国经济的贡献，主要是吸纳大量的就业工人，这就使得这些贸易保护国敢于置国际贸易规则于不顾，单方面设置进口壁垒。相反，如果进口产品属于该国难以生产的高技术产品，或者是该国不屑生产的重污染型产品，它们往往就会具有极强的进口依赖，而此时，它们恐惧的是出口国的出口限制。由于贸易歧视政策维护了该国一些特定产业和相关阶层群体的利益，因此在一定范围内受到了热烈吹捧。

尽管绝大多数贸易摩擦最终都会在当事双方的沟通磋商或是在有关国际贸易仲裁机构的公允裁决下得以消弭，但事后反观这些影响面极大的贸易摩擦风云，不管每一个回合的周期长短，莫不使牵涉其中的众多企业受到一定程度的利益伤害乃至巨大的机会损失。基于这个认识，为了争取一个持久稳定的出口贸易环境，尽可能减少不必要的贸易摩擦成本，确有必要重新思考我们基于"比较优势"理论的出口战略取向。

长期以来，我们一直把"劳动力成本优势"视为对外贸易中的"比较优势"，并相应地大力发展起了诸如纺织企业等众多以出口为导向的劳动密集型企业。但是随着高新技术产品日益成为世界贸易的主要品种，再加之国际市场上劳动密集型产品严重供过于求，我国的劳动密集型产品在国际市场上的竞争力正日渐下降，它们赖以生存的低成本"比较

"优势"越来越不成其为"优势"。更何况,如今在国际市场上,即便是劳动密集型产品,其市场竞争优势也不再像过去那样仅仅简单地局限于"成本价格",而是涵括了价格、质地、工艺、原料、科技嫁接等多方面的综合竞争因素。

"比较优势不等于竞争优势",由此看出,跳出过度依赖劳动密集型产品出口结构的惯性思维,已势在必行。这种战略调整,不但有助于我们避免陷入"比较优势陷阱"——过于强调劳动力成本优势,忽略出口结构中的非价格因素,同时也将使更多的企业因此减少不必要的贸易摩擦损失。

(资料来源:根据百度文库资料整理获得。)

那么应该如何认识国际贸易对一国经济的影响呢?

国际贸易是跨越国界所进行的商品交换活动。贸易活动的开展对经济发展是有好处的,经济学提出了以下几种国际贸易理论:

一、绝对优势理论

绝对优势理论是亚当·斯密(Adam Smith)提出的,他是英国古典政治经济学的创始人,在18世纪工场手工业向机器大工业过渡的阶段,他认为每个国家都有其绝对有利的、适于某些特定产品的生产条件,从而导致生产成本绝对低,这叫作绝对利益原则,又称为绝对优势说。

亚当·斯密认为各国应该集中生产并出口具有"绝对优势"的产品,进口不具有"绝对优势"的产品,其结果比什么都生产更为有利。例如,美国在生产小麦上具有绝对优势,而英国在纺织品上有绝对优势,这样两国进行交换,结果对双方都有益。各国存在生产技术上的差别,劳动生产率和生产成本的绝对差别是绝对优势理论的基础。

二、比较优势理论

比较优势理论是由大卫·李嘉图(David Ricardo)提出来的,他是继亚当·斯密之后另一位英国古典政治经济学者,劳动价值论的另一创始人,他提出了地域分工的基础是比较利益原则,或称相对成本论。

李嘉图的比较优势说的理论前提是2×2模型(两个国家、两种产品或两种要素);各国比较利益是静态的,不存在规模经济的作用;自由贸易是在完全竞争的市场结构下进行的;不存在技术进步、资本积累和经济发展;要素在国际间不能自由流动。在这样的前提下,即便一国生产两种产品的劳动生产率都要比另一个国家处于劣势,但如果每个国家都专业化生产具有相对优势的产品,然后相互交换,每个国家都可以获益。国际贸易不仅在生产各自具有绝对优势产品的两个国家之间产生，而且也会在两个存在比较优势产品的国家产生。绝对优势理论是比较优势理论的一个特例。李嘉图的比较成本说比亚当·斯密的绝对成本说，能较好地解释地域分工和国际贸易问题。

三、赫克歇尔—俄林理论

由于比较优势理论并没有解释一国为什么在出口特定产品时具有比较优势，由瑞典经济学家赫克歇尔（Eli Hechscher）提出，然后由其弟子俄林（Bertil. Ohlin）最终完成的完整的理论体系提出要用不同国家诸生产要素的丰缺解释国际分工和国际贸易产生的原因。

该理论认为商品的国际价格不同是因为成本不同，而成本不同是因为国内生产要素价格不同，而生产要素价格不同是因为生产要素的供给比例不同。国际生产要素不能充分流动使生产达不到理想结果，但商品的流动在一定程度上可以弥补国际间生产要素缺少流动性的不足，即通过国际贸易可以部分解决国际间要素分配不均的缺陷。国与国之间开展自由贸易后，一个国家应出口密集使用其要素丰裕的产品，进口密集使用其要素稀缺的产品。例如，美国是资本丰裕的国家，中国是劳动力丰裕的国家，美国生产资本密集型产品的成本较低，而中国生产劳动力密集型产品的成本较低，这样通过国际贸易相互交换，双方都会从贸易中获益。

四、规模经济理论

赫克歇尔—俄林的要素禀赋理论认为，由于各国的资源丰裕程度不同，因此生产各自相对成本较低的产品并进行交换就会对双方都有益处，但是具有相似资源储备的国家之间是否还有进行国际贸易的必要？生产同类产品的各国是否还要进行国际贸易呢？为了解决这一问题，美国经济学家克鲁格曼提出了规模经济的贸易理论，并形成了当代贸易理论。

规模经济理论是指在一特定时期内，企业产品绝对量增加时，其单位成本下降，即扩大经营规模可以降低平均成本，从而提高利润水平。生产技术水平不变和所有生产要素或投入均按相同的比例变动是建立规模经济理论的两个假设条件。

第二节　汇率与对外贸易

国际贸易需要进行国际结算，汇率是重要的国际结算工具，与国际贸易有着非常密切的关系。

一、汇率及汇率标价方法

汇率是两个国家（或地区）不同货币之间的兑换比率。汇率通常有两种表示方法：一种是直接标价法，它以外币作为标准单位，以一定数额的本币表示对单位外币交换的比率。例如，在香港外汇市场上，某日的外汇汇率标价为 1 美元兑换 7.7550 港元。另一种是间接标价法，它以本国货币为标准单位折算成一定数额的外国货币。例如，同样是 1 美元兑换 7.7550 港元的汇率标价，如果出现在美国纽约外汇市场上就是汇率的间接标价，因为此时美元是本币，港元是外币。

在直接标价法下，汇率直观地表现为交换一个单位的外币所需支付的本币数量，因此汇率又常常被称为外币的价格。汇率上升意味着外币升值、本币贬值，即外币变得更贵，汇率市场上外汇牌价中的数字变大；汇率下降则意味着外币贬值、本币升值，即外币变得更便宜，汇率市场上外汇牌价中的数字变小。本章所指的汇率都是以直接标价法表示的汇率。

二、汇率制度

汇率制度是一国货币当局对本国货币与外币交换时汇率确定方法的安排与规定，安排与规定的内容不同，汇率制度就不同。当今世界上的汇率制度主要有两大类：一种是固定汇率制度，另一种是浮动汇率制度。

固定汇率制就是两国货币比价基本固定，汇率的波动被控制在一定幅度之内。为了维持固定汇率，一国的货币当局必须经常运用贴现政策工具调控市场汇率，或者动用黄金外汇储备平抑市场汇率的波动。当这些办法仍不能平衡汇率的波动时，货币当局也可以实行外汇管制乃至宣布货币法定贬值或升值来重新调整本币对其他各国货币的比价关系。

浮动汇率制就是货币当局不规定汇率波动的幅度，听任外汇市场根据市场供求状况的变化自发决定汇率，政府不承诺维持固定汇率，对外汇市场一般也不进行干预。

三、汇率的决定

汇率的决定根据各国汇率制度的不同而不同。

1. 浮动汇率制下的汇率决定

在浮动汇率制下，汇率由外汇市场上的供求关系决定。在外汇交易市场上存在外汇供给和外汇需求两种力量。一方面，人们由于购买外国商品、在国外进行投资和投机活动或出于保值等动机而对外汇有需求。外汇需求随着外汇汇率的上升而减少，随着外汇汇率的下降而增加，因此外汇的需求曲线是向右下方倾斜的线，如图 14-1 所示的 D 线。另一方面，出口商人、从国外抽回投资的经营者以及外汇市场上的投机者等构成外汇市场的供给力量，外汇的供给与外汇汇率同方向变动。在图14-1中，供给曲线S是向右上方倾斜的。在供求两种相反力量的相互作用下，汇率最终在D线与S线的交点处E点达到均衡，此时的汇率 e_0 是市场均衡汇率，外汇交易量 Q_0 是市场均衡的交易量。

一方面，在同一汇率水平下，外汇需求的增加会引起需求曲线向右移动，例如由于进口增加或对外投资增加，D线从 D_0 移至 D_1 的位置，如图14-2所示。另一方面，在同一汇率水平下外汇供给的增加会使供给曲线向右移动，例如出口能力增加或吸引外资能力增加使S线从 S_0 移动到 S_1 的位置。需求曲线和供给曲线的移动改变均衡汇率的水平，形成新的均衡点。

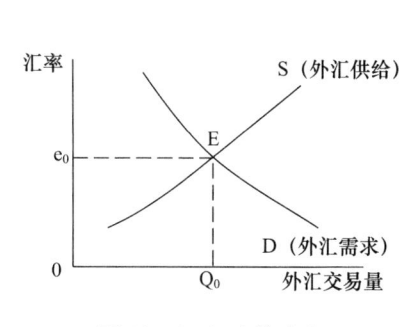

图 14-1 汇率的决定

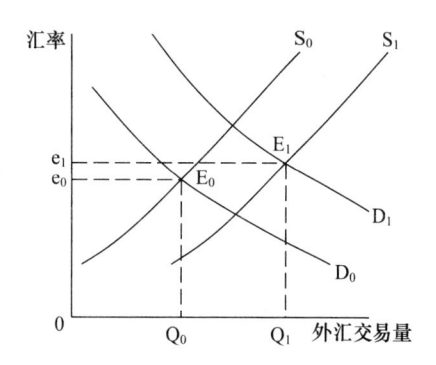

图 14-2 均衡汇率的变动

2. 固定汇率制下的汇率决定

在固定汇率制下，本国货币与外国货币之间的交换比率由一国的货币当局来决定。但是一国货币当局在决定本国货币与外国货币的交换比率时也不能随心所欲，而要有一定的依据，即要有一个平价或基准价。实行固定汇率制国家的政府在实际决定汇率时要考虑的因素很多，如本国经济实力、出口能力、吸引外资能力等，从理论上说汇率决定的依据主要是购买力平价。

购买力平价理论认为，本国人需要外国货币是因为外国货币在其发行国有购买力，外国人需要本国货币是因为本国货币在本国有购买力。当人们按一定比率用本币购买外币时也就是购进了外币的购买力，因此两国货币之间的兑换率要由两国货币的实际购买力决定。因为货币的购买力是一般物价水平的倒数，所以两国货币的汇率就可以由两国一般物价水平之比来决定，即

$$e = \frac{\sum P_A}{\sum P_B} \tag{14-1}$$

其中，$\sum P_A$ 代表A国一般物价水平；$\sum P_B$ 代表B国一般物价水平；e代表汇率，表示1单位B国货币以A国货币表示的价格。

购买力平价理论的理论依据是"一价定律"。一价定律是指假设各国间贸易费用和关税为零，在完全自由贸易条件下，商人们在国际间的商品套购活动会使各国商品价格趋于一致，这时尽管各国的商品标价不同，但不过是按照汇率把以一国货币标价的商品价格折算成以另一国货币标价的价格而已。

汇率的变化程度取决于各自货币购买力的变化程度，假定起初的汇率为 e_0，如果 A 国的价格总水平变化率为 P_a，B 国的价格总水平变化率为 P_b，则汇率变化为

$$e_1 = e_0 \times \frac{P_a}{P_b} \tag{14-2}$$

由式（14-2）可知，一国的价格总水平上升，该国的外汇汇率就会上升，本国货币就会贬值；外国的价格总水平上升，该国的外汇汇率就会下降，本国货币就会升值。换句话说，通货膨胀率高的国家，其货币会贬值；通货膨胀率低的国家，其货币会升值。

从购买力平价理论还可以引申出实际汇率的概念。实际汇率是以同一种货币衡量的国外与国内价格总水平的比率。实际汇率的计算公式如下：

$$E = \frac{e \times P_f}{P} \tag{14-3}$$

其中，E 为实际汇率，e 为名义汇率，P_f 为国外价格总水平，P 为国内价格总水平。

实际汇率反映了国内价格与国外价格总水平的相对比值。其他条件不变，E 值上升（本币贬值）意味着国外商品相对于国内商品变得更贵，这时国内商品在国际市场上更具有竞争力；反之，E 值下降（本币升值）意味着国内商品相对于国外商品变得更贵，国内商品在国际市场上的竞争力下降。

四、汇率变动的效应与"J 曲线"

1. 马歇尔—勒纳条件

汇率变动会对一国的国际收支状况发生影响，一般来说，外汇汇率上浮（本币贬值）有利于出口，不利于进口；有利于劳务输出，不利于劳务输入；有利于资本流入，不利于资本流出，因此有利于改善国际收支状况。外汇汇率下降（本币升值）情况则相反，一般会恶化国际收支。如果不考虑资本流动等其他因素，假设外汇供求只由贸易收支决定，那么一国贸易收支的状况就代表一国的国际收支状况。以本币表示的经常项目差额即贸易收支余额可以表示为：

$$CA = PX - eP_fM \tag{14-4}$$

其中，CA 表示贸易差额，P 表示国内价格总水平，X 表示本国出口量，e 表示汇率，P_f 表示外国价格总水平，M 表示本国的进口量。

汇率变动会改变本国出口商品和从外国进口商品的价格，影响进出口贸易数量，从而使贸易差额 CA 得以调整。假设国外价格不变，本币贬值时以本币表示的进口商品价格将

上升，以本币表示的出口商品的价格虽然形式上不变，但换算成外币后的出口价格将下降。所以本币贬值的直接效果是出口商品价格下降，进口商品价格上升。

一般而言，出口商品价格下降会增加出口量，进口商品价格上升会减少进口量，但是进出口商品量增减的幅度会因不同商品的需求弹性不同而不同。如果出口商品的需求弹性大于1，那么出口商品数量的增长幅度会大于出口商品的降价幅度，贸易收支就能够改善；如果出口商品的需求弹性小于1，那么出口商品量的增长幅度会小于出口商品降价的幅度，贸易收支就不能改善；如果出口商品的需求弹性等于零（需求曲线垂直于横轴），那么不管价格如何下降，出口量都不能增加，出口商品降价反而会减少外汇收入，从而恶化国际收支状况。

当进口商品的需求弹性大于1时，进口数量减少的幅度大于进口商品价格上涨的幅度，进口支出将减少，从而有利于贸易收支的改善；当进口商品的需求弹性小于1时，进口商品数量减少的幅度小于进口商品价格上涨的幅度，进口支出将增加，从而不利于贸易收支的改善。

综合进出口商品两方面需求弹性的情况，可以得到一国货币贬值能够改善一国国际收支状况的马歇尔—勒纳条件：

$$|\eta x + \eta m| > 1 \tag{14-5}$$

其中，ηx 为出口商品需求价格弹性，ηm 为进口商品需求价格弹性。由于 ηx、ηm 都为负值，因此取绝对值形式。

马歇尔—勒纳条件实际上是在国内外商品价格水平不变、进出口商品供给弹性无穷大的前提条件下，一国货币贬值能够改变国际贸易状况，从而改善国际收支状况的条件。

2. "J 曲线"

用货币贬值的方法来改善国际收支状况，其效果具有时滞效应。所谓货币贬值的时滞效应是指当一国的货币当局采取本币贬值的措施时，相关实际部门贸易量的调整不会同步进行，调整需要一个过程。在贬值的初期，出口商品价格降低，但出口商品数量由于认识的时滞、决策的时滞、生产的时滞和交货的时滞等原因，不能立即同步增加，因此，出口收入会因价格下降而减少，表现为 ΔCA 曲线先下降，如图 14-3 所示。经过一段时间后，汇率贬值引起的出口商品价格降低使出口量大幅度上升，国际收支状况才会逐步改善，ΔCA 曲线就掉头上升。

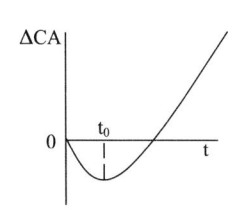

图 14-3 时滞效应——J 曲线

反映由本币贬值引起的国际收支状况变化的 ΔCA 曲线，在形状上类似英文字母 J，呈现先降后升的趋势，故被称为 "J 曲线"。

第三节　国际收支的平衡

国际收支是一定时期内一国与他国之间经济交易的系统记录。一国国际经济交易的内容包括商品、劳务与商品、劳务之间的交换，金融资产与商品、劳务的交换以及金融资产与金融资产等的交换。狭义的国际收支是指一国在一定时期内同其他国家为清算到期的债权债务所发生的外汇收支的总和。因此，国际收支也可以表示一国在一定时期内，从国外收进的全部货币资金和向国外支付的全部货币资金的对比关系。一国国际收支的状况集中反映在一国的国际收支平衡表上。

国际收支平衡表是一定时期内（通常为一年）一国与其他国家间所发生的国际收支按项目分类统计的一览表，它集中反映了该国国际收支的具体构成和总体面貌。

国际收支平衡表按照现代会计学复式簿记原理编制，即以借、贷为符号，以"有借必有贷，借贷必相等"为原则来记录每笔国际经济交易。其记账规则是：

凡引起本国外汇收入的项目记入贷方，记为"+"（通常省略）；凡引起本国外汇支出的项目记入借方，记为"-"。

国际收支平衡表由以下几个账户构成：

一是经常账户。经常账户记录商品与劳务的交易以及转移支付。

二是资本和金融账户。资本和金融账户记录国际间的资本流动或一国资本的输入、输出情况。

三是净差错与遗漏。在实际国际收支平衡表中借贷并不总是相等的，其原因包括统计中的重复计算和漏算、走私或资本外逃等人为因素造成的统计资料不完整等，净差错与遗漏这个账户专门记录这个借贷余额。

四是储备与相关项目。储备与相关项目是平衡项目，如果上述项目总差额为"-"，则该项目记"+"，表示储备资产减少或官方对外负债增加；如果上述项目总差额为"+"，则该项目记"-"，表示储备资产增加或官方对外负债减少。这个项目借贷记录的符号与其他项目的记录符号相反，其目的是达到国际收支平衡表借贷关系的最终平衡。

按照复式簿记原理进行编制的国际收支平衡表本身的借贷总是相等的，因此判断国际收支平衡与否不能以国际收支平衡表中的最终平衡关系为依据，而要以国际收支平衡表中的经常账户以及资本金融账户的借贷关系平衡与否为依据。如果经常账户以及资本和金融账户出现借方金额与贷方金额不相等，则表明该国的国际收支不平衡。其中经常账户的借贷关系不相等，又称为贸易不平衡。当借方金额大于贷方金额，余额为"-"时，称为有国际收支逆差或贸易逆差；当借方金额小于贷方金额，余额为"+"时，称为有国际收支顺差或贸易顺差。

在封闭经济中的国民经济均衡分析只考虑国内充分就业与价格稳定问题，一旦实现了充分就业和物价稳定也就实现了宏观经济管理的目标。但在开放经济中，国民经济的均衡不仅要考虑对内均衡，而且要考虑对外均衡，在这里对外均衡就是指国际收支均衡。由于对外经济是国内经济的向外延伸，对内不均衡必然会影响到对外不均衡。同样对外不均衡也一定会影响到对内不均衡。因此，如何同时实现对内均衡和对外均衡是开放条件下的宏观分析所要解决的理论课题。

第四节 IS－LM－BP 模型

一、经常项目、净出口方程和 IS 曲线

从前面的探讨可知，如果经常项目约略地被理解为进出口贸易活动，那么经常项目的差额（CA）就等于该国的净出口，即 CA = NX = X - M。

若用外汇金额作为进出口经济总量的度量单位，则 NX = EX - IM。

其中，EX 是出口外汇收入，IM 是进口外汇收入。

在开放经济下，一个国家商品和劳务的出口总量主要取决于其商品和劳动力的国际竞争能力，从而也就主要取决于这些商品和劳务的国内国外相对价格差。而由购买力平价理论，这种价格水平的差异就决定了汇率。因此，我们可以认为一个国家的出口主要由实际汇率决定，并与实际汇率（直接标价法）呈正相关，则 $EX = q_1 + n_1 e_r$。

对于进口，若收入水平提高，则从国外进口的需求增加，进口与国民收入呈正向关系；而实际汇率的上升使得外国商品相对本国商品价格昂贵，进口相对困难，因此，进口与实际汇率呈反向关系。由此，可以认为进口主要受本国收入和汇率两方面因素的影响，则 $IM = q_2 + my - n_2 e_r$。其中，m 为边际进口倾向（MPM）。

因此，净出口可以表示为实际汇率和国民收入的一个函数，其形式如（14-6）。

$$CA = NX = q - my + ne_r \tag{14-6}$$

其中，$q = q_1 - q_2$，$n = n_1 + n_2$。从净出口函数可以知道，实际汇率的上升，即本币的贬值会改善经常项目收支，而本国收入的上升会增加进口，恶化经常项目收支。

将净出口函数、消费函数和投资函数代入国民收入决定式：

$$y = c + i + g + NX \tag{14-7}$$

则可得到：

$$y = [\alpha + \beta(y - T)] + [e - dr] + g + [q - my + ne_r]$$

整理后,则可以得到开放经济条件下的 IS 曲线方程,其形式如下:

$$y = \frac{\alpha + e + g + q + ne_r - \beta T}{1 - \beta + m} - \frac{dr}{1 - \beta + m} \tag{14-8}$$

从式(14-8)可以看出,在开放经济下,当利率上升时,产品市场均衡时的国民收入将下降;而当利率下降时,产品市场均衡时的国民收入将上升。把这种开放经济下的利率和国民收入的关系用图形表示出来,就可以得到如图 14-4 所示的 IS 曲线图。

从 IS 曲线的推导还可以得出,净出口的增加扩大了总支出,在其他条件不变的情况下,使得 IS 曲线向右上方移动;反之,净出口减少使得 IS 曲线向左下方移动。进一步地,国外收入的增加引起商品输出的增加,将增加净出口,从而使 IS 曲线右移;反之左移。实际汇率的变化也会影响净出口,实际汇率上升,即本币贬值将增加净出口,从而使 IS 曲线右移;反之,汇率下降则使 IS 曲线左移。

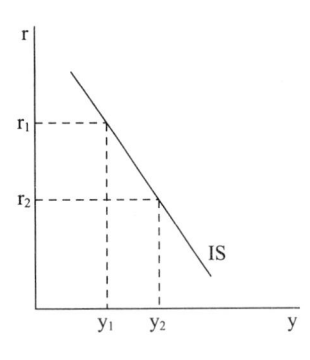

图 14-4 开放经济中的 IS 曲线

二、资本项目和净资本流出方程

资本项目主要记录国际投资和借贷。从经济学的角度看,国际投资和借贷的目的都是盈利。追逐较高利润的动机是形成国际间资本流动的根本原因。从直观上看,国际资本由利率低的国家向利率高的国家流动。

当一国资本的流入量多于流出量时,资本项目将出现顺差;反之,则出现逆差。为了分析方便,将从本国流向外国的资本量与外国流向本国的资本量的差额定义为资本项目差额或净资本流出,并用 F 表示,则

F = 流向外国的本国资本量 - 流向本国的外国资本量

如果本国利率高于外国利率,外国投资和贷款就会流入本国,这时净资本流出减少。反之,如果本国利率低于外国利率,则本国的投资和贷款就会向外国流动,这时净资本流出增加。因此,净资本流出是本国利率和外国利率之差的函数。假定这一函数是线性的,则有式(14-9)。

$$F = \sigma(r_f - r) \tag{14-9}$$

其中,r 是本国利率,r_f 是外国利率,$\sigma > 0$,表示资本流出对利率的反应敏感系数。根据式(14-9)可知,在国外利率水平既定时,本国利率水平越高,流出的资本就越少,流入的资本就越多,从而净资本流出越少;反之则净资本流出越多。所以,净资本流出 F 是本国利率 r 的减函数,如图 14-5 所示。

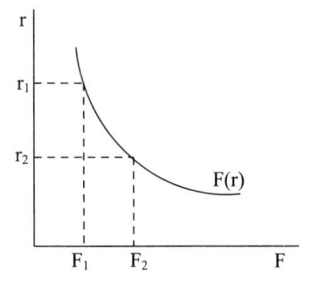

图 14-5 净资本流出函数

三、国际收支函数

1. BP 曲线及其推导

从前面的分析可知,国际收支平衡的含义是经常项目与资本项目的借贷双方总额相等,或经常项目差额与资本项目差额相等,或经常项目差额与资本项目差额之和等于 0。而经常项目差额表现为净出口,资本项目差额表现为净资本流出,因此,我们将净出口和净资本流出的差额,即经常项目与资本项目差额称为国际收支差额,并用 BP 表示,即 BP = NX – F。

一国的国际收支平衡就是外部均衡,指一国的国际收支差额为零,即 BP = 0。如果国际收支差额为正,即 BP > 0,称国际收支顺差或国际收支盈余;如果国际收支差额为负,即 BP < 0,则称国际收支逆差或国际收支赤字。

当国际收支平衡时,即 BP = 0 时,有 NX = F。

将净出口函数和净资本流出函数代入平衡条件 BP = NX – F = 0 中,则有 BP = q – my + ne_r – σ(r_f – r) = 0 或 q – my + ne_r = σ(r_f – r)。

并可以转化为如下表达式,即 $r = r_f - \dfrac{q}{\sigma} + \dfrac{m}{\sigma}y - \dfrac{n}{\sigma}e_r$ \hfill (14 – 10)

如果把名义汇率与实际汇率的关系式 $e_r = e \times \dfrac{P^*}{p}$ 代入式(14 – 10),则式(14 – 10)可以写成:

$$r = r_f - \dfrac{q}{\sigma} + \dfrac{m}{\sigma}y - \dfrac{n}{\sigma}\dfrac{P^*}{p}e \qquad (14 - 11)$$

式(14 – 11)表示当国际收支平衡时国民收入 y 和利率 r 的相互关系。它被称为国际收支均衡函数,简称为国际收支函数。在其他有关变量和参数既定的前提下,国际收支函数可以表示为以利率为纵坐标、国民收入为横坐标的国际收支曲线或称 BP 曲线。它表示国际收支平衡(即外部均衡)实现时,国内利率与实际产出水平组合点的轨迹。其经济含义是,在其他条件不变时,国内收入上升,需要国内利率相应上升才能使国际收支保持均衡。因为在净出口方程中,收入上升会通过进口上升导致净出口下降。如果没有外汇储备变动,就需要利率上升来引导资本净流出下降(资本净流入上升),从而使国际收支保持平衡,因而收入与利率之间具有正向关系,BP 曲线向右上方倾斜,其斜率为正。

具体来说,BP 曲线可以用四象限图法推导出来,其过程如图 14 – 6 所示。

其中,第二象限中的曲线为资本流出曲线,它是向右下方倾斜的。第三象限中的直线是横坐标和纵坐标的转换线,即 45°线,它表示国际收支平衡条件 NX = F。第四象限中的曲线为净出口曲线,它是与国民收入呈反方向变化的。在第一象限中,当利率从 r_1 上升到 r_2 时,净资本流出量从 F_1 减少到 F_2。假如资本账户原来是平衡的,这时将出现顺差。为了保持国际收支平衡,根据 45°线,净出口必须从 NX_1 减少到 NX_2。按照净出口曲线,

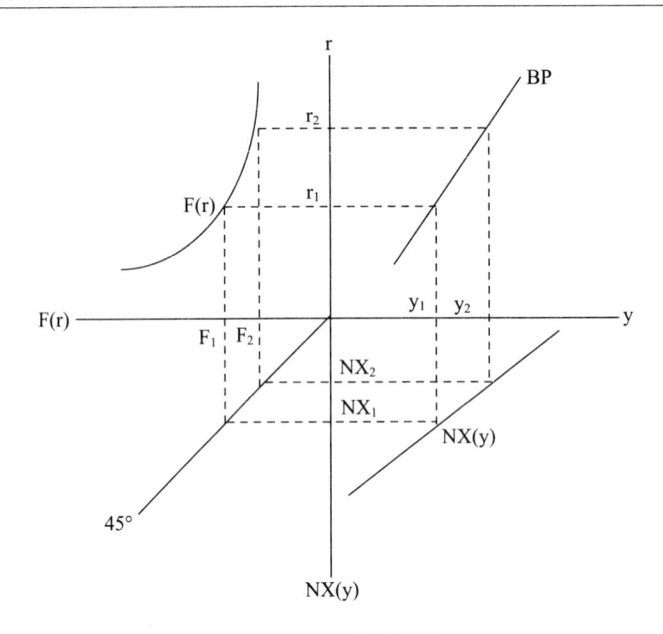

图 14-6 BP 曲线的推导

国民收入要从 y_1 增加到 y_2。这样在保持国际收支平衡的条件下，利率和国民收入有两个对应点，同理也可以找到其他对应点，把这些对应点连接起来便得到国际收支曲线（BP 曲线）。

如第一象限中的 BP 曲线所示：BP 曲线上的每一点都代表一个使国际收支平衡的利率和收入组合，而不在 BP 曲线上的每一点都是使国际收支失衡的利率和国民收入的组合。具体而言，在 BP 曲线上方的所有点均表示国际收支顺差，即 BP>0（NX>F）；在 BP 曲线下方的所有点均表示国际收支逆差，即 BP<0（NX<F），如图 14-7 所示。

2. BP 曲线的斜率

BP 曲线的形状取决于该曲线的斜率。从前面公式中可知，BP 曲线的斜率项是 $\frac{m}{\sigma}$。曲线斜率值的大小取决于其中的两个参数：资本流出对利率的反应敏感系数 σ 和边际进口倾向 m。由于在通常情况下，边际进口倾向较为稳定，因而其值基本不变。因此，BP 曲线的形状主要取决于 σ。

而参数 σ 实际上反映了国家间资本流动的难易程度，说明了一国资本市场的开放程度。σ 值越大，表明资本流出对利率变动的反应越迅速，或者说较小的国内外利率差就能引起大量的资本流出，这说明这一国的资本市场开放程度相对较高；反之，σ 值越小，表明资本流出对利率变动的反应不迅速，或者说较大的国内外利率差才能引起资本流出，这说明这一国的资本市场开放程度相对较低。而 σ 值越大，也就意味着在其他因素不变的情况下，BP 曲线的斜率越小，也就是 BP 曲线越平坦。反之，σ 值越小，也就意味着在其他因素不变时，BP 曲线的斜率越大，曲线也越陡峭。

在资本完全流动时，即 $\sigma \to \infty$，假定国外利率 r_f 既定，若国内利率高于国外水平，资本就会无限地流入国内，从而本国货币供给增加，本国利率下降，直到利率差消失，资本停止流动；反之，若本国利率低于外国利率，资本会无限流出，直到利率差消失。由此可知，在资本可完全自由流动时，BP 曲线是一条位于国内利率与国外利率相等（$r = r_f$）水平上的水平线。

在资本不可完全流动时，即 $\sigma = 0$，BP 曲线将不受资本流动所引起的净资本流出因素的影响，即 F = 0。这时，国际收支的均衡就完全取决于对外贸易情况，也就是说，取决于净出口的情况。当 NX = 0 时，国际收支就处于均衡状态。这时 BP 曲线就是一条位于净出口等于零时收入水平上的垂直线。

而当资本流动介于两者之间时，BP 曲线就介于上面两种情况之间，因而 BP 曲线的形状既不是水平的，也不是垂直的，而是具有正斜率的曲线。一般来说，在净出口因素不变时，资本流动性越强，BP 曲线就越平坦，资本流动性越弱，BP 曲线就越陡峭。关于资本流动性强弱与 BP 曲线的形状如图 14-8 所示。

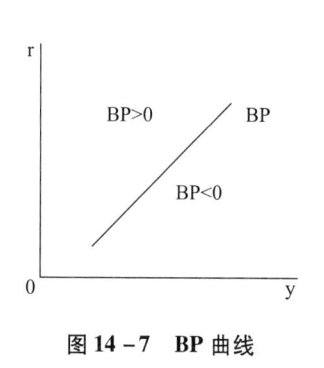

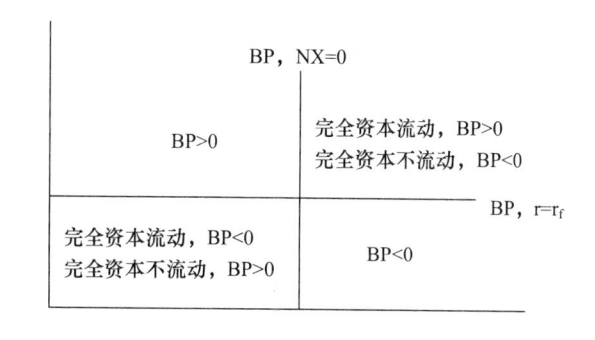

图 14-7 BP 曲线

图 14-8 资本市场开放程度与 BP 曲线

另外，从 BP 曲线的推导中容易得到，净出口的减少使得 BP 曲线左移，而净出口的增加使得 BP 曲线右移。更进一步，汇率与净出口有密切关系，实际汇率上升，即本币贬值有利于促进净出口增加，因此，实际汇率上升使得 BP 曲线右移；反之，实际汇率下降使得 BP 曲线左移。

四、蒙代尔—弗莱明模型（IS-LM-BP 模型）

从上面开放经济下 IS 曲线方程式可以看出，开放经济条件下利率和收入仍维持了封闭经济下的反向关系。换句话说，开放经济下的 IS 曲线仍是向右下方倾斜的。值得注意的是，根据这一方程，IS 曲线截距的大小与汇率大小呈反向关系，因此，在其他条件不变时，汇率提高会使 IS 曲线右移；反之，汇率降低会使 IS 曲线左移。

此外，宏观经济学在考察开放经济时，通常假定货币需求函数和国内货币供给量保持不变。这意味着，LM 曲线在开放经济条件下不用修正。

因此，将 IS 曲线方程、LM 曲线方程和 BP 曲线方程式组合在一起，就得到了开放经济下的宏观经济模型：蒙代尔—弗莱明模型（IS－LM－BP 模型），其表示如下：

IS 方程：$y = \dfrac{\alpha + e + g + q + ne_r - \beta T}{1 - \beta + m} - \dfrac{dr}{1 - \beta + m}$

LM 方程：$y = \dfrac{m}{k} + \dfrac{hr}{k}$

BP 方程：$r = r_f - \dfrac{q}{\sigma} + \dfrac{m}{\sigma} y - \dfrac{n}{\sigma} e_r$

由于在浮动汇率制下，自由的资本流动在追逐国际利益的过程中会改变一国的货币供给从而影响汇率。例如，当 A 国的利率明显高于 B 国时，B 国的投资者为了追求更大的利益，就愿意把资金转换为 A 国的货币投资到 A 国，这样对 A 国的货币需求上升，使得 A 国的货币升值，实际汇率下降。因此，实际汇率与国内利率存在负相关关系。假设 $e_r = \eta - \varepsilon r$，则浮动汇率制下的蒙代尔—弗莱明模型（IS－LM－BP 模型）就可以写成如下形式：

IS 方程：$y = \dfrac{\alpha + e + g + q + n\eta - \beta T}{1 - \beta + m} - \dfrac{(d + n\varepsilon) r}{1 - \beta + m}$

LM 方程：$y = \dfrac{m}{k} + \dfrac{hr}{k}$

BP 方程：$r = \dfrac{\sigma}{\sigma - n\varepsilon} r_f - \dfrac{q}{\sigma - n\varepsilon} - \dfrac{n\eta}{\sigma - n\varepsilon} + \dfrac{m}{\sigma - n\varepsilon} y$

由上述两个不同汇率制度下的 IS－LM－BP 模型方程组可以求得均衡的国民收入 y、利率 r 和汇率 e_r。将模型中的上述三个方程表示到一个图形上，就可以得到 IS－LM－BP 曲线图，如图 14－9 所示。

图 14－9 中，IS 曲线、LM 曲线和 BP 曲线相交于 E 点，表示内外经济同时达到均衡。在开放经济条件下，IS 曲线和 LM 曲线的交点所对应的状态被称为内部均衡或国内均衡。BP 曲线上的每一点所对应的状态，即国际收支平衡被称为外部均衡或国外均衡。因此，图 14－9 中的 E 点反映的是内部均衡和外部均衡同时得到实现时的状态。其中，IS 曲线给出了在现行汇率下使总支出与总收入相等时的利率和收入水平的组合，LM 曲线给出了使货币需求和货币供给相等时的利率和收入的组合，BP 曲线给出了在给定汇率下与国际收支相一致的利率和收入组合。

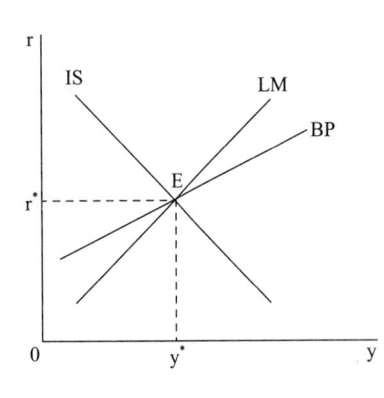

图 14－9 IS－LM－BP 模型

注：图中 LM 曲线和 BP 曲线的位置取决于一国资本市场的开放程度。

第五节 内部均衡和外部均衡的调节

在开放经济中，一国经济一旦发生国际收支的失衡，就需要进行调整。一般来说，任何影响 IS、LM 和 BP 曲线变动的因素，都可能直接或者间接影响国际收支的变动。从前面的学习我们已经知道，在封闭经济下可以使用财政政策和货币政策调节经济，使经济实现均衡。在开放经济条件下，除了原有的政策手段外，还可以采用汇率政策调节国际收支进而调控经济。但汇率政策的前提是政府实行的是浮动汇率制度。在固定汇率制度下，汇率不能变动，所以谈不上汇率政策。因此，当我们讨论开放经济下的宏观经济政策调节时，必须区分不同的汇率制度。此外，还需要在资本市场开放程度不同的条件下加以讨论。

本节我们将利用蒙代尔—弗莱明模型这一分析工具分别对固定汇率制和浮动汇率制下的宏观经济调整来展开探讨和分析。

一、固定汇率制下的宏观经济调整

在固定汇率制下，当一国的国际收支发生顺差或逆差，从而出现汇率趋于上升或者下降的压力时，为维持汇率的固定水平，政府必须通过货币当局对外汇市场进行干预。这就会使本国的货币供给发生变动，从而影响 LM 曲线及内部均衡，并影响宏观经济政策的效果。同时因为汇率是固定的，财政政策和货币政策不会影响 BP 曲线，BP 曲线保持不变。

1. 资本完全流动时的政策效应

（1）货币政策的效应。在资本完全流动条件下，极小的利率差也会引起巨大的资本流动。在固定汇率制下，IS – LM – BP 模型所得出的一个结论是，一国无法实行独立的货币政策，即货币政策不会发生积极作用，其情况可以参见图 14 – 10。

由于资本完全流动，BP 曲线为一条水平线。它意味着只有在国内利率等于国外利率时，该国才能实现国际收支平衡。在任何其他利率水平上，资本都会发生流动，以至于该国的国际收支无法实现均衡。而国际收支的失衡会导致本国的货币面临升值或贬值的压力，为了保持汇率固定，该国货币当局不得不采取某种政策进行干预。这些干预在理论上都会使 LM 曲线发生移动。

假定一国最初处于内外部同时均衡的状态，均衡点为图中 A 点。现在该国为了推动经济增长而采取了扩张性货币政策，这使得 LM 曲线由 LM_1 的位置向右移动到 LM_2 的位置。这条新的 LM 曲线与 IS 曲线相交于 B 点，意味着此时内部是均衡的。但在 B 点，由于利率降低引发了资本的大量外流导致国际收支出现赤字，该国面临着本国货币贬值、汇率上升的压力。为了稳定汇率,货币当局必须进行干预,在本国外汇市场上抛售外国货币,同时购回本国货币。这样,本国货币供给减少,结果使 LM 曲线向左移动。这一过程会一直持续到最初在 A 点的均衡得到恢复为止。

同样的机制也可以说明,货币当局实行任何紧缩性货币政策也将是无效的。

由此,在固定汇率制下,当资本完全流动时,采用货币政策调控经济最终将是无效的。同样的道理也可以说明,当资本流动性较强时,在固定汇率制下,货币政策仍然可以认为是无效的。

(2) 财政政策的效应。在固定汇率制和资本完全流动的条件下,利用财政政策调节经济的效果如何呢?其效果如图 14-11 所示。

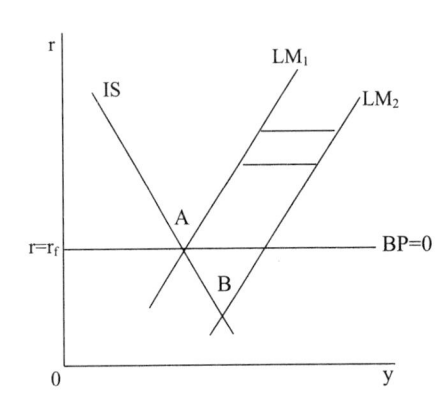

图 14-10　固定汇率制下资本完全流动时的货币政策

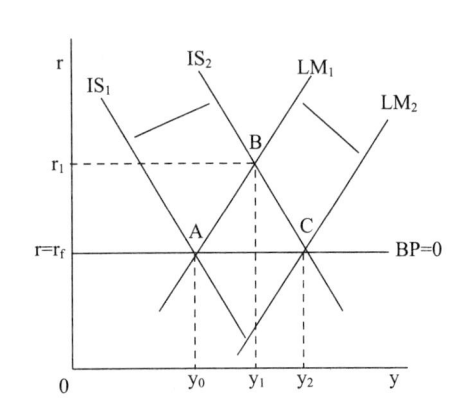

图 14-11　固定汇率制下资本完全流动时的财政政策效果

在最初均衡点 A 上,当政府采取扩张性财政政策时,IS 曲线由 IS_1 右移到 IS_2,IS_2 与原来的 LM_1 曲线相交于 B 点。此时,国民收入暂时提高到 y_1,利率也会上升到 r_1。尽管国民收入增加会使进口增加,但是因为资本具有完全的流动性,所以利率的上升会使资本大量流入,国际收支出现顺差,对本国货币的需求增加,本币出现升值压力。为了保持汇率不变,货币当局必须干预外汇市场,购入外汇,增加本币的供给。这种干预使 LM 曲线由 LM_1 右移到 LM_2 的位置上,最终在 C 点达到新的内外均衡。

由此可见,当资本具有完全流动性时,在固定汇率制下,财政政策调节经济的效果十分显著。同理,也可以认为,当资本流动性较强时,在固定汇率制下,财政政策的作用效果较为显著。

2. 资本完全不流动时的政策效应

(1) 货币政策的效应。如果货币当局在资本完全不流动的条件下采用扩张性货币政策,其作用机制和效果如图 14-12 所示。

在图 14-12 中,经济最初处于一个内外部同时均衡的均衡点 A。当货币当局采用扩张性货币政策时,曲线 LM_1 就向右移动到 LM_2,并与 IS 曲线相交于新的内部均衡点

B。在这一过程中,国民收入暂时提高到 y_1,利率下降到 r_1。但是在 B 点上,外部均衡并未实现,所以它不可能是经济的最终均衡点。由于 $r_1 < r_0$,$y_1 > y_0$,尽管在资本完全不流动时,$r_1 < r_0$ 不会使资本流出,但 $y_1 > y_0$ 却会使商品和劳务的进口增加,从而形成国际收支逆差(B 点位于 BP 曲线右边)。此时,外汇市场对外国货币的需求增加,汇率上升,本币贬值。中央银行为维持汇率不变,就必须采用抛售外币、回购本币的手段来调节外汇市场的供求。在这一过程中,货币的供给量会减少,从而使 LM 曲线从 LM_2 的位置左移,直到回到原来 LM_1 的位置,于是经济又重新回到原来的内外部同时均衡的均衡点。

由此可以看出,在固定汇率制和资本完全不流动的条件下,货币政策最终将是完全无效的。同样,可以认为当资本流动性较弱时,在固定汇率条件下,货币政策的效果将不显著或者无效。

(2)财政政策的效应。如果政府在资本完全不流动的条件下采用扩张性财政政策,其作用机制和效果如图 14-13 所示。

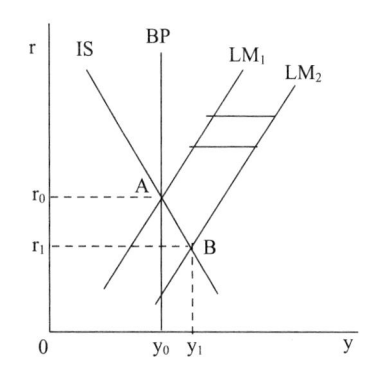

图 14-12 固定汇率制下资本完全不流动时的货币政策效果

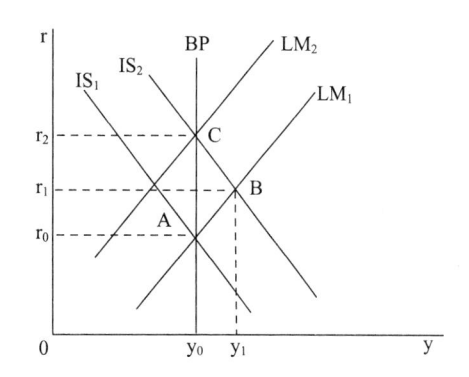

图 14-13 固定汇率制下资本完全不流动时的财政政策效果

在图 14-13 中,经济最初处于一个内外部同时均衡的均衡点 A。当政府采用扩张性财政政策时,曲线 IS_1 向右移动到 IS_2,并与 LM_1 曲线相交于新的内部均衡点 B。在这一过程中,国民收入暂时提高到 y_1,利率上升到 r_1。但是在 B 点上,外部均衡并未实现,所以它不可能是经济的最终均衡点。由于 $r_1 > r_0$,$y_1 > y_0$,尽管在资本完全不流动时,$r_1 > r_0$ 不会使资本流入,但 $y_1 > y_0$ 却会使商品和劳务的进口增加,从而形成国际收支逆差(B 点位于 BP 曲线右边)。此时,外汇市场对外国货币的需求增加,汇率上升,本币贬值。中央银行为维持汇率不变,就必须采用抛售外币、回购本币的手段来调节外汇市场的供求。在这一过程中,货币的供给量会减少,从而使 LM 曲线从 LM_1 的位置左移,直到与变化后的 IS 曲线及 BP 曲线重新交于一点 C,经济又再一次达到新的均衡。与原均衡相比,国民收入并没有增加,只是利率由 r_0 上升到 r_2。

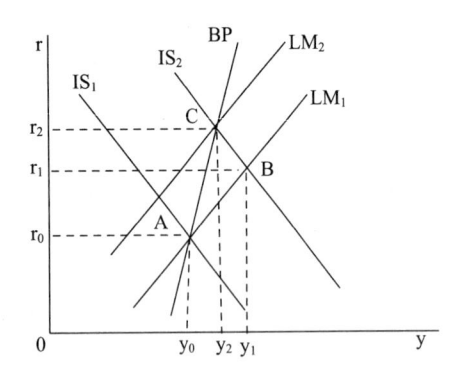

图 14-14 固定汇率制下资本流动性较弱时财政政策效果

由此可以看出，在固定汇率制和资本完全不流动的条件下，财政政策除了使利率和外汇存量变动以外，对国民收入和就业水平没有任何影响。不过，在资本流动性较弱时，政府财政政策还是有一定效果的，其作用机制和效果如图14-14所示。

在图14-14中，资本的流动性相对较弱，所以，BP曲线的斜率要高于LM曲线。假定经济最初处于初始均衡点A，初始的均衡收入和利率分别是y_0和r_0。当政府采用扩张性财政政策时，曲线IS_1向右移动到IS_2，并与LM_1曲线相交于新的内部均衡点B，国民收入暂时提高到y_1，利率上升到r_1。在B点上，外部均衡并未实现，所以它不可能是经济的最终均衡点。由于收入提高，该国的进口增加；利率提高，该国的资本流入增加。但是因为资本的流动性较弱，故其流入增加量要小于进口增加量，从而导致国际收支发生逆差和本国货币贬值。在固定汇率制下，中央银行为维持汇率不变，就必须采用抛售外币、回购本币的手段来调节外汇市场的供求。而这种干预会使货币的供给量减少，从而使LM曲线从LM_1的位置左移到LM_2，并与IS_2曲线及BP曲线重新交于一点C，经济又再一次达到新的内外均衡。与原均衡相比，国民收入由y_0增加到y_2，利率由r_0上升到r_2。这表明在资本流动性较弱和固定汇率制的条件下，财政政策还是有一定效果的，其效果大小取决于资本流动程度大小。

二、浮动汇率制下的宏观经济调整

在完全浮动汇率制下，汇率由外汇市场的供求决定，政府不需要为维持汇率的稳定而采取干预政策。这时，货币政策和财政政策的效果将与固定汇率制下的情况有所不同。此外，在这种汇率制下，政府还可以通过汇率政策来调控经济。

1. 资本完全流动时的政策效应

(1) 货币政策的效应。在图14-15中，初始的内外部均衡点为A，均衡收入和利率分别是y_0和r。当政府采用扩张性货币政策时，LM曲线就由LM_1向右移动到LM_2，并与IS_1曲线相交于新的内部均衡点B，国民收入暂时提高到y_1，利率暂时下降到r_1。在B点上，外部均衡并未实现，所以它不可能是经济的最终均衡点。由于资本的完全流动性，所以利率的下降使得资本流出增加。与此同时，由于收入提高，该国的进口增加，净出口减少。这两方面都会使经济产生国际收支逆差。在浮动汇率制下，本国货币贬值，带来投资的增加，从而使IS曲线右移，直到IS_2与LM_2、BP曲线共同相交于C点，重新达成内外部一致均衡。

可见在浮动汇率制和资本完全流动的情况下，货币政策将具有较好的增加国民收入的效果。同理可知，在浮动汇率制下，当资本流动性较强时，货币政策同样是比较有效的。

（2）财政政策的效应。假定其他情况如前，政府若想在浮动汇率制且资本完全流动的条件下采取扩张性财政政策来增加国民收入，则该财政政策的作用机制和效果如图14-16所示。

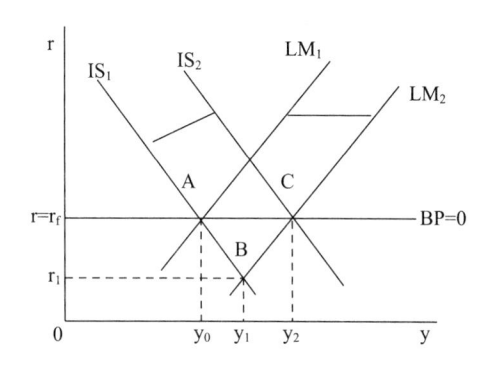

图14-15 浮动汇率制下资本完全流动时的货币政策效果

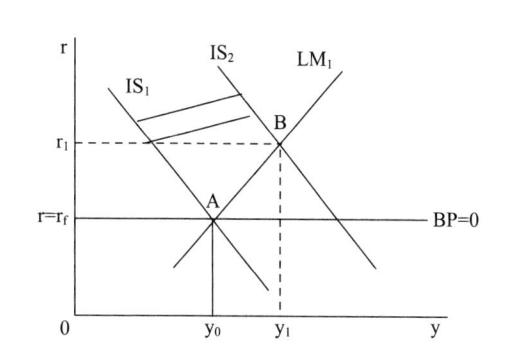

图14-16 浮动汇率制下资本完全流动时的财政政策效果

在最初均衡点 A 上，当政府采取扩张性财政政策时，IS 曲线由 IS_1 右移到 IS_2，与原来的 LM_1 曲线相交于 B 点。此时，国民收入暂时提高到 y_1，利率也会上升到 r_1。尽管国民收入增加会使进口增加，但是由于资本具有完全的流动性，所以利率的上升会使资本大量流入，超过进口增加。所以，B 点位于 BP 曲线的上方，表示国际收支出现顺差。此时，对本国货币的需求增加超过对外币的需求增加，本币升值，带来出口减少和进口增加，从而使 IS 曲线从 IS_2 的位置左移，直到回到原来位置 IS_1。最终，重新在 A 点上恢复内外部一致均衡。

所以，在浮动汇率制且资本具有完全流动性的条件下，财政政策将完全无效。不过在资本流动性较强时，由于 BP 曲线的正斜率，财政政策会有一定效果，只是效果较小而已。

（3）汇率政策的效应。假如一国政府试图采取汇率政策对浮动汇率制且资本完全流动情况下的国民收入进行调节，其作用机制和效果如图14-17所示。

在图14-17中，经济最初处于内外部均衡点 A。假如政府此时试图以本币贬值的汇率政策在短期内推动出口，从而推动国民收入增长，则 IS 曲线将由 IS_1 右移到 IS_2 的位置，并与 LM_1 相交于 B 点。在 B 点上，收入将暂时增加到 y_1，利率将提高到 r_1。由于资本的完全流动，利率上升将引起资本的较快流入，并最终超过出口增加，使国际收支发生顺差。而这种顺差会引起本币升值，出口减少，进口增加，从而使 IS 曲线从 IS_2 位置左移，直到经济回到原先的初始均衡点 A。

由此可见，在实行浮动汇率制且资本完全流动的条件下，汇率政策最终将是无效的。

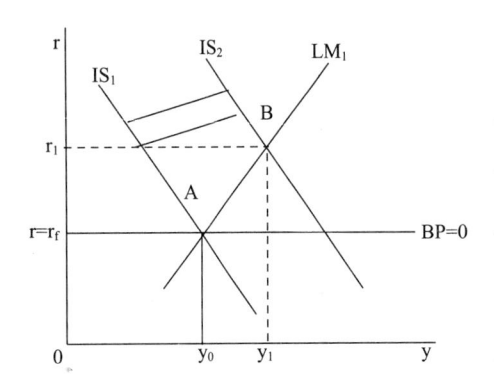

图 14-17 浮动汇率制下资本完全流动时的汇率政策效果

2. 资本完全不流动时的政策效应

（1）货币政策的效应。假定其他情况如前，政府想在实行浮动汇率制且资本完全不流动的条件下采取扩张性货币政策来增加国民收入，其作用机制和效果如图 14-18 所示。

在图 14-18 中，经济最初处于一个内外部同时均衡的均衡点 A。当货币当局采用扩张性货币政策时，LM 曲线就由 LM_1 向右移动到 LM_2，并与 IS 曲线相交于新的内部均衡点 B，国民收入暂时提高到 y_1，利率下降到 r_1。由于资本完全不流动，利率的降低并不会引起资本的流出，但国民收入的提高却会增加进口，造成国际收支逆差。在浮动汇率制下，本国货币贬值，净出口增加，使 IS 曲线由 IS_1 右移到 IS_2。面对净出口的增加，汇率将自由调整，并最终使国际收支在一个较高水平达到平衡，BP 曲线由 BP_1 右移到 BP_2。新的 IS_2、LM_2 和 BP_2 最终相交于 C 点，经济再次恢复均衡。与最初的均衡点相比，采取货币政策使国民收入增加了，同时，本国利率也发生变动（至于利率是上升、下降还是不变取决于 IS 曲线和 LM 曲线的斜率情况）。

由此可以看出，在浮动汇率制和资本完全不流动的条件下，货币政策最终将是有效的。同理，可以认为在资本流动性较弱时，货币政策也会是有效的。

（2）财政政策的效应。如果政府在浮动汇率制且资本完全不流动的条件下采用扩张性财政政策，其作用机制和效果如图 14-19 所示。

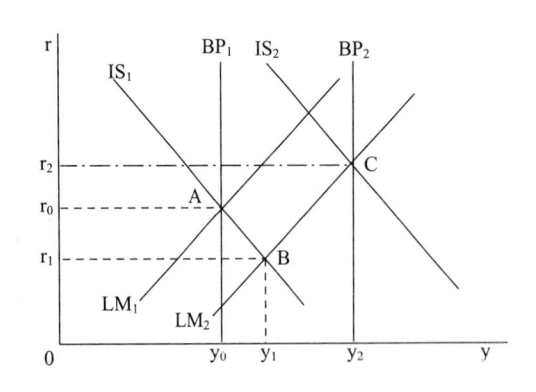

图 14-18 浮动汇率制下资本完全不流动时的货币政策效果

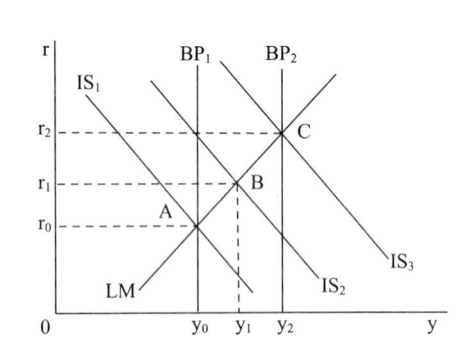

图 14-19 浮动汇率制下资本完全不流动时的财政政策效果

在图 14-19 中，经济最初处于一个内外部同时均衡的均衡点 A。当政府采用扩张性财政政策时，IS 曲线就由 IS_1 向右移动到 IS_2，并与 LM 曲线相交于暂时均衡点 B，国民收入暂时提高到 y_1，利率上升到 r_1。

由于资本完全不流动时,利率提高并不会引起资本的流入,但国民收入的提高会增加进口,造成国际收支逆差。在浮动汇率制下,本国货币会发生贬值,出口增加,国际收支改善,IS 曲线从 IS$_2$ 位置继续右移,BP 曲线也右移,最终在 C 点形成新的内外部均衡。与初始均衡相比,采取财政政策使国民收入增加了,同时,本国利率也上升了。

由此可见,在浮动汇率制且资本完全不流动的条件下,财政政策是有效的,将使国民收入和利率同时上升。同理,在资本流动性较弱时,政府财政政策也会使国民收入和利率有所增加。

练习题

一、名词解释

1. 对外净投资
2. 净出口
3. 汇率
4. 名义汇率
5. 实际汇率

二、选择题

1. 在开放条件下,当一国储蓄小于私人投资意愿时,则呈现(　　)。

A. 净出口为正　　B. 对外净投资为正　C. 贸易余额为逆差　D. 国际债权增加

2. 20 世纪 80 年代美国出现的双重赤字是指(　　)。

A. 贸易赤字和财政赤字

B. 贸易赤字和经常账户赤字

C. 经常账户赤字以及资本与金融账户赤字

D. 贸易赤字以及资本与金融账户赤字

3. 世纪之交,中国出现的双重盈余,也叫"双顺差",是指(　　)。

A. 贸易顺差和财政顺差

B. 贸易顺差和经常账户顺差

C. 经常账户顺差以及资本与金融账户顺差

D. 贸易顺差以及资本与金融账户顺差

4. 如果大国经济实行扩张性财政政策,则小国经济的(　　)。

A. 对外投资下降 B. 利率水平会下降
C. 国内投资将上升 D. 净出口将上升

5. 关于实际汇率的不正确描述是（　　）。

A. 就是贸易条件

B. 用一国商品表示的另一国商品的价格

C. 当本国商品价格下降时，则本国货币实际汇率上升，即升值

D. 当外国商品价格下降时，则本国货币实际汇率上升，即升值

6. 一国实际汇率上升，则意味着（　　）。

A. 本国物价相对于外国物价下降

B. 本国净出口将减少

C. 本国进口意愿会下降

D. 外国商品变得较贵而本国商品变得相对便宜

7. 实际汇率上升，是因为（　　）。

A. 外国对本国出口品需求上升了 B. 本国对出口商品的供给增加了
C. 一国的对外净投资大于净出口 D. 本国物价下降了

8. 当一国实施扩张性财政政策时，则（　　）。

A. 实际汇率会上升 B. 净出口会增加
C. 对外投资会增加 D. 实际汇率不变

9. 限制进口会使实际汇率（　　）。

A. 上升 B. 下降 C. 不变 D. 不确定

三、分析说明题

1. 简析对外净投资与贸易余额的关系。
2. 名义汇率与实际汇率的关系如何？
3. 一国对外净投资与该国对外债权、债务关系如何？
4. 财政政策是如何影响一国的贸易余额的？
5. 如果日本汽车价格为 50 万日元，一辆类似的美国汽车价格为 1 万美元，如果 1 美元可以兑 100 日元，名义汇率与实际汇率各是多少？
6. 均衡汇率是如何决定的？影响汇率变化的因素有哪些？

第十五章 总需求—总供给模型

学习目的
1. 掌握总需求曲线和总供给曲线模型
2. 掌握影响总需求和总供给的因素

重点
总需求和总供给曲线

难点
不同的总供给曲线

引导案例

谁推动了20世纪90年代美国的总需求

克林顿总统把1996年美国经济的明显回升和活跃归功于自己，但分析家则认为应主要归功于消费者。

在1996年的大部分时间里，美国人慷慨地支出住房、汽车、电冰箱和外出吃饭，这使得在1月时看来有停止危险的经济扩张又得以持续下去。在这一过程中，消费者基本上没有理会过分扩大支出的警示信号。经济学家说，消费者的无节制支出是经济扩张的主要力量。劳工部估算，经济创造了23.9万个就业机会，远远大于预期的水平。1996年的失业率为5.3%，是6年来的最低水平，而且经济增长如此迅速，以至于美国人又开始担心通货膨胀。

在各个行业中，就业增加最大的是零售业，它在1996年6月增加了7.5万个就业机会，其中有近一半是餐饮业创造的。在汽车、中间商、加油站、旅馆和出售建筑材料及家具的商店中，工作岗位的增加也是强劲的。但是，消费者这种无节制的支出方式能够持续多长时间，仍然是一个有争议的问题，而且，当联邦储备委员会的决策者在决定是否要提高利率，以便使经济的加速不至于引起通货膨胀加剧时，这也是个至关重要的问题。

（资料来源：圣才经济学习网，http：//jingji.100xuexi.com。）

要解释通货膨胀、失业、经济周期这些重要问题，则必须建立一个宏观经济模型：总需求—总供给模型（AD–AS 模型），着重说明总产出（收入）和价格水平之间的关系以及它们各自的决定因素。AD–AS 模型不仅是宏观经济学中的重要分析工具，而且也是理解宏观经济中一些重大问题的基础。

第一节　总需求曲线

总需求（Aggregate Demand）是经济社会对物品和劳务的需求总量。在宏观经济学中，总需求是指整个社会的有效需求，它不仅指整个社会对物品和劳务需求的愿望，而且指该社会对这些物品和劳务的支付能力。因此，总需求实际上就是经济社会的总支出。由总支出的构成可知，在封闭经济条件下，总需求由经济社会的消费需求、投资需求和政府需求构成。

总需求函数（Aggregate Demand Function）被定义为产出（收入）和价格水平之间的关系，它表示在某个特定的价格水平下，经济社会需要多高水平的收入。它一般同产品市场与货币市场有关，可以从产品市场与货币市场的同时均衡中得到。总需求函数的几何表示称为总需求曲线。

一、总需求曲线的推导

总需求曲线（Aggregate Demand Curve）表明了在产品市场和货币市场同时实现均衡时国民收入与价格水平的组合，描述了与每一物价总水平相适应的均衡支出或国民收入的关系的图形。总需求曲线可由下述方法导出：从同时满足产品市场和货币市场的均衡条件出发，寻求国民收入与价格水平的关系。

在 IS–LM 模型中，假设其他条件都不变，唯一变动的是价格水平。价格水平的变动并不影响产品市场的均衡，即不影响 IS 曲线。但是，价格水平的变动却会影响货币市场的均衡,即会影响 LM 曲线。这是因为,LM 曲线中所说的货币供给量是实际货币供给量,如果以 M 代表名义货币供给量,M/P 就是实际货币供给量。当名义货币供给量不变,而价格水平变动时,实际货币供给量就会发生变动。实际货币量的变动会影响货币市场的均衡,引起利率的变动,而利率的变动又会影响总需求变动,即

P↓→M/P↑→M/P>L→i↓→I↑→AD↑

例题:同时满足产品市场和货币市场的均衡条件为:

$$S(Y) = I(r) \tag{15-1}$$

$$M/P = L_1(Y) + L_2(r) \tag{15-2}$$

假定 $S(Y) = 0.1Y - 80$,$I(r) = 720 - 2000r$,$M = 500$,$M/P = 0.2Y - 4000r$。把上述给定数值代入式(15-1)、式(15-1),得:

$$0.1Y - 80 = 720 - 2000r \tag{15-3}$$

$$500/P = 0.2Y - 4000r \tag{15-4}$$

把式(15-3)和式(15-4)联立,求产品市场与货币市场均衡的国民收入(Y):

$$Y = 4000 + 1250/P \tag{15-5}$$

式(15-5)即为总需求曲线的公式,它反映了国民收入(Y)与物价水平(P)反方向变化关系,这说明需求曲线的斜率为负值。

也可以用图 15-1 说明如何从 IS-LM 模型图中得出总需求曲线。

从以上关于总需求曲线的推导中看到,总需求曲线表示社会的需求总量和价格水平之间反方向的关系,即总需求曲线是向右下方倾斜的。向右下方倾斜的总需求曲线表示,价格水平越高,需求总量越小;价格水平越低,需求总量越大。总需求曲线向下倾斜的经济解释是,在名义货币供给量保持不变时,价格水平上升使实际货币供给量减少,货币市场出现超额货币需求,从而使利率提高。伴随着利率的提高,投资支出下降,进而导致产出下降。相反,较低的价格水平使货币市场出现超额货币供给,从而使利率下降。伴随着利率的下降,投资支出提高,进而导致产出提高。

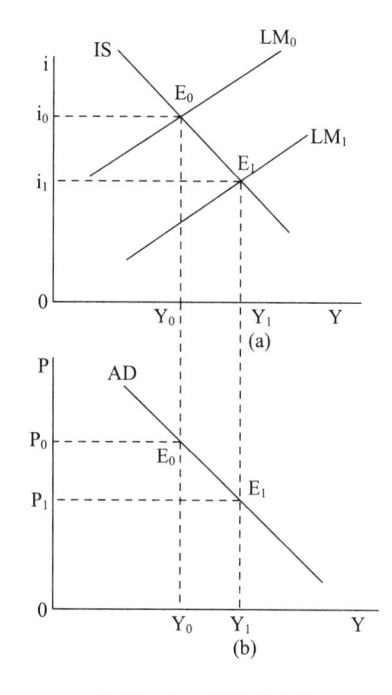

图 15-1 总需求曲线

由此总结出总需求曲线的数学推导过程如下:

在两部门经济中,IS 曲线为 $Y = (a + e - dr)/(1 - b)$

LM 曲线为 $M/P = kY - hr$

对上述两个方程联立求解,可得 Y 与 P 之间的函数关系,也就是 AD 曲线的数学方程 $Y = (a + e + dM/hP)/(1 - b + dk/h)$

二、总需求曲线的斜率

总需求曲线的斜率反映了既定的价格水平变动所引起的总需求与国民收入的不同变动情况，可以用图 15-2 来说明这一点。

当总需求曲线斜率较小时，既定的价格变动所引起的总需求与国民收入的变动较大；当总需求曲线斜率较大时，既定的价格变动所引起的总需求与国民收入的变动较小。表现在图 15-2 中就是若价格从 P_0 下降为 P_1，当总需求曲线为 AD_0 时，总需求与国民收入的变动为 Y_0Y_2；而当总需求曲线为 AD_1 时，总需求与国民收入的变动为 Y_0Y_1。

因此，总需求曲线的斜率越大，一定价格水平变动所引起的总需求与国民收入变动越小；总需求曲线的斜率越小，一定的价格水平变动所引起的总需求与国民收入变动越大。

总需求曲线向下方倾斜，表示随着价格水平的提高，人们愿意购买的商品不断下降；而随着价格水平的下降，人们愿意购买的商品不断上升。

一般地，总需求曲线向下方倾斜，主要取决于实际资产效应、跨期替代效应和开放替代效应。

1. 实际资产效应

随着价格水平的上升，人们会减少对商品的需求量从而增加名义资产数量以保持实际资产数额不变；而随着价格水平的下降，人们会增加对商品的需求量从而减少名义资产数量以保持实际资产数额不变。

2. 跨期替代效应

当价格水平上升时，$P\uparrow \to m\downarrow \to m < L \to r\uparrow$，利率水平必然上升。利率水平的提高，意味着当前消费的机会成本增加而未来消费的预期收益提高，因此，人们会减少当前消费量，增加未来消费量。

因此，随着价格水平的上升，人们会用未来消费替代当前消费从而减少对商品的需求总量；随着价格水平的下降，人们则会用当前消费来替代未来消费从而增加对商品的总需求量。

3. 开放替代效应

在开放经济中，当一国的价格水平上升时，在其他因素不变的情况下，其他国家生产的产品就会变得相对便宜，进口增加，出口减少，即人们用进口替代出口，净出口减少，从而减少对国内商品的需求量。而当价格水平下降时，进口减少，出口增加，即人们用出口替代进口，净出口增加，国内需求增加。

总需求曲线的斜率反映了既定的价格水平变动所引起的总需求与国民收入的不同变动情况，用图 15-3 来说明这一点。

在图 15-3 中，当价格水平从 P_0 下降到 P_1 时，对于斜率较小的总需求曲线 AD_0，总需求与国民收入的变动为 Y_3Y_4；而对于斜率较大的总需求曲线 AD_1，总需求与国民收入

的变动为 Y_1Y_2。显然，$Y_3Y_4 > Y_1Y_2$。

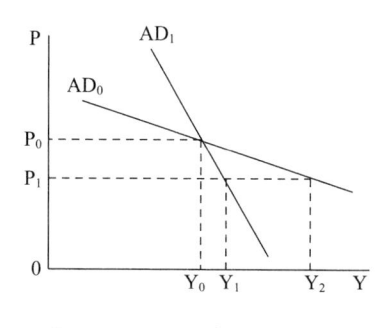

图 15-2　总需求曲线的斜率

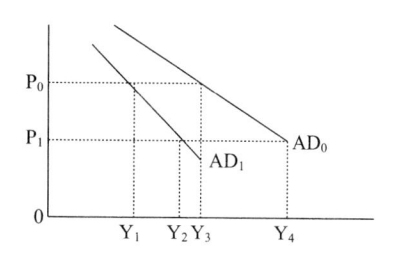

图 15-3　价格变动与总需求变动

所以，总需求曲线的斜率越大，一定的价格水平变动所引起的总需求与国民收入变动越小；总需求曲线的斜率越小，一定的价格水平变动所引起的总需求与国民收入变动越大。

因此，总需求曲线的斜率取决于以下因素：

第一，货币需求的利率弹性。货币需求的利率弹性越小，价格变动所引起的实际货币供给量的变动对利率和总需求的影响就越大，从而总需求曲线的斜率也就越小（即总需求曲线越平坦）。相反，货币需求的利率弹性越大，价格变动所引起的实际货币供给量的变动对利率和总需求的影响就越小，从而总需求曲线的斜率也就越大（即总需求曲线越陡峭）。

第二，投资需求的利率弹性。投资需求的利率弹性越大，既定的利率变动所引起的投资与总需求的变动越大，从而总需求曲线的斜率也就越小。相反，投资需求的利率弹性越小，既定的利率变动所引起的投资与总需求的变动越小，从而总需求曲线的斜率也就越大。

第三，货币需求的收入弹性。货币需求的收入弹性越小，既定的实际货币供给量变动所引起的总需求的变动就大，从而总需求曲线的斜率就越小。相反，货币需求的收入弹性越大，既定的实际货币供给量变动所引起的总需求的变动就小，从而总需求曲线的斜率就越大。

第四，乘数。乘数越大，既定的实际货币供给量变动所引起的最终总需求（与国民收入）的变动越大，从而总需求曲线的斜率就越小。相反，乘数越小，既定的实际货币供给量变动所引起的最终总需求（与国民收入）的变动越小，从而总需求曲线的斜率就越大。

因此，总需求曲线的斜率与货币需求的利率弹性和投资需求的利率弹性同方向变动，与货币需求的收入弹性和乘数反方向变动。

根据总需求曲线斜率的决定还可以推导出两种特例：第一种是古典特例。在这种情况下，货币需求的利率弹性为零，LM 曲线是一条垂线，实际货币供给量的变动对总需求有最大的影响,从而总需求曲线是一条水平线(其斜率为零)。第二种是凯恩斯陷阱。在这种情况下,货币需求的利率弹性无限大,即在既定的利率之下,公众愿持有任何数量的货币供给量,LM 曲线是一条水平线。因此,价格变动所引起的实际货币供给量变动对总需求没有什么影响,总需求曲线是一条垂线(其斜率为无限大),即总需求不会对价格变动做出反应。

三、总需求曲线的移动

总需求曲线是由 IS-LM 模型决定的,所以,IS 曲线和 LM 曲线的位置也就决定了总需求曲线的位置,IS 曲线和 LM 曲线的移动也会改变总需求曲线的位置。当物价水平不变时,仍有许多影响总需求曲线的因素,可以将这些因素总结如表 15-1 所示。

表 15-1 影响总需求的因素

引起总需求增加的因素	引起总需求减少的因素
利率下降	利率上升
预期通货膨胀率上升	预期通货膨胀率下降
汇率下降	汇率上升
预期未来利润增加	预期未来利润减少
货币量增加	货币量减少
总财产增加	总财产减少
政府对物品与劳务的支出增加	政府对物品与劳务的支出减少
税收减少或转移支付增加	税收增加或转移支付减少
国外收入增加	国外收入减少
人口增加	人口减少

以上各种因素对总需求的影响会使总需求曲线的位置移动,可以用图 15-4 来说明总需求曲线的位置移动。

以上只是就一般情况而言的总需求曲线位置的移动。我们知道,财政政策的变动会改变 IS 曲线的位置,货币政策的变动会改变 LM 曲线的位置,因此,总需求曲线位置的决定与变动就要受财政政策与货币政策的影响。下面再分别说明财政政策与货币政策是如何决定总需求曲线的位置移动的。

财政政策并不直接影响货币市场的均衡,从而也就不影响 LM 曲线的位置。但财政政策影响产品市场的均衡,从而也会影响 IS 曲线的位置。这样,财政政策就通过对 IS 曲线位置的影响来影响总需求曲线的位置。我们以扩张性财政政策为例,用图 15-5 来说明财政政策如何影响总需求曲线的位置。

图 15-4 总需求曲线的位置移动

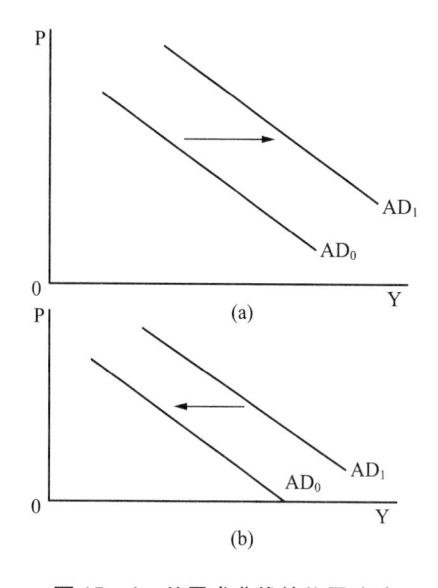

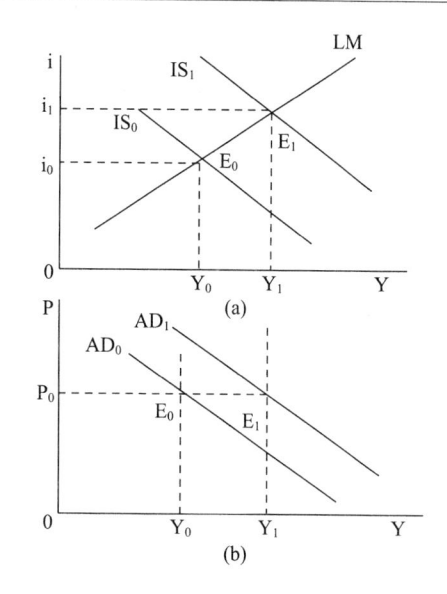

图 15-5 财政政策对总需求曲线位置的影响

货币政策并不直接影响产品市场的均衡，从而也就不影响 IS 曲线的位置。但货币政策影响货币市场的均衡，从而也会影响 LM 曲线的位置。这样，货币政策就通过对 LM 曲线位置的影响来影响总需求曲线的位置。我们以扩张货币政策为例，用图 15-6 来说明货币政策如何影响总需求曲线的位置。

应该指出的是，在价格不变的情况下，名义货币供给量增加所引起的总需求曲线的移动与名义货币供给量的增加是同比例的。由于实际货币供给量取决于名义货币供给量和价格水平，所以，如果价格水平的上升与名义货币供给量的增加是同比例的，那么名义货币供给量的变动就不会引起实际货币供给量的变动。在图 15-6 中，在 AD_1 的 E_1 点上，价格水平 P_1，$P_1 > P_0$，所以 E_1 点时的实际货币供给量与 AD_0 上 E_0 点的实际货币供给量是相同的。

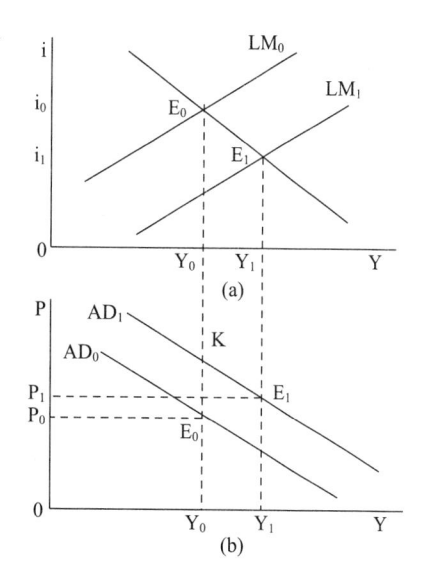

图 15-6 货币政策对总需求曲线位置的影响

第二节 总供给曲线

总供给（Aggregate Supply）是经济社会的总产量（或总产出），它描述了经济社会的基本资源用于生产时可能有的产量。一般而言，总供给主要是由生产性投入（最重要的是劳动与资本）的数量和这些投入组合的效率（即社会的技术）决定的。

总供给函数（Aggregate Supply Function）是指总供给（或总产出）和价格水平之间的关系。在以价格为纵坐标，总产出（或总收入）为横坐标的坐标系中，总供给函数的几何表示为总供给曲线。

总供给曲线（Aggregate Supply Curve）表明了价格与产量的组合，即在某种价格水平时整个社会的厂商所愿意供给的产品总量。所有厂商所愿意供给的产品总量取决于它们在提供这些产品时所得到的价格，以及它们在生产这些产品时所必须支付的劳动与其他生产要素的费用。因此，总供给曲线反映了要素市场（特别是劳动市场）与产品市场的状态。各派经济学家对总供给有不同的分析。这里，我们只从说明总需求—总供给模型的角度，对总供给曲线进行简单说明。

一、宏观生产函数与潜在产量

宏观生产函数指总量生产函数，是指整个国民经济的生产函数，它表示总量投入和总产出之间的关系。

从社会角度考虑，影响总供给的主要有劳动、资本、技术和制度四大因素。

一个经济社会在既定的技术水平下，其宏观生产函数可表示为 $Y = f(N, K)$。

其中，Y 为总产出；N 为劳动投入量，也即社会的就业水平；K 为整个社会的资本存量。K 由以前各年的资本投资决定，在本年度当中，经济社会现在的资本存量可认为基本保持不变。

所以，在一定的技术水平和资本存量条件下，经济社会生产的产出 Y 取决于就业量 N。总产出随着就业量的增加而增加，同时，由于报酬递减规律的作用，随着总就业量的增加，总产出按递减的比率增加。

潜在产量指充分就业的产量，指在现有资本和技术水平条件下，经济社会的潜在就业量所能生产的产量。

如图 15-7 所示，由于潜在产量的存在和报酬递减规律的作用，存在一个最大产出量 Y_0 或生产可能性边界。

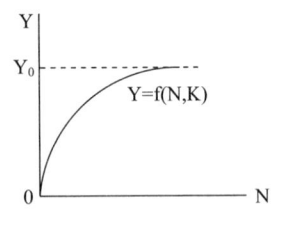

图 15-7 宏观生产函数

二、劳动市场

假定劳动市场是一个完全竞争市场，则劳动需求函数可表示为 $N_d = N_d(W/P)$

其中，N_d 表示劳动需求量，W 为名义工资，P 为价格，W/P 为实际工资。实际工资低时，劳动需求量大；实际工资高时，劳动需求量小。劳动需求曲线如图 15-8 所示。

劳动供给函数为 $N_s = N_s(W/P)$

其中，N_s 表示劳动供给总量。实际工资低时，劳动供给量小；实际工资高时，劳动供给量大。劳动供给曲线如图 15-9 所示。

在价格和工资具有完全伸缩性的完全竞争市场的经济中，劳动市场的均衡条件如下：

$N_s = N_s(W/P) = N_d = N_d(W/P)$

劳动市场的均衡一方面决定了均衡的实际工资，另一方面决定了均衡的就业量。如图 15-10 所示，就是 $(W/P)_0$ 和 N_0。

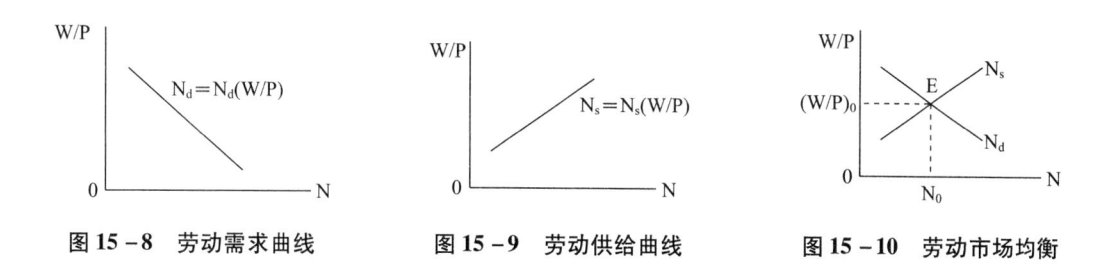

图 15-8 劳动需求曲线　　图 15-9 劳动供给曲线　　图 15-10 劳动市场均衡

在资本存量和技术水平不变的条件下，在有伸缩性的工资和价格下，实际工资能立即调整到劳动供求相等的水平，从而使劳动市场处于均衡的充分就业状态，此时的产量也始终等于潜在产量。

三、凯恩斯主义总供给曲线

凯恩斯主义总供给曲线是一条水平的总供给曲线，这表明，在既定的价格水平下，厂商愿意供给社会所需求的任何数量的产品。凯恩斯主义总供给曲线如图 15-11 所示。从图 15-11 中可以看出，此时总供给曲线 AS 是一条水平线。水平的总供给曲线表明，在现行的价格水平下，企业愿意供给任何有需求的产品数量。

图 15-11 凯恩斯主义总供给曲线

之所以存在这种情况，是因为凯恩斯认为，当社会上存在较为严重的失业时，厂商可以在现行工资水平下得到它们所需要的任何数量的劳动力。当仅仅把工资作为生产成本时，这就意味着生产成本不会随产量的变动而变动，从而价格水平也就不会随产量的变动而变动。厂商愿意在现行价格之下供给任何数量的产品。隐含在凯恩斯主义总供给曲线背后的思想是，由于存在失业，企业可以在现行工资水平之下获得它们需要的任意数量的劳动力。它们生产的平均成本因此被假定为不随产量水平的变化而变化。这样，在现行价格水平上，企业愿意供给社会所需求的任何数量的产品。

应该指出的是，这种情况仅仅存在于失业较为严重时，例如 20 世纪 30 年代大危机时期的情况，因此，它仅仅是一种特例。凯恩斯提出这种观点与他的理论产生于 20 世纪 30 年代大危机时期和运用了短期分析方法是相关的。

四、古典总供给曲线

如果说凯恩斯主义总供给曲线显示的是一种极端情形，那么图 15-12 所给出的所谓古典总供给曲线则是另外一种极端情形。

可以看出，古典总供给曲线是一条位于充分就业产量水平上的垂线。这表明，无论价格水平如何变动，总供给量都是固定不变的。

古典总供给曲线基于下面的假定：货币工资具有完全的伸缩性，它随劳动供求关系的变化而变化。当劳动市场存在超额劳动供给时，货币工资就会下降。

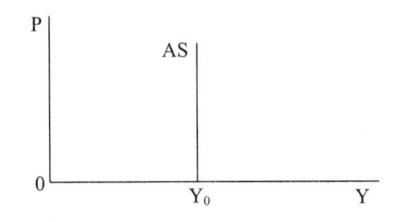

图 15-12 古典总供给曲线

反之，当劳动市场存在超额劳动需求时，货币工资就会提高。简单地说，在古典总供给理论的假定下，劳动市场的运行毫无摩擦，总能维护劳动力的充分就业。既然在劳动市场上，在工资的灵活调整下充分就业的状态总能被维持，因此，无论价格水平如何变化，经济中的产量总是与劳动力充分就业下的产量即潜在产量相对应，也就是说，因为全部劳动力都得到了就业，即使价格水平再上升，产量也无法增加，即国民收入已经实现了充分就业，无法再增加了。故而总供给曲线是一条与价格水平无关的垂直线。

从长期来看，经济是可以实现充分就业的，因此，古典总供给曲线也称为长期总供给曲线。但在短期中，经济并不一定总处于充分就业状态，因此，这种古典总供给曲线也是一种特例。

值得指出的是，虽然垂直的总供给曲线所依赖的假设，即货币工资具有完全的伸缩性受到凯恩斯及其追随者们的指责，但现在大多数西方学者都认为，这条垂直的总供给曲线可以作为长期的总供给曲线。于是，垂直的总供给曲线在宏观经济学中又被称为长期总供给曲线。下面用图 15-13 来说明长期总供给曲线较严格的推导。

假定使劳动市场达到均衡时的价格水平和货币工资分别为 P_0 和 W_0，相应地，均衡的实际工资为 $(W/P)_f$，按照"古典经济理论"的说法，此时均衡的就业量就是充分就业下的就业量 N_f。将 N_f 代入生产函数，在图 15-13 的（a）图中就可得到产出量 Y_f，这一产量正是前面所说的充分就业产量。由于产量 Y_f 对应于价格水平 P_0，从而在图 15-13 的（d）图中可以得到点 $J(Y_f, P_f)$。

如果价格水平从 P_0 下降到 P_1，在货币工资可变的假定下，货币工资将不能维持在原来的 W_0 水平上，因为在货币工资为 W_0 下，价格水平的下降使得实际工资提高。这将导致劳动的过剩供给，而可变的货币工资因劳动的过剩供给将会下降，因为工人们为了得到工作而互相竞争。于是，在图 15-13 的（c）图中，货币工资曲线将从 W_0 下降到 W_1。为了使劳动市场恢复均衡，货币工资的这种下降同价格水平的下降是成比例的。因此，以前存在的实际工资 $(W/P)_f$ 得以维持不变。在这一实际工资的基础上，就业量仍等于 N_f，从而 Y 仍等于 Y_f，在图 15-13 的（d）图中，可得到点 K（Y_f, P_1）。

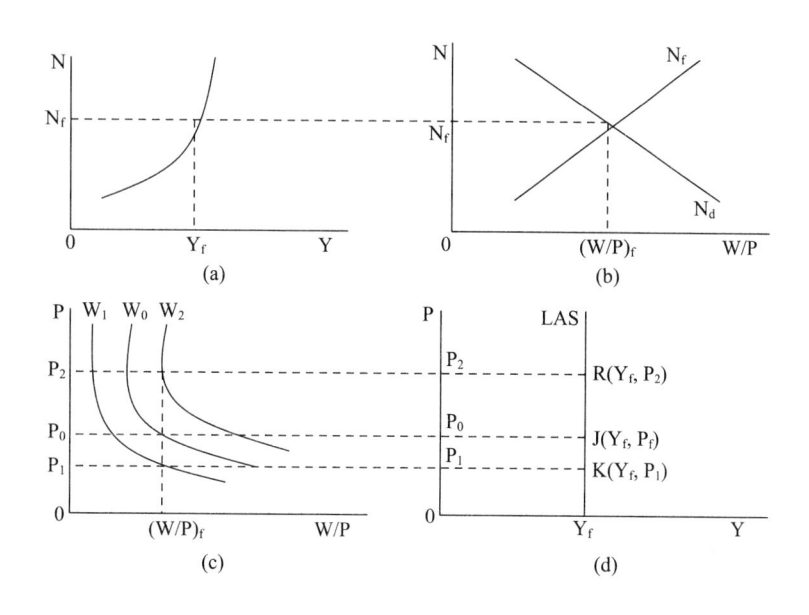

图 15-13 长期总供给曲线的推导

类似地，如果价格水平从 P_0 上升到 P_2，则有伸缩性的货币工资就会从 W_0 上升到 W_2，以使劳动市场恢复均衡，这时就业量仍为充分就业下的就业量 N_f，从而相应的产量也就是充分就业下的产量 Y_f，于是在图 15-13 的（d）图中又得到点 R（Y_f, P_2）。

用同样的方法，可以考察低于 P_1 和高于 P_2 的其他所有价格水平的情况。在每一价格水平上，有伸缩性的货币工资都会调整到充分就业的实际工资时为止。因此，对任何价格水平，产量都是充分就业的产量。将图 15-13 的（d）图中各点连接起来，便可得到一条位于潜在产量或充分就业产量 Y_f 上的垂线 LAS，这就是长期总供给曲线。

以上两种特殊的总供给曲线的差别在于所依据的假设不同。凯恩斯主义总供给曲线所依据的假设是，当存在失业时，工资变动不大或根本不能变（即工资具有刚性），从而失业会持续一段时期。古典总供给曲线所依据的假设是，工资具有完全的伸缩性，可以适应劳动供求关系的变动而迅速变动，从而通过工资的调节可以使劳动市场总处于充分就业的均衡状态。这两种情况实际上都不多见，所以，正常的总供给曲线介于这两种特例之间，是一条向右上方倾斜的线。

五、正常的总供给曲线

对于总供给，西方学者大多同意存在总供给曲线的说法，但是对于总供给曲线的形状，却有着不同的看法。水平的总供给曲线和垂直的总供给曲线都被认为是极端的情形。很多经济学家认为，在短期中，实际的总供给曲线更多地表现为向右上方倾斜的曲线。下面给出在完全竞争条件下这种形状的供给曲线的一种推导，如图 15 – 14 所示。

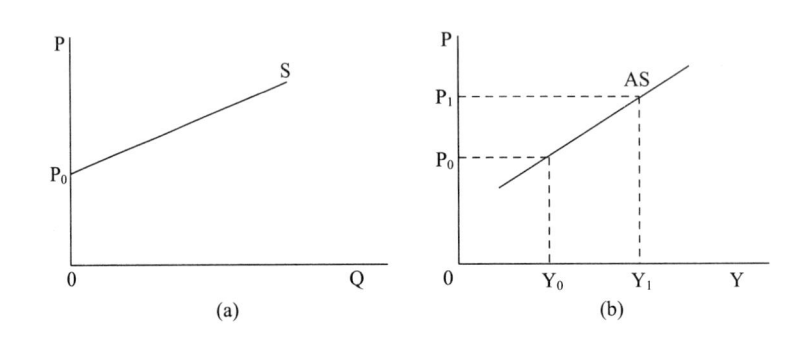

图 15 – 14　完全竞争条件下总供给曲线的推导

从微观经济学中知道，在完全竞争的条件下，如果价格太低，生产就不合算，退出该行业会更好，图 15 – 14 中的 (a) 图以 P_0 代表这一价格，当价格超过 P_0 时，价格越高，厂商就会生产得越多，直到达到某个生产能力水平，这是单个厂商的供给曲线。市场供给曲线被解释为一个行业中所有单个厂商供给曲线的水平相加，故总供给曲线可以用同样的方法导出，如图 15 – 14 中的 (b) 图所示，图上向右上方倾斜的 AS 曲线就是正常的总供给曲线，它表明总供给量与价格水平同方向变动。在图中，当价格水平为 P_0 时，总供给水平为 Y_0，当价格水平上升为 P_1 时，总供给水平增加至 Y_1。

总供给水平与价格水平同方向变动反映了产品市场与要素市场的状况。具体来说，当产品市场上价格上升时，厂商可以为生产要素支付更高的报酬，从而就可以使用更多的生产要素，生产更多的产品。

六、总供给曲线的斜率

当总需求变动，即总需求曲线移动时，总供给曲线的斜率不同，所引起的价格与国民收入的变动情况也就不同。因此，在运用总需求—总供给模型分析问题时，总供给曲线的斜率大小是很重要的。总供给曲线的斜率反映了总供给量对价格变动的反应程度。总供给曲线的斜率大（即总供给曲线较为陡峭），说明总供给量对价格变动的反应小；总供给曲线的斜率小（即总供给曲线较为平坦），说明总供给量对价格变动的反应大。可用图 15-15 来说明这一问题。

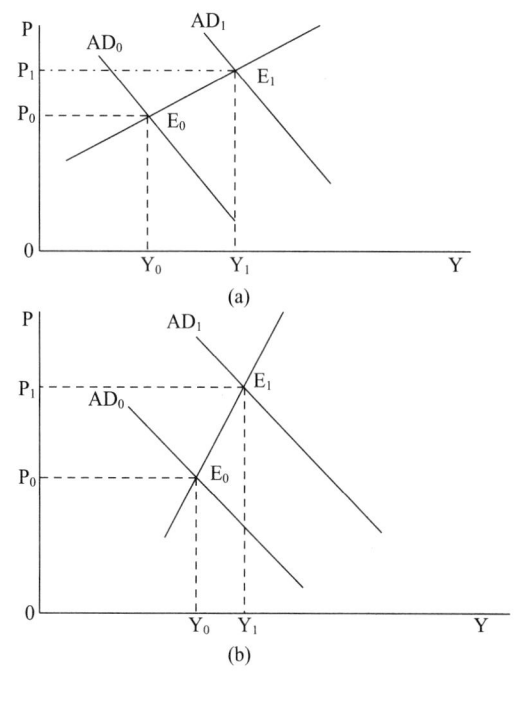

图 15-15　总供给曲线的斜率

图 15-16　总供给曲线位置的移动

总供给曲线的斜率取决于多种因素，如生产技术、生产要素的供给与价格等。对这些问题这里就不多谈了。

七、总供给曲线的移动

与总需求曲线的移动相比，使总供给曲线移动的因素相对来说比较复杂，简单来说包含以下 4 个：自然的和人为的灾祸；技术变动；资率的变化；生产能力的变动。

总供给曲线的位置是不断变动的，这种变动说明了在既定价格水平之下总供给量的变动。可用图 15-16 来说明总供给曲线位置的移动。

第三节　总需求—总供给模型分析

将总需求与总供给结合在一起，考察价格变化的原因以及社会经济如何实现总需求与总供给的均衡。

一、经济萧条与繁荣分析

西方主流学派的经济学家试图用总供给曲线和总需求曲线来解释宏观经济波动。他们把向右上方倾斜的总供给曲线称为短期总供给曲线，把垂直的总供给曲线称为长期总供给曲线。根据长期总供给曲线、短期总供给曲线以及它们与总需求曲线的相互关系对经济波动做出以下解释：

从短期总供给曲线不变、总需求曲线变动来看，总需求水平的高低决定了一国经济的萧条和繁荣状态下的均衡水平，如图 15 – 17 所示。

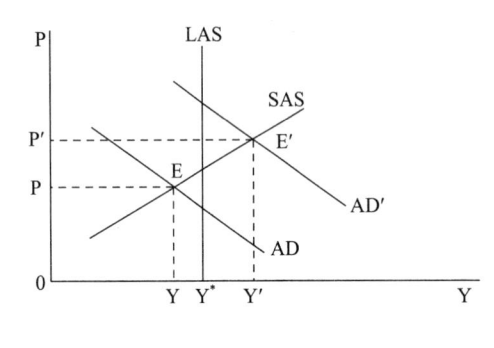

图 15 – 17 经济萧条与繁荣

在图 15 – 17 中，Y^* 为充分就业条件下的国民收入，在此点垂直的曲线 LAS 就是长期总供给曲线。SAS 为短期总供给曲线，AD 为总需求曲线。假设经济的初始均衡状态为 E 点，即 AD 与 SAS 的交点，这时国民收入为 0Y，价格水平为 0P，显而易见，国民收入 0Y 小于充分就业的产量 Y^*。这意味着国民经济处于萧条状态。但是，如果政府采取刺激总需求的财政政策，那么 AD 曲线会向右方移动。在商品、货币和劳动市场经过一系列调整后，经济会移动到新的短期均衡点，比如随着 AD 曲线的右移，SAS、LAS、AD 三条曲线相交于同一点，即达到充分就业的均衡点。如果在政府采取扩张性宏观经济政策的同时，市场上另有强烈刺激总需求扩张的因素，则 AD 曲线有可能移动到 AD′，AD′ 与 SAS 曲线相交于 E′ 点，E′ 点位于长期总供给曲线右方，这时，均衡的国民收入为 0Y′，大于 0Y* 点。这表示经济处于过热的繁荣状态。这说明引起国民经济由 E 点移动到 E′ 点的原因是需求的变动方面。这时市场价格上升到 0P′，出现了通货膨胀与经济增长同时出现的情况。总之，经济的总需求的扩张可以使社会就业水平和总产出水平提高，但经济扩张一旦超过潜在的充分就业的国民收入时，则会产生经济过热和通货膨胀。

二、经济滞胀分析

下面考察总供给曲线变动、总需求曲线不变的条件下的市场价格和国民收入的变动。在短期内，如果 AD 不变，SAS 曲线发生位移，则会产生市场价格与国民收入反方向的运动。如果 SAS 的水平下降，市场价格会上升，而国民收入则下降，产生经济发展停滞和通货膨胀共生的"滞胀"现象。如图 15 – 18 所示。

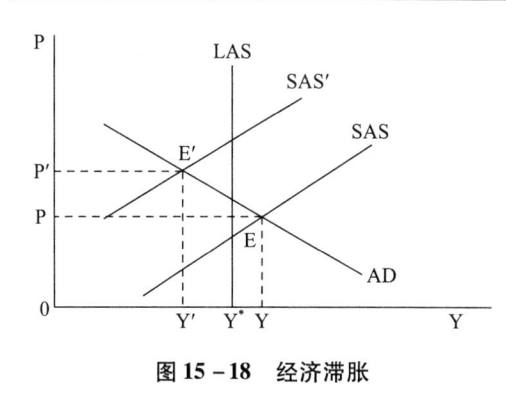

图 15-18 中，LAS 为长期总供给曲线，AD 为总需求曲线，这两条曲线不发生位置的移动。但是，短期总供给曲线可能由于投入的生产要素的价格发生变动而发生位置的移动，如农业歉收、外汇市场的波动、石油价格的上涨等。

图 15-18 经济滞胀

由于投入的生产要素的价格（或成本）上升，企业在同等产量条件下会要求更高的物价水平，或者在同等价格水平下被迫减少产量，从而 SAS 曲线向左上方移到 SAS′，使原来超出潜在国民收入 OY^* 的产量 OY 减少至 OY′。均衡点由 E 移动至 E′，市场物价水平由 P 移动到 P′。结果是生产降到小于充分就业时的水平，价格水平则提高到高于充分就业时的水平，出现"滞胀"。显然，由于影响宏观经济的某些外部因素的作用，总供给状况恶化，使政府原来的宏观经济政策目标遭到破坏。

三、长期均衡分析

上述的萧条状态、繁荣状态和滞胀状态都被认为是短期存在的状态。根据西方学者的解释，在短期内，例如在几个月或在一两年内，企业所使用的生产要素的价格相对不变，因而总供给曲线向右上方延伸。在长期内，一切价格都能自由地涨落，经济具有达到充分就业的趋势，因而总供给曲线成为垂线。如图 15-19 所示。

图 15-19 中的 LAS 是长期总供给曲线，它和潜在产量线完全重合，当总需求曲线为 AD 时，总需求曲线和长期总供给曲线的交点 E 决定的产量为 Y，价格水平为 P。当总需求

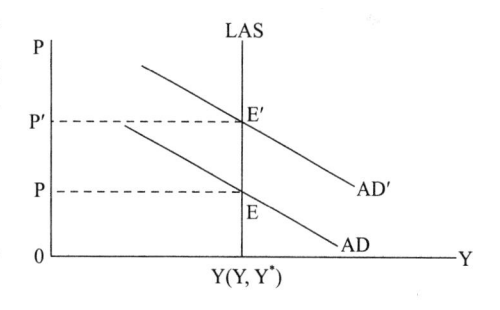

图 15-19 长期均衡

增加使总需求曲线从 AD 向上移动到 AD′时，总需求曲线和长期总供给曲线的交点 E′决定的产量为 Y′，价格水平为 P′，由于 $Y = Y' = Y^*$，所以在长期中总需求的增加只是提高了价格水平，而不会改变产量或收入。

因此，主流学派认为总供给—总需求分析可以用来解释萧条状态、繁荣状态和滞胀状态的短期收入和价格水平的决定，也可以用来解释充分就业状态的长期收入和价格水平的决定。

练习题

一、名词解释

1. 总需求
2. 总需求函数
3. 实际余额效应
4. 利率效应
5. 宏观生产函数
6. 古典总供给曲线
7. 凯恩斯主义总供给曲线
8. 正常总供给曲线
9. 总需求—总供给模型
10. 滞胀
11. 潜在产量

二、选择题

1. 总需求曲线 AD 是一条（   ）。

   A. 向右下方倾斜的曲线　　　　　　B. 向右上方倾斜的曲线

   C. 平行于数量轴的直线　　　　　　D. 垂直于数量轴的直线

2. 凯恩斯主义总供给曲线是一条（   ）。

   A. 与横轴平行的线　　　　　　　　B. 向右上方倾斜的线

   C. 与横轴垂直的线　　　　　　　　D. 向左上方倾斜的曲线

3. 下述哪一项不属于总需求（   ）。

   A. 税收　　　　B. 政府支出　　　　C. 净出口　　　　D. 投资

4. 价格水平上升导致（   ）。

   A. 实际货币供给下降，LM 曲线左移　　B. 实际货币供给下降，LM 曲线右移

   C. 实际货币供给上升，LM 曲线左移　　D. 实际货币供给上升，LM 曲线右移

5. 总需求曲线向右下方倾斜的原因在于（   ）。

   A. 国外需求与价格水平呈反方向变动的趋势

   B. 消费需求与价格水平呈反方向变动的趋势

   C. 投资需求与价格水平呈反方向变动的趋势

   D. 以上几个因素都存在

6. 其他条件不变时，（　　）因素引起 AD 曲线左移。
   A. 价格水平下降　　　　　　　　　　B. 政府支出减少
   C. 税收减少　　　　　　　　　　　　D. 名义货币供给增加

7. 长期总供给曲线垂直的前提假定是（　　）。
   A. 价格不变　　　　　　　　　　　　B. 收入不变
   C. 生产函数不变　　　　　　　　　　D. 不存在货币幻觉

8. 在短期内，增加政府支出，将导致（　　）。
   A. 均衡价格下降，均衡产量下降　　　B. 均衡价格上升，均衡产量上升
   C. 均衡价格上升，均衡产量下降　　　D. 均衡价格下降，均衡产量上升

9. 收入—支出调整度量的是（　　）。
   A. AD 曲线水平的移动距离　　　　　 B. AD 曲线垂直的移动距离
   C. 新 AD 曲线上的移动　　　　　　　D. 以上全对

10. 扩张性财政政策使得（　　）。
    A. IS 曲线右移、AD 曲线右移　　　　B. IS 曲线左移、AD 曲线左移
    C. LM 曲线右移、AD 曲线右移　　　　D. LM 曲线左移、AD 曲线左移

11. 扩张性货币政策导致（　　）。
    A. 价格水平上涨，利率下降　　　　　B. 价格水平上涨，利率上升
    C. 价格水平下降，利率上升　　　　　D. 价格水平下降，利率下降

12. 假定经济实现了充分就业，总供给曲线为正斜率，那么减税将会使（　　）。
    A. 价格水平上升，实际产出增加　　　B. 价格水平上升但不影响实际产出
    C. 实际产出增加但不影响价格水平　　D. 名义和实际工资都上升

13. 下列哪一观点是不正确的（　　）。
    A. 当价格水平的上升幅度大于名义货币供给的增长时，实际货币供给减少
    B. 当名义货币供给的增长大于价格水平的上升时，实际货币供给增加
    C. 在其他条件不变的情况下，价格水平上升，实际货币供给减少
    D. 在其他条件不变的情况下，价格水平下降，实际货币供给减少

14. 总供给曲线右移可能是因为（　　）。
    A. 其他情况不变而厂商对劳动需求增加　　B. 其他情况不变而所得税增加
    C. 其他情况不变而原材料涨价　　　　　　D. 其他情况不变而劳动生产率下降

15. 当国民经济中的生产能力过剩时，最好采取的政策（　　）。
    A. 扩大总需求　　　　　　　　　　　B. 扩大总供给
    C. 扩大总需求和总供给　　　　　　　D. 扩大总需求或总供给

16. 总需求曲线向右下方倾斜是由于（　　）。
    A. 价格水平上升时，投资会减少　　　B. 价格水平上升时，消费会减少
    C. 价格水平上升时，净出口会减少　　D. 以上结论均正确

17. 总需求曲线（　　）。
A. 当其他条件不变时，政府支出减少时会右移
B. 当其他条件不变时，价格水平上升时会左移
C. 当其他条件不变时，税收减少时会左移
D. 当其他条件不变时，名义货币供给增加时会右移

18. 若价格水平下降，则总需求量（　　）。
A. 增加　　　　B. 减少　　　　C. 不变　　　　D. 难以确定

19. 当价格水平下降时，总需求曲线（　　）。
A. 向左移动　　B. 向右移动　　C. 不变　　　　D. 难以确定

20. 扩张性财政政策的效应是（　　）。
A. 同一价格水平对应的总需求增加
B. 同一总需求水平对应的价格提高
C. 价格水平下降，总需求增加
D. 价格水平提高，总需求减少

21. 扩张性货币政策的效应是（　　）。
A. 价格水平下降　　　　　　　　B. 总需求减少
C. 价格水平下降，总需求减少　　D. 总需求增加

22. 松货币紧财政的政策搭配能使总需求曲线（　　）。
A. 向左移动　　B. 向右移动　　C. 不变　　　　D. 难以确定

23. 松财政紧货币的政策搭配能使总需求曲线（　　）。
A. 向左移动　　B. 向右移动　　C. 不变　　　　D. 难以确定

24. 总供给曲线向上移动的原因是（　　）。
A. 工资提高　　B. 价格提高　　C. 技术进步　　D. 需求增加

25. 在水平总供给曲线区域，决定总产出增加的主导力量是（　　）。
A. 总供给　　　B. 总需求　　　C. 工资　　　　D. 技术

26. 在水平总供给曲线区域，决定价格水平的主导力量是（　　）。
A. 总供给　　　B. 总需求　　　C. 利率　　　　D. 以上均正确

27. 在垂直总供给曲线区域，决定价格的主导力量是（　　）。
A. 供给　　　　B. 需求　　　　C. 产出　　　　D. 以上均正确

28. 根据总供求模型，扩张性财政政策能使总产出（　　）。
A. 增加　　　　B. 减少　　　　C. 不变　　　　D. 难以确定

29. 根据总供求模型，扩张性货币政策能使价格水平（　　）。
A. 提高　　　　B. 下降　　　　C. 不变　　　　D. 难以确定

30. 若扩张总需求政策的产出效应最大，则表明总供给曲线是（　　）。
A. 水平的　　　B. 向右上方倾斜的　　C. 垂直的　　　D. 难以确定

31. 若扩张总需求政策的价格效应最大，则表明总供给曲线是（   ）。
   A. 水平的　　　　B. 向右上方倾斜的　　C. 垂直的　　　　D. 难以确定

32. 扩张总需求政策使价格提高的区域是总供给曲线的（   ）。
   A. 水平区域　　　　　　　　　　B. 向右上方倾斜区域
   C. 垂直区域　　　　　　　　　　D. 难以确定

33. 下列说法中，正确的是（   ）。
   A. 总需求（总供给）曲线可由个别商品的需求（供给）曲线加总而得
   B. 新古典理论的总需求曲线和凯恩斯主义的总需求曲线均由 IS－LM 模型导出
   C. 新古典理论的总需求曲线上各点的弹性相等
   D. 凯恩斯主义的总需求曲线上各点的弹性相等

34. 总需求曲线向右下方倾斜的原因在于（   ）。
   A. 国外需求与价格水平呈反方向变动的趋势
   B. 消费需求与价格水平呈反方向变动的趋势
   C. 投资需求与价格水平呈反方向变动的趋势
   D. 以上几个因素都存在

35. 其他条件不变时，什么因素引起 AD 曲线左移（   ）。
   A. 价格水平下降　　　　　　　　B. 政府支出减少
   C. 税收减少　　　　　　　　　　D. 名义货币供给增加

36. 新古典总供给曲线的基本假设有（   ）。
   A. 劳动力市场存在工会对劳动力供给的一定程度的垄断
   B. 劳动者存在货币幻觉
   C. 货币工资率具有向上的刚性
   D. 劳动供给和需求均可立即对工资率的变化做出反应

37. 在什么情况下，总供给水平与价格水平同向变动（   ）。
   A. 劳动供给和劳动需求均立即对价格水平的变动做出反应
   B. 劳动供给立即对价格水平的变动做出反应，而劳动需求则不作反应
   C. 劳动需求立即对价格水平的变动做出反应，而劳动供给则不作反应
   D. 劳动供给和劳动需求均对价格水平的变动不作反应

38. 长期总供给曲线垂直的前提假定是（   ）。
   A. 价格不变　　　　　　　　　　B. 收入不变
   C. 生产函数不变　　　　　　　　D. 不存在货币幻觉

39. 假设已实现充分就业，且总供给曲线为垂线，当名义货币供给增加 20% 时（   ）。
   A. 价格水平不变　　　　　　　　B. 利率增加
   C. 名义工资增加 20%　　　　　　D. 实际货币供给增加 20%

40. 假设已实现充分就业，且总供给曲线为一垂线，当政府支出增加时（　　）。

A. 利率增加，且产出的组成发生改变

B. 实际货币供给增加，且产出的组成发生改变

C. 对实际货币供给及产出的组成均无影响

D. 对利率及产出的组成均无影响

三、计算题

1. 已知消费 $C = 90 + 0.8y_d$、投资 $i = 150 - 6r$、税收 $t = 100$。政府购买 $g = 100$、名义货币供给 $M = 160$、货币需求 $L = 0.2y - 4r$，试求当价格水平分别为 1.00 和 1.25 时，产品市场和货币市场同时均衡时的收入水平和利率水平。

2. 如总供给曲线为 $AS = 250$、总需求曲线为 $AD = 300 - 25P$，试求：

（1）供求均衡点的价格水平和收入水平为多少？

（2）如总需求上升10%，其他条件不变，新的供求均衡点的价格水平和收入水平为多少？

（3）如总供给上升10%，其他条件不变，新的供求均衡点的价格水平和收入水平为多少？

3. 已知总需求曲线为 $y_d = 600 - 50P$，总供给函数为 $y_s = 500P$（单位：亿元）。

（1）求供求均衡点。

（2）如果总供给曲线不变，总需求增加10%，求新的供求均衡点。

（3）如果总需求曲线不变，总供给增加10%，求新的供求均衡点。

（4）求总需求曲线和总供给曲线同时变动后的供求均衡点。

4. 设消费 $C = 150 + 0.75y_d$。税收 $t = 80$、政府支出 $g = 60$、投资 $i = 100 - 5r$、名义货币供给 $M = 100$、货币需求 $L = 0.2y - 4r$，试求在价格水平 P 分别为 1、1.25、2 时，使产品市场和货币市场同时达到均衡时的收入水平和价格水平。

5. 经济的充分就业产出水平为800，当 $P = 1.25$ 时，$AD = AS$。已知 $C = 120 + 0.75y_d$、$i = 140 - 10r$、$t = 80$、$G = 100$、名义货币供给 $M = 150$、$P = 1.25$、货币需求 $L = 0.25Y - 8r$，试求：

（1）政府购买增加25、价格水平上升至1.5前后的IS、LM方程。

（2）$P = 1.25$ 和 1.5 时的利率水平、C 和 I。

（3）政府购买支出增加对产出的影响。

6. 假定消费 $C = 1000 + 0.75Y_d$、投资 $I = 250 - 20r$、税收 $T = ty = 0.2Y$、政府购买 $G = 150$、名义货币供给 $M = 600$、货币需求 $L = 0.5Y - 100r$，试求：

（1）总需求函数。

（2）价格水平为1时的收入水平和利率水平。

7. 经济的总供给函数为 $Y = 2350 + 400P$，总需求函数为 $Y = 2000 + 750/P$，求总供给和总需求均衡时的收入和价格水平。

· 334 ·

四、分析说明题

1. 用总需求和总供给曲线的互动，说明宏观经济中的萧条、高涨（或过热）和滞胀的状态。
2. 解释总需求曲线向右下方倾斜的原因。
3. 影响总需求曲线变动的因素有哪些？
4. 总供给曲线是如何得出的？
5. 为什么古典理论认为总供给曲线是垂直的？
6. 在何种情况下，总供给曲线是水平的、垂直的、向右上方倾斜的？政府的宏观政策对总产出会有什么样的影响？
7. 引起总供给曲线变动的原因是什么？
8. 总供给—总需求模型的基本内容是什么？
9. 简析古典总供给—总需求模型与凯恩斯主义总供给—总需求模型的区别。
10. 试比较 IS–LM 模型与 AD–AS 模型。
11. 为什么总供给曲线可以被分为古典、凯恩斯和常规这三种情况？
12. 试解释短期总供给曲线的形状。

第十六章 失业与通货膨胀

学习目的

1. 了解失业的含义和衡量
2. 了解通货膨胀的含义和衡量
3. 掌握通货膨胀的原因
4. 了解菲利普斯曲线

重点

通货膨胀对经济的影响

难点

通货膨胀的治理对策

引导案例

转型时期应对我国失业问题面临的矛盾

我国的现实国情和"本土化特征"决定了在解决转型时期的失业问题时,不可避免地要遇到以下几对矛盾:

1. 失业理论的滞后与失业问题日益严峻之间的矛盾

当前,我国在失业理论方面的研究相对滞后,主要表现为:受传统观念束缚,人们对劳动力商品属性、劳动力市场、劳动要素配置、就业、失业、再就业等基本概念的认识模棱两可、含混不清;虽然理论界对转型时期我国失业理论和就业问题进行了一定程度上的分析与思考,但是并未形成理论上的突破,更别说建立真正意义上的"理论体系"了。可以说,从某种程度上来看,失业理论目前在我国还是一个空白与盲点。然而,现实情况却是，随着改革向纵深推进和经济结构的战略性调整，我国的失业问题日益严峻，失业规模逐步扩大，失业层面不断加宽，治理失业的难度更加明显。由此，失业理论的滞后与现实问题的严峻之间形成强烈反差与对比，这应当引起理论界的高度关注。

2. 政府管制壁垒与劳动力市场化之间的矛盾

在传统计划经济体制下，实行的是"大一统"式的刚性就业制度，劳动力一般是不能自由流动的，只能通过计划调配。尤其是不同所有制之间劳动力的流动更是壁垒森严。在不同行业、企业、事业、行政部门之间的劳动力流动不仅要受到国家规定的政策和条例的限制，而且还要受到许多部门和单位自行制定的"土政策"的限制。

进入转型时期，市场化取向的改革目标决定了我们必须建立较为完善的劳动力市场，通过市场机制来对劳动要素和人力资源进行合理有效配置。而目前我们在国有企事业单位、公共事业部门实行的人事制度、劳动管理制度明显滞后于就业体制改革的步伐，这对于我国劳动力市场的培育和发展是极为不利的。

3. 二元经济结构下农村和城市两个"市场"的非对称性或劳动力单向转移的矛盾

中国作为一个发展中国家，有着其他发展中国家共同具有的一个典型特征，即"二元经济结构"。在这种二元经济结构下，中国的市场化是与工业化联系在一起的，面临着市场化与工业化的双重转型。与一般发展中国家不同，我国的城乡二元结构并非主要取决于经济发展因素，而是明显受到体制和人为因素的制约。我们不仅存在发展经济学描述的"现代的"与"传统的"二元经济结构，而且还存在与这一经济结构交错在一起的"二元社会结构"。户籍制度以及相关的社会福利制度造就了整个社会"农业"和"非农业"的人口结构，它在实际上使农村和占70%以上的农村人口被排斥在了现代工业文明之外。

农业生产方式的转化是以人口城市化为标志和动力的，而在二元经济社会结构条件下，由于农业人口向非农领域转移的速率缓慢，一方面，城市经济不仅难以有效带动农村发展，而且其自身的结构升级也受到严重制约；另一方面，在人多地少的尖锐矛盾中，农业生产效率的提高与农业产业化、市场化始终难有大的突破。因此，形成了二元经济结构下农村和城市两个"市场"的非对称性或劳动力的单向转移，即大量农村剩余劳动力涌向城市，而这种转移是与经济转型同步发生的，这就意味着，当农村剩余劳动力大量地向城市中的工业涌来时，工业中对劳动力的需求已经由于其本身开始进入内涵发展阶段并主要依靠技术进步来实现增长而逐步下降了。换言之，农村剩余劳动力向工业的转移是与工业中技术、资本对劳动力的排挤同时发生的。这种农村剩余劳动力转移与经济转型的同步化，无疑加剧了我国失业问题的严峻性和复杂性。

4. 全方位对外开放与国内大量劳动力被"拒之门外"之间的矛盾

中国正式加入世界贸易组织，标志着我国的对外开放进入一个新阶段，随之而来的是国外商品的大举进入，我国面临着进口扩张的极大压力，国内那些竞争力不强的行业和企业将会受到较大冲击，失业人数趋于增加。

与此不对称的是，由于国外劳务市场并未对外承诺"全方位开放"，我国国内大量剩余劳动力被"拒之门外",这种开放经济条件下产生的对我国劳动力市场的"非对称"冲击应当引起我们的高度关注与思考。

5. 人口自然增长与经济增速减缓之间的矛盾

作为世界上人口最多的国家,长期实行"计划生育"的基本国策,已使我国人口过快增长的势头得到基本控制,但是由于人口基数大,每年净增人口数仍在1300万~1400万,这使中国原本沉重的人口包袱更加沉重。而作为世界第一人口大国,我国劳动力数量同样也是世界第一,并且增长速度一直很快。据统计,2000年我国劳动力数量为6.77亿左右,比1995年净增4800万,年均增加960万,到2010年将达7.52亿左右,比2000年净增7500万,年均增加750万。

然而,当前我国经济发展阶段的一个显著特征是,经济增长速度已从高速扩张转向近年来的自发收缩态势,经济增速明显减缓。而我国失业问题的日益凸显和就业压力的不断加大,又对保持持续快速的经济增长提出了渴求。这就要求我们在制定宏观经济政策时,必须把经济增长与解决就业两者结合起来进行考虑。

(资料来源:http://yixue.100xuexi.com/view/specdata/20100619/9ED83522-6B74-462B-89AB-54C98FB667E8.html。)

【问题】怎样认识我国失业问题的特殊性?结合案例分析。

为了减少这些矛盾,西方学者对失业和通货膨胀进行了比较系统的研究。本章将对这方面的研究成果加以简要的说明。

第一节 失业理论

失业问题既是一个社会普遍关注的经济问题,同时也是影响到人民生活安定的社会问题。每一次的经济大萧条都会造成大量劳动者的失业。失业问题一直影响着世界各国的经济发展,各国政府和学者都致力于对失业问题解决的探究。

一、什么是失业

失业是指个体达到就业年龄,具备一定的工作能力,同时具有谋求职位的愿望但还未获得就业机会的一种状态。对于就业年龄,不同国家往往有不同的规定,美国为16周岁,中国为18周岁。失业率是劳动人口中满足"失业条件"人员所占的比例。事实上,确定正在寻找工作的失业人员的数量是存在很大困难的。

失业的概念具有广义和狭义之分。从广义上进行界定，失业是劳动者与生产资料的分离。在这种情况下，劳动者有就业意愿和工作能力，但是由于不具备生产资料而不能工作，这是对社会资源的浪费，同时此种情况还会对社会经济发展产生一定的消极影响。狭义角度的失业是有工作意愿、工作能力的适龄劳动者不能获得有劳动报酬的工作的现象。

二、失业的分类

按照失业的原因，可以将失业分为三种类型，即摩擦性失业、结构性失业及周期性失业。

1. 摩擦性失业

摩擦性失业是在劳动力正常流动的过程中，由于寻找和胜任新的工作需要一定的时间而导致的失业。劳动力流动可以是员工的离退、大学生毕业进入劳动力市场，也可以是人们放弃原有工作寻找新工作的过程。这个过程中，无论哪种原因的劳动力流动，这部分人群都需要利用一段时间寻找工作，在这段时间内这部分人群的失业状态就是摩擦性失业。例如，在我国，由于高校许多课程的设置与市场需求不匹配，导致部分大学生就业形势严峻的同时，南方部分企业却面临着严重的"用工荒"问题。

由于劳动力的流动是正常的，同时，信息不对称问题一直存在，所以摩擦性失业的存在也是正常的。由于求职者求职偏好和个人能力的差异以及工作类型复杂多样，寻找工作的求职者与拥有空缺岗位的雇主发现对方都需要一定的时间，所以求职者与岗位进行匹配需要一定的时间。由于摩擦性失业具有短期性和过渡性的特点，所以过渡性的摩擦性失业对经济的影响并不大。

社会中摩擦性失业量的大小取决于社会劳动力的流动强度和求职者寻找工作所花费的时间。劳动力流动量越大越频繁、求职者寻找工作所需要的时间越长，则摩擦性失业量就越大。劳动力流动性的大小主要受到国家政策制度、社会文化和劳动力结构等因素的影响；求职者寻找工作所花费的时间则主要取决于求职者获得有关工作信息的难易程度和速度，以及失业的代价和失业者承受这种代价的能力的影响。

2. 结构性失业

结构性失业是指劳动力的供给与需求不匹配所造成的失业，其特点是既有失业，又有职位空缺，失业者或者没有合适的技能，或者居住地点不当，因此无法填补现有的职位空缺。

在特定市场中，劳动力的需求相对较低可能有以下原因：一是技术的变化，技术的变化可以减少成本，扩大整个经济的生产力，但是技术的变化也可能对某个特定市场或产业带来破坏性的影响；二是消费者偏好的变化，消费者产品偏好的改变在某些地区扩大了生产，增加了就业，但在其他地区减少了生产和就业；三是劳动力的不流动性，这种不流动性延长了由于技术变化或消费者偏好改变而造成的失业时间。结构性失业从性质上看是长期性的，同时也是劳动力的需求方决定的，结构性失业是由经济变化导致的，这些经济变化引起特定市场和区域中特定类型劳动力需求相对低于供给。以上从三个方面阐述了劳动力需求相对较低的原因。

3. 周期性失业

周期性失业是指经济周期中的衰退或萧条时，因需求下降而造成的失业，这种失业是由整个经济的支出和产出下降造成的。当经济中的总需求的减少降低了总产出时，就会引起整个经济体系的较为普遍的失业。

三、影响失业的因素

1. 劳动力人口数量

劳动力人口数量决定着劳动力的供给。当劳动力人口数量增加时，劳动力供给增加，劳动力供给曲线 S 向右移动，并趋于平缓（如图 16-1 所示）。此时劳动力供求均衡点为 e，但由于工资具有易升不易降的刚性，工资不会降至均衡点 e 时的水平，而是保持在水平 p 不变。于是，愿意在工资水平 p 下工作的人由 a 增加到 b，但工资水平为 p 时的劳动力需求量只有 a，因此 b-a 即是新增加的失业人数。虽然此时劳动力人口数量也增加了，但可以证明此种情况下，失业率是随着劳动力人口数量的增加而增加的。

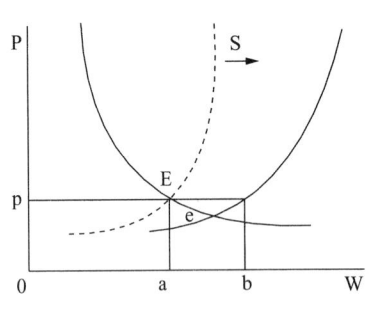

图 16-1 劳动力人口数量对失业的影响

2. 劳动力综合结构水平

劳动力结构包括劳动力素质（思想、文化）结构、劳动力专业结构以及劳动力年龄结构等。我们从宏观角度分析，可以把它们概括起来称为劳动力综合结构。劳动力素质较高、专业结构合理、年龄结构适当时，我们称为劳动力综合结构水平较高，反之为劳动力综合结构水平较低。劳动力综合结构水平决定着劳动力的供给对劳动力需求的适应能力。

劳动力综合结构水平与结构性失业率呈反向变化。根据发展经济学的理论，经济发展不仅包括经济的增长，而且包括产业结构的调整。而产业结构的变动必然伴随着劳动力在不同产业间的重新配置。一方面，新兴的产业需要有相应知识和技能的劳动者来支撑；另一方面，夕阳产业则由于资本有机构成的提高逐渐挤出劳动力。这两方面使得劳动力在重新配置中，处于就业—失业—就业的动态运行过程中。当失业者在技能和知识结构上难以适应劳动力需求结构变动时，会出现暂时或永久的结构性失业。可以证明，在劳动力人口总数不变的情况下，劳动力综合结构水平提高，即劳动力供给对劳动力需求结构变动的适应能力提高时，会降低因劳动力需求结构变动而引起的失业率。

3. 劳动力就业偏好

劳动力就业偏好是指劳动力的求职愿望。在一定的经济条件和一定的工资水平下，若求职愿望高的劳动力人数较多，我们说此时劳动力就业偏好较高；反之则较低。在劳动力人口总数和社会对劳动力总需求不变的情况下，劳动力就业偏好与摩擦性失业率呈反向变化。图16-2中劳动力需求曲线D_A、D_B分别表示某一工资水平下需求的劳动力（已经雇用和将要雇用的）和已经雇用的劳动力。劳动力供给曲线S_A、S_B分别表示该工资水平下可以提供的劳动力（已经工作和没有工作但是愿意在该工资水平下工作的）和实际供给的劳动力（已经工作的）。如果D_A与S_A、D_B与S_B的均衡点分别为E和e，而且E和e点所对应的劳动力数量分别为a、b，则a-b对应的则为失业人数。当劳动力就业偏好较高时，由于摩擦失业减少，该工资水平下实际提供的劳动力和实际使用的劳动力增加，曲线D_B和S_B右移，从而使平衡点e右移，于是a-b即失业人数减少；反之则增加。提高劳动力就业偏好，一是对人们进行择业观的

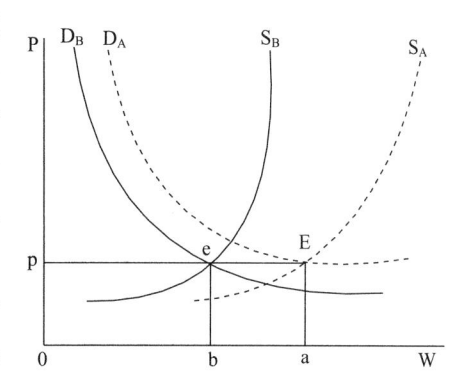

图16-2 劳动力就业偏好对失业的影响

教育，使人们树立劳动不分贵贱、以劳动为荣的正确的择业观念；二是制定适当的工资政策，激励人们积极参与劳动条件艰苦、劳动强度较大或单调乏味的工作；三是完善失业保险、社会福利等制度，使其起到促进就业的积极作用。

4. 经济增长速度

经济增长速度与劳动力需求是呈正向变化的。因此，当经济增长速度较快时，劳动力需求增加较快，失业人数减少，失业率降低；反之，当经济出现负增长时，劳动力需求减少，失业人数增加，失业率升高。以经济增长速度较快的情况为例，如图16-3所示，设初期的劳动力供求曲线分别为S_A、D_A，由于经济增长较快，劳动力需求增加使曲线D_A右移至D_B。初期和变化后的均衡点分别为E、e，其对应的劳动力需求分别为a、b，则b-a为新增加的就业人数。决定经济增长速度的因素很多，有体制方面的，也有政策方面的。而且，在不同的国家和地区，以及在同一个国家的不同时期和不同阶段，实行哪种体制，实施怎样的政策也各有所异，不能同一而论。除了体制和政策方面的因素外，投入也是决定经济发展的重要因素，而且是直接因素之一。投入的多少取决于两个方面，即资本积累的快慢和引入资金的多少。

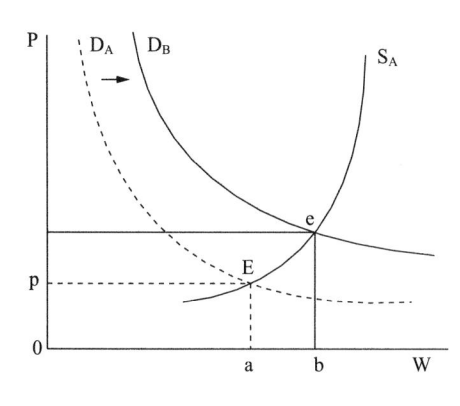

图16-3 经济增长速度对失业的影响

5. 劳动生产率（生产力水平）

劳动生产率是指经济活动的投入和产出比率。科技进步和自动化程度提高都会提高劳动生产率。在短期内（如一个经济发展周期），劳动生产率与失业率呈同向变化。这是因为随着劳动生产率的提高，必然有一部分工人从工场被抛到劳动市场，增加那里已有的供资本随意剥削的劳动力数量。在短期内，当劳动生产率有较大提高时，劳动力需求减少，失业人数增加，失业率升高。如图 16-4 所示，设初期的劳动力供给曲线为 S_A，需求曲线为 D_A。由于劳动生产率有较大提高，劳动力需求减少使曲线 D_A 左移至 D_B，劳动力供求均衡点由 E 变到 e。但由于工资的刚性，劳动力的需求量由 a 减少到 b，则 a-b 为新增加的失业人数。劳动生产率的提高，是人类社会发展的必然趋势，是人类社会进步的标志，是任何人都无法逆转的。因此，随着社会的发展和劳动生产率的提高，应该不断地开拓新的就业途径，以降低失业率。

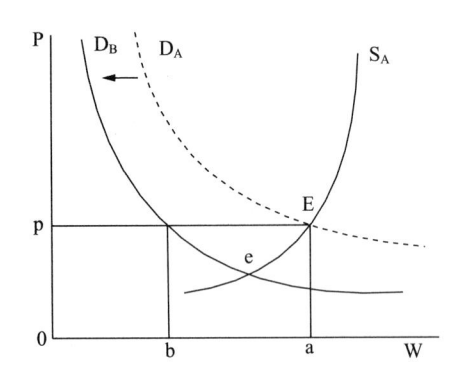

图 16-4 劳动生产率对失业的影响

6. 资本有机构成

资本的有机构成是由产业结构体现的，不同的产业结构比例体现了一个国家不同的资本有机构成。资本有机构成较高时，资本投入量与所创造的就业岗位数量的比值较低；而资本有机构成较低时，资本投入量与所创造的就业岗位数量的比值较高。因此，各国都在追求最优的、整体效益最高的产业结构。产业结构变化的一般趋势是：第一产业产出占 GNP 的比重随收入水平的上升而下降；第三产业所占的比重随收入水平的上升而上升；第二产业所占的比重在低收入水平时随收入水平上升而上升，在较高收入水平时趋于稳定。

实施适当的产业政策可以促进产业结构的优化。现行的经济运行机制下，对产业结构的调整可以从市场机制和行政手段两方面加以实施。其中行政手段主要是指制定适当的产业政策，如产业组织改革、产业结构、产业技术和产业区域等政策。尤其是我国目前还处于低收入水平和劳动力供大于求的阶段，应该优先考虑发展资本有机构成较低的劳动力密集型产业和第三产业。

四、失业的影响与奥肯定律

失业有两种主要的影响，即社会影响和经济影响。失业的社会影响是难以衡量和估计的，但较容易为人们所感受。失业对社会和经济的稳定都会造成影响。失业造成家庭收入减少或遭受损失，家庭关系也会受到影响。调查显示，高失业率经常与吸毒、高离婚率和高犯罪率联系在一起。同时，失业在人们心理上也会带来巨大的影响和创伤，失业也会使失业者在家庭中的地位、被尊重感受到影响。总之，失业的社会影响是巨大的。

失业的经济影响可以用机会成本来解释。当失业率上升时，经济中可由失业工人生产出的产品和劳务就减少了。衰退期间的损失，就如同将众多的汽车、房屋、衣物和其他物品都销毁掉了，从产出核算的角度看，失业者的收入总损失等于生产的损失，失业的产量是计量周期性失业损失的主要尺度，因为它表明经济处于非充分就业状态。

20世纪60年代，美国经济学家阿瑟·奥肯根据美国的数据，提出了经济周期中失业变动与产出变动的经验关系，即奥肯定律。

奥肯定律是失业率每高于自然失业率1个百分点，实际GDP将低于潜在GDP 2个百分点。换句话说，相对于潜在GDP，实际GDP每下降2个百分点，实际失业率就会比自然失业率上升1个百分点。奥肯定律可以用式（16-1）来表示。

$$\frac{y - y_f}{y_f} = -\alpha(u - u^*) \tag{16-1}$$

其中，y为实际产出，y_f为潜在产出，u为实际失业率，u^*为自然失业率，α为大于零的参数。

奥肯定律揭示了产品市场和劳动市场之间的联系，描述了实际GDP的短期变动与失业率变动的联系。根据奥肯定律，可以通过失业率的变动推测或估计GDP的变动，也可以通过GDP的变动预测失业率的变动。奥肯定律一个重要的结论是，实际GDP必须保持与潜在GDP同样快的增长，以防止失业率的上升。如果政府想让失业率下降，那么该经济社会实际GDP的增长就必须快于潜在GDP的增长。

五、失业问题的解决

【案例16-1】

宏观经济政策与失业率

近年来，美国失业率保持一种相对稳定状态，而欧洲的失业率却急剧上升且保持在30年前的水平之上。

如何解释两地劳动力市场的差别呢，部分原因在于两国的宏观经济政策不同。美国只有一个中央银行，即联邦储备系统（简称美联储）。美联储严格监控着美国经济。当失业率提高影响到居民对经济的信心时，美联储会放松银根，实行积极的货币政策，刺激总需求和提高产出，并防止失业率的进一步提高，实际上这是通过提高通胀率来降低失业率的方法。

而今天的欧洲还不存在这样的机构，欧洲是个国家联盟，它的货币政策由欧洲中央银行统一制定，由于考虑到各国情况的复杂性，欧洲中央银行的目标主要是保持物价的稳定,奉行强有力的货币政策,全力保持低利率和低通胀。在这样的情况下,就无法利用通货膨胀政策来降低失业率。

什么是失业问题?造成失业率高的原因有哪些?

(资料来源:http://www.233.com/kaoyan/zhuanye/FuXi/20160704/105711360.html。)

1. 增加社会的劳动力需求

保持国民经济持续增长是解决就业问题的有效方式。根据经济理论,经济发展促进劳动力需求的增加,失业率也会相对降低。反之,经济发展速度减慢,对劳动力的需求就会减少,失业率就会相对升高。根据奥肯定律,实际国民经济增加2.5%,则失业率就减少1%左右。因此,解决就业问题应该从发展经济出发。政府可以通过积极发展经济,多渠道安置剩余劳动力,同时,实现产业空间布局的梯次转移,努力缩小地区间发展的差距,从根本上解决失业问题。

2. 改善社会的劳动力供给

政府可以通过提供有针对性的培训政策提高劳动者的素质,促进就业。在知识、技能、态度等方面有针对性的培训,能够提高劳动者的文化水平和专业技术技能,整体提高劳动者胜任就业环境的能力,改善劳动者就业情况。政府各项培训的目的就是要将那些不胜任和不适合工作岗位的失业者培训成能够满足企业需要的劳动者,改善劳动力的供给。

3. 完善劳动市场的供求机制

失业的一个重要原因是劳动力市场的不完善,由于受到信息不对称的影响,市场上劳动供求的信息不畅通,如职业介绍结构缺乏等,造成一定程度的失业。因此,政府应通过不断完善和增加各类职业介绍机构,为劳动的供求双方提供迅速、准确的信息,减少"就业难"和"用工荒"的不良现象,促进充分就业。

【案例16-2】

我国针对就业问题的对策

据统计,1994~2004年的十年间,我国创造就业岗位超过8000万个,1998~2003年,1890多万国有企业下岗职工实现再就业。但同时我国面临的就业压力仍十分严峻,主要表现在:

第一,今后两到三年内,城镇每年需要安排就业的劳动力多达2400万人,而年度能够安排就业岗位仅为1000万左右,1400万就业缺口如何填补。

第二,我国人才总体缺乏,但大学生就业难正日益成为一个社会问题,数据显示,去年高校毕业生数量为212万人,初次就业率为50%左右,今年高校毕业生数量达到280万人,估计就业率水平仍将大致持平。

第三,珠三角、闽东南等地区相继出现较严重的民工短缺,深圳等一些地区缺工近

10%，月平均工资在 700 元以下的企业普遍招工困难。

第四，我国现有农村富余劳动力 1.5 亿人，农村劳动力转移和进城务工规模、速度正在加大。

我国十年来所提供大量的就业岗位是如何实现的？请你谈谈对当前我国就业形势所存在上述四大问题的看法与对策。

（资料来源：http：//www.njliaohua.com/lhd_ 08phk23rb17u3cm9al1v_ 2. html。）

第二节　通货膨胀理论

【案例 16-3】

历史上 5 次著名的通货膨胀

1. 古罗马的通货膨胀——铸币成色下降的恶果

公元 138~301 年，古罗马军服的价格上涨了 166 倍，自 2 世纪中叶至 3 世纪末，物价水平的主要标志——小麦价格涨了 200 倍。这一次通货膨胀，无论如何也不能归罪于纸币，因为纸币要到其后 1000 年才出现。

古罗马实行的是金属货币制度，包括金、银、铜和青铜。政府财政基本上采用现金形式。帝国的皇帝们为了强化他们对资源的控制，相继削减铸币尺寸或在铸币中添加贱金属。同时却希望凭借自己的权威保持其价值不变——这当然是不可能的。这种违背经济规律的行为在罗马帝国时代代代相传，最终导致的结果是铸币贬值，物价上涨。公元 235~284 年，古罗马政治陷入无政府状态，通货膨胀臻于极致，铸币急剧贬值。在公元 253~268 年，银币的含银量还不到 5%。

2. 黑死病与价格行为

14 世纪中叶，欧洲普遍出现了温和的通货膨胀。在 3 年的时间里，物价至少翻了一番。通货膨胀在这一时期并不引人瞩目，值得重视的是它的背景——黑死病。这是一种能致人猝死的病疫。当时，此病夺取了 2000 万人的生命，相当于当时整个欧洲人口的 1/3。在疫病流行期间，商品的价格出现了突然的、短暂的下降。原因很明显，人口锐减导致需求下降，而流通中的货币及商品存量却基本不变，但幸存者的需求却是有限的。而当疫情过去之后，物价又回升了。原因是储存消耗殆尽，同时由于人口减少，产量随之下降——因为生产者的生活条件恶劣，所以生产人员减少的数量远大于有稳定需求的富人。

3. 西班牙——白银与价格革命

16 世纪，西班牙物价上涨了 4 倍多，年上涨率达到 1.5%，贵金属过剩是这次通货膨胀的根源。1501~1600 年，由墨西哥和秘鲁神话般的矿山产出的 1700 万公斤纯银和 18.1 万公斤纯金涌入西班牙。除官方渠道外，走私的数量估计相当于官方进口的 10%，相对于已有的储存，来自新世界的金银可谓数额巨大。无论如何，贵金属的涌入掀起了一场价格革命。这次通货膨胀带来的价格上涨缓慢，没有对西班牙的各个经济部门产生什么影响。想想 1.5% 的年增长率，这在目前来说是经济发展过程中一个再合适不过的数据了。但在当时，它至少证明了这样一些观点：①货币不等于财富；②和缓的通货膨胀可以和经济增长兼容；③白银减缓了制度变革的压力；④以贵金属为保证的货币制度并不能预防通货膨胀；⑤西班牙最终没有留住海外流入的金属；⑥始于西班牙的通货膨胀扩散到其贸易对象；⑦对经济规律的懵懂无知并不妨碍人们自行其是；⑧货币幻觉尽管充满了神秘，但如果人们警惕周围的变化，其迷惑性必将大大降低。

4. 德国——经典的通货膨胀

1923 年间德国的经济状况——恶性通货膨胀，迄今为止只有 1946 年的匈牙利和 1949 年的中国出其左右。如果 1922 年 1 月德国的物价指数为 1，那么 1923 年 11 月其物价指数则为 100 亿。如果一个人在 1922 年初持有 3 亿马克债券，两年后，这些债券的票面价值早就买不到一片口香糖了。沃伦教授和皮尔逊教授曾将德国的通货膨胀数据绘成书本大小的直观柱状图，可是限于纸张大小，未能给出 1923 年的数据柱，结果不得不在脚注中加以说明：如果将该年度的数据画出，其长度将达到 200 万英里。

德国在"一战"败北之后，丧失了 1/7 的领土和 1/10 的人口，各种商行及工业产品均减少，同时按 1921 年金马克赔偿 1320 亿赔款。在操作中，德国不得不靠发行纸币来渡过难关，结果是陷入灾难的深渊。当时政府以极低的利率向工商业者贷款，同时投放巨额纸币，它们又很快贬值，从而债务人得以用廉价的马克偿还贷款。"新富"们在通货膨胀中发了大财，"旧富"们面临崩溃。各个经济部门和各个家庭生活在此不公平中受到致命打击。

5. 苏联战时共产主义的通货膨胀

在十月革命以前，俄国就已走上了通货膨胀之路。革命后，为了保障政权，政府必须控制国家资源。因此，苏联印发纸币，维持庞大的预算开支。1918~1920 年，反动力量很快聚集，发起反扑，此时苏联开始实行战时共产主义。由于经济基础薄弱，社会产品总量短缺，再加上连年战争使生产得不到恢复，战时共产主义的分配物品远不能满足人们的基本需要。于是黑市猖獗，物价飞涨。

（资料来源：http：//club.kdnet.net/dispbbs.asp? boardid =1&id =3424884。）

什么是通货膨胀？通货膨胀对社会和经济的影响有哪些？如何治理恶性的通货膨胀？

一、通货膨胀的概述

通货膨胀是指总体物价水平在一段时间内持续的、普遍的上涨，在这个时期内，货币的实际购买能力是在持续下降的。需要强调的是，通货膨胀指的是一般价格水平的持续上升，而某种特殊商品价格提高或短期内物价水平的波动都不属于通货膨胀。

经济学中一般用物价指数来衡量通货膨胀，常用的物价指数有 GDP 缩减指数和消费者价格指数等。

1. GDP 缩减指数

是指给定的一年中，名义 GDP 与实际 GDP 的比率，GDP 缩减指数的计算是以经济中生产的全部商品为基础的，而生产的产品是变量，所以 GDP 缩减指数是一个可变权指数。

2. 消费者价格指数（简称 CPI）

是指城市消费者购买某种固定商品或服务的费用，而商品和服务的品种相对是确定的，所以 CPI 是一个固定权数的指标，可以用这个指标评价居民货币的实际购买能力。

二、通货膨胀的分类

从不同的角度，可以将通货膨胀划分为不同的类型。

1. 依据价格上升的速度进行划分

第一，温和的通货膨胀，也称爬行的通货膨胀，指每年的物价上升比率在 3%~6% 或 3%~10%。这种通货膨胀的特点是通货膨胀率低，并且物价上升比率相对稳定。这种通货膨胀对经济没有太大的不利影响，通常认为这种缓慢和持续的价格上升是社会经济发展过程中不可避免的。

第二，加速的通货膨胀，又称飞奔的通货膨胀，指较长时间内所发生的物价水平大幅度上涨的现象。这种通货膨胀的特点是通货膨胀率高，一般在 10%~100%。这种通货膨胀发生时，货币流通速度提高，货币购买力下降速率加快，这种通货膨胀会对经济产生不利影响，导致社会经济动荡，是一种比较危险的通货膨胀。

第三，恶性通货膨胀，又称超速通货膨胀，指社会流通的货币量过多，货币实际购买力急剧下降，物价水平极快速增长的状态，这一时期通货膨胀率非常高，一般在 100% 以上，这种状态下，人们对货币完全失去信任，社会经济遭到破坏，在严重的情况下还会出现货币和价格体系完全崩溃，最终可能会导致社会动乱。

【案例 16-4】

20 世纪 80 年代阿根廷的恶性通胀

20 世纪 80 年代，阿根廷年通胀率平均达到 450%，1990 年初之前的 12 个月其通胀率更飙升至 20000%。在这种情况下，经济活动的主要目的只是避免通胀吞噬一切。一位阿根廷商人约格这样描述道：

通胀使你终日战战兢兢。我们公司所在的产业只能给你 4~5 天的赊账。人们不再关心生产力乃至技术，保护你的流动资产比包括技术在内的长期目标更重要，尽管你希望两者兼顾。这是通货膨胀不可避免的恶果，即货币疾病。你的钱分崩离析，将像癌症。

你得过且过。当通货膨胀率超过每天1%，你别无选择。你放弃计划，只要可以支撑到周末就会感到满足。然后我就会待在公寓里阅读有关古代板球比赛的书籍。

人均而言，目前我们比1975年贫穷25%。真正的受害者是你看不见的穷人、老人和年轻人。他们被赶出大型火车站……那些人是阿根廷生活中的弃儿，像大海的浪花。阿根廷的高通胀终于出现一个充满希望的转机。1989年刚刚当选总统的梅内姆宣布了反通胀计划。此外，他还支持许多以市场为导向的经济改革，包括在1991年初任命由哈佛大学培养的经济学家卡瓦洛为经济大臣。在20世纪90年代初期，通胀已降为每年30%左右。

（资料来源：http：//yingyu.100xuexi.com/view/specdata/20100702/EC1805BA－A1CF－4DEA－9AFB－FFC9BEB95902.html。）

【问题】结合案例说明阿根廷通货膨胀的性质及其影响。

第四，隐蔽的通货膨胀，也称抑制通货膨胀，指经济中存在通货膨胀的压力或物价上涨的趋势，但是由于受到政府严格的价格管制的影响，物价上涨没有完全表现出来，从而抑制真正通货膨胀的发生。但是，一旦政府解除或放松价格管制，社会经济就会发生通货膨胀，所以这种通货膨胀是隐性存在的。

2. 依据对不同商品价格的影响进行划分

第一，平衡的通货膨胀，即各种商品价格的上升比例相同。

第二，非平衡的通货膨胀，即各种商品价格的上升比例不完全相同。

3. 依据对通货膨胀的预期进行划分

依据人们是否可以对通货膨胀做出正确预期将通货膨胀划分为完全预期的通货膨胀和不完全预期的通货膨胀。

第一，完全预期的通货膨胀，指人们可以正确预期到物价上涨率的通货膨胀，这种通货膨胀一般较稳定，人们可以进行合理的预期。

第二，不完全预期的通货膨胀，指人们无法完全预料通货膨胀的速率，这种通货膨胀一般较为波动，难以估计其影响程度，人们无法根据以往的经验对未来的通货膨胀做出合理预测。

三、通货膨胀的原因

1. 需求拉动型通货膨胀

需求拉动型通货膨胀是指总需求大于总供给所引起的物价上涨，太多的货币追逐太少的商品，或是商品或劳务的需求大于现行价格条件下的供给，从而导致物价水平上涨。

2. 成本推动型通货膨胀

成本推动型通货膨胀是由成本和供给原因引起的，即认为经济中并不存在过度的总需求，通货膨胀的原因在于生产成本的增加，引起膨胀的原因在于市场的垄断。

如图 16-5 所示，原来的总供给曲线 AS_0 与需求曲线 AD 相交于 E_0，由此决定国民收入水平为 y_0，价格水平为 P_0。现在，由于成本的上升，总供给曲线向上移动到 AS_1，此时若要保持国民收入水平 y_0 不变，价格就会上升到 P_2，成本的增加导致通货膨胀的发生。此时由于价格太高，在总需求水平不变的情况下，产品销售困难，于是产量从 y_0 向 y_1 减少，在此过程中，价格水平由 P_2 下降到 P_1，均衡点为 E_1，决定了此时的产量为 y_1，价格为 P_1，与原均衡价格 P_0 相比，价格提高了。这样，在总需求不变的情况下，由于供给方面的原因，产生了通货膨胀。这就是成本推动型通货膨胀。

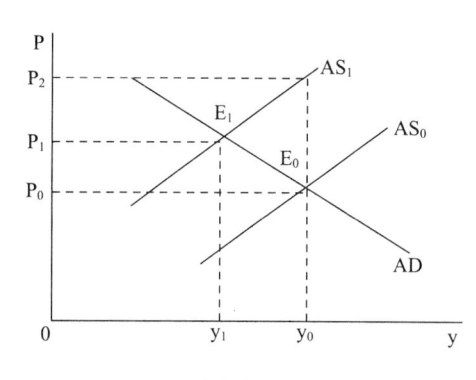

图 16-5 成本推动的通货膨胀

3. 混合型通货膨胀

现实生活中，通货膨胀的原因可能来自需求与供给的综合影响，很难将一种通货膨胀归结为成本推动型还是需求拉动型，例如，当人们的工资水平提升时，人们的需求就会增加，于是成本推动型的通货膨胀也会带动需求拉动型的通货膨胀，西方一些学者从供给与需求两个方面的共同作用，提出了混合型通货膨胀。

4. 结构型通货膨胀

结构型通货膨胀是从经济结构的角度出发，认为经济结构因素的变化也会引起一般价格水平的持续上涨，这种原因导致的物价水平持续上升的状态称为结构型通货膨胀。

社会经济结构的特点是一些部门生产率提高的速度快，另一些部门生产率提高的速度慢，由于两个部门生产率提高的速度不同，两个部门工资增长速度的快慢也会不同，生产率提高速度慢的部门要求工资增长与生产率提高速度快的部门保持一致，结果使全社会工资增长速度高于生产率增长速度，从而引起通货膨胀，这种在没有需求拉动与成本推动的情况下，只是由于经济结构因素的变动产生的通货膨胀，称为结构型通货膨胀。

四、通货膨胀的经济影响

【案例 16-5】

通货膨胀降低人们的实际购买力

如果你问一个普通人，为什么通货膨胀是坏事？他将告诉你，答案是显而易见的：通货膨胀剥夺了他辛苦赚来的美元的购买力。当物价上升时，每一美元收入能购买的物品和劳务都少了。因此，看起来通货膨胀直接降低了生活水平。

但进一步思考就发现这个回答有一个谬误。当物价上升时，物品与劳务的购买者为他们所买的东西支付得多了。但同时，物品与劳务的卖者为他们所卖的东西得到的也多了。由于大多数人通过出卖他的劳务，例如他的劳动，而赚到收入，所以收入的膨胀与物价的膨胀是同步的。因此，通货膨胀本身并没有降低人们收入的实际购买力。

人们相信这个通货膨胀谬误是因为他们没有认识到货币中性的原理。每年收入增加10%的工人倾向于认为这是对他自己才能和努力的奖励。当6%的通货膨胀率把这种收入增加降低为4%时，工人会感到他应该得到的收入被剥夺了。事实上，实际收入是由实际变量决定的。例如，物质资本、人力资本、自然资本和可以得到的生产技术。名义收入是由这些因素和物价总水平决定的。如果美联储把通货膨胀率从6%降到零，工人每年的收入增加也会从10%降到4%。但是他不会感到收入被通货膨胀剥夺了，尽管他的实际收入并没有更快地增加。

如果名义收入倾向于与物价上升保持一致，为什么通货膨胀还是一个问题呢？关于这个问题并没有一个单一的答案。相反，经济学家确定了几种通货膨胀的成本。这些成本中的每一种都说明了持续的货币供给增长事实上以某种方式对实际变量有所影响。

（资料来源：http://yixue.100xuexi.com/view/specdata/20100610/CF65003A-E9CA-41BE-9080-D233921778D4.html。）

【问题】结合案例说明通货膨胀的效应。

通货膨胀是一个持续发展和扩散的过程，这个过程会影响到经济中的各个部门、群体和个人。通货膨胀对经济的影响主要分为对收入分配的影响、对资源配置的影响和对经济增长的影响。

1. 对收入分配的影响

首先，对实际收入的影响。在通货膨胀严重的时期，人们会运用各种方法强化自己的竞争手段，否则，通货膨胀会危及他们的实际收入，人们往往不能准确地预测自己的实际收入下降多少，激烈的竞争和对货币的失望会使社会生活产生动荡。

其次，对固定货币收入者的影响。通货膨胀时期，物价持续上涨，那些依靠固定收入生存的人们会由于自身实际购买力下降而处于不利地位，这个时期，他们渴望可以从政府获得相应的补偿，这些人一般包括退休者、失业者和收入变化缓慢的工薪阶层。而那些接近市场价格的销售者、生产者，由于货币收入增加，往往实际收入并不会减少。

再次，对债权人和债务人的影响。在通货膨胀发生前，如果债务人和债权人可以预料通货膨胀率的情况，并且实际通胀率和预期通胀率一致，则债权人与债务人的经济利益不会受到损失。相反，如果通货膨胀是没有预期的，则收入将在债务人与债权人之间发生再分配，严重的通货膨胀将使债权人的本金受到损失。

最后，对政府收入的影响。通货膨胀会使政府的实际债务负担减轻，但却使持有公债或其他形式政府债权的人遭受损失。通货膨胀也会影响税收，并通过税收影响国民收入在政府和私人部门之间的再分配。

2. 对资源配置的影响

通货膨胀会导致社会资源配置效率的降低和资源的极大浪费。当存在通货膨胀时，人们对货币缺乏信心，会减少货币持有量，增加物资储备，造成资源的浪费和不合理配置。通货膨胀会增加市场的不确定性，加大投资的风险，减少厂商的生产性活动。若企业不再致力于提高产品质量、提高生产效率和降低成本，而是乘通货膨胀之机抬高物价、粗制滥造，必然造成资源浪费，生产能力降低。

3. 对经济增长的影响

通货膨胀对产出的影响可能是正向的，也可能是负向的。事实证明，一个国家经济的持续增长是需要以较低的通货膨胀率为保障的，通货膨胀率过高，经济增长速度会放缓，尤其是恶性的通货膨胀可能会导致经济的负向增长。

适度通货膨胀对经济增长有正向作用。第一，在通货膨胀率较低的情况下，由于人们对货币和通货膨胀缺乏合理的预测，工资的提升将滞后于物价的提高，导致实际工资下降，企业的成本下降和利润上升。第二，通货膨胀的作用更利于高收入人群的再分配，高收入人群的边际储蓄倾向较高，通货膨胀会提高社会储蓄率，从而提高经济增长率。

恶性的通货膨胀对经济增长有破坏作用。第一，在持续性通货膨胀过程中，市场价格机制将遭到破坏，失去其应有的调节功能。消费者和生产者不能合理预测通货膨胀的影响，会造成经济资源的不合理配置和浪费，导致经济效率下降。第二，恶性的通货膨胀会使人们对货币失去信心，减少货币的使用，而用实物作交易媒介会加大交易成本，从而造成经济效率的损失。第三，恶性的通货膨胀会减少经济中正常的生产性活动，抑制经济增长。第四，通货膨胀降低国内资本收益，引起资本外流和出口下降，不利于国际收支平衡。恶性通货膨胀经常会导致经济崩溃。

五、通货膨胀的治理

【案例 16-6】

通货膨胀

第二次世界大战后，匈牙利……物价每个月上涨近 20000%。中国 1948～1949 年国民党政府滥发钞票，货币贬值达到无法统计的地步，许多商品的物价 1 天之内能够翻一番……1993 年南联盟出现了世界上第二位的超级型通货膨胀，货币面值不断飙升，10 万元、20 万元、100 万元、200 万元，甚至到 5000 亿，而 5000 亿第纳尔最后只能买几份报纸。

（资料来源：经济学小品和案例。）

【问题】结合案例说明什么是通货膨胀？通货膨胀有哪些类型？

以上案例中的通货膨胀属于哪种类型？通货膨胀主要由哪些原因形成？通货膨胀如何治理？

经济学界对于通货膨胀的看法各有不同，但是很多国家都经历过通货膨胀，遭受过通货膨胀带来的不良影响，在应对通货膨胀的政策措施方面比较接近，根据通货膨胀的类型和特点，大多国家反对通货膨胀的政策都是从控制需求和改善供给两个方面着手的。

1. 控制需求

通过控制总需求改善通货膨胀的影响主要针对需求拉动型通货膨胀，政府实行的是紧缩性的需求管理策略，主要包括紧缩性的财政政策和紧缩性的货币政策。通过采取紧缩性的货币政策减少市场上货币的供给量，降低人们的收入水平，以抑制市场上的消费需求。货币供给量的减少会推动利率上升，提高厂商的融资成本，从而抑制投资需求。以此达到抑制总需求的目的。紧缩性的货币政策主要包括中央银行通过公开市场业务发放政府债券，提高法定准备金率和贴现率等。紧缩的财政政策包括为降低公共投资而减少财政支出，从而抑制投资需求和政府需求；通过增加税收压缩厂商和个人的可支配收入，抑制投资和消费需求。总之，通过减少总需求，抑制物价水平上涨，控制通货膨胀。

2. 改善供给

改善供给是通过对社会总供给的调节达到控制通货膨胀的目的，短期内影响供给的主要是生产成本，特别是生产成本中的工资成本，长期中影响供给的是生产能力。改善社会总供给的方法主要有控制工资和物价的收入政策、指数化政策，改善劳动力市场情况的人力政策，以及促进经济增长的增长政策。其中最典型的就是收入政策，具体做法是，政府确定工资——物价"指导线"以限制工资——物价的上升。根据估计的平均生产率的增长，政府估算出货币收入的最大增长限度，而每个部门的工资增长率应等于全社会劳动生产率的增长趋势，并且不允许超过这一趋势，从而维持整个经济中每单位产量的劳动成本稳定，使价格总水平保持不变。

第三节 菲利普斯曲线

如前所述，失业和通货膨胀是短期宏观经济运行中的两个主要问题，所以有必要探讨失业和通货膨胀之间的关系。在宏观经济学中，失业和通货膨胀之间的关系主要是由菲利普斯曲线来说明的。

一、菲利普斯曲线的理论依据

1957年，菲利普斯发表了一篇关于失业率与工资变动率之间关系的文章，文章中提出了失业率与工资变动率之间存在负向关系。将这种负向关系进行线性表示就是菲利普斯曲线。由于工资的提升与通货膨胀率之间存在一定的关系，在此基础上，萨缪尔森认为也可以用菲利普斯曲线来表示通货膨胀率与失业率之间的这种负向关系（如图16-6所示）。

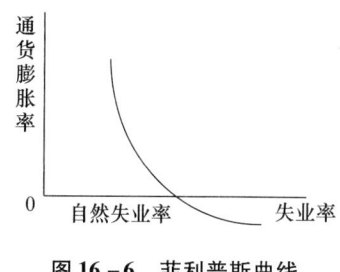

图16-6 菲利普斯曲线

二、菲利普斯曲线的政策解释

菲利普斯曲线具有较广泛的政策应用，由于通货膨胀率与失业率之间存在这种关系，决策者可以依据菲利普斯曲线进行决策，例如可以通过接受一定范围内的通货膨胀率来换取充分就业，或者通过高失业来保持较低的通货膨胀率。即运用一定失业率的提高换取一定通货膨胀率的减少；反之亦然。

为了有效地进行经济社会决策，决策者可根据社会经济的实际情况确定一个符合当局社会稳定的范围，即确定失业与通货膨胀合理组合范围。

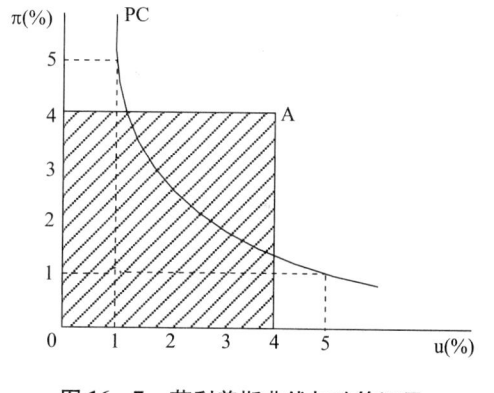

图16-7 菲利普斯曲线与政策运用

在图16-7中，假定一个社会可以接受的通货膨胀率为4%，当通货膨胀率超过4%时，社会无法忍受，政府可以通过提高失业率来降低通货膨胀率，反之，则可以反向操作。根据菲利普斯曲线的特点，政府可以进行选择，保证经济在一个社会可以接受的通货膨胀率和失业率的状态下运行。

练习题

一、名词解释

1. 失业
2. 摩擦性失业

3. 结构性失业

4. 通货膨胀

5. 菲利普斯曲线

二、选择题

1. 失业率是（   ）。

   A. 失业人数占劳动力总数的百分比

   B. 失业人数占整个国家人数的百分比

   C. 失业人数占就业人数的百分比

2. 引起摩擦性失业的原因是（   ）。

   A. 工资能升不能降的刚性　　B. 总需求不足　　C. 经济中劳动力的正常流动

3. 周期性失业是指（   ）。

   A. 由于某些行业生产的季节性变动所引起的失业

   B. 由于总需求不足而引起的短期失业

   C. 由于劳动力市场结构的特点，劳动力的流动不能适应劳动需求变动所引起的失业

4. 隐蔽性失业是指（   ）。

   A. 表面上有工作，实际上对生产没有做出贡献的人

   B. 实际失业而未去有关部门登记注册的人

   C. 被企业解雇而找不到工作的人

5. 奥肯定理说明了失业率每增加1%，则实际国民收入减少2.5%，在美国这种比例关系（   ）。

   A. 始终不变，一直如此

   B. 在不同的时期并不完全相同

   C. 只适用于经济实现了充分就业时的状况

6. 在以下三种情况中，可称为通货膨胀的是（   ）。

   A. 物价总水平的上升持续了一个星期之后又下降了

   B. 物价总水平上升而且持续了一年

   C. 一种物品或几种物品的价格水平上升而且持续了一年

7. 一般用来衡量通货膨胀的物价指数是指（   ）。

   A. 消费物价指数　　　　　　B. 批发物价指数　　C. 国民生产总值折算数

8. 可以称为爬行的（或温和的）通货膨胀的情况是指（   ）。

   A. 通货膨胀率在10%以上，并且有加剧的趋势

   B. 通货膨胀率以每年5%的速度增长

   C. 在数年之内，通货膨胀率一直保持在2%~3%的水平

9. 根据菲利普斯曲线，降低通货膨胀率的办法是（   ）。

   A. 减少货币供给量　　　　　B. 降低失业率　　　C. 提高失业率

10. 下列人员中，不属于失业人员的是（　　）。

A. 调动工作的时间在家休养者

B. 半日工

C. 季节工

D. 对薪水不满意而待业在家的大学毕业生

三、分析说明题

1. 如何治理失业？
2. 通货膨胀的影响有哪些？
3. 如何有效治理通货膨胀？
4. 请用菲利普斯曲线说明失业与通货膨胀的关系。

第十七章 经济增长与经济周期理论

学习目的

1. 了解经济周期的含义和类型
2. 掌握经济周期的成因
3. 了解索罗增长模型
4. 了解经济增长及其决定因素

重点

1. 经济增长的影响因素
2. 经济增长与经济发展的差异

难点

1. 经济周期的成因
2. 经济增长核算

引导案例

世界经济增长

2001年7月在意大利首都罗马举行的西方七国财政部部长会议对未来世界经济增长持乐观态度。

据意大利国家电视台报道,来自德国、法国、英国、日本、加拿大、美国和意大利的财政部长或经济部长于2001年7月在罗马举行的会议认为,未来世界经济增长速度或许将比人们原来估计的要略慢些,但它总体增长的态势是显而易见的。

关于2001年西方七国自身的经济增长情况,与会者认为,在西方七国中,美国经济增幅将明显减小，而欧盟经济增长将高于美国，这是最近十年来欧盟经济增长首次超过美国。但与会者同时也指出，在欧盟内部，各成员国经济增长的情况也不尽相同，德国经济增幅将小于欧盟成员国平均数。关于日本经济能否增长，与会者在讨论时未给予积极或乐观的评价。

（资料来源：http：//news.eastday.com/epublish/gb/paper148/20010708/class014800011/hwz431788.html。）

【问题】结合案例说明什么是经济增长？经济增长该如何衡量？促进经济增长的因素主要有哪些？

考察国民经济长期发展问题涉及两个既紧密联系又有区别的概念，即经济增长和经济发展。本章所论述的经济增长和经济周期理论将对这些问题及其影响因素加以研究。

第一节　经济增长及经济增长因素

【案例 17-1】

经济增长与经济发展

促进国际社会的共同发展是联合国和当前世界面临的头等大事，也是联合国千年首脑会议的重要话题。在经济全球化的趋势下，发展不平衡问题变得更加突出，南北差距扩大，贫富悬殊加深，人类财富正日益集中到世界少数富国和富人手中。正如安南在报告中指出的，近一半的世界人口每天只依靠不到 2 美元度日。因此，不少成员国希望联合国在全球化进程中发挥积极的主导作用，推动各国制订法规，以便建立公正、合理的国际政治、经济新秩序。安南在报告中敦促各国积极行动起来，力争在 2015 年以前帮助 10 亿人口摆脱贫困。报告还要求发达国家对贫穷国家的产品敞开大门，减免其债务负担，并向其提供经济援助。

在 20 世纪 60 年代和 70 年代的时候，反增长的游说主要受到一些学者的支持。然而，到了 20 世纪 80 年代和 90 年代，其支持的范围从某些大学的派别扩展到国会的下议院。游说争论的中心主要与空气污染有关。污染是增长的副产品，特别是某些条件放松以及某种经济活动有多种副产品时，污染情况就更严重。工业污染主要包括空气和水的污染，也包括噪声以及对自然风景的污染。

（资料来源：http://www.people.com.cn/GB/channel1/10/20000905/218167.html。）

【问题】结合案例说明经济增长带来了哪些严重问题以及经济增长与经济发展的区别。

一、经济增长的含义

宏观经济学中，经济增长被定义为产量的增加，描述这个产量的可以是经济的总产量，也可以是人均产量。

对经济增长进行定义，第一，增长必须是在两个时间点上进行比较，两个时间点之间的长短对经济增长幅度有重要的影响。第二，通常用国内生产总值和国民收入的变动率作为衡量经济增长的指标，需要指出的是，国内生产总值是经济的总产量与经济变动的综合反映，而经济增长只关注实际产品数量的增长，所以衡量经济增长时，国内生产总值和国民收入的测算要用不变价格进行计算，从而消除物价变动对国内生产总值的影响。

衡量经济增长不仅要关注经济活动总量的变化情况，还要关注这一时期人均生产量的增加情况，即按照人力增长情况核算实际国内生产总值。人均国内生产总值或人均国民收入的增长是衡量一个地区、一段时间内经济增长的另一项指标。

根据上文所述，若用 Y_t 表示 t 时期的总产量，Y_{t-1} 表示 t-1 时期的总产量，则总产量意义下的增长率可表示为：

$$G_t = \frac{Y_t - Y_{t-1}}{Y_{t-1}} \tag{17-1}$$

其中，G_t 为总产量意义下的增长率。

如果用 y_t 表示 t 时期的人均产量，y_{t-1} 表示 t-1 时期的人均产量，则人均产量意义下的增长率可表示为：

$$g_t = \frac{y_t - y_{t-1}}{y_{t-1}} \tag{17-2}$$

其中，g_t 为人均产量意义下的增长率。

需要指出的是，如果说经济增长是一个"量"的概念，那么经济发展就是一个相对复杂的"质"的概念。经济发展不仅包括经济增长，而且还包括国民的生活质量、社会制度，以及整个经济社会经济结果和制度结构的总体进步。所以说，经济发展是一个相对复杂的概念。

二、经济增长的因素分析

1. 丹尼森的经济增长因素分析

影响经济增长的因素是多种多样的,许多西方经济学家对此都有研究。美国经济学家丹尼森把影响经济增长的因素分为7类:就业人数及其年龄——性别构成;包括非全日工作的人在内的工时数;就业人员的教育年限;资本(包括土地)存量的大小;资源配置的改善,即低效率使用的劳动力比重的减少;规模经济实现的程度;知识(包括技术与管理的知识)的进步及其在生产上的应用。其中,前三项为劳动投入量,第四项为资本投入量,后三项是单位投入量的产出率,即要素生产率。根据美国1929~1933年的统计资料,丹尼森对上述各种因素在经济增长中的作用作了如下估计:若这一时期国民收入的总增长率为100%,则总增长率的54.4%由总投入量提供,其中劳动投入量提供的总增长率为15%,45.6%由要素生产率提供。丹尼森还将美国和西欧等国各种增长因素在经济增长中所作的贡献进行了比较。如1950~1962年这一时期,总体来说,西欧总增长率的40%由投入量提供,60%由要素生产率提供;美国则恰恰相反,总增长率的60%由投入量提供,40%由要素生产率提供。这表明战后西欧各国生产率的提高快于美国。再从劳动投入量来看,西欧国家的劳动力数量对经济增长所作的贡献比较大;而美国的劳动者受教育的程度高,其教育水平对经济增长所作的贡献较大。

2. 肯德里克的全部要素生产率分析

根据分析,技术进步与生产率的提高对经济增长具有重要推动作用。美国经济学家肯德里克在《美国战后1948~1969年生产率发展趋势》(1973年)、《美国生产率的发展趋势》(1961年)等著作中分析了美国生产率的变化情况,根据实际统计资料,估算出技术进步对经济增长的影响作用。

肯德里克提出,产出量与某一特定生产要素投入量之比叫"部分生产率",它并不能反映生产率的全部变化。基于此,他提出"全部要素生产率"的概念,即产出量与全部要素投入量之比。根据这个概念,他计算出1889~1957年国内私营经济领域全部要素生产率的平均年增长率为1.7%,实际产值的平均年增长率为3.5%。这一结果表明,在实际产值的年增长率中,有1.7%是投入量效率增长或提高的结果,还有1.8%是投入量增加的作用,由此证明,技术进步对经济增长具有重要作用。

同时,肯德里克认为生产率提高的影响因素是非常复杂的,具体有以下方面:教育方面的投资,对研究、发展和培训投资的增加等;资源配置的合理性,资源配置是否适应经济变化的速度等;技术创新的程度,规模效应情况;人力资源和自然资源的质量情况等。

第二节 新古典增长理论

从现代研究的角度分析，宏观经济学对经济增长理论所进行的研究主要有两个时期。第一个时期提出了新古典增长理论，第二个时期提出了内生增长理论。本节将对新古典增长理论进行探讨。

一、基本假设

新古典增长理论的基本假定包括：①社会储蓄函数为 $S = sY$，其中 s 是作为参数的储蓄率；②劳动力按一个不变的比率 n 增长；③生产的规模报酬不变。设生产函数的形式为 $(17-3)$。

$$Y(t) = F(K(t), A(t)L(t)) \qquad (17-3)$$

其中，$K(t)$ 是资本存量，$A(t)$ 是知识水平，$L(t)$ 是劳动力。产量取决于三个变量：资本、劳动和知识；A 和 L 以相乘的形式影响 Y。根据生产函数，对于 $c \geq 0$ 有 $F(cK, cAL) = cF(K, AL)$。令 $c = 1/AL$，规模报酬不变的假定使我们可以使用生产函数的密集形式如下：

$$F\left(\frac{K}{AL}, 1\right) = \frac{1}{AL} F(K, AL) \qquad (17-4)$$

$$y = f(k) \qquad (17-5)$$

其中，y 为单位有效劳动的平均产量，k 为单位有效劳动的平均资本量。其中，$f(k) = F(1, k)$，图 17-1 表示了生产函数 $y = f(k)$ 的图形。

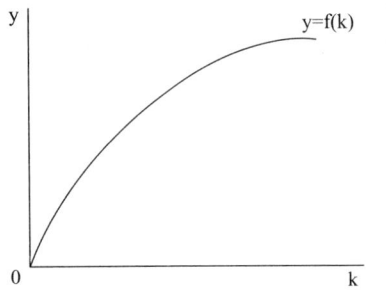

图 17-1 人均生产函数曲线

二、关于投入品的假设

1. 考虑到技术进步的新古典增长理论

假设时间 t 是连续的，劳动的增长率为 $L(t)/L(t) = [dL(t)/dt]/L(t) = n$； $(17-6)$

知识的增长率为 $A(t)/A(t) = [dA(t)/dt]/A(t) = g$ $(17-7)$

其中，n 为人口增长率，g 为技术进步率，两者均为外生参数，表示不变增长速度。

在简单的经济中，经济的均衡为 $I = S$ $(17-8)$

即投资或资本存量的增加等于储蓄。资本存量的变化等于投资减去折旧。当资本存量为 K 时，假定折旧是资本存量 K 的一个固定比率 δK（0 < δ < 1），则资本存量的变化 K(t) 为 $\dot{K}(t) = I - \delta K(t)$ 　　　　　　　　　　　　　　　　　　　　　　(17 – 9)

根据 I = S = sY(t)，式(17 – 9)可写为 $\dot{K}(t) = sY(t) - \delta K(t)$

其中，s 为储蓄率，δ 为资本折旧率，两者均为外生变量。已知：

$$k(t) = \frac{K(t)}{A(t)L(t)} \quad (17-10)$$

先做变换，两边取自然对数：$\ln k(t) = \ln K(t) - \ln A(t) - \ln L(t)$

对 t 求导数，得：

$$\frac{\dot{k}(t)}{k(t)} = \frac{\dot{K}(t)}{K(t)} - \frac{\dot{A}(t)}{A(t)} - \frac{\dot{L}(t)}{L(t)}$$

$$\dot{k}(t) = \frac{\dot{K}(t)}{K(t)} \frac{K(t)}{A(t)L(t)} - \frac{\dot{A}(t)}{A(t)} k(t) - \frac{\dot{L}(t)}{L(t)} k(t)$$

$$\dot{k}(t) = \frac{sY(t) - \delta K(t)}{A(t)L(t)} - k(t)n - k(t)g$$

$$= s\frac{Y(t)}{A(t)L(t)} - \delta k(t) - nk(t) - gk(t)$$

$$= sf(k(t)) - \delta k(t) - nk(t) - gk(t)$$

$$= sf(k(t)) - (n + g + \delta)k(t) \quad (17-11)$$

上述公式就是索罗模型的核心公式，其中，当 $\dot{k}(t) > 0$ 时，k 增加；$\dot{k}(t) < 0$ 时，k 减少；$\dot{k}(t) = 0$ 时，k 不变。

2. 稳态均衡

稳态是一种长期均衡状态，在稳态时，人均资本达到均衡值并维持在均衡水平不变，要实现稳态，即 Δk = 0，则人均储蓄正好等于资本的广化。稳态条件如下：

sf(k(t)) = (n + g + δ)k(t)

图 17 – 2 中 sf(k(t))线为人均储蓄曲线，人均储蓄曲线与人均生产函数曲线具有同样的形状，但人均生产函数曲线位于人均储蓄曲线之上。根据以上的分析，在稳态均衡时，有 sf(k(t)) = (n + g + δ)k(t)，因此，图 17 – 2 中(n + g + δ)k(t)曲线与 sf(k(t))相交于 A 点。在 A 点左侧，sf(k(t))曲线高于(n + g + δ)k(t)，说明储蓄高于资本扩大化的需要，即当经济运行在 A 点左侧时，存在资本深化，资本深化的结果是工人平均占有的资本存量上升，此时，Δk > 0，人均资本 k 有上升的趋势；反之，则人均资本 k 有下降的趋势。

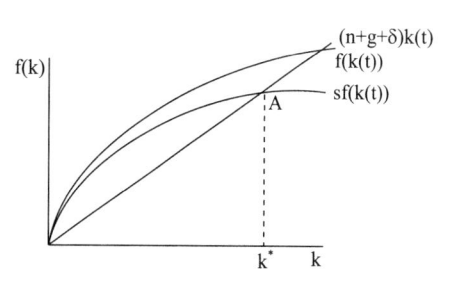

图 17 – 2　经济增长的稳态

3. 储蓄率变化的影响

储蓄率的增加对产量的影响如图 17-3 所示。

如图 17-3 所示，经济最初位于稳态均衡的 C 点，现假定人们想增加储蓄，储蓄曲线由 sf（k（t））向上移动到 s'f（k（t））位置，这时新的稳态是 C'，在这个过程中，储蓄率的增加提高了人均资本和人均产量。

储蓄率的提高对 k 的影响是，储蓄率提高，k 提高，从而人均产量增加，直到达到新的稳态。如图 17-4 所示。

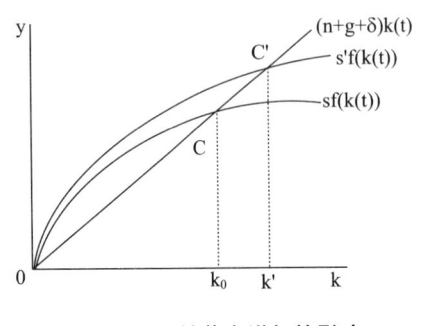

图 17-3 储蓄率增加的影响

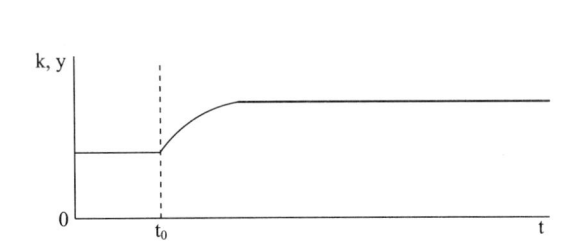

图 17-4 储蓄率对 k 和 y 的影响

由图 17-4 可知，储蓄率的变化只会暂时性地影响增长率，而不会永久性地影响增长率。或者说，储蓄率的变化只有水平效应，没有增长效应。同时，需要提出的是，只有技术进步率的变化有增长效应。储蓄率的政策含义是投入驱动的增长不会持续。

4. 黄金资本存量

储蓄率可以影响稳态的人均资本水平，进而影响人均产量。产出可以用于消费和储蓄，如何平衡消费与储蓄关系的问题值得探究。探究与人均消费最大化相联系的人均资本满足的条件，这里引入资本存量的黄金率问题。

如图 17-5 所示，横坐标表示稳态的人均资本，纵坐标表示与稳态相对应的人均产

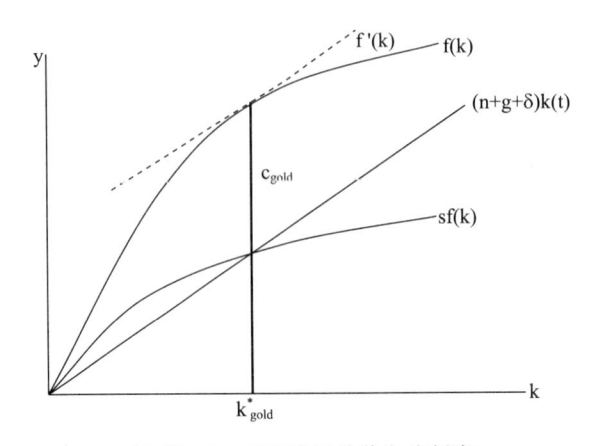

图 17-5 经济增长的黄金分割率

量、人均储蓄和人均消费。根据图 17-5 可以判断产出、储蓄与消费之间的关系是，有效劳动的平均消费 c = f(k) - sf(k)，在图形上表示为曲线 f(k) 与曲线 sf(k) 之间的距离，令 c = c*（处在平衡增长路径上），则 c* = f(k*) - sf(k*) (17-12)

由于 $sf(k^*(t)) = (n + g + \delta)k(t)$

目标为人均消费最大化，令 $\partial c^*/\partial k^* = 0$

则 $f'(k^*_{gold}) = n + g + \delta$ (17-13)

即为最优消费的一阶条件，该 k^*_{gold} 为黄金资本存量水平。

由黄金分割率可知，在稳态时，如果经济中人均资本量多于黄金率的数量，可以通过消费掉一部分资本使人均资本下降到黄金率的数量，从而提高人均消费水平。若经济中人均资本量少于黄金率的数量，则需要缩小消费，增加储蓄，直到人均资本达到黄金率的数量。

第三节　促进经济增长的政策

【案例 17-2】

缘何中国高增长的实际效果不尽如人意

经过二十余年 10% 左右的高速增长，日本在 20 世纪 50～70 年代一跃成为世界第二强国。而中国从 1978 年开始，也经历了二十余年的高速增长，到现在却只达到了小康初级阶段。为什么会有这样的区别？国家统计局某权威人士认为：首先，经济结构、运行模式、体制等方面存在问题。如优胜劣汰机制没有建立，大量资源由低效率企业支配。其次，企业追求自我循环，消耗高，第三产业发展水平低。最后，经济增长速度高，库存也很高。大量产品积压在仓库里，未转化为实际财富。

中国经济发展中有以下一些偏向需要纠正：

——为了追求增量财富，破坏大量存量财富。一个典型的案例是大量拆除旧城区，创造新城区。今天挖，明天填；明天填，后天挖。创造 1% 的 GDP，却消耗了 2% 的存量财富。

——未明确创造财富的主体是政府还是民间。过去过多地看重政府、国有经济，没有运用市场、民间的力量，效率较低。例如，国有金融一统天下，未建立多元的金融体系，一抓就死，一放就乱。

——只注重财富创造，未注重财富分配。分配关系未理顺，市场体系下的分配方式不尽合理，严重挫伤了各方的积极性。从 2000 年起，中国的基尼系数开始超过 0.4 的国际警戒线。

（资料来源：http：//www.ysccu.com/rbbjyl/7525.html。）

【问题】

1. 你是否同意案例中对中国经济高增长而实际效果不尽如人意的看法？
2. 从体制上讲，你认为是什么影响了中国经济的高增长？
3. 中国的基尼系数超过国际警戒线意味着什么？

一、技术方面

根据索罗模型，我们可以了解到经济持续的增长来自技术进步而不是资本和劳动力的投入，技术进步是提高生产率的重要条件。

对于技术方面的投入，政府应该从加强教育投资入手，提高教育质量，培养各类专业性人才，对于高端人才要加大培养力度，培养卓越人才，普及义务教育，提高国民受教育水平和受教育范围，提高劳动者的综合素质。通过提高科技要素，提高劳动力与机械设备的生产效率，使组织朝更精简、更高效的方向发展。为有效鼓励科学技术的进步和新技术的发明更新，政府可以通过制定有效的专利制度来维护发明者的权利和利益，并鼓励科学技术的运用。同时，政府也可以使用减免税收的方式对新技术企业进行政策扶持。

二、加大资本的投入

经济增长的重要因素之一就是资本存量的增长，社会可以通过增加储蓄来增加投资，从而使社会资本存量增加。政府可以通过鼓励储蓄增加社会资本存量。数据显示，投资占国民收入比例较高的国家，经济增长率也较高，因而一个国家要提高经济增长率，可以从加大投资入手。

在各项投资中，人力资本的投资对经济增长具有特殊作用。政府可通过加大人力资本投入来提高经济增长率。人力资本，指在人力保健、教育、培训等方面的投资所形成的资本。人力资本是通过劳动力市场的工资和薪金决定机制进行间接市场定价的，由后天学校教育、家庭教育、职业培训、卫生保健以及劳动力迁移和劳动力就业信息收集与扩散等途径而获得的，能提高投资接受体的技能、学识、健康、道德水平和组织管理水平的总和。人力资本是后天通过耗费一定量的稀缺资源形成的，这种投资是为增加未来收益而进行的。值得注意的是，人力资本区别于物质等其他资本，因为人力资本具有增值性，人力资本的投入会提高生产要素的利用率，同等条件的人力资本投入会增加资本的收益。在经济增长过程中，人力资本是类似于技术进步的一项资本，人力资本的投入在组织中可以发挥重要的作用：第一，人力资本可以提高其他资本的使用效率，即在投入相同量的资本、知识和物料时，人力资本的投入可以获得比原本更多更高质量的产出；第二，人力资本可以优化劳动者的组成结构，并提高劳动者的整体素质，提高劳动者的工作效率，即在投入相同劳动的情况下提高劳动的产量和质量，人力资本可以代替和弥补其他生产资源。

三、劳动供给方面

劳动力是生产要素重要的组成部分，研究数据显示，劳动力的增加必然会带来经济的增长。鼓励劳动力供给增加要从物价、税收方面给予政策支持，例如，提高劳动力的实际货币工资、降低个人所得税税率、稳定物价环境等。

一方面，劳动力供给的增加是数量上的增加；另一方面，劳动力供给的增加还应表现在劳动者质量的提高，例如劳动者的各项素质、知识水平等的提高，提高劳动者的知识、素质水平也是增加人力资本投入的过程。通过适当的教育和培训提高劳动者的知识和技能水平，为劳动者创造良好的受教育条件和工作环境，都是增加劳动力供给的重要手段。

第四节 经济周期理论

经济发展的历史表明，经济的增长方式从来都不是一成不变的，同时经济发展的变化也伴随着一定的特点和规律。西方经济学对经济周期理论的论述众多，本节主要针对经济周期中各阶段的特点进行描述。

一、经济周期的含义

经济周期是指经济运行过程中周期性地出现经济扩张与紧缩的现象，它是社会总收入、总就业、国民总产出的波动性过程，经济周期亦称经济循环或商业循环。

对于经济周期的理解有以下几点值得注意：第一，经济周期是不可避免的，是现代市场经济运行的正常现象。第二，经济周期是全面、大范围的整体经济波动，而不是某一地区、某一国家局部范围内的经济波动，由于整体性的波动影响，才引起宏观经济变量的波动，如国民收入水平、就业水平、价格和利率等的波动。第三，经济周期是经济发展过程中的波动，可以分为衰退（Recession）、萧条（Depression）、复苏（Recovery）和繁荣（Boom）四个阶段，如图17-6所示。

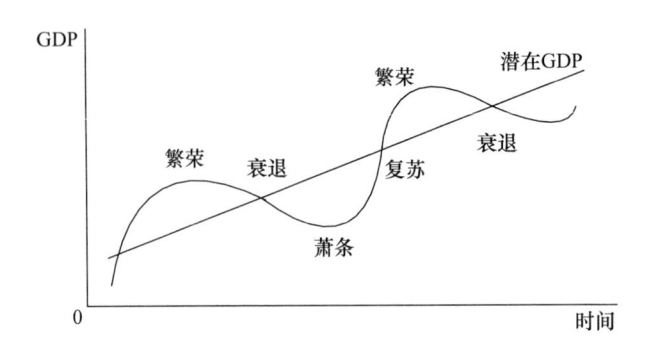

图 17-6 经济周期性波动

二、经济周期的阶段

【案例 17-3】

美国经济的短期衰退

1992年以来，美国经济进入新一轮商业周期扩张期，经历了"二战"之后长达107个月的经济扩张，形成了经济大繁荣。1992~2000年，美国经济年平均增长率为3.8%，通货膨胀率大体保持在2%~3%，失业率大幅度下降，就业增长率相对比较高，公司利润有较大增长。但是，美国很快转入经济衰退。2000年初经济开始下滑，并于2001年3月进入经济衰退期。美国国家经济研究局认为，2001年3月，美国经济就已步入衰退。美国商务部于2002年7月31日公布的新的修正统计数据显示，2001年第一季度GDP增长率为-0.6%，第二季度GDP增长率是-1.6%，第三季度GDP增长率为-0.3%，第四季度GDP增长率则为2.7%，可见2001年美国GDP出现了连续三个季度的负增长，其经济已陷入衰退。2001年美国经济增长率仅为0.3%，远低于早先预测的1.3%，与2000年超过4%的经济增长相比，更是出现了明显的落差。美国经济衰退的主要原因是发生了高新技术危机和经济周期危机以及人们没有预料到的"9·11"事件，这使美国民众和投资者产生了"安全危机"，进一步打击了其消费和投资欲望，使美国经济"软着陆"希望彻底破灭，并造成多方面的负面影响。但此次美国经济衰退与"二战"后所发生的历次经济危机相比，其特点是经济衰退与生产率增长并存；失业率增加与雇员实际工资上升并存；清理商品库存积压速度加快；经济复苏与股市下跌相伴随。美国经济研究局2002年2月发表的报告也认为，由于劳动生产率持续增长，此次经济衰退比较温和。

【问题】

1. 加速资本循环与周转对企业的发展有什么意义？

2. 为什么当代科学技术迅猛发展，经济全球化浪潮汹涌，而资本主义国家经济危机的爆发仍然不可避免？

3. 当代资本主义经济危机与再生产周期有什么新特点？

（资料来源：http：//yingyu.100xuexi.com/view/specdata/20100905/2432CBD0－7887－435E－8D56－E3646B18938E.html。）

经济周期波动随时间变化具有不同的特征，将一个完整的周期分为4个阶段：衰退、萧条、复苏和繁荣。

1. 衰退阶段

衰退阶段（Recession）是指经济活动从扩张的高峰向下跌落的阶段。由于消费增长的停止以及社会现有生产设备及能力的过剩，经济扩张到达顶点以后开始下滑。投资减少，生产下降，失业率上升，社会收入水平和需求萎缩。就业减少导致家庭收入减少，又进一步导致需求萎缩，利润下降，企业经营困难，一些厂商开始倒闭。存货增加，生产急剧收缩，整个社会经济不景气，社会经济在经历了一段衰退时期以后，便进入萧条阶段。

2. 萧条阶段

萧条阶段（Depression）是衰退阶段的继续发展，是经济周期的波谷部分。这一时期，劳动失业率高，大众消费水平下降，企业生产能力大量闲置，存货积压，利润下滑甚至亏损，企业对前景缺乏信心，不愿进行新的投资。萧条和衰退虽然都是经济活动的收缩阶段，但两者有一定的区别。虽然两者都处在经济活动下降的阶段，但是在衰退阶段，经济活动的整体水平是处于潜在GDP之上的，而在萧条阶段，经济活动的整体水平是低于潜在GDP的。经历过萧条阶段后，通常意味着新一轮经济复苏的来临。

3. 复苏阶段

当经济达到了经济周期的最低点，经济会开始由最低点向上回升，这一阶段即复苏阶段（Recovery）。复苏阶段的特征是，经济进入衰退后期以后，厂商开始更新被磨损的机器设备，就业率、收入及消费开始缓慢上升。由设备更新引起的投资增加促进生产和销售的增加，使企业利润有所提高，原来不肯进行的风险投资这时也开始出现。利润提高使得企业有能力改善员工的福利待遇，从而使人们开始对经济前景由悲观转为乐观。需求的增加和生产的不断扩张，进一步刺激经济的繁荣，萧条时期闲置的设备、劳动和其他生产资源开始陆续得到使用。但萧条阶段经济不景气给人们带来的阴影并没有完全消除，社会经济的各方面都处于调整阶段，经济恢复的速度是缓慢提高的，随着经济恢复的不断完善，经济上升的速度也不断加快，到一定程度便进入下一个高涨时期，即繁荣阶段。

4. 繁荣阶段

繁荣阶段（Boom）是指经济活动经过上一个循环的复苏而继续增长的时期。繁荣阶段是经济周期的波峰阶段，在这一时期，社会有效需求继续不断增加，产品畅销，批发商和零售商的存货减少，纷纷向生产厂商订货，生产者利润大大提高，厂商投资增加，同时就业率提高，失业不断减少。劳动和其他社会资源得到了充分的利用，人们对经济的信心恢复到最佳状态，所有人都充满了乐观情绪。人们敢于消费，各种价格指数均出现不同程度上涨，资产价格膨胀。

图 17-7 是我国经济周期波动曲线图。

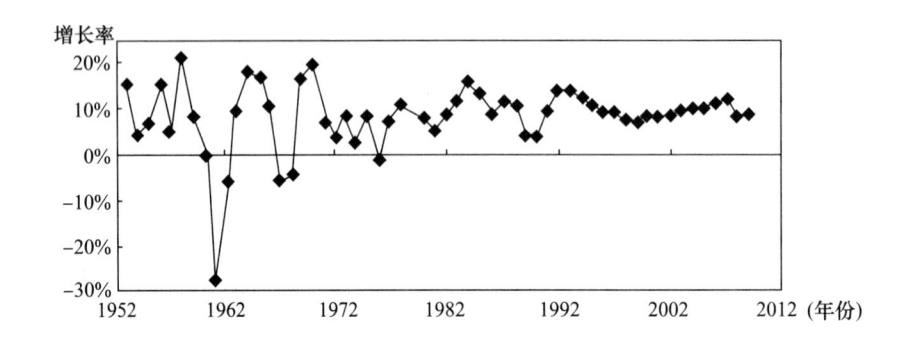

图 17-7 1952~2012 年我国经济周期波动曲线图

资料来源：邱雪萍等. 中国经济周期波动分析 [J]. 合作经济与科技，2011 (13)：14-16.

【案例 17-4】

我国经济周期有逐次加长的趋势

根据 1978~2002 年 GDP 增长趋势图，我国经济周期有逐次加长的趋势。1978 年的 11.7%、1984 年的 15.2%、1992 年的 14.2% 和 2003 年的 9.0% 以上，是 4 个高峰值；1981 年的 5.2%、1990 年的 3.8%、1999 年的 7.1% 是三个低谷。从 1978 年形成第一个峰点 11.7% 到 1984 年形成第二个峰点 15.2%——峰值周期是 6 年；从 1984 年形成第二个峰点 15.2% 到 1992 年形成第三个峰点 14.2%——峰值周期是 8 年；从 1992 年形成第三个峰点 14.2% 到 2003 年形成第四个峰点 9% 以上——峰值周期是 11 年；第一个峰值周期 6 年；第二个峰值周期 8 年；第三个峰值周期 11 年。如果这样的规律存在的话，可以初步推断，我国的经济周期将逐次加长。

经济周期逐次加长的大致规律，是以 6 年为基期，其后逐年以 2 的自然数倍率增加，形成 6 年、8 年、10 年（约）的周期序列。

1. 经济周期逐次加长的主要原因

市场经济机制日臻完善，支撑我国经济增长的条件已发生根本性变化。随着我国市场经济体制逐渐完善，多种经济所有制形成，充分调动了经济增长的积极性，增强了经济自发增长的能力；民间投资、港澳台投资、外资投资高比例较快增长，以及经济体制改革、主导产业逐步形成、市场规模扩大到以企业主体、构造区域经济和建立现代发展观念等综合因素构成支撑我国经济快速增长的基本条件。

2. 对外开放及融入世界贸易体制，使我国经济环境改善

从加入WTO之前几年开始直到加入WTO后，我国向世界市场进军的步伐加快，不断降低市场准入门槛，逐步放宽政府管制，改善投融资环境，健全法律环境，逐步退出计划经济形态下政府主导的经济方式，发挥市场要素的作用，使经济流转更快，市场活力也更强。到现在，支撑我国经济增长的产业已经由劳动密集型产业向资本和技术密集型产业转变。电子信息产业、房地产业和汽车产业已经成为我国经济增长的主要推动力量。

可以说，国内自身经济素质的提高和国内国际市场的形成，是我国经济长期高增长的主要原因；同时自然加长了经济周期。

3. 经济周期逐次加长的益处

经济周期在高增长阶段加长，无疑有利于我国快速积累经济财富，同时为经济继续增长积蓄后劲；在此前提下，我国可以在经济条件允许的情况下，解决在经济体制转型期产生的各种矛盾，诸如医疗保险、养老保险等社会问题，也能够增加就业、增加居民收入、提高社会消费。经济周期加长对于进一步维持经济高增长有正向激励作用。

4. 应注意保持经济周期加长

经济周期的逐次延长是可能的。在经济高增长阶段，经济也有多峰产生的可能。考察我国GDP增长图，1984年15.2%的主要高峰之后，1987年的11.6%、1988年的11.3%可以算是两个次高峰，因此在我国经济发展历程中就可以找到多峰的先例。所以刺激经济在高增长期产生双峰甚至多峰是完全可能的。我们同时也测算到，由于1987年、1988年的两个次峰的出现，推迟了经济低谷的产生，使4.1%的低谷迟滞到1989年才出现。根据经济周期逐次加长的情况，估计下一个低谷时间至少要7年以上。如果峰值继续向后推迟，高峰多推迟几年，低谷的时间也将多推迟几年。显然，如果产生多峰形态则更好。

目前的任务是，如何在宏观经济上适当施政，使高经济增长的态势保持下去并延缓峰点出现，力争在好局面下向后延伸经济周期。亚洲经济危机时我国采取了一系列宏观经济政策积极应对，现在经济已经脱离了低谷，并在高增长状态下运行。因此，宏观经济政策也将和前几年一直施行的政策有所区别，现阶段宏观经济政策的目标应该是保持经济持续在高水平上的增长，力图使经济既不过热也不下滑；延长经济峰点的降临，自然也就延长了经济周期。

（资料来源：①熊厚. 改革开放后中国经济周期波动中货币政策的有效性分析 [J]. 生产力研究，2005（11）：57-59. ②http://www1.chinaccm.com/45/4509/450910/news/20031118/115429.asp.）

三、经济周期的类型

根据不同的划分标准,经济周期可以划分为不同的类型,主要包括以下几种:

1. 朱格拉周期

1862年,朱格拉首次将经济周期划分为三个阶段——繁荣、危机和清算,这三个阶段在经济中按顺序依次出现,形成明显的周期现象。他根据一定的统计和分析,将这一周期的时间确定为8～10年,这种周期称为朱格拉周期,也称中波周期。朱格拉主要分析了这三个阶段中价格水平、利率、银行准备金以及借款的变动情况,并探究经济周期波动的原因。

2. 基钦周期

1923年,英国经济学家基钦提出了经济周期包括大周期和小周期两个周期的观点。他认为小周期大概是40个月左右,而大周期大概包括两个或三个小周期。由此,经济学中将平均长度为40个月左右的短周期称为基钦周期。

3. 康德拉季耶夫周期

1925年,经济学家康德拉季耶夫在《经济生活中的长期波动》一书中提出了著名的"长波理论"。他根据英美等国100多年物价指数、利率、对外贸易、煤炭产量与耗费量等的变动规律,认为经济中有一种平均长度约为50年的长期循环。这50年的长周期后被称为康德拉季耶夫周期,也称长波周期。

4. 库兹涅茨周期

1930年,俄国经济学家库兹涅茨在《生产和价格的长期变动》中分析了英、法、美、德等国在19世纪初到20世纪60年代53种商品价格的变动情况,提出经济中存在着15～25年不等的长期波动,这种波动在许多经济活动中都表现得较为活跃,这种波动在建筑行业尤为明显,所以,库兹涅茨周期也被称为建筑业周期。

四、经济周期的原因

对经济周期产生原因的探讨主要包括以下几个理论:

1. 太阳黑子理论

这一理论认为经济周期产生的原因是太阳黑子周期性变动,起初这样认为的原因是太阳黑子的周期性变化会影响气候的变化,气候的变化会影响农业收成,农业收成会对整个经济产生影响。太阳黑子出现的规律大约是每10年一次,这与经济周期波动的时间又较为接近。

2. 政治性周期理论

这一理论认为经济的周期性波动是由于受到政府周期性决策的影响,该理论提出,政府经常采取扩大总需求的经济政策来促进经济的高速增长，并追求较高的政绩，这必然会带来一定程度的通货膨胀。政府未来解决通货膨胀问题，又会采用衰退的经济政策，当经济出现衰退时，就业率必然会下降，政府为了解决就业问题，不得不执行充分就业的政策，结果又造成新一轮的经济高涨。政府不断采取经济政策，造成了经济的周期性波动。

3. 创新理论

创新理论是由著名经济学家熊彼特提出的，该理论认为，经济的周期性波动是企业不断采取创新政策的结果。熊彼特提出，当社会上某种创新活动出现时，必然会带来大量的投资活动，这也伴随着银行信用和需求的扩大，于是出现经济的高涨，但当这种创新活动普及时，企业通过创新获得的利润就会逐渐减少或消失，经济也就走向萧条。同时，熊彼特还提出，企业的创新活动并不是经常出现的，创新活动所引起经济波动幅度和长度也就不一样，经济周期的时间也就有所不同。

4. 货币理论

该理论认为，经济的周期性波动完全是由银行体系交替扩大和紧缩信用造成的。当银行放松货币管理时，伴随着信用扩张和利率下降，投资需求增加，但当信用扩张到一定程度时，银行为了规避各种风险，又会采取货币手段降低货币供给，从而使利率上升，投资减少。由此认为，经济周期是货币剧烈增减的结果。

5. 消费不足理论

该理论认为经济中出现萧条或危机是社会对消费品需求不足造成的，而消费品需求不足又导致资本需求不足，从而使整个经济出现生产过剩性危机。消费不足的主要根源是储蓄过度，储蓄的过度导致储蓄不能有效转化为投资，结果是产品供给过剩，价格下跌，失业增加，生产萎缩。

6. 投资过度理论

该理论将经济的周期性波动归因于投资过度，由于投资过多，资本品生产发展过快，资本品的快速发展促使经济进入繁荣阶段，但资本品的过度生产又会导致经济进入萧条阶段，从而使经济产生周期性的波动。

7. 心理周期理论

该理论认为，人们的心理在乐观与悲观之间交替变动，他们对未来的预期也是变化的，当乐观地对未来进行预期时，人们会增加投资，经济进入复苏与繁荣阶段，当悲观地对未来进行预期时，人们会减少投资，经济则陷入衰退和萧条。随着心理情绪的变化，经济也发生着周期性的变动。

8. 乘数和加速数理论

该理论认为，投资增加会引起产量的增加，产量的增加会引起投资更大的增加，经济就会出现繁荣。产量增加到一定水平后，社会需求无法增加，这时投资会减少，经济会进入萧条阶段，萧条一段时间后，产量回升又会使投资增加、产量增加，使经济再一次进入繁荣。由于乘数和加速数的共同作用，经济也会进入周期性的波动。

练习题

一、名词解释

1. 经济增长
2. 经济周期
3. 消费不足理论
4. 储蓄率

二、选择题

1. 经济增长的标志是（   ）。
   A. 失业率的下降   B. 先进技术的广泛运用
   C. 社会生产能力的不断提高   D. 城市化速度加快

2. 下列各项中不属于生产要素供给的增长的是（   ）。
   A. 投资的增加   B. 就业人口的增加
   C. 人才的合理流动   D. 发展教育事业

3. 根据现代关于经济周期的定义，经济周期是指（   ）。
   A. GDP 值上升和下降的交替过程   B. 人均 GDP 值上升和下降的交替过程
   C. GDP 值增长率上升和下降的交替过程 D. 以上各项均对

4. 经济波动周期的四个阶段依次为（   ）。
   A. 扩张、峰顶、衰退、谷底   B. 峰顶、衰退、谷底、扩张
   C. 谷底、扩张、峰顶、衰退   D. 以上各项都对

5. 当某一经济处于经济周期的萧条阶段（   ）。
   A. 经济的生产能力增加，因而存货增加
   B. 总需求逐渐增长
   C. 总需求小于总供给
   D. 总需求超过总供给

6. 在熊彼特的经济周期理论中（   ）。
   A. 用太阳黑子变化来解释经济周期   B. 用心理预期变化来解释经济周期
   C. 用企业家创新来解释经济周期   D. 用货币数量增减变动来解释经济周期

7. 解释经济周期的消费不足理论把繁荣的衰退归因于（   ）。
   A. 消费者的支出跟不上生产的发展，导致普遍的供过于求
   B. 投资比消费增长快，所以没有足够的物品供消费者购买

C. 储蓄和投资减少

D. 政府税收太高，以至于消费者没有足够的资金购买商品和劳务

8. 投资（资本品）之所以重要，是因为（　　）。

A. 投资可以给新加入劳动力队伍的人提供机器设备使他们可以进行生产

B. 投资可以为现有工人提供更多的机器设备，从而提高他们的生产率

C. 投资可以为新技术提供设备

D. 以上都是

9. 黄金分割律是（　　）。

A. 一个遥远的目标

B. 储蓄率等于人口增长率的原则

C. 资本边际产出等于人口增长率的原则

D. 短期提高人均产出的规律

10. 如果在某一时期内国民收入增加，则净投资肯定是（　　）。

A. 持续增加　　　B. 持续减少　　　C. 大于零　　　D. 小于零

三、计算题

1. 在新古典增长模型中，集约化生产函数为 $y = f(k) = 2k - 0.5k^2$，人均储蓄率为 0.3，设人口增长率为 3%，求：

（1）使经济均衡增长的 k 的值；

（2）黄金分割率所要求的人均资本量。

2. 已知社会的平均储蓄倾向为 0.12，资本产量比等于 3，求有保证的增长率。

3. 已知平均储蓄倾向为 0.2，增长速度为每年 4%，求均衡的资本产量比。

四、分析说明

1. 经济增长的源泉是什么？

2. 什么叫总要素生产率？它和劳动生产率有什么区别？

3. 试分析影响生产率和经济增长的诸因素。

参考文献

［1］高鸿业.西方经济学［M］.北京：中国人民大学出版社，2015.
［2］董长瑞，周宁，杨丽等.微观经济学［M］.北京：经济科学出版社，2013.
［3］刘滨.微观经济学［M］.武汉：华中科技大学出版社，2013.
［4］王英，刘碧云，江可申.微观经济学［M］.南京：东南大学出版社，2011.
［5］毛虎.微观经济学全真模拟试卷及详解［M］.上海：复旦大学出版社，2011.
［6］贾辉艳.微观经济学原理［M］.北京：北京大学出版社，2010.
［7］邵金菊，孙家良.微观经济学［M］.杭州：浙江大学出版社，2010.
［8］史安娜.微观经济学习题集［M］.南京：河海出版社，2009.
［9］于善波.微观经济学［M］.北京：中国商务出版社，2008.
［10］刘迎华.微观经济学［M］.青岛：青岛出版社，2008.
［11］岳书铭.微观经济学［M］.北京：中国农业出版社，2008.
［12］郑亚莉.微观经济学［M］.杭州：浙江大学出版社，2008.
［13］李翀.宏观经济学［M］.北京：北京师范大学出版社，2008.
［14］雷雨，李芝兰.微观经济学［M］.上海：立信会计出版社，2008.
［15］杨艳.西方微观经济学习题集［M］.成都：四川大学出版社，2008.
［16］幸理，杨卿.微观经济学［M］.武汉：华中科技大学出版社，2008.
［17］孙宇晖，刘静暖.西方经济学基础［M］.北京：中国经济出版社，2008.
［18］汪祥春，夏德仁.西方经济学［M］.大连：东北财经大学出版社，2007.
［19］李仁君.微观经济学［M］.北京：清华大学出版社，2007.
［20］茅于轼.生活中的经济学（第3版）［M］.济南：济南大学出版社，2007.
［21］祁华清.宏观经济学［M］.北京：清华大学出版社，2007.
［22］赵英军.西方经济学（宏观部分）［M］.北京：机械工业出版社，2006.
［23］周军.微观经济学［M］.武汉：武汉理工大学出版社，2005.
［24］韩秀云.宏观经济学教程［M］.北京：中国发展出版社，2004.
［25］金雪军.西方经济学案例［M］.浙江：浙江大学出版社，2004.
［26］蔡继明.宏观经济学［M］.北京：人民出版社，2003.

［27］陈友龙，缪代文．现代西方经济学［M］．北京：中国人民大学出版社，2002．

［28］尹伯成．西方经济学简明教程［M］．上海：复旦大学出版社，2002．

［29］厉以宁．西方经济学［M］．北京：高等教育出版社，2000．

［30］黄亚均，袁志刚．宏观经济学［M］．北京：高等教育出版社，2000．

［31］梁诣远．西方经济学［M］．北京：高等教育出版社，2000．

［32］［美］斯蒂格利茨．经济学上、下册（第 2 版）［M］．北京：中国人民大学出版社，2000．

［33］［美］曼昆．经济学上、下册（第 2 版）［M］．北京：中国人民大学出版社，1999．

［34］宋承先．现代西方经济学（宏观经济学）［M］．上海：复旦大学出版社，1999．

［35］高鸿业．西方经济学（宏观部分）［M］．北京：中国经济出版社，1996．

［36］凯恩斯．就业利息与货币通论［M］．北京：商务印书馆，1963．

［37］李松龄．国民收入决定原则："价值说"与"财富说"［J］．长沙：湖南财经高等专科学校学报，2002（2）：3－8．

［38］刘远坤．商品化是我国农业转型的基础［J］．贵州农业科学，2001（5）：50－52．

［39］郑茜，章晓英．消费结构与社会保障［J］．重庆：重庆工业学院学报，2004（3）：96－98．

［40］叶明法，邓于君．当前宏观经济形势成因探析［J］．淮南：淮南工业学院学报（社会科学版），2000（3）：10－13．

［41］宋先道．中国居民储蓄动机和运用流向分析［J］．武汉：武汉理工大学学报，1999（3）：80－83．

［42］名人网．恩格尔系数是什么？全球 22 国恩格尔系数一览表［EB/OL］．